Wolfgang Schneider

Strukturiertes Programmieren in BASIC

Programmieren von Mikrocomputern

Die Bände dieser Reihe geben den Benutzern von Heimcomputern, Hobbycomputern bzw. Personalcomputern über die Betriebsanleitung hinaus zusätzliche Anwendungshilfen. Der Leser findet wertvolle Informationen und Hinweise mit Beispielen zur optimalen Ausnutzung seines Gerätes, besonders auch im Hinblick auf die Entwicklung eigener Programme.

Bisher erschienene Bände

Band 1 **Einführung in BASIC**
von W. Schneider

Band 2 **Lehr- und Übungsbuch für die Rechnerserien cbm 2001 und cbm 3001**
von G. Oetzmann

Band 3 **BASIC für Fortgeschrittene**
von W. Schneider

Band 4 **Einführung in Pascal**
von W. Schneider

Band 5 **Lehr- und Übungsbuch für die Rechnerserien cmb 4001 und cbm 8001**
von G. Oetzmann

Band 6 **BASIC-Programmierbuch zu den grundlegenden Ablaufstrukturen der Datenverarbeitung**
von E. Kaier

Band 7 **Lehr- und Übungsbuch für Commodore-Volkscomputer**
von G. Oetzmann

Band 8 **Assembler-Programmierung von Mikroprozessoren (8080, 8085, Z 80) mit dem ZX 81**
von P. Kahlig

Band 9 **Einführung in die Anwendung des Betriebssystems CP/M**
von W. Schneider

Band 10 **Datenstrukturen in Pascal und BASIC**
von D. Herrmann

Band 11 **Programmierprinzipien in BASIC und Pascal**
von D. Herrmann

Band 12 **Assembler-Programmierung von Mikroprozessoren (8080, 8085, Z 80) mit dem ZX Spectrum**
von P. Kahlig

Band 13 **Strukturiertes Programmieren in BASIC**
von W. Schneider

Programmieren von Mikrocomputern Band 13

Wolfgang Schneider

Strukturiertes Programmieren in BASIC

Eine Einführung mit zahlreichen Beispielen

Friedr. Vieweg & Sohn Braunschweig/Wiesbaden

Das im Buch enthaltene Programm-Material ist mit keiner Verpflichtung oder Garantie irgendeiner Art verbunden. Der Autor übernimmt infolgedessen keine Verantwortung und wird keine daraus folgende oder sonstige Haftung übernehmen, die auf irgendeine Art aus der Benutzung dieses Programm-Materials oder Teilen davon entsteht.

1985

Satz: Vieweg, Braunschweig

ISBN-13: 978-3-528-04320-9 e-ISBN-13: 978-3-322-86294-5
DOI: 10.1007/978-3-322-86294-5

Vorwort

Die bevorzugte problemorientierte Programmiersprache für Mikrocomputer ist BASIC. Leider unterstützt BASIC nicht von sich aus die sog. „strukturierte Programmierung". Hierunter versteht man die Nachbildung der logischen Struktur eines Problems im Programm. Jede logische Struktur eines Problems läßt sich grafisch durch eine *Folge* von elementaren *Strukturblöcken* darstellen, die sich nicht überschneiden dürfen. Folgt ein Programm in seinen Anweisungen einem derart aufgebautem *Struktogramm*, so spricht man von einem strukturiertem Programm. Leider besitzen viele BASIC-Versionen nicht für jeden elementaren Strukturblock eine passende BASIC-Anweisung, so daß dies zu einer unstrukturierten Programmierung *verführt*.

Der Band *Einführung in das strukturierte Programmieren in BASIC* in der Reihe *Programmieren von Mikrocomputern* richtet sich an Leser, die eine *grundlegende Einführung* in das strukturierte Programmieren in BASIC wünschen. Vorkenntnisse sind nicht erforderlich.

Nach einer kurzen Einführung in die Datenverarbeitung wird ausführlich gezeigt, wie Probleme in Form von Struktogrammen dargestellt werden können. Anschließend wird dargelegt, wie die elementaren Strukturblöcke eines Struktogrammes mit Hilfe der i.a. verfügbaren BASIC-Anweisungen zu codieren sind. Besitzt BASIC keine passende Anweisung, so wird eine BASIC-*Ersatzdarstellung* vorgeschlagen, die nach außen wie ein Block wirkt und somit die strukturierte Darstellung im Programm nicht zerstört.

Eine Vielzahl von Beispielen verdeutlicht die Regeln. Das Wichtigste wird einprägsam durch Merkregeln am Ende eines jeden Kapitels zusammengefaßt. Dies ist hilfreich, wenn sich der Anwender später schnell über Details informieren möchte.

Mit Hilfe von selbst zu lösenden Übungsaufgaben in den einzelnen Kapiteln kann der Leser seine Kenntnisse überprüfen. Die richtigen Lösungen findet er am Ende des Buches.

Viele vollkommen programmierte und kommentierte Programme zeigen, wie man das Wissen aus den einzelnen Kapiteln anwendet.

Cremlingen, Sommer 1984

Wolfgang Schneider

Inhaltsverzeichnis

1 Aufbau von Datenverarbeitungsanlagen ... 1

1.1 Allgemeines ... 1
1.2 Eingabeeinheiten ... 2
1.3 Speicher ... 2
1.4 Rechenwerk ... 3
1.5 Steuerwerk ... 3
1.6 Ausgabeeinheit ... 3
1.7 Struktur einer Datenverarbeitungsanlage ... 3

2 Programmiersprachen ... 5

2.1 Maschinensprachen ... 5
2.2 Assemblersprachen ... 6
2.3 Problemorientierte Programmiersprachen ... 8
2.3.1 Compiler ... 9
2.3.2 Interpreter ... 10
2.3.3 Vor- und Nachteile von Interpretern bzw. Compilern ... 10
2.4 Anforderungen an eine problemorientierte Programmiersprache ... 12
2.4.1 Erlernbarkeit der Programmiersprache ... 12
2.4.2 Entwicklung strukturierter Programme ... 12
2.4.3 Wartung entwickelter Programme ... 13
2.4.4 Übertragung entwickelter Programme auf andere Anlagen ... 14
2.4.5 Universelle höhere Programmiersprache ... 14

3 Betriebssysteme ... 15

3.1 Einbenutzersysteme ... 15
3.2 Mehrfachbenutzersysteme ... 17
3.3 Echtzeitsysteme ... 18
3.4 Firmware ... 18
3.5 Betriebssysteme von Mikrocomputern ... 18
3.6 Dialog zwischen Mikrocomputern und Mikrocomputerbenutzer ... 19

4 Ausstattung von Mikrocomputern ... 21

4.1 Eingabetastatur ... 21
4.2 Magnetbandkassettenrecorder ... 23
4.3 Bildschirm ... 23
4.4 Drucker ... 23
4.5 Floppy Disk (Diskette) ... 23

5 **Entwicklung von strukturierten Anwenderprogrammen** 27
5.1 Problemaufbereitung 27
5.1.1 Problemdefinition 28
5.1.2 Problemanalyse 28
5.2 Strukturierte grafische Darstellung der Problemlösung 29
5.2.1 Allgemeines 29
5.2.2 Strukturblöcke 30
5.2.3 Aufbau von Struktogrammen 34
5.2.4 Strukturbaum 35
5.2.5 Beispiele von Struktogrammen 36
5.2.6 Programmablaufpläne 39
5.2.7 Ersatzdarstellung von Strukturblöcken in Programmablaufplänen 41
5.3 Programmdokumentation 43
5.4 Zusammenfassung 43
5.5 Übungsaufgaben 45

6 **Darstellungstechniken zur Beschreibung der Syntax von Programmiersprachen** 47
6.1 Beschreibende Texte 48
6.2 Die Backus-Naur-Form (BNF) 49
6.2.1 Die Symbole der Backus-Naur-Form 49
6.2.2 Beispielhafte Beschreibung einiger einfacher Sprachelemente der Programmiersprache BASIC mit Hilfe der Backus-Naur-Form (BNF) 50
6.3 Das Fahrnetz 51
6.3.1 Die Sinnbilder des Fahrnetzes 51
6.3.2 Beispielhafte Beschreibung einiger einfacher Sprachelemente der Programmiersprache BASIC mit Hilfe von Fahrnetzen 52
6.4 Vergleich der Darstellungstechniken 54
6.5 Zusammenfassung 54
6.6 Übungsaufgaben 54

7 **Die Programmiersprache BASIC** 55

8 **Die allgemeine Programmstruktur in BASIC** 56
8.1 Die Grobstruktur von BASIC-Programmen 56
8.2 Die Grobstruktur von Vereinbarungen und Anweisungen 59
8.3 Kommentare im Programm 59
8.4 Zusammenfassung 61

9 **BASIC-Zeichenvorrat und BASIC-Sprachelemente** 62
9.1 Allgemeines 62
9.2 BASIC-Sprachelemente 62
9.3 BASIC-Zeichenvorrat 64

10 Konstanten ... 65
10.1 Numerische Konstanten ... 65
10.1.1 Ganzzahlige Konstanten ... 66
10.1.2 Festkomma-Konstanten ... 67
10.1.3 Gleitkomma-Konstanten ... 68
10.1.4 Konstanten mit doppelter Genauigkeit ... 69
10.1.5 Weitere Konstantentypen ... 69
10.2 Textkonstanten ... 70
10.3 Boolesche Konstanten ... 71
10.4 Zusammenfassung ... 72
10.5 Übungsaufgaben ... 73

11 Variablen ... 75
11.1 Allgemeines ... 75
11.2 Numerische Variablen ... 76
11.2.1 Einfache numerische Variablen ... 76
11.2.2 Indizierte numerische Variablen ... 79
11.2.3 Numerische Felder ... 80
11.2.4 Die DIM-Vereinbarung (Feldvereinbarung) ... 82
11.3 Textvariablen ... 85
11.3.1 Textvariablennamen ... 85
11.3.2 Indizierte Textvariablen ... 86
11.3.3 Textfelder ... 86
11.3.4 Die DIM-Vereinbarung (Feldvereinbarung) für Textfelder ... 88
11.4 Boolesche Variablen ... 89
11.5 Zusammenfassung ... 89
11.6 Übungsaufgaben ... 91

12 Operationszeichen ... 94
12.1 Arithmetische Operationszeichen ... 94
12.2 Boolesche Operatoren ... 95
12.3 Vergleichsoperatoren ... 95
12.3.1 Vergleich von numerischen Werten ... 95
12.3.2 Vergleich von Texten ... 97
12.4 Textoperator ... 97
12.5 Zusammenfassung ... 98

13 Standardfunktionen ... 99
13.1 Numerische Standardfunktionen ... 99
13.2 Ableitung weiterer mathematischer Funktionen mit Hilfe numerischer Standardfunktionen ... 103
13.3 Standardfunktionen zur Textverarbeitung ... 103
13.3.1 Bestimmung der Länge von Texten mit Hilfe der Standardfunktion LEN ... 103

13.3.2 Veränderung von Texten mit Hilfe der Standardfunktionen LEFT$, RIGHT $, MID $ 104
13.3.3 Die Standardfunktion STR $ und VAL 107
13.3.4 Die Standardfunktionen ASC und CHR $ 109
13.4 Zusammenfassung 112
13.5 Übungsaufgaben 113

14 Ausdrücke 114

14.1 Arithmetische Ausdrücke 114
14.1.1 Die Rangordnung arithmetischer Operatoren 114
14.1.2 Klammerausdrücke 117
14.1.3 Ausdrücke mit Standardfunktionen 118
14.2 Boolesche Ausdrücke 119
14.2.1 Boolesche Ausdrücke mit Booleschen Konstanten 120
14.2.2 Boolesche Ausdrücke mit Booleschen Variablen 120
14.2.3 Rangordnung der Booleschen Operatoren 121
14.2.4 Klammerausdrücke 122
14.3 Textausdrücke 122
14.4 Vergleichsausdrücke 123
14.4.1 Vergleich von arithmetischen Ausdrücken 123
14.4.2 Vergleich von Textausdrücken 124
14.4.3 Verknüpfung von Vergleichsausdrücken über Boolesche Operatoren 126
14.5 Zusammenfassung 127
14.6 Übungsaufgaben 128

15 Zuordnungsanweisungen 130

15.1 Arithmetische Zuordnungsanweisungen 130
15.2 Boolesche Zuordnungsanweisungen 132
15.3 Zuordnungsanweisung von Texten 133
15.4 Zusammenfassung 135
15.5 Übungsaufgaben 135

16 Ausgabeanweisungen 137

16.1 Die allgemeine Form der PRINT-Anweisung 137
16.2 Ausgabeformat der Daten 139
16.2.1 Das Standard-Spaltenformat 139
16.2.2 Das variable Spaltenformat 142
16.2.3 Das Tabellenformat 147
16.3 Der Zeilenvorschub 153
16.4 Ausgabe von Überschriften und numerischen Werten mit kommentierenden Texten 155
16.4.1 Überschriften 155
16.4.2 Ausgabe von numerischen Werten zusammen mit kommentierenden Texten 156

16.5 Die PRINT-USING-Anweisung 157
16.5.1 Formatierte Ausgabe von numerischen Werten 158
16.5.2 Formatierte Ausgabe von Zeichenketten 160
16.6 Druckerausgabe 160
16.6.1 Druckerausgabe mit Hilfe von LPRINT bzw. LPRINT USING . . . 160
16.6.2 Druckerausgabe mit Hilfe von PRINT # 161
16.7 Zusammenfassung 162
16.8 Übungsaufgaben 165

17 Eingabeanweisungen 168

17.1 Wertzuweisung mit Hilfe der LET-Anweisung 168
17.2 Eingabe mit Hilfe der READ-DATA-Anweisung 169
17.3 Die RESTORE-Anweisung 174
17.4 Eingabe mit Hilfe der INPUT-Anweisung 175
17.5 Eingabe mit Hilfe der GET-Anweisung (INKEY$, INPUT$) 181
17.6 Zusammenfassung 183
17.7 Übungsaufgaben 185

18 Lineare Programme (Sequenzen) 190

18.1 Umrechnung von Geschwindigkeiten (KM/H in SM/H) 190
18.2 Bremswegberechnung 191
18.3 Kalkulation 193
18.4 Computergrafik 198

19 Steueranweisungen 200

19.1 Die unbedingte Sprunganweisung 200

20 Verzweigungsanweisungen 202

20.1 Die IF ... THEN ... ELSE-Anweisung 202
20.2 Die IF ... THEN-Anweisung 205
20.3 Ersatzdarstellung zweiseitiger Verzweiungsanweisungen mit Hilfe einseitiger Verzweigungsanweisungen 208
20.3.1 1. Möglichkeit einer BASIC-Ersatzdarstellung 209
20.3.2 2. Möglichkeit einer BASIC-Ersatzdarstellung 209
20.3.3 3. Möglichkeit einer BASIC-Ersatzdarstellung 210
20.3.4 Verbesserte Strukturierung der 3. Möglichkeit einer BASIC-Ersatzdarstellung 211
20.4 Verschachtelungen von Verzweigungsanweisungen 214
20.5 Mehrfachverzweigungen 215
20.5.1 Mehrfachverzweigung mit Hilfe der ON ... GOTO-Anweisung . . . 216
20.5.2 Mehrfachverzweigung mit Hilfe einer BASIC-Ersatzdarstellung . . 218
20.6 Zusammenfassung 221
20.7 Übungsaufgaben 223

20.8 Vollständig programmierte Beispiele . . . 226
20.8.1 Bestimmung der größten von drei Zahlen . . . 226
20.8.2 Lösung der quadratischen Gleichung . . . 227
20.8.3 Wechselkursberechnung . . . 230

21 Schleifenanweisungen . . . 233

21.1 Allgemeines . . . 233
21.2 Schleifenanweisung mit der Wiederholungsbedingung am Schleifenanfang 234
21.2.1 Die FOR-Zählschleifenanweisung . . . 234
21.2.2 Die WHILE-Schleifenanweisung . . . 243
21.2.3 Ersatzdarstellung für die WHILE-Schleifenanweisung . . . 247
21.3 Schleifen mit der Wiederholungsbedingung am Schleifenende . . . 252
21.4 Schleifen mit Abbruchbedingung . . . 256
21.5 Schleifenschachtelung . . . 259
21.6 Zusammenfassung . . . 262
21.6.1 Die FOR-Zählschleifenanweisung . . . 262
21.6.2 Die WHILE-Schleifenanweisung . . . 263
21.6.3 Ersatzdarstellung für die WHILE-Schleifenanweisung . . . 263
21.6.4 Schleifenanweisung mit Wiederholungsbedingung am Schleifenende . . . 264
21.6.5 Schleifen mit Abbruchbedingung . . . 264
21.6.6 Schleifenschachtelung . . . 264
21.7 Übungsaufgaben . . . 265
21.8 Vollständig programmierte Beispiele . . . 267
21.8.1 Grafische Ausgabe einer Sinuskurve . . . 267
21.8.2 Multiplikationstabelle . . . 271
21.8.3 Mittelwertberechnung . . . 274
21.8.4 Reihenentwicklung . . . 276

22 Programmbeendungs-, Unterbrechungs- und Fortsetzungsanweisungen . . . 279

22.1 Programmbeendungsanweisung . . . 279
22.2 Programmunterbrechungsanweisung . . . 279
22.3 Programmfortsetzungskommando . . . 280

23 Unterprogrammtechnik . . . 281

23.1 Aufgabe von Unterprogrammen . . . 281
23.2 Ablauf von Programmen in Unterprogrammtechnik . . . 282
23.3 Allgemeiner Programmaufbau bei Verwendung von Unterprogrammen in BASIC (BASIC-Subroutinen) . . . 285
23.3.1 Aufruf von BASIC-Subroutinen . . . 288
23.3.2 Aufbau einer BASIC-Subroutine . . . 289
23.4 Mehrfachverzweigung zu Unterprogrammen . . . 292
23.5 Zusammenfassung . . . 293

23.6 Weitere vollständig programmierte Beispiele 294
23.6.1 Umrechnung vom Grad- ins Bogenmaß 294
23.6.2 Berechnung von Binomialkoeffizienten 297
23.6.3 Rechnungswesen 301

24 Lösungen der Übungsaufgaben 310

25 Anhänge 341

25.1 Anhang A1: Glossarium 341
25.2 Anhang A2: Tabelle der wichtigsten Fehlermeldungen 344
25.3 Anhang A3: Fahrnetze der verwendeten Syntax 346
25.4 Anhang A4: Alphabetische Anordnung der verwendeten Schlüsselwörter . . 358
25.4.1 BASIC-Anweisungsschlüsselwörter 358
25.4.2 BASIC-Standardfunktionsschlüsselwörter 358
25.4.3 Boolesche BASIC-Operatoren 359
25.5 Anhang A5: Der BASIC-Code 359
25.6 Anhang A6: BASIC-Ersatzdarstellung für in BASIC nicht vorhandene Ablaufstrukturen 364
25.7 Anhang A7: Umwandlung von Zahlen 365
25.7.1 Umwandlung von Binärzahlen (Dualzahlen) in Dezimalzahlen 365
25.7.2 Umwandlung von Dezimalzahlen in Binärzahlen) (Dualzahlen) 366

Sachwortverzeichnis 368

1 Aufbau von Datenverarbeitungsanlagen

1.1 Allgemeines

Datenverarbeitungsanlagen (DVA) sollen die Arbeit des Menschen in fast allen Bereichen des täglichen Lebens erleichtern. Dazu muß eine DVA wesentliche Teile der Aufgaben übernehmen können, die früher vom Menschen ausgeführt wurden. Am Beispiel einer Fernmelderechnungsstelle soll gezeigt werden, welche Aufgaben eine DVA übernehmen kann und welche dem Menschen noch verbleiben. Dabei wird dem Bearbeiter ein „Intelligenzgrad" zugeordnet, den man auch von einer DVA erwarten kann: Er kann nur lesen, schreiben und mit Hilfe eines Taschenrechners rechnen.

Zur Bewältigung seiner Aufgabe benötigt der Bearbeiter neben den oben genannten Fähigkeiten noch:

- Eine bzw. mehrere Listen mit allen notwendigen Daten. Die Liste enthält in diesem Beispiel u.a.:
  - die Namen der Kunden nebst einer Kundennummer (KNR),
  - den zum Kunden gehörenden alten Zählerstand (AZ),
  - den zugehörigen neuen Zählerstand (NZ),
  - die Grundgebühren (GG) und
  - die Gebühren je Zählereinheit (GZE).

  Aus diesen Angaben soll der Bearbeiter die Gebühren (GEB) der Kunden ermitteln und das Ergebnis in der Gebührenspalte der Liste niederschreiben.

  Da der Bearbeiter jedoch nur lesen, schreiben und einen Taschenrechner bedienen kann, ist er dazu nicht ohne weiteres in der Lage. Er benötigt noch eine

- Arbeitsanweisung

  Diese Arbeitsanweisung könnte z.B. wie folgt aussehen:

  1. *Nehme* den Kunden mit der KNR 1.
  2. *Gib* dessen NZ in den Taschenrechner ein.
  3. *Subtrahiere* von dem vorher eingegebenen Wert den AZ.
  4. *Multipliziere* das Ergebnis mit den GZE.
  5. *Addiere* zu dem Ergebnis die GG.
  6. *Lies* das Ergebnis.
  7. *Schreibe* das Ergebnis in die Gebührenspalte der Liste des zugehörigen Kunden.
  8. *Gehe* zur nächsten KNR über.
  9. *Beginne* die Arbeitsanweisung bei Punkt 2.

Wie aus dieser Arbeitsanweisung ersichtlich wird, besteht sie aus einer Folge von *Befehlen* (Gib, Subtrahiere, Multipliziere, ... , usw.). Eine solche Arbeitsanweisung, die aus einer Folge von Befehlen (Anweisungen) besteht, nennt man ein *Programm.*

Ein Programm ist eine in einer beliebigen Sprache abgefaßte vollständige Anweisung zur Lösung einer Aufgabe mittels einer DVA.

Unter dem Begriff Daten versteht man u.a. die Zahlenwerte, mit denen die jeweilige Aufgabe zu lösen ist.[1]

Programme und Daten stellen *Informationen* für die DVA dar, die von ihr verarbeitet werden. Daraus resultieren Begriffe wie:

Informationsverarbeitung, Informationstechnik, Informatik usw.

Die Arbeitsweise einer DVA ähnelt der Arbeitsweise des Bearbeiters.

1.2 Eingabeeinheiten

Eine DVA wird ebenso mit *Programmen* und *Daten* versorgt, wie der Bearbeiter im Fernmeldeamt. Diesen Vorgang nennt man bei der DVA einfach *Eingabe*. Sie erfolgt über *Eingabeeinheiten*, z.B. über eine Schreibmaschinentastatur, einen Lochkartenleser, einen Lochstreifenleser, einen Klarschriftleser und dgl.

1.3 Speicher

Programme und Daten müssen in einer DVA beliebig lange zur Verfügung stehen. Dazu müssen sie in der DVA in einem *Speicher* gespeichert werden. Während bei dem Bearbeiter im Fernmeldeamt zur langfristigen Speicherung der Daten ein Blatt Papier und zur kurzfristigen Speicherung das Gedächtnis genügte, müssen in einer elektronischen DVA elektronische Speicher verwendet werden.

Für die kurzfristige Speicherung werden heutzutage i.a. Halbleiterspeicher eingesetzt. Derartige moderne Schreib-Lesespeicher[1]) haben heute bereits eine Kapazität von 262 144 bit[1]) (256 Kbit[1]) RAM[1])). Eine DVA kann selbstverständlich mehrere dieser Bausteine gleichzeitig enthalten. Eine Kennzahl für die Größe einer DVA ist die gesamte *Speicherkapazität*. Sie wird i.a. in Kbyte[1]) angegeben. Kleine Mikrocomputer haben 1K bis 64 Kbyte Speicherkapazität, größere DVA's mehrere Hundert Kbyte.

Die Information, die eine Speicherzelle (i.a. 1 Byte) speichert, muß im gesamten Speicher wieder aufgefunden werden können. Dazu ordnet man jeder Speicherzelle im Arbeitsspeicher eine sog. *Adresse*[1]) zu.

Der *Arbeitsspeicher* (RAM) ist schnell, aber teuer. Daher ist die Kapazität des Arbeitsspeichers aus Kostengründen begrenzt. Es ist somit nicht sinnvoll, Programme und Daten in großen Mengen *langfristig* im Arbeitsspeicher zu speichern, sondern den „wertvollen" Speicher nur *während der Verarbeitung* von Programmen zu benutzen (daher: *Arbeitsspeicher*).

Für große, langfristig zu speichernde Informationsmengen muß ein billigeres, aber im allgemeinen auch langsameres Speichermedium gewählt werden, wie z.B. Magnetbänder, Magnetplatten, Magnetkassetten, Magnetdisketten.

---

[1]) Nähere Erläuterung siehe Anhang A1.

Man faßt diese Speicher mit Hilfe des Sammelbegriffes „*externe Speicher*" zusammen. Wichtig für ihren Einsatz ist die Kenntnis der sog. *Zugriffszeit.* Dies ist die mittlere Zeit, die benötigt wird, um auf die Daten zuzugreifen, d.h. Daten vom Speichermedium in das sog. Rechenwerk zu bringen.

1.4 Rechenwerk

Eine DVA benötigt, ähnlich wie der Bearbeiter im Fernmeldeamt, eine Einrichtung, die Berechnungen ausführt. Diese Einrichtung wird in einer DVA *Rechenwerk* genannt.

1.5 Steuerwerk

Eine DVA muß das Programm ausführen können, indem sie einen Befehl nach dem anderen abarbeitet. Dazu muß sie geeignete Einrichtungen besitzen, die die notwendigen, einfachen Handgriffe des Bearbeiters, z.B. die Tastenbedienung des Tischrechners, ersetzen können. Für diese Aufgabe ist in einer DVA ein *Steuerwerk* (Leitwerk) vorgesehen. Das Steuerwerk „versteht" ca. 100 verschiedene *Befehle*[1]) und führt sie aus. Die Zeit, die zur Ausführung der Befehle benötigt wird, bestimmt die *Verarbeitungsgeschwindigkeit* der DVA.[1])

1.6 Ausgabeeinheit

Eine DVA muß die Ergebnisse der Verarbeitung auf Wunsch ausgeben können. Diesen Vorgang nennt man bei einer DVA einfach *Ausgabe.* Sie erfolgt über *Ausgabeeinheiten.* Dies sind z.B. Bildschirme, Drucker, Plotter[1]) u. dgl.

Der Arbeitsspeicher sowie das Rechen- und Steuerwerk werden meist mit Hilfe des Begriffes *Zentraleinheit* zusammengefaßt. Unter einem *Zentralprozessor* (engl. Central Processing Unit = CPU) versteht man hingegen nur die Zusammenfassung von Steuer- und Rechenwerk.

1.7 Struktur einer Datenverarbeitungsanlage

Aus den vorher genannten Komponenten ergibt sich beim Zusammenwirken die Struktur einer Datenverarbeitungsanlage, wie sie in Bild 1.1 dargestellt ist.

Wie Bild 1.1 zeigt, stellen Datenverarbeitungs*anlagen* zwar die technischen Funktionseinheiten zur Verfügung, aber erst die Verbindung von DVA und Programm ergibt ein funktionsfähiges Datenverarbeitungs*system,* in dem die technischen Funktionseinheiten der DVA in gewollter, sinnvoller Weise selbsttätig die gestellte Aufgabe lösen und die eingegebenen Daten wunschgemäß verarbeiten. Die geistige Leistung, die dem Menschen verbleibt, liegt in der für die DVA verständliche Beschreibung der Arbeitsanweisung, der sog. Anwender-Programmierung der DVA. Diese Aufgabe kann an keine Maschine abgegeben werden.

---

[1]) Nähere Erläuterung siehe Anhang A1.

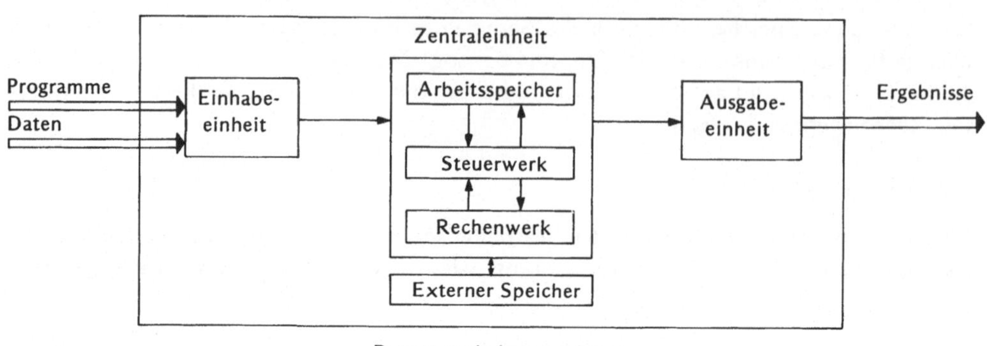

Bild 1.1 Struktur einer Datenverarbeitungsanlage

Bei programmgesteuerten Datenverarbeitungssystemen wird somit bewußt eine Trennung zwischen Arbeitsanweisung (Anwenderprogramm oder sog. Anwender-Software) und ausführender technischer Anlage (DVA oder sog. Hardware) vorgenommen. Dadurch ist ein und dieselbe Anlage fähig, nicht nur eine einzige, sondern eine Vielzahl von verschiedenen Aufgaben auszuführen. Wenn eine DVA eine andere Aufgabe bearbeiten soll, braucht nur das Anwenderprogramm geändert bzw. ausgetauscht werden.

Unter Hardware versteht man alle technischen Funktionseinheiten einer DVA. Unter Software versteht man eine Folge von Anweisungen (Programm), die die Hardware zu einer gewünschten Tätigkeit veranlassen.

Die Arbeitsanweisungen (Programme) müssen natürlich so formuliert werden, daß sie von der DVA verstanden werden. Die dazu geeigneten Sprachen nennt man Programmiersprachen.

2 Programmiersprachen

Zum Erstellen von Anwenderprogrammen lassen sich prinzipiell folgende Programmiersprachen verwenden:

- Maschinensprachen
- Assemblersprachen
- Problemorientierte Programmiersprachen

2.1 Maschinensprachen

In den Anfängen der Datenverarbeitung wurde die Arbeitsanweisung für eine DVA in der sog. Maschinensprache (Maschinencode) programmiert. Dabei handelt es sich in der Regel um eine Codierung der Befehle[1]) mit Hilfe von Binärziffern[1]), die von den digital arbeitenden Datenverarbeitungsanlagen ohne weitere Übersetzung verstanden werden und ohne menschliche Hilfe in Steuersignale umgesetzt werden können.

Am Beispiel einer Addition soll die Codierung in der Maschinensprache verdeutlicht werden. In Worten ließe sich die Addition der Zahlen 8 und 1 wie folgt formulieren:

1. Lade in das Register[1]) A (Akkumulator) des Mikroprozessors den Zahlenwert 8.
2. Lade in das Register B des Mikroprozessors den Zahlenwert 1.
3. Addiere den Registerinhalt des Registers B zum Registerinhalt des Registers A und speichere das Ergebnis im Register A (Akkumulator).

Würde man zur Realisierung dieser Aufgabe z.B. den Mikroprozessor 8080/8085 von INTEL benutzen, so würde das Programm in der Maschinensprache wie folgt aussehen:

Byte-Nr.	Maschinensprache (binär)	Erläuterung
1 2	00111110 00001000	Laden in das Register A den Zahlenwert 8.
3 4	00000110 00000001	Laden in das Register B den Zahlenwert 1.
5	10000000	Addition der Zahlenwerte und Speicherung des Ergebnisses im Register A.

Bei anderen Mikroprozessoren ist i.a. der verwendete binäre Code der Maschinensprache für die einzelnen Befehle anders. Auch die Befehle, die verschiedene Mikroprozessoren verstehen, sind unterschiedlich.

---

[1]) Nähere Erläuterung siehe Anhang A1.

Maschinensprachen werden heute nur noch selten benutzt. Dies liegt vor allem daran, daß, wie es das obige Beispiel zeigt, die Darstellung der Befehle durch Binärziffern

- **relativ zeitaufwendig,**
- **recht unübersichtlich und damit fehleranfällig und**
- **schwer merkbar und somit schwer erlernbar**

ist.

Eine gewisse Vereinfachung wird erreicht, wenn man Befehle und Zahlen nicht als Binärziffern schreibt, sondern eine sog. hexadezimale Schreibweise wählt. Hier werden jeweils die ersten und letzten 4 Binärwerte eines Bytes zu einem Hexadezimalwert wie folgt zusammengefaßt:

Binär	Hexadezimal	Binär	Hexadezimal
0000	0	1000	8
0001	1	1001	9
0010	2	1010	A
0011	3	1011	B
0100	4	1100	C
0101	5	1101	D
0110	6	1110	E
0111	7	1111	F

Damit ließe sich das vorangegangene Additionsprogramm wie folgt schreiben:

Byte-Nr.	Maschinensprache (Index H-hexadezimale Schreibweise)
1	$3E_H$
2	08_H
3	06_H
4	01_H
5	80_H

Ein derartiges Programm ist schon etwas übersichtlicher als ein Programm in Binärdarstellung. Außerdem ist die Eingabe einfacher. Mit wachsenden Aufgaben in der Datenverarbeitung wurde jedoch deutlich, daß nach einer einfacheren, schnelleren und wirtschaftlicheren Programmierung gesucht werden mußte.

2.2 Assemblersprachen

Mit der Entwicklung von Assemblersprachen wurde ein erster Schritt zur Vereinfachung der Programmierung getan. Die Assemblersprache ist eine *symbolische Programmiersprache,* bei der der Befehlsschlüssel nicht mehr aus einer Folge von Binär- bzw. Hexadezimalzeichen besteht, sondern aus einem leicht erlernbaren *symbolischen Code.* Speicherplatzadressen können ebenfalls durch einen *symbolischen Namen* gekennzeichnet werden.

Das schon besprochene Additionsprogramm ließe sich dann wie folgt schreiben:

Befehl-Nr.	Assemblersprache
1	MVI A, 8
2	MVI B, 1
3	ADD B

Die ersten drei Buchstaben geben den symbolischen Operationscode an.

- MVI steht als Abkürzung für die englischen Worte: move immediate (deutsch: bewege, bringe, lade sofort). Auf diesen Operationscode folgt der Operand, d.h. die Angabe, wohin (hier Register A bzw. B) ein Zahlenwert (hier 8 bzw. 1) zu bringen ist.
- ADD steht als Abkürzung für das englische Wort: add (deutsch: addiere). Auf diesen Operationscode folgt ebenfalls der Operand, d.h. in diesem Falle die Angabe, welcher Registerinhalt (hier der Inhalt von Register B) zum Inhalt des Akkumulators (Register A) zu addieren ist und wo das Ergebnis abzuspeichern ist (Register A).

Wie dieses Beispiel zeigt, lassen sich diese Befehle einfacher merken als die Befehle im Maschinencode.

Die Datenverarbeitungsanlage „versteht" jedoch nur den Maschinencode. Es muß also eine Einrichtung gefunden werden, die die Assemblersprache in die Maschinensprache überführt. Diesen Vorgang nennt man auch, da es sich um Sprachen handelt, *Übersetzung*. Sie läuft nach festen Regeln ab und kann deshalb mit Hilfe eines geeigneten Programmes von der DVA selbst vorgenommen werden.

Das Übersetzungsprogramm, das die Assemblersprache in die Maschinensprache übersetzt, heißt Assembler.

Diesen Übersetzungsvorgang stellt Bild 2.1 grafisch dar.

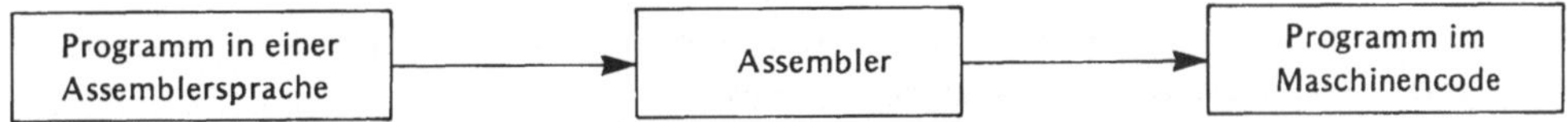

Bild 2.1 Übersetzung eines in Assemblersprache geschriebenen Programms in die Maschinensprache (Maschinencode).

Die Assemblersprache ist eine maschinenorientierte Programmiersprache, weil jeder Befehl der Maschinensprache durch einen symbolischen Ausdruck ersetzt wird.

Dies hat Vor- und Nachteile.

Als Vorteil der Assemblersprache gegenüber der Maschinensprache wäre zu nennen:

Der Programmieraufwand ist weniger zeitaufwendig, da sich die Befehle leichter merken lassen. Außerdem wird das Programm übersichtlicher und somit weniger fehleranfällig.

Folgende Nachteile wären jedoch immer noch anzuführen:

Da die Assemblersprache maschinenorientiert ist, hängt sie vom Typ der DVA ab, so daß zur Programmierung eines bestimmten Problems für verschiedene DVA-Typen unterschiedliche Programme geschrieben werden müssen.

2.3 Problemorientierte Programmiersprachen

Den genannten Nachteil der Assemblersprachen vermeiden die problemorientierten Programmiersprachen. Ihre Entwicklung orientiert sich unabhängig von der jeweiligen Maschinensprache nur am Problem. Dadurch werden sie anlageunabhängig. Als Beispiel mögen die mathematisch-naturwissenschaftlich orientierten Programmiersprachen dienen. Sie beschreiben unabhängig von der Maschinensprache eine mathematische Aufgabe, wie aus der Mathematik gewohnt, mit Hilfe einer mathematischen Formel.

Um bei dem Beispiel einer Addition von zwei Zahlenwerten zu bleiben, kann das Additionsprogramm in einer problemorientierten Programmiersprache wie folgt formuliert werden:

8 + 1

Wie schon dieses einfache Beispiel zeigt, ist die Zahl der Maschinenbefehle i.a. größer als die Zahl der verwendeten Sprachelemente bei problemorientierten Programmiersprachen.

Die problemorientierten Programmiersprachen zeichnen sich aus durch:

- **bessere Überschaubarkeit der Programme durch Anweisungen in der Fachsprache**
- **geringen Zeitbedarf für die Programmierung**
- **leichte Erlernbarkeit**
- **Unabhängigkeit von dem Typ der Datenverarbeitungsanlage (sog. Portabilität).**

Die Vorteile des Einsatzes von problemorientierten Programmiersprachen wurde schon erwähnt. Es gibt jedoch nicht nur Vorteile, sondern auch Nachteile, wie z.B.:

- Die Übersetzungszeit ist i.a. länger als die Übersetzungszeit eines entsprechenden speziellen Assemblerprogrammes.
- Die Ausführungszeit (Rechenlauf) ist i.a. länger als die Ausführungszeit eines entsprechenden speziellen Assemblerprogrammes.
- Die Programmierung eines Compilers ist aufwendiger als die eines Assemblers.
- Der Compiler (nicht das Anwenderprogramm) ist abhängig vom Typ der DVA.

Weit verbreitete problemorientierte Programmiersprachen sind z.B.:

Name	Bedeutung	Anwendungsbereich
ALGOL	Algorithmic Language	mathem.-naturwissenschaftlich
FORTRAN	Formula Translation	mathem.-naturwissenschaftlich
COBOL	Common Business Oriented Language	kommerziell
PL 1	Programming Language Nr. 1	kommerziell/mathem.-naturwissenschaftlich
BASIC	Beginners All-Purpose Symbolic Instruction Code	Programmierung im Dialog mit der DVA.
APL	A Programming Language	Programmierung im Dialog mit der DVA.
Pascal	Benannt nach dem Mathemathiker Pascal	Strukturierte Programmierung allgemeiner Probleme.

Eine z.B. als mathematische Formel dargestellte Anweisung kann eine Datenverarbeitungsanlage nicht direkt „verstehen“. Sie „versteht“ nur die Maschinensprache. Daher ist eine Übersetzung von der mathematischen Formelsprache in die Maschinensprache nötig. Da die Übersetzung nach festen Regeln abläuft, kann die Datenverarbeitungsanlage auch hier die Übersetzung selbst durch Verwendung eines geeigneten Programms vornehmen.

Prinzipiell können zwei Arten von Übersetzungsprogrammen unterschieden werden:

- **Compiler und**
- **Interpreter**

Der Übersetzungsvorgang läßt sich damit grafisch wie in Bild 2.2 darstellen.

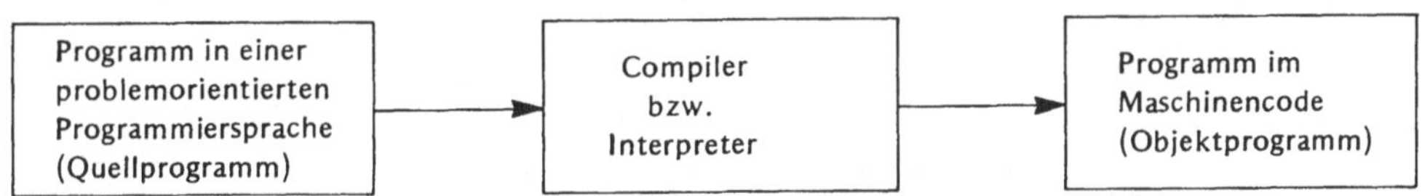

Bild 2.2 Übersetzung eines in einer problemorientierten Programmiersprache geschriebenen Programms in ein Maschinencodeprogramm.

2.3.1 Compiler

Compiler (engl. to compile: zusammensetzen) übersetzen in einem direkten Schritt einen Befehl der problemorientierten Programmiersprache nach dem anderen in den Maschinencode und speichern die übersetzten Maschinencodebefehle im Arbeitsspeicher der DVA.

Das in der problemorientierten Programmiersprache geschriebene Programm nennt man auch kurz *Quellprogramm,* das in den Maschinencode übersetzte Quellprogramm nennt man hingegen kurz *Objektprogramm.*

Liegt das Objektprogramm nach der Übersetzung vollständig vor, kann es, evtl. versehen mit den notwendigen Eingabedaten, ausgeführt werden. An den sog. *Übersetzungslauf* schließt sich somit der sog. *Rechenlauf* an[1]). Weiter ist zu vermerken, daß der Compiler i.a. noch eine Prüfung auf *formale Richtigkeit* der Anweisungen des Quellprogrammes vornimmt und die gefundenen Fehler nach der Übersetzung in einem Übersetzerprotokoll angibt, damit sie korrigiert werden können. Nach jeder Korrektur muß eine neue Übersetzung des gesamten Programms erfolgen. Den vollständigen Übersetzungsvorgang zeigt Bild 2.3.

---

1) Auf das i.a. ebenfalls notwendige „binden“ im sog. „Binderlauf“ soll hier nicht näher eingegangen werden.

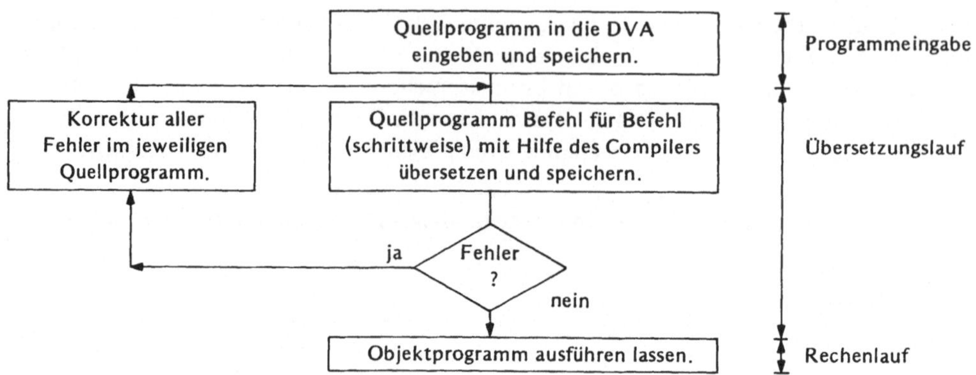

Bild 2.3 Übersetzung eines Quellprogrammes in ein Objektprogramm mit anschließender Ausführung

2.3.2 Interpreter

Interpreter (engl. to interprete: interpretieren, auslegen) übersetzen nach dem Start des Anwenderquellprogrammes jeweils einen Befehl in den Maschinencode. Anschließend wird der Befehl sofort ausgeführt, sofern er formal richtig ist. Ansonsten wird eine Fehlermeldung ausgegeben.

Anschließend wird der nächste Befehl übersetzt und ausgeführt usw., bis das Ende des Quellprogrammes erreicht ist.

Das Objektprogramm wird somit nicht im Arbeitsspeicher gespeichert. In Bild 2.4 wird die Arbeitsweise eines Interpreters grafisch dargestellt.

2.3.3 Vor- und Nachteile von Interpretern bzw. Compilern

- Nachteile von Interpretern gegenüber Compilern:

  Die Übersetzung eines Programmes (Befehle analysieren und auf formale Fehler überprüfen) beansprucht ca. 90 % der gesamten Bearbeitungszeit eines Programmes, d.h. der eigentliche Rechenlauf benötigt nur ca. 10 % der gesamten Bearbeitungszeit. Da bei Interpretern das gesamte Programm nicht getrennt übersetzt und anschließend ausgeführt wird, ist die gesamte Ausführungszeit bei Einsatz von Interpretern wesentlich länger als bei einem Programm, das infolge einer vorhergehenden Übersetzung schon im Maschinencode vorliegt und nur noch ausgeführt werden muß (compiliertes Programm).

- Vorteil von Interpretern gegenüber Compilern

  Geht man davon aus, daß eine DVA eine bestimmte Speicherkapazität aufweist und daß das Compiler- bzw. Interpreterprogramm etwa gleich umfangreich ist, so steht für Quellprogramme (Programme in einer problemorientierten Programmiersprache) bei einer Übersetzung mit Hilfe eines Interpreters mehr freier Speicherplatz zur Verfügung als bei der Übersetzung mit Hilfe eines Compilers, da bei einer Übersetzung mit Hilfe eines Compilers zusätzlich das Maschinencodeprogramm (Objektprogramm) im Arbeitsspeicher gespeichert werden muß (vgl. Bild 2.5).

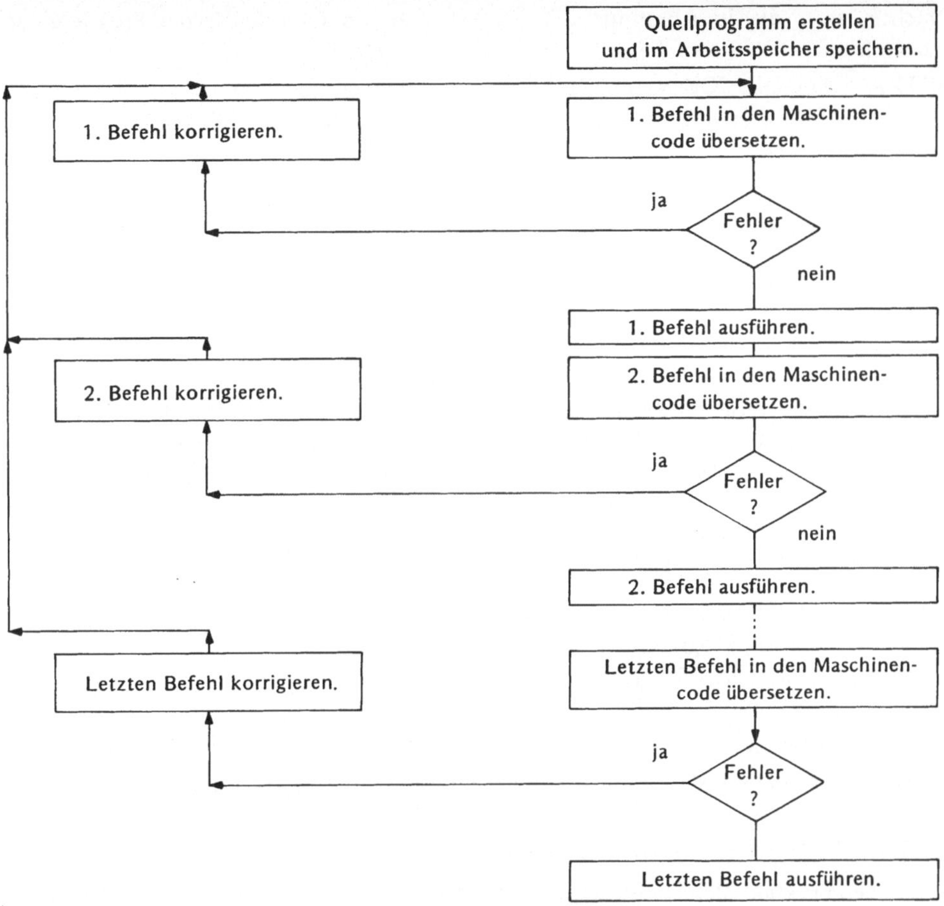

Quellprogramm erstellen und im Arbeitsspeicher speichern.

1. Befehl in den Maschinencode übersetzen.

Fehler ? — ja: 1. Befehl korrigieren. — nein:

1. Befehl ausführen.

2. Befehl in den Maschinencode übersetzen.

Fehler ? — ja: 2. Befehl korrigieren. — nein:

2. Befehl ausführen.

Letzten Befehl in den Maschinencode übersetzen.

Fehler ? — ja: Letzten Befehl korrigieren.

Letzten Befehl ausführen.

Bild 2.4 Übersetzung eines Quellprogrammes mit Hilfe eines Interpreters.

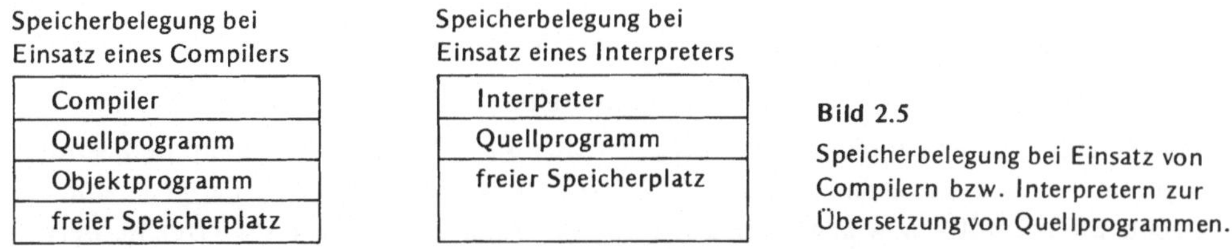

Bild 2.5
Speicherbelegung bei Einsatz von Compilern bzw. Interpretern zur Übersetzung von Quellprogrammen.

Der Einsatz von Interpretern eignet sich durch die schrittweise Ausführung der Befehle besonders gut für den *Dialogbetrieb* zwischen der DVA und dem Benutzer der DVA. Der Benutzer hat die Möglichkeit, über geeignete Eingaben jederzeit in den Ablauf des Programmes einzugreifen sowie auf Anforderungen der DVA zu reagieren u. dgl.

Betrachtet man die in Abschnitt 2.3 angegebenen problemorientierten Programmiersprachen hinsichtlich ihrer Übersetzer, so kann man feststellen:

FORTRAN, ALGOL, COBOL und PL 1 benutzen überwiegend Compiler zur Übersetzung, APL und BASIC überwiegend Interpreter. Dies ist jedoch nicht zwingend. Es gibt z.B. auch BASIC-Compiler.

2.4 Anforderungen an eine problemorientierte Programmiersprache

Die Hardware von Computern erlebte in den letzten beiden Jahrzehnten einen raschen technischen Aufschwung. Gleichzeitig wurde die früher so teure Hardware immer preisgünstiger. Dies ermöglicht nun auch Privatpersonen und kleineren Betrieben, sich ein eigenes Mikrocomputersystem zu leisten.

In der Softwaretechnologie wurden hingegen im gleichen Zeitraum keine derartigen Fortschritte gemacht. Die Kosten für die Software überschreiten heute schon z.T. die Hardwarekosten um ein Vielfaches. Eine wesentliche Reduzierung der *Gesamtkosten* in der Datenverarbeitung kann nur noch erfolgen, wenn man die Softwarekosten während der *gesamten Nutzungsdauer* optimiert. Hier helfen insbesondere Programmiersprachen, die in folgenden Punkten kostenoptimal sind:

- im Erlernen der Programmiersprache
- im Entwickeln von Programmen
- im Warten entwickelter Programme
- im Übertragen entwickelter Programme auf andere Anlagen
- in der Anwendung der Programmiersprache für möglichst viele Problembereiche.

Diese Punkte sollen im Folgenden näher betrachtet und erläutert werden.

2.4.1 Erlernbarkeit der Programmiersprache

Die heutigen Programmierer, insbesondere die Benutzer von Mikrocomputern, besitzen zu einem hohen Prozentsatz keine qualifizierte Vollausbildung, z.B. ein Informatikstudium. Man kann somit auch nicht erwarten, daß „ingenieurmäßig" bei der Softwareerstellung vorgegangen wird. Ziel muß es sein, heutige und zukünftige Programmierer entsprechend auszubilden. Dabei kann eine Programmiersprache sehr hilfreich sein, wenn sie

- leicht erlernbar ist
- und zu einem *guten Programmierstil* erzieht.

Ältere Programmiersprachen erfüllen insbesondere den letzten Punkt nicht.

Dies gilt auch für die Programmiersprache BASIC. Sie läßt Raum für einen „schlechten" Programmierstil. Dieses Buch hat zum Ziel, zu zeigen, wie auch mit Hilfe der Programmiersprache BASIC mit ein wenig Selbstdisziplin ein guter Programmierstil erreicht werden kann. Die Grundgedanken zeigen die folgenden Kapitel.

2.4.2 Entwicklung strukturierter Programme

- Bei *umfangreichen* Problemen muß die Programmiersprache in der Lage sein, die gedankliche, logische Struktur eines Problems *optimal* nachbilden zu können. Dazu muß sie über entsprechend *aussagekräftige Anweisungen* verfügen.

Falls derartig aussagekräftige Anweisungen nicht oder nur mangelhaft zur Verfügung stehen, wie zum Teil in der Programmiersprache BASIC, müssen die optimalen Anweisungen mit den vorhandenen Anweisungen *nachgebildet* werden. Dies führt i.a. zu einer stets gleichbleibenden Folge von Anweisungen, die im Programm verwendet werden sollten.

- Weiterhin gehört es zum natürlichen Denkprozeß, ein umfangreiches Problem in mehrere kleine Teilprobleme zu zerlegen, um diese gesondert betrachten zu können. Diese *strukturierte Betrachtungsweise* mit schrittweiser Verfeinerung von Problemen sollte ebenfalls von einer modernen Programmiersprache unterstützt werden, indem sie die Strukturierung von Problemen ermöglicht und *deutlich sichtbar macht*. Durch die größere Übersichtlichkeit bei der Programmentwicklung wird diese dadurch auch selbst beschleunigt.

Die Entwicklung strukturierter Programme in BASIC ist nicht selbstverständlich, da sie von der Programmiersprache selbst nicht unterstützt wird. Ziel des Buches ist es, zu zeigen, wie dennoch auch in BASIC strukturierte Programme entwickelt werden können.

2.4.3 Wartung entwickelter Programme

Umfangreiche neu entwickelte Programme sind trotz aller Sorgfalt i.a. nicht vollkommen fehlerfrei. Die meist *logischen Programmierfehler* nehmen exponentiell mit der Einsatzzeit der Programme ab. In der ersten Zeit werden vergleichsweise viele Fehler entdeckt und beseitigt. Einige wenige Fehler werden jedoch erst nach recht langer Zeit bemerkt und beseitigt. Ein übersichtliches, strukturiert aufgebautes Programm trägt, wie schon vorher geschildert, dazu bei, daß sich schon bei der Programmentwicklung weniger Fehler in das Programm „einschleichen". Es ist aber genauso wichtig, Fehler, die sich erst durch „falsche Ergebnisse" zu erkennen geben, anschließend im Programm leicht ausfindig machen zu können. Dazu muß das Programm

- übersichtlich,
- leicht lesbar und
- verständlich sein.

Ein Programm sollte sich somit möglichst gut *selbst* dokumentieren. Eine zusätzliche *Dokumentation* kann vielfach entfallen, wenn das Programm *strukturiert* aufgebaut ist und die Programmiersprache eine zweckmäßige *Ausdrucksmöglichkeit* bietet.

Programmwartung bedeutet jedoch nicht nur Fehlerbeseitigung. Folgender Aspekt spielt ebenfalls eine wichtige Rolle:

Eine Problemlösung mit Hilfe einer Datenverarbeitungsanlage bietet im Prinzip den Vorteil, daß die Software leicht änderbar ist (vgl. Abschn. 1.7). Daher besteht zu Recht der Wunsch, eine vorhandene Software auch tatsächlich zu verändern, um sie den jeweiligen speziellen Anforderungen des Benutzers anzupassen. Es werden somit häufig Erweiterungen oder *Änderungen des Programmes* gewünscht. Dadurch fallen Änderungskosten an. Der Programmierer, der die Programme ändern soll, ist i.a. nicht der Entwickler der ursprünglichen Software. Ist das ursprüngliche Programm schwer verständlich oder nicht leicht überschaubar, wird es entsprechend lange dauern, bis die Änderungen vorgenommen sind. Entsprechend hoch sind die Änderungskosten. Vielfach versucht ein Programmierer aus diesen Gründen gar nicht erst, ein Programm zu ändern. Er entwickelt schon bei geringfügig geänderter Aufgabenstellung ein vollkommen neues Programm. Die ehemals teure Software wird somit zum „Wegwerfprodukt". Somit gilt auch bei der Wartung entwickelter Programme die Zielsetzung:

Programme müssen übersichtlich, sich selbst dokumentierend geschrieben werden, damit die leichte Änderbarkeit der Software im Wesen erhalten bleibt. Diese Zielsetzung muß eine moderne Programmiersprache unterstützen.

2.4.4 Übertragung entwickelter Programme auf andere Anlagen

Nach einigen Betriebsjahren wird sich der Benutzer einer DVA fragen müssen, ob er seine Hardware nicht gegen einen leistungsfähigeren Typ austauschen sollte. Er muß sich dabei jedoch auch fragen, ob seine Software dabei unverändert bleiben kann. Höhere Programmiersprachen sind weitgehend von der DV-Hardware unabhängig (vgl. Abschn. 2.3). Es gibt jedoch keine höhere Programmiersprache, die vollkommen anlagenunabhängig wäre. Dies hängt z.T. von der Reife der Sprache ab. Ältere Programmiersprachen haben i.a. einen hohen Standardisierungsgrad, d.h. sie sind vielfach genormt und die Hersteller der Compiler halten sich an diese Norm. Jüngere Programmiersprachen sind meist noch nicht ausgereift und der Standardisierungsgrad ist gering.

Dies letztere gilt leider auch für die Programmiersprache BASIC. Sie weist sehr viele *Dialekte* auf. Ein Ausweg aus diesem Dilemma wäre, auf spezielle BASIC-Befehle zu verzichten und dafür, vielfach etwas umständlicher, diese Befehle mit allgemein üblichen Befehlen zu umschreiben (vgl. auch Abschn. 2.4.2).

2.4.5 Universelle höhere Programmiersprache

Die Trennung der höheren Programmiersprachen in mathematisch-naturwissenschaftlich orientierte und kaufmännisch orientierte Programmiersprachen ist nicht wünschenswert. Optimaler wäre eine Programmiersprache, die für möglichst viel Problem einsetzbar ist. Dies fördert den Einsatz standardisierter Programme für ähnlich gelagerte Probleme in unterschiedlichen Problembereichen.

3 Betriebssysteme

3.1 Einbenutzersysteme

Nach den bisherigen Ausführungen stehen dem Benutzer (Anwender) einer DVA die *Hardware* und gewisse *Anwenderprogramme* zur Verfügung. Falls diese Anwenderprogramme in einer problemorientierten Programmiersprache vorliegen, können *Übersetzerprogramme* eingesetzt werden, um das sog. *Quellprogramm* in der problemorientierten Programmiersprache in ein *Objektprogramm* (Maschinensprache) zu übersetzen.

Die DVA verarbeitet nun die Daten mit Hilfe des vorgegebenen Programms und gibt die Ergebnisse (Ausgabedaten) aus. Bei diesem Zusammenspiel ergeben sich eine Vielzahl von organisatorischen Problemen:

- Wie erkennt die Hardware, daß Programme und Daten eingegeben werden sollen?
- Wie erkennt die Hardware, von welchem Eingabegerät die Programme und Daten eingegeben werden sollen, falls mehrere Alternativen bestehen?
- Woraus entnimmt die Hardware, auf welchem Ausgabegerät Daten und Meldungen auszugeben sind?
- Wie entscheidet und merkt sich die Hardware, wo die Programme und Daten im Arbeitsspeicher gespeichert werden sollen?
- Wie entscheidet und merkt sich die Hardware, wo die Programme und Daten auf externen Speichern abgespeichert werden sollen?
- Wie erkennt die Hardware, daß ein Programm zum Rechenlauf gestartet werden soll?

Diese Aufzählung von organisatorischen Fragen ließe sich noch um viele Fragen ergänzen.

All diese komplexen organisatorischen Probleme werden nicht *nur* von der Hardware der DVA, z.B. vom Steuerwerk, gelöst. Da es für diese organisatorischen Probleme einen Lösungsalgorithmus gibt, lassen sich für diese Algorithmen auch spezielle Programme schreiben.

Das Hilfsprogramm, das den Komfortablen Betrieb zwischen der Hardware der DVA, dem Anwenderprogramm und dem Benutzer organisiert, nennt man Betriebssystem (auch Organisationsprogramm, engl.: Operating System, kurz OS).

Wenig komplexe Betriebssysteme nennt man vielfach auch *Monitor.* Der Monitor ermöglicht zumindest die wichtigsten Grundfunktionen, d.h. Programme und Daten einlesen (laden) und speichern.

Elementare Aufgaben für Betriebssysteme einer jeden DVA sind z.B.:

- Ablaufsteuerung

  Die Programmbearbeitung muß vom Anwender gezielt eingeleitet werden können. Nach Beendigung des Programmes muß der Anfangszustand wieder eingenommen werden. Dies muß für den Anwender zu erkennen sein.

Ein laufendes Programm muß vom Anwender auch vor Beendigung des Programmes abgebrochen werden können. Dazu muß das Betriebssystem die Tastatur bzw. bestimmte Tasten in gewissen Abständen nach einem Abbruchbefehl abfragen.

- Ein- und Ausgabesteuerung

  Ein- und Ausgabegeräte bieten die Daten oft in verschiedener Form an (z.B. Daten von der Tastatur i.a. im ASCII-Code (vgl. Kap. 1.2.1), Daten vom Lochstreifen im Baudot-Code, Daten von der Lochkarte im Hollorith-Code). Dadurch ist es vielfach nötig, die Form der Daten der Ein- und Ausgabegeräte an die interne Form der Daten in der DVA anzupassen, d.h. umzucodieren.

  Ein- und Ausgabegeräte liefern Daten außerdem z.T. parallel, z.T. seriell. Auch hier ist eine Anpassung nötig.

  Weiterhin können durch eine entsprechende Codierung bei manchen Daten Übertragungsfehler erkannt und z.T. korrigiert werden. Diese Überprüfung übernimmt die Ein- und Ausgabesteuerung z.B. ebenfalls.

- Arbeitsspeicherverwaltung

  Das Betriebssystem legt die Programme und Daten an einer vom Betriebssystem vorgegebenen Stelle im Arbeitsspeicher ab. Der Anwender hat darauf i.a. keinen Einfluß. Da die Programme i.a. nicht in der Maschinensprache geschrieben werden, müssen die verwendeten symbolischen Adressen in absolute Speicheradressen umgerechnet werden.

Betriebssysteme stellen ihre Leistung dem Anwender zur Verfügung, indem sie ihm viele Routineaufgaben abnehmen.

Um das Betriebssystem zu den verschiedensten Tätigkeiten gezielt zu veranlassen, bedient man sich der sog. Kommandosprache.

Einige gewünschte *Kommandos* lassen sich mit Hilfe der Eingabeeinheit durch Drücken *spezieller Tasten* eingeben. Vielfach müssen aber auch die Kommandos mit Hilfe von *Kommandoworten* eingegeben werden. Dazu werden die entsprechenden Buchstabentasten auf der Eingabeeinheit gedrückt.

Durch Drücken der Spezialtaste RUN kann der Mikrocomputer z.B. veranlaßt werden, ein gespeichertes Programm ablaufen zu lassen u. dgl. (teilweise müssen auch die Tasten R, U und N nacheinander gedrückt werden).

Der Bedienungskomfort, den DVA's heute bieten, ist meist auf die Qualität der Betriebssysteme zurückzuführen.

Beispiele dafür sind z.B.:

- HELP-Routinen (Hilfsroutinen),

  Mit sog. HELP-Routinen kann man sich z.B. die möglichen Kommandos der Kommandosprache auflisten und erläutern lassen, so daß Handbücher weitgehend überflüssig werden.

- EDITOR-Programme,

  Mit Hilfe eines sog. EDITOR's lassen sich Anwenderprogramme komfortabel entwickeln, d.h. über eine Tastatur eingeben und falls nötig, mit einfachen Kommandos schnell korrigieren.

- Programme, die die Zusammenarbeit mit externen Speichern organisieren.
  Vielfach reicht der interne Speicher (Arbeitsspeicher) für die Gesamtheit der zu erfüllenden Aufgaben nicht aus, bzw. die Programme und Daten sollen auch nach dem Abschalten der DVA noch sicher gespeichert sein. Aus diesen Gründen werden Daten und Programme in Form von sog. *Dateien*[1]) (engl.: file) auf externen Speichern abgelegt. Der Benutzer muß sich keine Gedanken machen, wo und wie diese Dateien abgelegt werden. Dies erledigt für ihn das Betriebssystem. Aufgrund einfacher Kommandos, die vom Anwender gegeben werden, werden Dateien angelegt (eingerichtet), gelöscht, mit Daten bzw. Programmen gefüllt, verändert, verkettet, kopiert usw.

Wird eine DVA mit einem entsprechenden Betriebssystem versehen, kann eine DVA unter gewissen Voraussetzungen besser oder anders genutzt werden.

Beispiele dafür sind:

- Mehrfachbenutzersysteme (Time-Sharing-Systeme) bzw.
- Echtzeitsysteme (Real-Time-Systeme)

3.2 Mehrfachbenutzersysteme

Mehrfachbenutzersysteme gestatten die gleichzeitige Benutzung *einer* DVA durch *mehrere* Benutzer. Dies stellt die Verwaltung der Ein- und Ausgabegeräte bzw. die Speicherverwaltung vor zusätzliche Probleme.

- Ein- und Ausgabe-Verwaltung
  Durch die vielen Ein/Ausgabegeräte, die an einer einzigen DVA angeschlossen sind, fällt dem Betriebssystem hier zusätzlich die Aufgabe zu, die Ein/Ausgabegeräte so zu verwalten, daß jedem Ein- und Ausgabegerät bei Bedarf für eine bestimmte Zeit die Zentraleinheit zugeordnet wird. Der Anwender merkt von diesem nur zeitweiligen Anschluß der Ein- und Ausgabegeräte an die Zentraleinheit kaum etwas, denn bedingt durch die mechanische Ein- und Ausgabe ist die Zentraleinheit um Zehnerpotenzen schneller.
  Beispiel:
  Zwischen zwei Anschlägen eines Druckers vergeht z.B. 1 ms[2]). Zur Ausführung eines Additionsbefehls wird ca. 1 μs[3]) benötigt. Somit können zwischen zwei Anschlägen eines Druckers ca. 1000 Additionen ausgeführt werden.

- Speicherverwaltung
  Die Verwaltung des begrenzten Speichers in der Zentraleinheit ist hier besonders problematisch, denn es ist einzusehen, daß nicht *alle* Programme von *allen* Benutzern in *voller* Länge im *Arbeits*speicher stehen können, sondern immer nur Teile der Programme, oft in verschiedenen Speicherbereichen.

---

1) Nähere Erläuterung siehe Anhang A1.
2) 1 ms ist eine Millisekunde (10^{-3} s).
3) 1 μs ist eine Mikrosekunde (10^{-6} s).

3.3 Echtzeitsysteme

Bei der Steuerung von technischen Prozessen müssen i.a. mehrere Vorgänge (Prozesse) quasi *gleichzeitig* (in sog. Echtzeit) gesteuert und geregelt werden. Dazu müssen i.a. bestimmte Zeitbedingungen und Prioritäten eingehalten werden. Bei der Steuerung bzw. Regelung mit Hilfe sog. Prozeßrechner übernimmt diese Organisation ebenfalls ein entsprechendes Betriebssystem.

3.4 Firmware

Kleinere Betriebssysteme werden vielfach im Maschinencode oder der zugehörigen Assemblersprache geschrieben. Sie werden in *Festwertspeichern* (ROM's)[1]) abgelegt. Somit ist die Software hardwaremäßig festgelegt. Diese Form, die zwischen Hard- und Software liegt, nennt man auch *Firmware*. Sie ist vergleichsweise einfach und damit billig. Würde man eine andere dauerhafte Speicherung, z.B. auf einer Diskette[2]) vorsehen, so wäre dies bei billigen Mikrocomputern aufwendiger, denn die Diskette benötigt für die Organisation des eigenen Betriebs schon ein aufwendiges Betriebssystem. Dies lohnt sich daher erst ab einer bestimmten Ausbaustufe eines Mikrocomputers, die dann die externe Speicherung von Programmen und Daten auf Disketten vorsieht und daher das umfangreichere Betriebssysteme benötigt. Derartige Betriebssysteme werden dann wegen der Komplexität i.a. in höheren Programmiersprachen formuliert.

Nach diesen allgemeinen Ausführungen soll im folgenden Kapitel beispielhaft etwas näher auf ein spezielles Betriebssystem für Mikrocomputer eingegangen werden.

3.5 Betriebssysteme von Mikrocomputern

Für viele der heute angebotenen Mikrocomputer wird von Haus aus ein Betriebssystem mitgeliefert, das sich von dem Betriebssystem anderer Mikrocomputer unterscheidet. Vielfach ist es sogar so, daß bei einem Modellwechsel oder bei einer Erweiterung der Modellpalette schon bei einem Hersteller unterschiedliche Betriebssysteme verwendet werden.

Insgesamt führt dies dazu, daß einerseits

- für gleiche Betriebssystemfunktionen von der Schreibweise her unterschiedliche Kommandos angegeben werden müssen,
- bzw. manche Betriebssystemfunktionen fehlen bzw. zusätzliche vorhanden sind.

Der Anwender muß sich daher i.a. bei jedem Mikrocomputer neu in die Anwendung des jeweiligen Betriebssystems und seine Kommandosprache einarbeiten. Dies ist nicht das Ziel dieses Buches und es soll daher nicht weiter darauf eingegangen werden.

---

1) Nähere Erläuterung siehe Anhang A1.
2) Vgl. Kap. 4.5.

Etwas anders verhält es sich mit dem CP/M-Betriebssystem (Control Program for Microcomputers)[1]. Es wird i.a. nicht standardmäßig vom Hersteller mitgeliefert, sondern muß extra gekauft werden. Der Vorteil ist, daß es sich im Laufe der Zeit zum „Quasi-Standard-Betriebssystem" für 8-Bit-Prozessoren entwickelt hat.

Das CP/M-Betriebssystem ist i.a. als Programmpaket auf einer Diskette gespeichert und muß zu Beginn der Arbeit in den Computer geladen werden. Neuerdings existieren aber auch Halbleiterbausteine, die das CP/M-Betriebssystem beinhalten (Firmware).

3.6 Dialog zwischen Mikrocomputer und Mikrocomputerbenutzer

Während der gesamten Arbeit am Mikrocomputer führt der Benutzer eine Art Dialog mit dem Mikrocomputer (genauer: seinem Betriebssystem). Dies soll die Abfolge folgender Schritte zeigen, die in der Regel aufeinander folgen, wenn ein Programmierer ein Programm von einem Mikrocomputer bearbeiten lassen will:

SCHRITT 1: **Einschaltung**

Der Benutzer schaltet den Mikrocomputer ein.

SCHRITT 2: **Bereitmeldung des Mikrocomputers**

Der Mikrocomputer meldet sich mit einer Anzeige auf dem Bildschirm, daß er zur Bearbeitung von Programmen bereit ist (z.B. durch Ausgabe des Wortes "READY" bzw. "OK" oder durch Symbole wie z.B. ⊢, > o.ä.)

SCHRITT 3: **Eingabe des Programmes**

Das Programm wird Anweisung für Anweisung vom Benutzer eingegeben. Damit der Mikrocomputer weiß, wann eine Anweisung zu Ende ist und wann eine neue Anweisung beginnt, muß im allgemeinen nach jeder Anweisung eine spezielle Taste (RETURN, ENTER[2]) oder ähnlich) betätigt werden. Durch Betätigen dieser Taste wird die jeweils letzte Programmzeile im Arbeitsspeicher des Mikrocomputers gespeichert. Der Cursor geht zum Anfang der nächsten Programmzeile, die anschließend eingegeben werden kann usw. Jedes Programm muß i.a. mit einer Programm-Ende-Anweisung abgeschlossen sein. Mit Hilfe dieser Anweisung wird dem Mikrocomputer mitgeteilt, wann das Programm zu Ende ist.

SCHRITT 4: **Programmlauf (Rechenlauf)**

Nachdem das Programm im Speicher des Mikrocomputers vorliegt, kann das Programm ausgeführt werden. Mit Hilfe eines RUN-Kommandos (meist eine spezielle Taste) gibt der Benutzer dem Mikrocomputer zu erkennen, daß das eingegebene Programm ausgeführt werden soll. Der Mikrocomputer bearbeitet nun einen Befehl nach dem anderen (z.B. mit Hilfe des Interpreters), d.h. er übersetzt jeden einzelnen Befehl und führt ihn anschließend sofort aus.

---

[1] W. Schneider: Einführung in die Anwendung des Betriebssystems CP/M, Vieweg Verlag, Braunschweig.

[2] Teilweise ist anstelle der Aufschrift RETURN bzw. ENTER auf der Taste einfach ein Symbol aufgebracht, wie z.B. ↵.

Stellt der Mikrocomputer während der Übersetzung formale Fehler in der Programmzeile fest, so wird eine Fehlermeldung ausgegeben und der Programmlauf abgebrochen. Der Mikrocomputer meldet sich mit READY oder ähnlich, d.h. er wartet auf neue Befehle, z.B. zur Korrektur der Programmzeile (vgl. Kap. 2.3.2).

Nach Abschluß der Korrektur muß der Rechenlauf mit Hilfe des RUN-Kommandos erneut gestartet werden.

SCHRITT 5: **Eingabe der Daten**

Wenn der Mikrocomputer eine Eingabe-Anweisung für Daten (z.B. eine INPUT-Anweisung) während des Rechenlaufes bearbeitet, gibt er auf dem Bildschirm ein Fragezeichen (?) aus. Der Mikrocomputer erwartet nun, daß der Benutzer die erforderlichen Daten eingibt. Der Benutzer des Mikrocomputers gibt die Daten, durch Kommas getrennt, über die Tastatur ein. Sind alle Daten eingegeben, wird die RETURN-Taste gedrückt. Damit ist der Eingabevorgang beendet. Der Mikrocomputer verarbeitet anschließend diese Werte programmgemäß.

SCHRITT 6: **Ausgabe der Ergebnisse**

Nach dem Rechenlauf werden die Ergebnisse der Programmbearbeitung von dem Mikrocomputer i.a. auf dem Bildschirm, Drucker o.ä. ausgegeben.

SCHRITT 7: **Warten auf neue Aufgaben**

Nach der Ausgabe der Ergebnisse teilt der Mikrocomputer dem Benutzer z.B. durch "READY" o.ä. mit, daß er das Problem für gelöst hält und auf neue Aufgaben wartet.

Soll nun das gleiche Programm noch einmal mit anderen Daten bearbeitet werden, so wiederholen sich die Schritte 4 bis 7.

Soll ein neues Programm eingegeben werden, so wird zunächst das alte Programm im Arbeitsspeicher gelöscht (Kommando NEW) und es wiederholen sich die Schritte 2 bis 7.

Nähere Angaben enthalten die Bedienungshandbücher der Hersteller.

4 Ausstattung von Mikrocomputern

4.1 Eingabetastatur

Alle Mikrocomputer besitzen, im Gegensatz z.B. zu programmierbaren Taschenrechnern, eine ASCII-Tastatur. ASCII ist eine Abkürzung und steht für American Standard Code of Information Interchange, was soviel bedeutet wie „Amerikanischer Normcode für Nachrichtenaustausch". Dieser Code verschlüsselt, vereinfacht gesagt, die *alphanumerischen*[1]) Zeichen, d.h. die Ziffern, Buchstaben und Sonderzeichen, die auf den gebräuchlichen Schreibmaschinen zu finden sind, in einen dem Computer verständlichen Code.

Die Anordnung der *Buchstabentasten* entspricht weitgehend der Anordnung der Tasten bei handelsüblichen Schreibmaschinen. Allerdings fehlen meist Zeichen wie ä, ö und ü, die somit durch zwei Zeichen wie ae, oe und ue dargestellt werden müssen. Außerdem ist meist die Lage von Z und Y ausgetauscht. Dies liegt daran, daß die Mikrocomputer im allgemeinen amerikanischen Ursprungs sind und dies dort die normale Anordnung der Tasten ist. Bei deutschen Herstellern wird i.a. auch der deutsche Zeichensatz und eine Anordnung der Tasten nach der Deutschen Industrie-Norm verwendet (sog. DIN-Tastatur).

Die Ziffern sind zusätzlich vielfach in einem besonderen *numerischen Tastenfeld* zusammen mit den Rechenoperatoren zusammengefaßt, wie dies von Taschenrechnern bekannt ist.

Die Zahl und Lage der Tasten der *Sonderzeichen* ist sehr unterschiedlich, so daß hier keine allgemeinen Hinweise gegeben werden können.

Außerdem enthält das Tastenfeld der Mikrocomputer im allgemeinen noch *Spezialtasten*, die beim Programmieren und beim Programmablauf häufig benötigt werden (z.B. Tasten für Betriebssystemkommandos, Tasten zur Steuerung des Cursors u. dgl.). Ein Beispiel zeigt Bild 4.1.

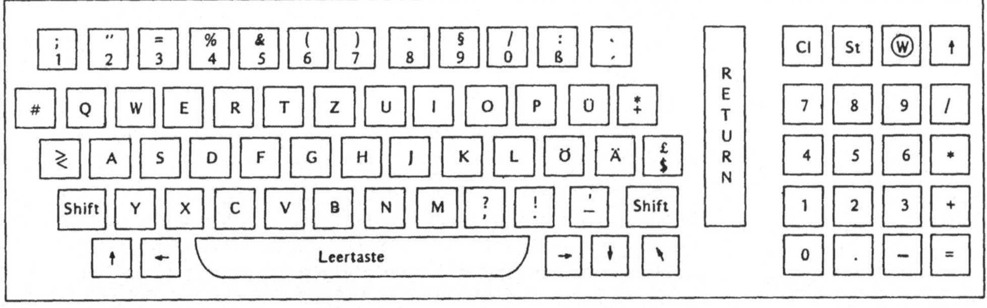

Bild 4.1 Beispiel einer Eingabetastatur nach DIN

1) Nähere Erläuterung siehe Anhang A1.

Die Eingabetastatur nach Bild 4.1 enthält z.B. folgende besonderen Funktionstasten:

Funktionstasten	Erläuterung
(Leertaste)	Leertaste: Wird diese Taste gedrückt, wird ein Leerzeichen (engl.: Blank, Space) ausgegeben. Es belegt den Platz für ein Zeichen, ohne ein tatsächlich sichtbares Zeichen auszugeben. Es wird verwendet, um Zwischenräume zwischen Zeichen angeben zu können.
Cursor Tasten: [↑] [↓] [←] [→] [↖]	Cursor-Tasten: Der Cursor ist i.a. eine rechteckige Lichtmarke auf dem Bildschirm, teilweise auch ein Strich bzw. ein Punkt. Er zeigt an, wo das nächste Zeichen, das eingegeben wird, auf dem Bildschirm ausgegeben wird. Mit Hilfe der Cursor-Tasten kann der Cursor auf dem Bildschirm bewegt werden. [←] Der Cursor bewegt sich bei einmaligem Betätigen um eine Stelle nach links. [→] Der Cursor bewegt sich bei einmaligem Betätigen um eine Stelle nach rechts. [↑] Der Cursor bewegt sich bei einmaligem Betätigen auf die eine Zeile darüber liegende Stelle. [↓] Der Cursor bewegt sich bei einmaligem Betätigen auf die eine Zeile darunter liegende Stelle. [↖] Der Cursor begibt sich zum linken obersten Punkt des Bildschirms (engl.: Cursor Home)
Umschalttaste: (Shift)	Umschalttaste: Einige Tasten sind mit 2 Zeichen belegt. Möchte man die Zeichen der zweiten Tastenebene (auf der Taste *oben* angeordnete Zeichen) eingeben, so muß man gleichzeitig die Shift-Taste drücken. Für eine dauerhafte Umschaltung auf die zweite Tastenebene gibt es teilweise auch eine „Shift Lock"-Taste.
Abschlußtaste: (RETURN)	Abschlußtaste: Diese Taste muß immer gedrückt werden, wenn eine Anweisung eines Programmes fertig „eingetastet" ist und in den Arbeitsspeicher des Mikrocomputers übertragen werden soll. Teilweise wird die Taste auch anders gekennzeichnet, z.B. durch ENTER oder symbolisch durch ein Zeichen wie z.B. ↵. Auch Kommandos an das Betriebssystem werden i.a. so abgeschlossen.
Bildschirmlöschtaste: [Cl]	Bildschirmlöschtaste: Bei Betätigung dieser Taste (Cl ist die Abkürzung für engl. clear d.h. löschen) wird der Bildschirm gelöscht, nicht jedoch das Programm im Arbeitsspeicher.
Stoptaste: [St]	Stoptaste: Durch Betätigung dieser Taste (St ist die Abkürzung für engl. Stop) kann der Programmablauf abgebrochen werden. Es wird anschließend ein definierter Zustand eingenommen. Teilweise findet man auch Tasten, die den Programmablauf nur unterbrechen (BREAK). Durch Betätigung einer anderen Taste kann der Programmlauf später wieder fortgesetzt werden (CONTINUE).
Wiederholtaste: [Ⓦ]	Wiederholtaste: Vielfach ist es praktisch, ein eingegebenes Zeichen mehrfach wiederholen zu lassen. Dazu dient die sog. Wiederholtaste. Solange diese Taste gedrückt wird, wird das letzte eingegebene Zeichen wiederholt. Bei einigen Tastaturen geschieht dies auch ohne besondere Taste automatisch durch *längeres* Drücken auf die gewünschte Taste.

Dies sind nur *Beispiele* für spezielle Funktionstasten. Im Einzelfall kann es noch wesentlich mehr Funktionstasten geben.

4.2 Magnetbandkassettenrecorder

Bei vielen gebräuchlichen Mikrocomputern wird im allgemeinen ein Magnetbandkassettenrecorder, der vielfach in das Gehäuse des Mikrocomputers integriert ist, mitgeliefert. Er dient zur externen Speicherung von Programmen und Daten. Einmal entwickelte Programme können z.B. auf der Kassette gespeichert werden und brauchen, falls sie wieder benötigt werden, nicht noch einmal mühsam über die Tastatur eingegeben werden. Ebenso lassen sich auch an anderer Stelle entwickelte und auf einer Kassette abgespeicherte Programme auf dem eigenen Mikrocomputer ohne eigene Programmierung einsetzen. Dies ist für einen reinen Benutzer eines Mikrocomputers ohne jegliche Programmierkenntnis besonders interessant.

4.3 Bildschirm

Die Programme, die geschrieben werden, sowie die Ergebnisse, die sich bei der Bearbeitung der Programme ergeben, werden bei den Mikrocomputern im allgemeinen auf einem Bildschirm ausgegeben. Teilweise muß der Mikrocomputer dazu über einen speziellen Anschluß an einen handelsüblichen Fernseher angeschlossen werden. Teilweise ist jedoch schon der Bildschirm im Mikrocomputer eingebaut.

Die Zahl der Zeichen, die auf einem Bildschirm dargestellt werden können, ist sehr unterschiedlich. Auf kleinen Bildschirmen lassen sich ca. 40 Zeichen pro Zeile darstellen, auf größeren ca. 80 Zeichen pro Zeile. Günstig ist ein Bildschirm mit 24 Zeilen und mit 80 Zeichen pro Zeile, da diese Zeichenzahl der Zahl der Zeichen entspricht, die auf einem DIN-A4-Blatt in einer Zeile untergebracht werden können.

4.4 Drucker

Drucker zur Dokumentation der Programme bzw. der Ergebnisse, die sich bei der Bearbeitung eines Programmes ergeben, gehören in der Regel nicht zur Standardausstattung von Mikrocomputern. Sie lassen sich aber als Zubehör käuflich erwerben. Teilweise muß Spezialpapier verwendet werden, wenn es sich um Thermo- oder Metallpapierdrucker handelt. Wer diese Anschaffung zunächst scheut, kann sich behelfen, indem er z.B. das Programm vom Bildschirm mit einer Sofortbildkamera fotografiert.

4.5 Floppy Disk (Diskette)

Bei großen Datenmengen ist der Kassettenrecorder als externer Speicher vielfach zu langsam, weil immer erst die entsprechende Stelle auf dem Band gesucht werden muß. Im Extremfall muß solange gewartet werden, bis das Band vom Anfang bis zum Ende durchgelaufen ist. Dies kann viele Minuten dauern. Der Floppy Disk ist ein externer Speicher, bei dem die Daten hingegen in Bruchteilen von Sekunden aufgefunden werden können (Bild 4.2).

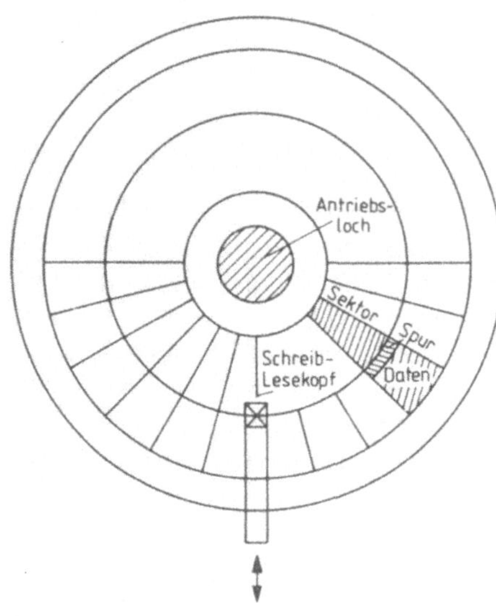

Bild 4.2
Prinzipieller Aufbau einer Floppy-Disk (Diskette)

Ein Floppy Disk, vielfach auch *Diskette* genannt, kann man sich wie eine Art Schallplatte vorstellen, jedoch ohne Rillen. Statt dessen befindet sich auf der Oberfläche eine magnetisierbare Schicht, ähnlich wie bei einem Tonband. Die Daten werden in konzentrischen Kreisen, sog. Spuren, auf der magnetisierbaren Scheibe (engl. *disk*) gespeichert bzw. von der Scheibe gelesen. Dazu dient ein sog. Schreib-Lese-Kopf, der quer zur Scheibe verschoben werden kann. Dieser *Schreib-Lese-Kopf* wird z.B. beim Lesen der Daten über der Spur mit den gewünschten Daten positioniert. Anschließend muß nur noch abgewartet werden, bis die gewünschten Daten infolge der Drehung der Scheibe unter dem Schreib-Lese-Kopf erscheinen.

Wie beim Tonband ist es auch bei einer Floppy Disk notwendig, den Schreib-Lese-Kopf auf die Oberfläche der Diskette zu pressen. Damit der Verschleiß der dünnen Magnetschicht nicht zu groß wird, wählt man einerseits kein starres Material für die Scheibe, sondern einen „flexiblen" Kunststoff (daher der englische Name „floppy"-disk), der jedoch keinesfalls „weich" ist. Andererseits wird der Schreib-Lese-Kopf nur angedrückt, wenn die Diskette mit Daten beschrieben werden soll bzw. wenn Daten gelesen werden sollen.

Um die Daten auf der Diskette zu ordnen, wird die Diskette in sog. *Sektoren* aufgeteilt. Dies geschieht teilweise hardwaremäßig, z.B. durch Löcher in der Diskette, üblicherweise jedoch softwaremäßig durch eine Codierung (*Formatierung*).

Eine feste *Hülle* schützt die Diskette ständig vor Staub, vor mechanischen Beschädigungen usw.

Von außen ist nur noch ein Loch für den Antrieb der Scheibe, ein Langloch quer zu den Spuren zum Zugriff auf die auf der Scheibe gespeicherten Daten und ein sog. Indexloch, das den physikalischen Anfang für alle Spuren auf die Diskette angibt, zugänglich (vgl. Bild 4.3).

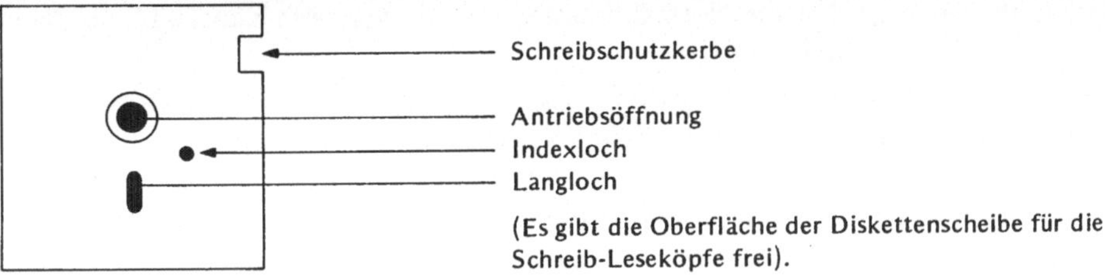

Bild 4.3 Diskette in fester Hülle.

Außerdem tastet das Mini-Floppy-Laufwerk eine sog. *Schreibschutzkerbe* der Floppy-Disk ab. Wenn sie durch einen nicht durchsichtigen Aufkleber überdeckt ist, können Daten und Programme auf sie geschrieben und auch wieder gelesen werden. Wenn dieser Aufkleber entfernt wird, ist nur das Lesen der Diskette möglich. Damit kann ein nicht erwünschtes Überschreiben der Daten und Programme verhindert werden. Manchmal ist die Interpretation der Schreibschutzkerbe jedoch genau umgekehrt. Das jeweilige Benutzerhandbuch gibt darüber genau Auskunft.

Wichtige technische Angaben für Disketten sind:

- die Speicherkapazität und
- die Zugriffszeit zu den gespeicherten Daten.

Die Zugriffszeit hängt ab:

– von der Zeit, die der Schreib-Lese-Kopf benötigt, um sich von Spur zu Spur bis zur gewünschten Spur fortzubewegen,
– von der Anzahl der Spuren auf einer Diskette und
– von der Umdrehungsgeschwindigkeit der Diskette.

Nach Speicherkapazität und Zugriffszeit unterscheidet man heute im wesentlichen zwei Disketten-Typen:

- die Normaldiskette (8″)[1]
- die Minidiskette (5 1/4″)

Die unterschiedlichen Daten zeigt folgende Tabelle:

	Normaldiskette	Minidiskette
Durchmesser	8″ (8 Zoll)	5 1/4″ (5 1/4 Zoll)
Anzahl der Spuren	77	40
Umdrehungsgeschwindigkeit	360 U/min	300 U/min
Mittlere Zugriffszeit	ca. 250 ms	ca. 450 ms
Speicherkapazität	ca. 256 K Byte	ca. 160 K Byte

[1]) Zoll ist ein Längenmaß (engl. inch). Als Kennzeichen für das Zollmaß wird i.a. das Zeichen ″ verwendet. 1 Zoll entspricht 2,54 cm.

Wie daraus abzulesen ist, hat die Normaldiskette etwa die doppelte Kapazität, wie die in der Tabelle angeführte Minidiskette.

Natürlich gibt es auch hier eine technische Fortentwicklung, so z.B. Minidisketten mit ca. 100 Spuren und die Ausnutzung beider Seiten der Diskette zur Datenspeicherung (double sided).

Eine weitere technische Entwicklung geht in Richtung *Mikrodiskette* mit 3 1/2 Zoll Durchmesser, die die gleiche Speicherkapazität aufweist wie die Minidiskette. Die Spuren liegen hier enger und die Spurbreite selbst ist geringer als bei den Minidisketten. Dazu ist, wie man sich vorstellen kann, eine präzisere Positionierung der Schreib-Lese-Köpfe erforderlich als bei Minidisketten.

Die hier angegebenen Daten beschreiben nur einen technischen Entwicklungsstand, der durch Weiterentwicklung hauptsächlich in Richtung größerer Speicherkapazität z.Z. noch verbessert wird.

Ein abschließendes Beispiel soll zeigen, wie die Speicherkapazität einer Diskette aus den technischen Daten ermittelt werden kann:

Eine Diskette habe 40 Spuren und 16 Sektoren pro Spur. In einem Sektor pro Spur können 256 Bytes (1 Byte besteht aus einer Folge von 8 bit) gespeichert werden. Dann ergibt sich die Speicherkapazität der Diskette zu

$$K = 40 \cdot 16 \cdot 256 \doteq 163\,840 \text{ Byte} = 160 \text{ K Byte}$$

Um eine Vorstellung über die Speicherkapazität zu gewinnen, kann man diese mit der Speicherkapazität einer DIN-A4-Schreibmaschinenseite vergleichen. Auf einer Schreibmaschinenseite lassen sich ca. 40 Zeilen mit ca. 60 Zeichen pro Zeile „speichern“, d.h. 4Ø*6Ø = 24ØØ Zeichen. Dies entspricht 2400 Byte. Da 1 KByte 1024 Byte sind, entspricht die Speicherkapazität einer DIN-A4-Seite ca. 2,344 KByte. Auf einer Minidiskette können somit ca. 160/2,344 = 68,26 beschriebene DIN-A4-Seiten gespeichert werden. Wie daraus abzulesen ist, hat die Normaldiskette etwa die doppelte Kapazität, wie die oben in der Tabelle aufgeführte Minidiskette.

5 Entwicklung von strukturierten Anwenderprogrammen

Datenverarbeitungsanlagen sollen dem Menschen helfen, Probleme zu lösen (vgl. Kap. 1). Die zu lösenden Probleme sind i.a. am Anfang nur grob und somit unvollständig formuliert. Man sollte sich davor hüten, eine derartig grob formulierte Problemstellung sofort in ein Programm in einer Programmiersprache umwandeln (codieren) zu wollen. Vielfach stellt sich später heraus, daß Sonderfälle, weitere Erweiterungsmöglichkeiten und dgl. nicht berücksichtigt wurden. Es würden somit später erhebliche, nicht eingeplante Änderungen nötig. Ein derartig unüberlegt entwickeltes Programm wird zwangsläufig unübersichtlich. Die Praxis hat gezeigt, daß es sinnvoll ist, Programme *vor* ihrer eigentlichen *Codierung* in einer Programmiersprache systematisch zu durchdenken.

Für eine übersichtliche, strukturierte Programmentwicklung empfiehlt es sich, folgende Programmentwicklungsschritte zu durchlaufen:

- **Problemaufbereitung**
- **Programmcodierung**
- **Programmtest**
- **Programmdokumentation**

Diese Entwicklungsstufen eines Programmes werden in diesem Buch in der angegebenen Reihenfolge in aufeinanderfolgenden Kapiteln behandelt, wobei der Schwerpunkt dieses Buches bei den ersten beiden Entwicklungsstufen liegt, denn hier wird ein Programm in seiner Struktur festgelegt, während die letzten beiden Punkte von der vorher festgelegten Strukturierung profitieren.

5.1 Problemaufbereitung

Auch für den ersten Schritt der Programmentwicklung, der sog. Problemaufbereitung, ist es sinnvoll, schrittweise wie folgt vorzugehen:

- **Vollständige Formulierung des Problems (Problemdefinition).**
- **Problemanalyse**
- **Strukturierte grafische Darstellung der Problemlösung.**

5.1.1 Problemdefinition

Jedem Problem liegt eine bestimmte Ausgangslage und eine bestimmte Zielvorstellung zugrunde.

Unter Problemdefinition versteht man die vollständige Formulierung eines Problems, d.h. die eindeutige Beschreibung des Ausgangszustandes und des gewünschten Endzustandes eines Problemes.

Dies klingt selbstverständlich, wird jedoch vielfach vernachlässigt. Eine derartige Nachlässigkeit führt z.B. dazu, daß wichtige *Randbedingungen* nicht beachtet und *Sonderfälle* nicht berücksichtigt werden. Auch die genaue Beschreibung der zu erwartenden *Eingabedaten* sowie die gewünschte Form der *Ausgabedaten* gehört zur Problemdefinition.

Vielfach ist später die Unzufriedenheit mit einem Programm darauf zurückzuführen, daß man von ihm mehr erwartet als man bei der Formulierung des Problems vorgesehen hatte. Dies liegt i.a. daran, daß man sich nicht die Zeit nahm, das Problem möglichst umfassend zu definieren.

Diese Beispiele zeigen:

Die anfangs eingesparte Zeit geht durch Änderungs- und Erweiterungsmaßnahmen später um ein Vielfaches wieder verloren und das Programm wird zudem noch unübersichtlich, was weitergehende Änderungen noch mehr erschwert.

Die Problemdefinition muß den Leistungsumfang des Programms klar und eindeutig beschreiben.

Die Problemdefinition ist eine verantwortungsvolle Aufgabe, denn die folgenden Entwicklungsschritte eines Programmes bauen darauf auf.

5.1.2 Problemanalyse

In der Problemanalyse muß zunächst untersucht werden, ob das Problem überhaupt mit Hilfe einer DVA gelöst werden kann. Dies ist stets der Fall, wenn ein Algorithmus (Lösungsweg) vom Ausgangszustand des Problems zum Endzustand des Problems existiert. Falls kein Algorithmus gefunden werden kann, ist das Problem auch mit Hilfe einer DVA nicht lösbar. Dies ist aber selten der Fall. Viel häufiger kommt es vor, daß mehrere Lösungswege existieren. Ein Integral kann z.B. über den formelmäßigen, abstrakten Zusammenhang berechnet werden, aber auch über den anschaulichen Weg als Fläche unter der jeweiligen betrachteten Kurve. Für den letzten Fall gibt es wieder mehrere Lösungswege.

Bei der Problemanalyse sollte man alle alternativen Lösungswege, die sich für ein Problem anbieten, betrachten und danach beurteilen, welcher der vorhandenen Lösungsmöglichkeiten zur Bearbeitung mit Hilfe einer DVA die günstigste ist. Dieser Lösungsweg wird anschließend weiter verfolgt.

Die Problemanalyse gehört zusammen mit der Problemdefinition zu den verantwortungsvollsten Aufgaben im Zuge der Programmentwicklung und wird i.a. auch dementsprechend honoriert.

5.2 Strukturierte grafische Darstellung der Problemlösung

5.2.1 Allgemeines

Nach der Problemanalyse liegt ein grob umrissener Lösungsweg vor. Er ist nun bis in die kleinsten Einzelheiten auszuarbeiten. Um auf diesem Weg nicht den Überblick zu verlieren, muß der Lösungsweg gut strukturiert werden. Dies wird erreicht, wenn man folgende Methoden konsequent anwendet:

- Optische Strukturierung mit Hilfe einer grafischen Darstellungstechnik

  Anstelle einer alleinigen Beschreibung des Lösungsweges mit Hilfe von Worten sollten die logischen Zusammenhänge zunächst grafisch dargestellt werden.

  Eine optisch wahrnehmbare Struktur trägt dazu bei, den Überblick über die logischen Zusammenhänge zu bewahren.

  Zu einer guten Dokumentation einer Software gehört daher eine grafische Darstellung (Struktogramm oder Programmablaufplan) so wie ein Schaltplan oder eine Zeichnung zu einer Hardwaredokumentation.

- Top Down Darstellung

  Bei der Programm*bearbeitung* durch einen Mikrocomputer ist der zeitliche Ablauf stets kontinuierlich fortschreitend. Es gibt kein zeitliches „Zurück" oder „Vorwärtsspringen". Dies sollte in einer grafischen Darstellung ebenfalls zum Ausdruck kommen.

  Es sollte in einer grafischen Darstellung von zeitlich aufeinanderfolgenden logischen Schritten dafür gesorgt werden, daß die Bearbeitung stets kontinuierlich von oben (engl. top) nach unten (engl. down) erfolgt (daher top-down-Vorgehensweise).

  Die grafische Darstellungsmethode sollte dies fördern oder gar erzwingen und *keine Vor- bzw. Rücksprünge* erlauben.

- Schrittweise Verfeinerung

  Man sollte nicht versuchen, den grob umrissenen Lösungsweg sofort, d.h. in einem Schritt, bis in die kleinste Einzelheit auszuarbeiten. Es ist i.a. günstiger, ein Problem *schrittweise* solange zu *verfeinern,* bis die Stufe erreicht ist, daß eine weitere Verfeinerung nicht mehr möglich ist, weil die Anweisungen dieser Stufe direkt in Anweisungen in einer Programmiersprache umzusetzen sind.

  Die Methode der schrittweisen Verfeinerung zerlegt ein größeres Problem in eine vom Anwender festzulegende Anzahl von unabhängigen Teilproblemen, die ihrerseits wieder verfeinert werden können. So entsteht eine modulare oder strukturierte Problemlösung.

- Blockstruktur

  Eine zu lösende Aufgabe wird als ein *Block* betrachtet. Durch die *schrittweise Verfeinerung* wird dieser Block in weitere Unterblöcke, die zur Erfüllung der Aufgabe benötigt werden, von *oben nach unten* (top-down) gegliedert. Damit die Verknüpfung der Blöcke möglichst einfach ist, muß die *Schnittstelle* zwischen den Blöcken einfach sein.

  Eine Schnittstelle wird unkompliziert, wenn
  - nur ein Ein- bzw. ein Ausgang pro Block vorhanden ist,
  - Blöcke nur aneinandergereiht, nebeneinander gestellt oder ineinandergeschachtelt sind und sich *nicht überlappen.*

  So werden die Blöcke weitgehend unabhängig von einander.

- Die Top-Down-Methode mit schrittweiser Verfeinerung von Aufgabenblöcken (engl.: top-down approach by stepwise refinement) weist eine Reihe von Vorteilen auf, wie z.B.:
  - Übersichtlichkeit vom Gesamtproblem bis ins kleinste Detail.
  - Vergabe von Teilproblemen an mehrere Bearbeiter.

    Es müssen nur die Schnittstellen zwischen den Teilproblemen definiert werden. Ansonsten können die Bearbeiter unabhängig voneinander arbeiten. Dies führt zur schnelleren Realisierung auch umfangreicher Probleme.
  - Unabhängiges Austesten der Teilprobleme.
  - Unabhängiger Austausch von Teilblöcken gegen leistungsfähiger Teilblöcke.

5.2.2 Strukturblöcke

Die „Problemstrukturierung" wird unterstützt durch eine grafische Darstellungstechnik, der Darstellung in Form von Struktogrammen.

In Struktogrammen werden die Methoden aus Kap. 5.2.1 konsequent angewendet. Das Zeichnen und Lesen von Strukogrammen ist schnell erlernbar, da nur wenige Grundregeln und Sinnbilder, sog. Strukturblöcke, verwendet werden.

- Strukturblöcke

Ein Struktogramm setzt sich aus rechteckigen Strukturblöcken zusammen.

Sie sind somit die elementaren Bausteine eines Struktogrammes.

Die verschiedenen Strukturblocktypen haben folgende gemeinsame Eigenschaften:
- **Jeder Strukturblock ist eine abgeschlossene Einheit.**
- **Jeder Strukturblock hat nur einen Eingang und einen Ausgang.**
- **Jeder Strukturblock wird von oben nach unten durchlaufen.**
- **Strukturblöcke dürfen sich nicht überschneiden.**

Diese Eigenschaften bilden, wie schon in Kap. 5.2.1 dargelegt wurde, die Grundlage für eine übersichtliche Darstellung von Algorithmen, da die Schnittstellen der Strukturblöcke einfach und eindeutig sind.

Grafisch werden die verschiedenen Strukturblöcke durch Rechtecke beliebiger Größe dargestellt. Die Oberkante des Rechteckes stellt den Eingang des Strukturblocks dar, die Unterkante des Rechteckes den Ausgang. Das Innere des Rechteckes beschreibt die Operation des Strukturblockes.

Folgende elementare Grundstrukturen (Strukturblöcke) genügen i.a. zur Darstellung von Algorithmen in Struktogrammen (siehe Bild 5.1):

Strukturblock	Bedeutung	Erläuterung
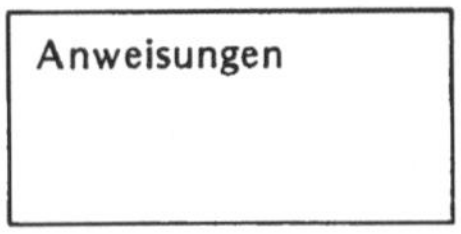 Anweisungen	Elementarblock (Aktivität, Operation, Prozeß)	Der Elementarblock dient zur Darstellung einer allgemeinen Operation (Aktivität) wie z.B.: • Wertzuweisung (arithmetische Zuordnungs*anweisung*) • Ein- und Ausgabe*anweisung* Es können auch *mehrere* allgemeine Operationen (Anweisungen) in *einem* Elementarblock stehen. Sie können aber auch in getrennten Elementarblöcken aufeinanderfolgen (vgl. Kap. 5.2.3 Sequenz). Die Form des Elementarblockes ist rechteckig. Die Größe ist frei wählbar.
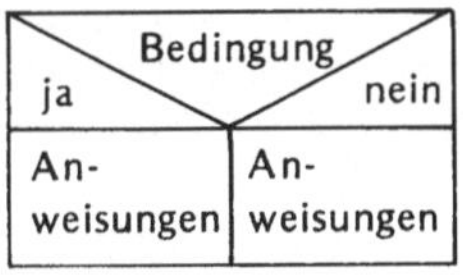 Bedingung ja / nein An-weisungen / An-weisungen	Verzweigungsblock (Entscheidung, Selektion, Auswahl)	Der Verzweigungsblock dient zur Darstellung bedingter Verzweigungen mit zwei Alternativen (Ja/Nein-Entscheidung). Der Verzweigungsblock besteht aus drei Dreiecken. Das mittlere Dreieck enthält die Bedingung (Frage), die entweder mit NEIN (F = FALSE) oder JA (T = TRUE) zu beantworten ist. Je nach Beantwortung der Frage wird das Programm mit einem Block, der direkt auf das linke Dreieck (ja) oder auf das rechte Dreieck (nein) folgt, fortgesetzt. Die Forderung, daß jeder Strukturblock nur einen Ein- und einen Ausgang haben darf, ist insofern erfüllt, wenn man den Verzweigungsblock insgesamt als *einen* Strukturblock auffaßt. Abhängig von der Bedingung wird jeweils nur einer der beiden Blöcke nach der Entscheidung ausgeführt, d.h. es gibt tatsächlich nur einen Ausgang, der für einen folgenden Block zur Eingangsgröße wird. Die Größe des Verzweigungssinnbildes ist von der jeweiligen Anwendung und dessen Erfordernissen abhängig.
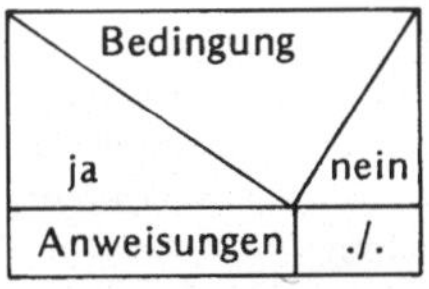 Bedingung ja / nein Anweisungen / ./.		Der Verzweigungsblock muß nicht symmetrisch gezeichnet werden. Wenn eine Seite umfangreichere Anweisungen enthält als die andere, kann dieser Block entsprechend mehr Platz einnehmen. Dies gilt insbesondere, wenn eine Seite gar keine Anweisungen enthält (sog. Leeranweisung, symbolisch gekennzeichnet durch ./.).

Fortsetzung →

Strukturblock	Bedeutung	Erläuterung
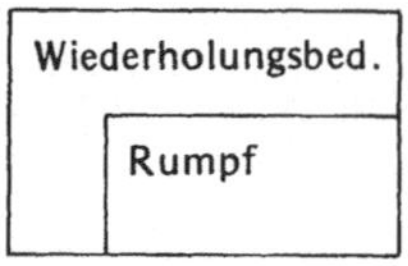 Wiederholungsbed. Rumpf	Wiederholungs-block (Schleife, Iteration)	Der Wiederholungsblock dient zur Darstellung von Schleifen. Die Wiederholungsbedingung steht i.a. links oben im Wiederholungsblock. Hier wird z.B. die Zahl der Wiederholungen angegeben oder die Bedingung, unter der die Wiederholung zu beenden ist (z.B.: Wiederhole, bis die Bedingung ... erfüllt ist). Die zu wiederholenden Anweisungen stehen im inneren Rechteck (Rumpf). Wenn die Wiederholungsbedidngung nicht erfüllt ist, wird der Rumpf des Wiederholungsblockes nicht durchlaufen, sondern direkt zum Ende des Blockes verzweigt. Diesen Weg deutet symbolisch der linke freie Streifen neben dem Rumpf an. Ist die Wiederholungsbedingung erfüllt, werden die Anweisungen im Rumpf solange durchlaufen, bis die Wiederholungsbedingung nicht mehr erfüllt ist. Der Rumpf kann aus einer Struktur beliebiger Verwicklung bestehen. Eine *Verschachtelung* von Schleifen ist möglich (weitere Schleifen im Rumpf). Hierbei ist jedoch die Grundregel zu beachten, daß sich Strukturblöcke nicht überlappen dürfen.

Bild 5.1 Elementare Strukturblöcke zur Darstellung von Struktogrammen

Mit Hilfe dieser elementaren Strukturblöcke lassen sich im Prinzip alle Algorithmen grafisch darstellen. Es hat sich jedoch als zweckmäßig erwiesen, einige Varianten der elementaren Strukturblöcke zur vereinfachten Darstellung zuzulassen (Bild 5.2).

Strukturblock	Bedeutung	Erläuterung
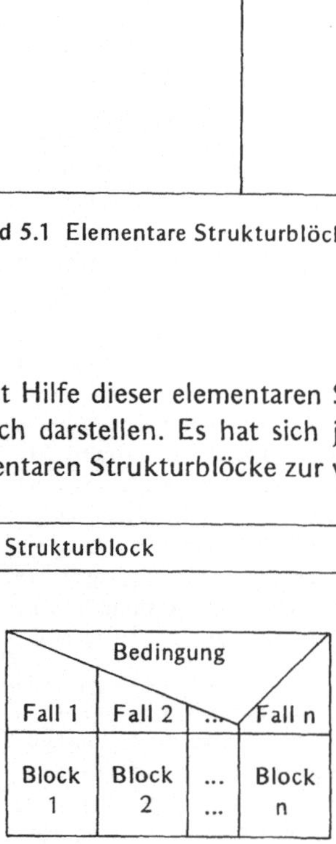 Bedingung Fall 1 | Fall 2 | ... | Fall n Block 1 | Block 2 | ... ... | Block n	Mehrfachverzweigung (Schalter, Fallunterscheidung)	Der Mehrfachverzweigungsblock dient zur Darstellung bedingter Verzweigungen mit mehr als zwei Alternativen. Das obere Dreieck des Blockes enthält die Fallabfrage (Bedingung), d.h. hier wird angegeben, unter welcher Bedingung zu den einzelnen Fällen (1, 2, ... , n) verzweigt wird. Vielfach besteht die Bedingung nur aus einer Variablen, die stellvertretend für die Fallnummer steht. Der Fall n wird i.a. dazu benutzt, für alle ungültigen Fälle (nicht aufgeführte Fälle 1 bis n – 1) im Falle des Auftretens eine Fehlermeldung einzuleiten.

Strukturblock	Bedeutung	Erläuterung
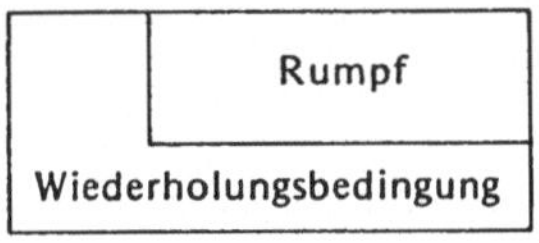 Rumpf Wiederholungsbedingung	Schleife mit Wiederholungsbedingung am Ende	Schleife, bei der die Wiederholungsbedingung am Ende der zu wiederholen-Anweisungen steht. Das Besondere an diesem Schleifenblock ist, daß der Rumpf auf jeden Fall einmal durchlaufen wird, bis am Ende die Wiederholungsbedingung abgefragt wird. Ist sie erfüllt, wird der Rumpf noch einmal durchlaufen usw. Im anderen Fall wird der Schleifendurchlauf abgebrochen. Die Wiederholungsbedingung kann auch als Abbruchbedingung am Schleifenende aufgefaßt werden.
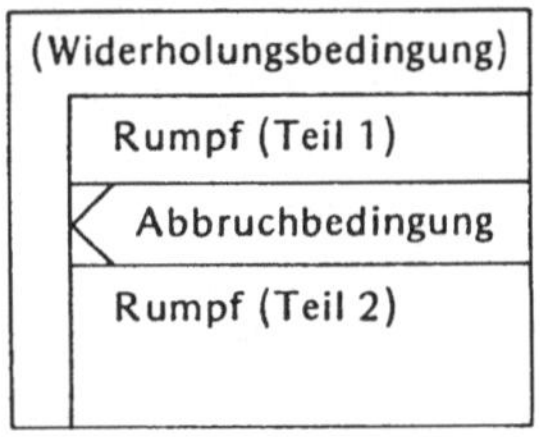 (Widerholungsbedingung) Rumpf (Teil 1) Abbruchbedingung Rumpf (Teil 2)	Schleife mit Abbruchbedingung	Dieser Block dient zur Darstellung von Schleifen, die unter bestimmten Bedingungen unabhängig von der Wiederholungsbedingung abzubrechen sind. Eine Wiederholungsbedingung am Anfang bzw. Ende *kann* fehlen. Es dürfen auch mehrere Abbruchbedingungen im Rumpf enthalten sein. Im vorliegenden Fall wird zunächst Teil 1 des Rumpfes durchlaufen. Ist die Abbruchbedingung nicht erfüllt, wird Teil 2 des Rumpfes durchlaufen und wiederholt Teil 1 des Rumpfes durchlaufen usw. Ist die Abbruchbedingung erfüllt, wird an das Ende des Schleifenblockes verzweigt.
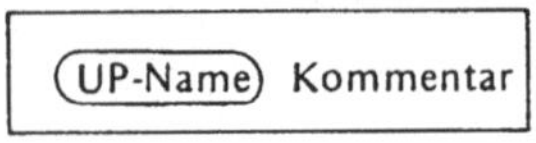 (UP-Name) Kommentar	Unterprogrammaufruf	Im Oval steht der Name des aufzurufenden Unterprogramms, u.U. mit einem Kommentar.
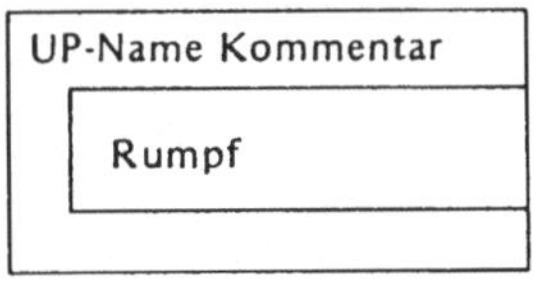 UP-Name Kommentar Rumpf	Unterprogramm	Im Rumpf steht das eigentliche Unterprogramm. Darüber steht der Unterprogrammname (UP-Name) u.U. mit einem Kommentar, der z.B. den Leistungsumfang des Unterprogramms, die einzugebenden Daten, die Ausgabedaten usw. beschreibt.

Bild 5.2 Häufig benutzte Strukturblockvarianten für Struktogramme

5.2.3 Aufbau von Struktogrammen

- Sequenzen

Die Strukturblöcke lassen sich beliebig mit ihren Ein- und Ausgängen aneinanderreihen. Es entstehen sog. Folgen (Sequenzen).

Die Blöcke einer Sequenz werden der Reihe nach von oben nach unten abgearbeitet (vgl. Bild 5.3).

Strukturblock 1
Strukturblock 2
⋮
Strukturblock n

Bild 5.3
Folge von Strukturblöcken (Sequenz).

- Schachtelungen

Die Strukturblöcke können beliebig ineinander verschachtelt sein.

Hierbei ist jedoch auf die Einhaltung der Grundregeln des Blockkonzepts zu achten (vgl. Kap. 5.2.1), d.h.:

- Jeder Block hat nur einen Ein- und Ausgang,
- Blöcke dürfen sich nicht überlappen.

Das Blockkonzept wird stets eingehalten, wenn die Strukturblöcke
- **vollständig in den anderen enthalten sind,**
- **vollständig nebeneinander stehen oder**
- **vollständig aufeinander folgen (Sequenz).**

- Schrittweise Verfeinerung

Die Methode der schrittweisen Verfeinerung wird durch die grafische Darstellung mit Hilfe von Struktogrammen unterstützt.

Legt man z.B. fest, daß kein Struktogramm umfangreicher als eine Schreibmaschinenseite (DIN A 4) sein darf, so zwingt der begrenzte Platz bei umfangreichen Problemen zwangsläufig zur schrittweisen Verfeinerung, d.h. es wird zunächst eine Grobstruktur entstehen. Teile dieser Struktur werden anschließend auf einem anderen Blatt weiter verfeinert. Reicht auch dafür keine Seite aus, so wird schrittweise solange weiter verfeinert, bis die elementare Ebene erreicht ist.

- Struktogrammrahmen

  Das in seiner gröbsten Struktur vorliegende Struktogramm bekommt einen Rahmen in Form eines Rechteckes. Dadurch wird nach außen hin deutlich hervorgehoben, wo der Anfang und das Ende, durch BEGIN und END gekennzeichnet, des gesamten Algorithmus ist. Untergeordnete Struktogramme besitzen diesen Rahmen nicht.

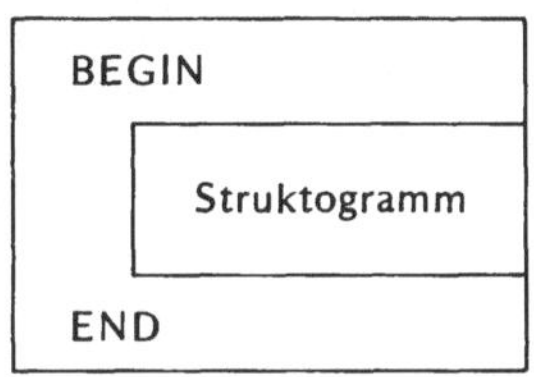

Bild 5.4
Kennzeichnung des Anfangs und des Endes eines Struktogramms durch einen Rahmen.

5.2.4 Strukturbaum

Bei umfangreichen Problemen empfiehlt es sich, wegen der Vielzahl der entstandenen Struktogramme in unterschiedlichen Verfeinerungsstufen, einen Strukturbaum zu erstellen. Dies fördert die Übersicht.

Ein Strukturbaum zeigt die hierarchische Gliederung aller Struktogramme, die bei der schrittweisen Verfeinerung entstanden sind.

Man erkennt aus dem Strukturbaum u.a.

- aus wieviel Unterprogrammen das gesamte Programm besteht,
- wie die Namen der Unterprogramme lauten,
- in welcher Hierarchieebene die Unterprogramme stehen u. dgl.

Der Strukturbaum gibt jedoch *keinen Aufschluß* über die detaillierten logischen *Zusammenhänge.* Dazu dient das jeweilige Struktogramm.

Der Strukturbaum gibt einen ersten schnellen Überblick über den hierarchischen Aufbau eines Programmes, ohne auf logische Zusammenhänge einzugehen.
Der Strukturbaum sollte daher später in der Programmdokumentation vor den einzelnenen Struktogrammen angeordnet werden.

Beispiel 5.0

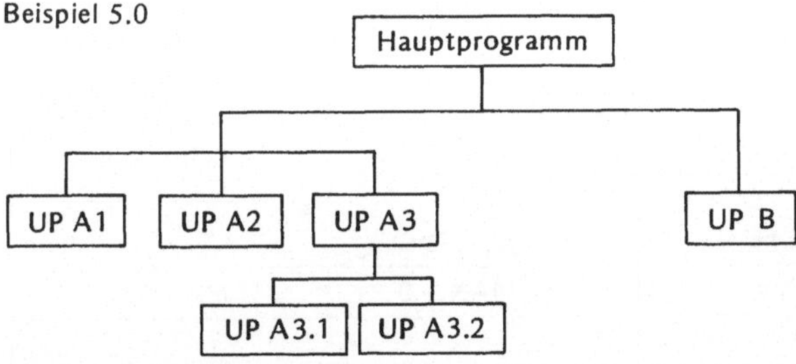

Beispiel eines Strukturbaums

5.2.5 Beispiele von Struktogrammen

Beispiel 5.1

Beispiel einer Verschachtelung von Strukturblöcken

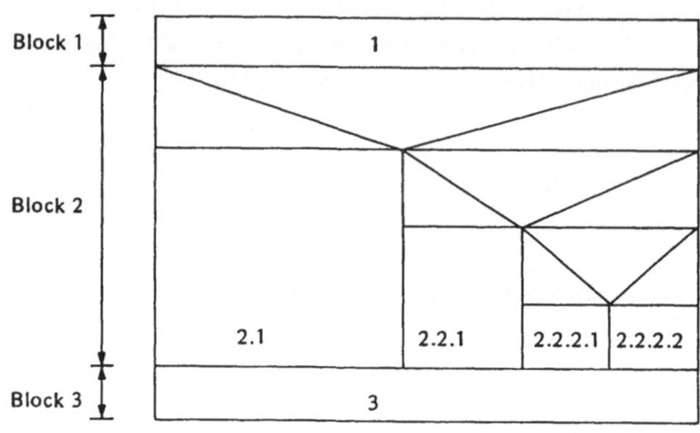

Bild 5.5

Das Struktogramm besteht aus einer Sequenz von drei Strukturblöcken (Block 1 bis 3). Block 2 ist verschachtelt. Er besteht aus einer Verzweigung, die entweder zur Ausführung des Blockes 2.1 oder zur Ausführung des Blockes 2.2 führt. Block 2.2 verzweigt sich wiederum in die Blöcke 2.2.1 und 2.2.2, wobei sich der Block 2.2.2 wiederum in zwei Blöcke 2.2.2.1 und 2.2.2.2 verzweigt. Man erkennt deutlich, daß die untergeordneten Blöcke stets *vollständig* innerhalb der übergeordneten Blöcke angeordnet sind.

Durch eine beliebige Verschachtelung von Strukturblöcken können sehr komplizierte Strukturen entstehen. Aus Gründen der Übersicht sollte die Verschachtelungstiefe eines Struktogrammes höchstens drei bis vier Ineinanderschachtelungen aufweisen. (Vgl. das Struktogramm des Beispiels 5.1), denn dann ist eine Beschriftung der Blöcke auf einer Schreibmaschinenseite noch möglich.

Diese „Faustregel" *zwingt* somit bei umfangreicheren Problemen zur Methode der schrittweisen Verfeinerung.

Beispiel 5.2:

Aufgabenstellung:

Es sollen drei beliebige Zahlen für die Variablen A, B und C in den Computer eingegeben werden. Mit Hilfe eines Programmes soll die größte Zahl gefunden und ausgedruckt werden. Der Lösungsalgorithmus soll mit Hilfe eines Struktogrammes dargestellt werden (Die Gleichheit von Werten soll nicht angenommen werden).

Lösung 1 (Bild 5.6):

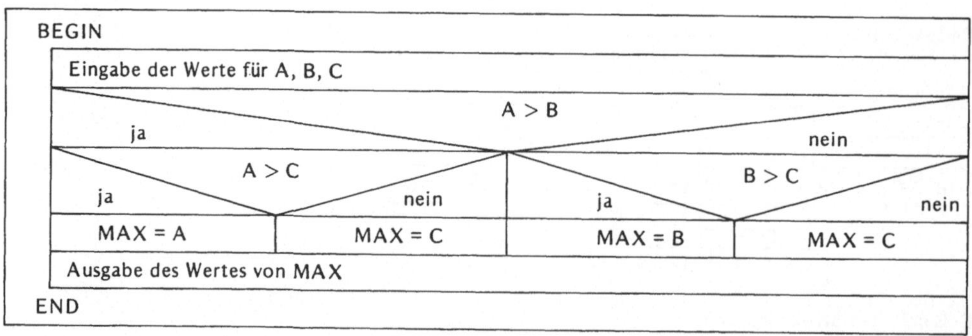

Bild 5.6

Lösung 2 (Bild 5.7):

Ein anderer Lösungsweg ließe sich finden, wenn man zunächst einmal einen Wert, z.B. den Wert der Variablen A, als Maximum annimmt und diesen Wert mit den anderen Werten vergleicht und nötigenfalls die Zuordnung des Maximums korrigiert. Diesen Algorithmus zeigt Bild 5.7.

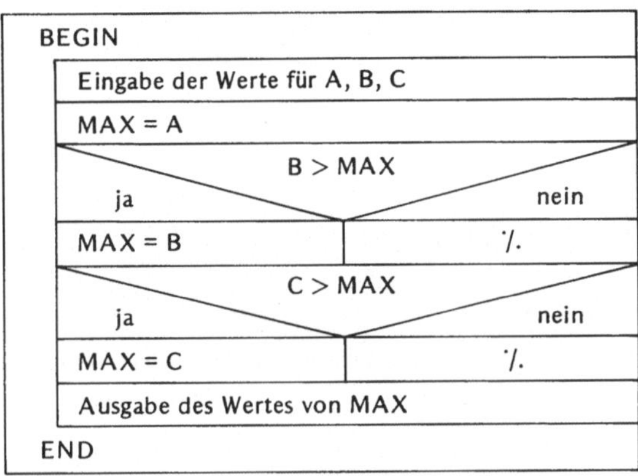

Bild 5.7

Bild 5.7 zeigt, daß bei „einseitigen" Verzweigungen „leere" Strukturblöcke auftreten können, d.h. Blöcke, in denen keine Operationen erfolgen. Um anzuzeigen, daß hier keine Beschriftung „vergessen" wurde, empfiehlt es sich, derartige Blöcke zu kennzeichnen, z.B. mit Hilfe des Zeichens ./. .

Beispiel 5.3

Aufgabenstellung:

Es sollen die Lösungen der quadratischen Gleichung

$$ax^2 + bx + c = 0$$

bestimmt werden. Dabei soll das Prinzip der schrittweisen Verfeinerung demonstriert werden.

Problemanalyse:

- Eingabe der Werte für die Variablen a, b, und c.
- Lösungen der quadratischen Gleichung.

Fall 1: Der Wert der Variablen a ist Null

In diesem Fall vereinfacht sich die quadratische Gleichung zur linearen Gleichung:

$$bx + c = 0$$

Die Lösung der linearen Gleichung ergibt sich zu:

$$bx = -c$$

$$x = -\frac{c}{b} \qquad (b \neq 0)$$

Für den Fall, daß $b = 0$ wird, ergibt sich keine Lösung, da eine Division durch Null verboten ist.

Fall 2: Der Wert der Variablen a ist ungleich von Null. Dann ergeben sich die Lösungen der quadratischen Gleichung nach dem Wurzelsatz von Vieta zu:

$$x_{1/2} = -\frac{1}{2}\cdot\frac{b}{a} \pm \sqrt{\frac{1}{4}\frac{b^2}{a^2} - \frac{c}{a}}$$

Dabei kann man drei Fälle unterscheiden:

Fall 2.1: Der Radikand unter der Wurzel ist positiv. Dann gibt es zwei reelle Lösungen:

$$x_1 = -\frac{1}{2}\cdot\frac{b}{a} + \sqrt{\frac{1}{4}\frac{b^2}{a^2} - \frac{c}{a}}$$

$$x_2 = -\frac{1}{2}\cdot\frac{b}{a} - \sqrt{\frac{1}{4}\frac{b^2}{a^2} - \frac{c}{a}}$$

Fall 2.2: Der Radikand unter der Wurzel ist Null. Dann gibt es nur eine reelle Lösung:

$$x = -\frac{1}{2}\cdot\frac{b}{a}$$

Fall 2.3: Der Radikand unter der Wurzel ist negativ. Dann gibt es zwei konjugiert komplexe Lösungen:

$$x_1 = -\frac{1}{2}\cdot\frac{b}{a} + i\sqrt{\frac{c}{a} - \frac{1}{4}\frac{b^2}{a^2}}$$

$$x_2 = -\frac{1}{2}\cdot\frac{b}{a} - i\sqrt{\frac{c}{a} - \frac{1}{4}\frac{b^2}{a^2}}$$

Dabei ist $i = \sqrt{-1}$ die imaginäre Einheit.

- Ausgabe der Lösungen.

Struktogramme:

1. Gesamtablauf

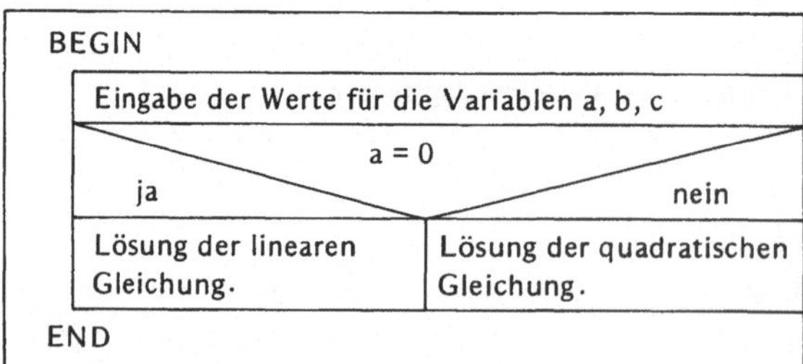

Bild 5.8

2. Lösung der linearen Gleichung

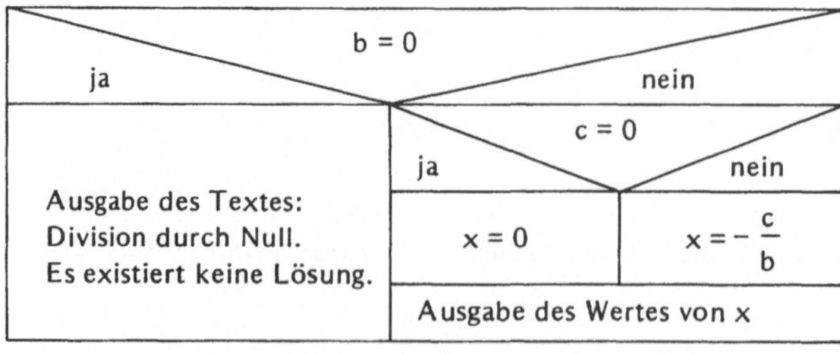

Bild 5.9

3. Lösung der quadratischen Gleichung

<table>
<tr><td colspan="3">Berechnung: $p = -\frac{b}{2a}$</td></tr>
<tr><td colspan="3">Berechnung: $q = p^2 - \frac{c}{a}$</td></tr>
<tr><td colspan="3">$q > 0$
ja | nein</td></tr>
<tr><td>$w = \sqrt{q}$</td><td colspan="2">$q = 0$
ja | nein</td></tr>
<tr><td>$x_1 = p + w$</td><td rowspan="4">$x = p$</td><td>$q = \frac{c}{a} - p^2$</td></tr>
<tr><td>$x_2 = p - w$</td><td>$w = \sqrt{q}$</td></tr>
<tr><td rowspan="3">Ausgabe der reellen Wurzeln:
x_1, x_2</td><td>$x_1 = p + jw$</td></tr>
<tr><td>$x_2 = p - jw$</td></tr>
<tr><td>Ausgabe der reellen Wurzel:
x</td><td>Ausgabe der komplexen Wurzeln:
x_1, x_2</td></tr>
</table>

Bild 5.10

5.2.6 Programmablaufpläne

Eine andere grafische Darstellungsform von Problemen bieten Programmablaufpläne.

Die Programmablaufpläne setzen sich aus verschiedenen Sinnbildern zusammen, die nach DIN 66001 genormt sind.

Durch Einfügen eines Textes in die Sinnbilder wird die Art der Vorgänge genau spezifiziert. Die Reihenfolge der Vorgänge wird durch Pfeile angedeutet. Für einfache Aufgaben genügt die Kenntnis der in Bild 5.11 aufgeführten Sinnbilder.

Das Zeichnen der Programmablaufpläne wird durch Schablonen erleichtert (Bild 5.12).

Folgende Regeln sollte man bei der Aufstellung von Programmablaufplänen beachten:

- Genormte Symbole benutzen.
- Programmablaufplan so aufbauen, daß er von oben nach unten gelesen werden kann.
- Richtung der Vorgänge durch Pfeile andeuten.
- Knappe, aussagekräftige Texte in die Sinnbilder eintragen.
- Aufteilung komplexer Programmablaufpläne in mehrere kleine Programmablaufpläne.

Nachteile von Programmablaufplänen in Bezug auf eine strukturierte Darstellung von Problemen.

- Struktogramme bieten, da keine Flußlinien notwendig sind, mehr Platz für die Darstellung des Algorithmus als Programmablaufpläne.
- Die Blöcke bieten mehr Platz für den darin unterzubringenden Text als die Sinnbilder in Programmablaufplänen.

Sinnbild	Bedeutung	Beispiele
Text	Allgemeine Operation	C = A − B; Schließe Ventil A
Text (ja / nein)	Verzweigung	A − B < 0 ? (ja / nein); Ventil A geschlossen? (ja / nein)
	Bemerkung: Der Text muß eine Frage (Bedingung) enthalten, die entweder mit ja oder nein zu beantworten ist. Je nach Beantwortung der Frage wird das Programm mit dem „Ja"- oder „Nein"-Zweig fortgesetzt.	
Text	Eingabe Ausgabe	Lies A; Drucke B
Text; Text	Grenzstelle	STOP; START
	Bemerkung: Die Grenzstelle ist das Sinnbild für den Beginn oder das Ende eines Programmes.	
n; n	Übergangsstelle	8; 8
	Bemerkung: Falls ein Programmablaufplan auf einem anderen Blatt fortgesetzt werden muß, kennzeichnen die Übergangsstellen mit gleichen Zahlen, an welcher Stelle das Programm auf dem anderen Blatt fortgesetzt werden muß	
↓	Richtungspfeil	Bemerkung: Falls keine Richtungspfeile angegeben werden, wird der Programmablaufplan von links nach rechts gelesen bzw. von oben nach unten.

Bild 5.11 Nach DIN 66001 genormte Sinnbilder von Programmablaufplänen

Bild 5.12
Beispiel einer Schablone zur Erstellung von Programmablaufplänen

- Die Ausgänge von Verzweigungen können in Programmablaufplänen zu beliebigen „Zielen" im Programmablaufplan führen. Viele „Vor- und Rücksprünge" führen zu einem unübersichtlichen, unstrukturierten Programmablauf.
- Durch die Möglichkeit, Übergangsstellen in Programmablaufplänen zu benutzen, d.h. Probleme eventuell auf anderen Seiten fortzusetzen, kann eine für die Struktur förderliche schrittweise Verfeinerung umgangen werden.
- Wichtige Strukturblöcke, wie z.B. die Verzweigung mit *zwei* Alternativen, sowie *Schleifen* der unterschiedlichsten Formen sind nicht in Form von *einfachen, elementaren* Sinnbildern für Programmablaufpläne genormt und somit nicht darstellbar.

Schlußfolgerung.

Programmablaufpläne verführen dazu, unstrukturiert zu programmieren, da eine übersichtliche Struktur nicht, wie z.B. bei Struktogrammen, erzwungen wird.

Es ist somit eine große Selbstdisziplin notwendig, wenn Probleme mit Hilfe von Programmablaufplänen strukturiert dargestellt werden sollen.

Dabei muß vor allem auf folgendes geachtet werden:

- **Sprünge nach Möglichkeit vermeiden.**
- **Ersatzdarstellungen für die Strukturblöcke verwenden, die in Programmablaufplänen nicht in Form von Sinnbildern vorhanden sind (vgl. 5.2.7).**

5.2.7 Ersatzdarstellung von Strukturblöcken in Programmablaufplänen

Wegen der in Kap. 5.2.6 aufgeführten Nachteile von Programmablaufplänen ist es auf jeden Fall günstiger, ein Problem zunächst grundsätzlich in Form eines Struktogrammes darzustellen.

Leider zeigt sich in der praktischen Anwendung, daß nicht immer alle *Strukturblöcke* direkt in entsprechende *Sprachdemente* der gewünschten Programmiersprache übersetzbar sind. Es existieren in einigen Programmiersprachen z.B. keine Sprachelemente für Alternativverzweigungen, Schleifen u. dgl. Sie lehnen sich insofern an die verfügbare Symbolik der Programmablaufpläne an.

Um dennoch von einem vorgegebenen Struktogramm zu einem übersichtlichen, strukturiertem *Programm* zu gelangen, können *Ersatzdarstellungen* für die fehlenden Strukturblöcke mit Hilfe der Sinnbilder der Programmablaufpläne entwickelt und eingesetzt werden.

Bei der Verwendung von Programmiersprachen, die von Hause aus die strukturierte Programmierung nicht unterstützen, (z.B. BASIC), wird folgender Weg vorgeschlagen, um dennoch zu gut strukturierten Programmen zu gelangen.

- **Das Problem wird in Form eines Struktogrammes grafisch aufbereitet.**
- **Die elementaren Strukturblöcke werden mit Hilfe von Ersatzdarstellungen codiert, sofern sie in der gewählten Programmiersprache nicht direkt vorhanden sind.**

Den Weg, wie man zu Ersatzdarstellungen für Strukturblöcke gelangen kann, zeigen die folgenden Beispiele.

Beispiel 5.11

Der Schleifenstrukturblock wurde wie folgt angegeben (vgl. Kap. 5.2.2).

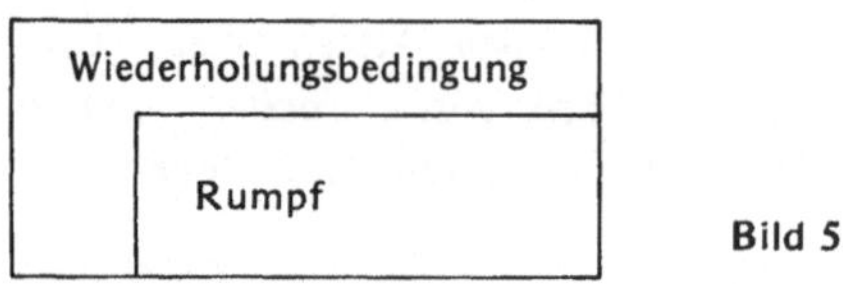

Bild 5.13

Wirkungsweise:

Die Anweisungen im Rumpf werden solange wiederholt, wie die Wiederholungsbedingung erfüllt ist. Ist sie nicht mehr erfüllt, wird zum folgenden Block übergegangen. Ist die Wiederholungsbedingung von vornherein nicht erfüllt, wird sofort zum folgenden Block übergegangen, d.h. der Rumpf wird in diesem Falle kein einziges Mal durchlaufen.

Ersatzdarstellung des Schleifenstrukturblockes mit Hilfe der Sinnbilder von Programmablaufplänen (siehe Bild 5.14):

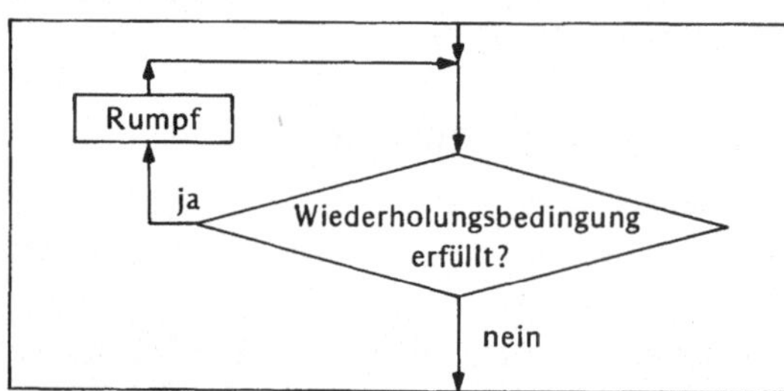

Bild 5.14

Man erkennt in dieser Ersatzdarstellung deutlich die Programmschleife.

Eine Ersatzdarstellung, die vielfach günstiger für die Codierung in eine die strukturierte Programmierung nicht unterstützende Programmiersprache ist, geht von der „Nichterfüllung" der Wiederholungsbedingung aus. Man benötigt in diesem Fall bei der Codierung einen Sprungbefehl weniger (vgl. Kap. 21.2.3). Da Sprungbefehle aus Gründen einer übersichtlichen Struktur so sparsam wie nur irgend möglich eingesetzt werden sollen (vgl. Kap. 5.2.6), ist folgende Ersatzdarstellung (siehe Bild 5.15) der Ersatzdarstellung in Bild 5.14 vorzuziehen.

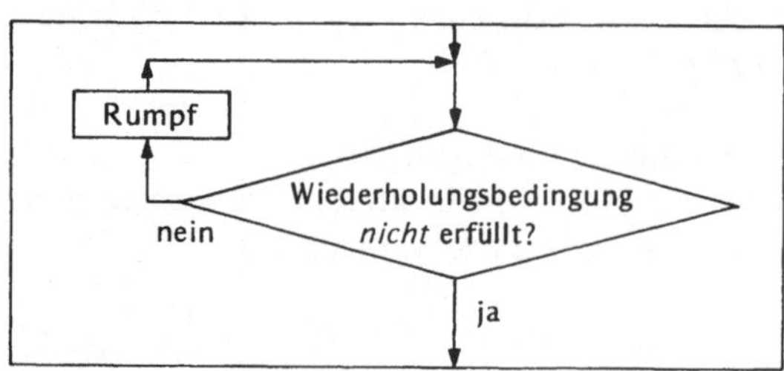

Bild 5.15

Ähnliche Ersatzdarstellungen lassen sich auch für andere Strukturblöcke angeben, wenn diese nicht *direkt* in der benutzten Programmiersprache zu codieren sind. An dieser Stelle soll nicht auf weitere Ersatzdarstellungen eingegangen werden. Die Ersatzstrukturblöcke sowie deren Codierung in der verwendeten Programmiersprache wird in den entsprechenden Kapiteln behandelt (vgl. Kap. 20.3, 20.5.2, 21.2.3, 21.3).

5.3 Programmdokumentation

Eine vernünftige Programmdokumentation besteht aus:

- einer Programmbeschreibung in Worten,
- einem Strukturbaum,
- den erforderlichen Struktogrammen,
- der Liste mit den Anweisungen in der gewählten Programmiersprache (Programmlisting),
- Beschreibung des Eingabeformats der Eingabewerte,
- Grenzen des Programms,
- Liste der Fehlermeldungen (Fehler, die das Anwenderprogramm selbst merkt).

5.4 Zusammenfassung

Für eine übersichtliche, strukturierte Programmentwicklung empfiehlt es sich, folgende Entwicklungsschritte zu durchlaufen:

- Problemaufbereitung
- Programmcodierung
- Programmtest
- Programmdokumentation

Die Problemaufbereitung wird in folgenden Stufen vollzogen:

- Vollständige Formulierung des Problems (Problemdefinition).
- Problemanalyse.
- Strukturierte grafische Darstellung der gewählten Problemlösung.
  - Die *Problemdefinition* muß den Leistungsumfang des Programms klar und eindeutig beschreiben.
  - Bei der *Problemanalyse* sollte man alle alternativen Lösungswege, die sich für ein Problem anbieten, betrachten und danach beurteilen, welche der vorhandenen Lösungsmöglichkeiten zur Bearbeitung mit Hilfe eines Computers die günstigste ist. Dieser Lösungsweg wird anschließend weiter verfolgt.
  - Eine *optische Strukturierung* des gewählten Lösungsweges mit Hilfe grafischer Darstellungstechniken trägt dazu bei, den Überblick über die logischen Zusammenhänge zu bewahren.
  - Es sollte in einer grafischen Darstellung von zeitlich aufeinander folgenden logischen Schritten dafür gesorgt werden, daß die Bearbeitung stets kontinuierlich von oben (engl. top) nach unten (engl. down) erfolgt (*top-down-Methode*).

- Mit Hilfe der *Methode der schrittweisen Verfeinerung* wird ein größeres Problem in eine vom Anwender festzulegende Anzahl von unabhängigen Teilproblemen zerlegt, die ihrerseits wieder verfeinert werden können. So entsteht eine modulare und strukturierte Problemlösung.

- Struktogramme

  Eine optische „Problemstrukturierung" erreicht man mit Hilfe der grafischen Darstellungstechnik in Form von *Struktogrammen.*

  Ein Struktogramm setzt sich aus rechteckigen Strukturblöcken zusammen. Sie haben folgende gemeinsamen Eigenschaften:

  - Jeder Strukturblock ist eine abgeschlossene Einheit.
  - Jeder Strukturblock hat nur einen Eingang und einen Ausgang.
  - Jeder Strukturblock wird von oben nach unten durchlaufen.
  - Strukturblöcke dürfen sich nicht überschneiden.

  Elementare Strukturblöcke sind:

  - Elementarblöcke (Prozeß, Aktivität, Operation)
  - Verzweigungsblöcke (Entscheidung, Auswahl, Selektion)
  - Wiederholungsblöcke (Schleife, Iteration)

  Die Strukturblöcke lassen sich beliebig mit ihren Ein- und Ausgängen aneinanderreihen. Es entstehen sog. Folgen (Sequenzen).

  Strukturblöcke dürfen auch beliebig ineinander verschachtelt sein, solange die Strukturblöcke vollständig in den anderen enthalten sind. Sie dürfen sich aber nie überschneiden.

- Programmablaufpläne

  Programmablaufpläne setzen sich aus verschiedenen Sinnbildern zusammen, die nach DIN 66001 genormt sind.

  Programmablaufpläne verführen dazu, unstrukturiert zu programmieren, da eine übersichtliche Struktur nicht, wie z.B. bei Struktogrammen, erzwungen wird.

  Um übersichtliche Strukturen auch mit Hilfe von Programmablaufplänen zu erhalten, muß auf folgendes geachtet werden:

  - Sprünge nach Möglichkeit vermeiden.
  - Geeignete Ersatzdarstellungen für die Strukturblöcke verwenden, die in Programmablaufplänen nicht in Form von Sinnbildern vorhanden sind.
  - Die Ersatzdarstellungen von Strukturblöcken können schematisch bei der Codierung von Strukturblöcken verwendet werden, wenn man Programme in einer Programmiersprache schreibt, die von sich aus das strukturierte Programmieren nicht unterstützt (z.B. BASIC).

5.5 Übungsaufgaben

Die Lösungen der Übungsaufgaben befinden sich in Kap. 24.

Aufgabe 5.1

Weisen folgende Struktogramme Fehler auf?
Falls ja, benennen sie die Fehler!

Nr.	Struktogramm	Bemerkung (richtig/falsch)
1	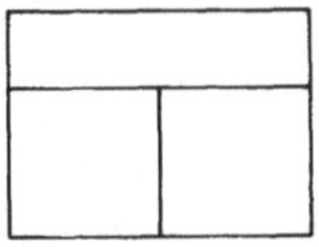	
2	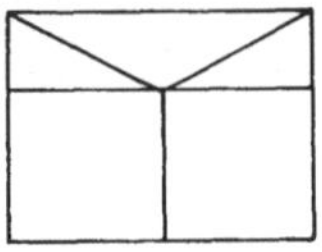	
3	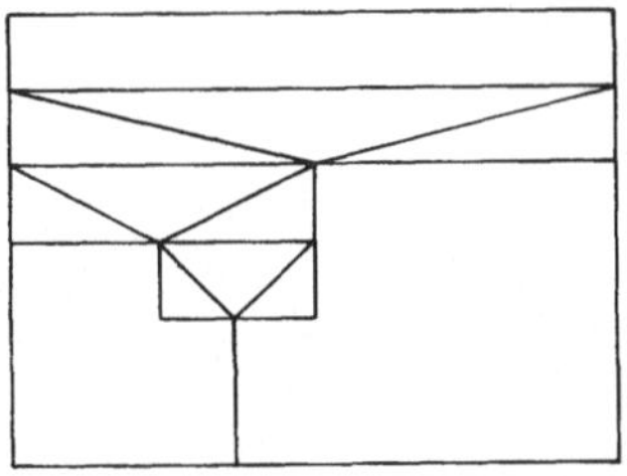	
4	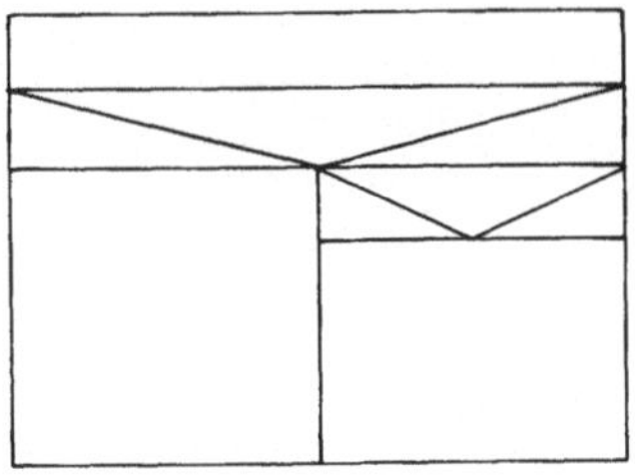	
5	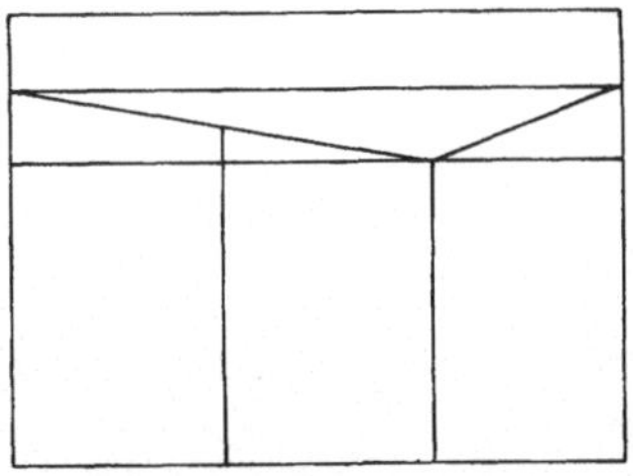	

Aufgabe 5.2

Erstellen Sie ein Struktogramm, in dem das Minimum dreier Zahlenwerte ermittelt wird (die Gleichheit der Werte wird ausgeschlossen).

Aufgabe 5.3

Erstellen Sie ein Struktogramm, in dem drei Zahlenwerte der Größe nach geordnet werden (kleinste Zahl zuerst, größte Zahl zuletzt).

Aufgabe 5.4

Es lassen sich nicht nur mathematische Probleme mit Hilfe von Struktogrammen darstellen. Dies soll folgende Aufgabe demonstrieren.

Aufgabenstellung:

Es soll die Ablaufstruktur folgender Lampenschaltung grafisch mit Hilfe eines Struktogrammes dargestellt werden, die die Lampe zum Leuchten bzw. nicht zum Leuchten bringt.

Lampenschaltung:

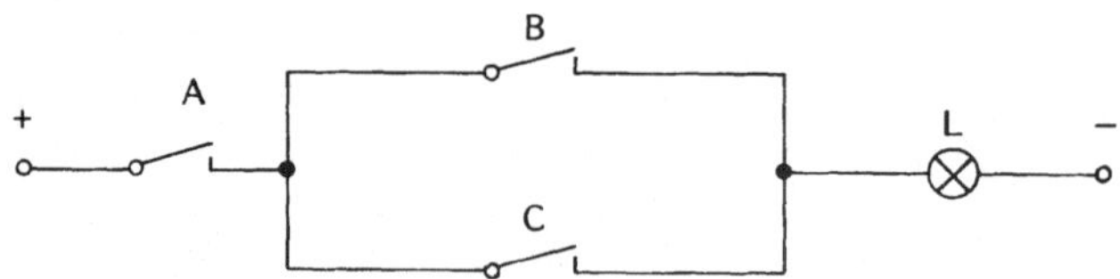

A, B, C sind Ein- Ausschalter, L die Lampe.

Aufgabe 5.5

Sind folgende Strukturblöcke erlaubt?

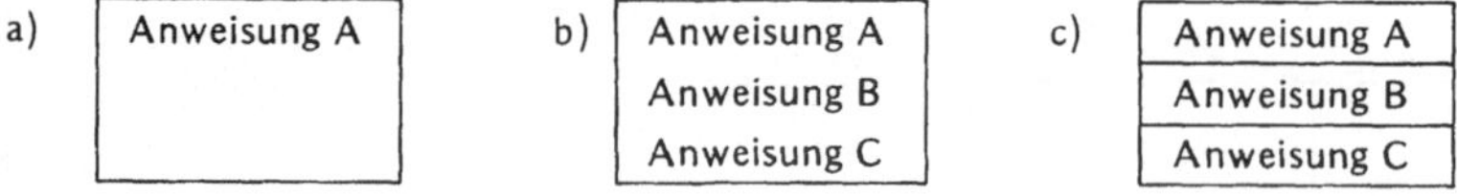

6 Darstellungstechniken zur Beschreibung der Syntax von Programmiersprachen

Probleme sollen möglichst fehlerfrei (korrekt) in Programme einer beliebigen Programmiersprache übersetzt (codiert) werden. Dazu muß jeder Entwicklungsschritt möglichst überschaubar und nachprüfbar sein. Im ersten Entwicklungsschritt, der Problemaufbereitung, dienten Struktogramme zur übersichtlichen grafischen Darstellung der Algorithmen. Durch schrittweise Verfeinerung wird eine Darstellungsebene erreicht, in der die Anweisungen im Struktogramm direkt in Anweisungen in einer Programmiersprache umzusetzen sind.

Eine Programmiersprache hat viele Ähnlichkeiten mit einer lebenden Sprache, wie z.B. Deutsch, Englisch usw. Zum korrekten Erlernen dieser Sprache muß man die Rechtschreibung und Grammatik dieser Sprachen beherrschen, d.h. die Sprachregeln, denen diese Sprachen genügen. Programmiersprachen haben ebenenfalls festgelegte Sprachregeln.

Die Syntax (grch.: Zusammensetzung) einer Programmiersprache gibt die Regeln an, die bei dem Aufbau von Anweisungen in einer Programmiersprache zu beachten sind.

Die Sprachregeln von Programmiersprachen lassen sich in verschiedenen Darstellungstechniken festlegen, wie z.B.

- durch beschreibende Texte,
- mit Hilfe der Backus-Naur-Form,
- mit Hilfe von Fahrnetzen.

Zum Codieren von korrekten Programmen ist es wichtig, die Syntax einer Programmiersprache

- **vollständig**
- **übersichtlich und**
- **leicht verständlich**

darzustellen.

Es sollen daher die genannten drei Darstellungsformen hinsichtlich dieser Kriterien beurteilt werden.

6.1 Beschreibende Texte

Die Syntax wird mit Hilfe von Worten näher beschrieben.

Diese Methode wird bislang in vielen Bedienungshandbüchern und Lehrbüchern der Programmiersprache BASIC verwendet. Einige *zufällig* herausgegriffene Beispiele mögen dies demonstrieren:

Beispiel 6.1

Beschreibung der unbedingten Sprunganweisung

im Handbuch 1 : n GOTO m
im Handbuch 2 : GOTO Zeilen-Nummer
im Handbuch 3[1]) : GOTO <Zeilen-Nummer>

Beschreibung der arithmetischen Zuordnungsanweisung:

im Handbuch 1 : n LET Zuweisung
im Handbuch 2 : LET Variable=Ausdruck
im Handbuch 3[1]) : [LET] <Variable> = <Ausdruck>

Beschreibung der Ausgabe von Daten mit Hilfe der PRINT Anweisung

im Handbuch 1 : n {PRINT ?} {Text/Variablenliste}
im Handbuch 2 : PRINT (Liste von Ausdrücken)
im Handbuch 3[1]) : PRINT [<Liste der Ausdrücke>]

Auch ohne Kenntnisse der Programmiersprache BASIC wird man erkennen, daß die Darstellung gleicher BASIC-Anweisungen recht *unterschiedlich* ist.

Was nun in den einzelnen Anweisungen n, m, eine Zeilen-Nummer, eine Zuweisung, eine Variable, ein Ausdruck usw. ist, wird in den Handbüchern i.a. mit mehr oder weniger *Worten*, d.h. verbal, beschrieben. Da somit eine Systematik an dieser Stelle fehlt, kommt es zu *ungenauen*, z.T. auch zu *fehlerhaften* oder sich *widersprechenden* Aussagen, wie es folgendes *Beispiel* exemplarisch zeigen soll:

Beispiel 6.2

In einem Bedienungshandbuch[1]) steht u.a.:

1.1 Komponenten der BASIC-Programmiersprache

.
.
.

Zeichen – Ein Buchstabe, eine *Zahl* oder ein *beliebiges* Sonderzeichen.

.
.
.

Konstante – Eine *Zahl* innerhalb der Rechengrenzen Ihres Computers (siehe 1.1.1).

.
.
.

Hierbei ist eine

– Fehlerhafte Aussage:

Zur Erklärung der beiden Begriffe *Zeichen* und *Konstante* wird der Begriff *Zahl* verwendet.

Richtig wäre jedoch zur Erklärung des Begriffes *Zeichen* anstelle des Begriffes Zahl den Begriff *Ziffer* (Ø, 1, 2, ... , 9) zu verwenden, denn es sind die *einzelnen* Ziffern gemeint, aus denen u.a.

---

1) Die hier allgemein genannten Hersteller-Handbücher liegen dem Autor vor. Die Namen der Hersteller sind hier jedoch ohne Bedeutung und daher nicht angegeben.

eine Zahl aufgebaut wird, denn eine *Zahl* besteht i.a. aus einer *Folge* von Ziffern, die zudem noch Sonderzeichen enthalten kann (z.B. den Dezimalpunkt).

Hinzuzufügen ist, daß auch der Verweis auf das Kap. 1.1.1 im Bedienungshandbuch den Mangel der Darstellungstechnik aufzeigt, denn es werden dort nur *Beispiele* für Konstanten angegeben, aber keine *allgemeine* Darstellung über den Aufbau von Konstanten, wie z.B. von ganzen Zahlen, Dezimalzahlen und Zahlen in Exponentialschreibweise.

— Ungenaue Aussage:

Zur Erklärung des Begriffes *Zeichen* wird der Begriff *beliebige Sonderzeichen* verwendet. *Beliebige* Sonderzeichen können sicher nicht verwendet werden, wie z.B. α, β, γ, $\wedge$, $\vee$. Selbst die deutschen Umlaute ä, ö, ü usw. können i.a. nicht als Sonderzeichen verwendet werden. Wichtig wäre somit eine *Liste*, in der der mögliche Zeichenvorrat der Sonderzeichen zusammengefaßt ist.

Die Beschreibung der Syntax einer Programmiersprache mit Hilfe von Worten ist i.a. unzureichend, unübersichtlich und unvollständig.

6.2 Die Backus-Naur-Form (BNF)

Die in der Backus-Naur-Form verwendeten Symbole sind sog. *metasprachliche Symbole.* Unter Metasprache versteht man dabei eine Sprache, die verwendet wird, um eine *andere* Sprache zu beschreiben. Diese Symbole gehören zur Darstellungsform nach Backus-Naur und stellen somit *keine* Symbole der Programmiersprache BASIC dar.

6.2.1 Die Symbole der Backus-Naur-Form

Folgende Symbole werden in der Backus-Naur-Form verwendet:

Symbol	Erläuterung
< >	Es handelt sich eigentlich um zwei Symbole (spitze Klammern), die jedoch nur als *Paar* in der Backus-Naur-Form auftreten. **Innerhalb der spitzen Klammern steht ein Begriff (metasprachliches Objekt), der an anderer Stelle näher erläutert wird.**
::=	Dieses Symbol wird benötigt, wenn ein unbekannter Begriff (noch nicht definiertes metasprachliches Objekt) durch bekannte, schon definierte Begriffe definiert werden soll. Dabei steht das neu zu definierende Objekt stets *links* vom Symbol ::=, während rechts davon das Bildungsgesetz steht. Innerhalb des Bildungsgesetzes dürfen selbstverständlich nur schon vorher definierte Begriffe verwendet werden. **Kurz: Der linksstehende Begriff wird durch die rechtsstehenden Begriffe definiert.**
|	**Falls mehrere Möglichkeiten bestehen, trennt der senkrechte Strich diese Alternativen.**
{ }	**Die geschweiften Klammern kennzeichnen mögliche Wiederholungen der in den Klammern eingeschlossenen Begriffe.** Dies bedeutet, daß eine Wiederholung *möglich* ist, aber nicht unbedingt erfolgen muß.

6.2.2 Beispielhafte Beschreibung einiger einfacher Sprachelemente der Programmiersprache BASIC mit Hilfe der Backus-Naur-Form (BNF)

Es soll hier *nicht* der Versuch unternommen werden, die Programmiersprache BASIC an dieser Stelle *vollständig* mit Hilfe der Backus-Naur-Form zu beschreiben. Es soll vielmehr an einfachen exemplarischen Beispielen die Technik und der Weg aufgezeigt werden, wie die Symbole zur Beschreibung der Syntax eingesetzt werden, ohne BASIC-Kenntnisse vorauszusetzen.

Beispiel 6.3

Darstellung des Begriffes „Zeichen" mit Hilfe der BNF:

<Zeichen> ::= <Buchstabe>|<Ziffer>|<Sonderzeichen>

Ein <Zeichen> besteht demnach in BASIC aus entweder einem Buchstaben *oder* einer Ziffer *oder* einem Sonderzeichen.

Die Begriffe

Buchstabe, Ziffer und Sonderzeichen

müssen für die Definition des Zeichenvorrates eindeutig definiert sein. Dies ist wie folgt möglich:

<Buchstabe> ::= A|B|C|D|E|F|G|H|I|J|K|L|M|N|O|P|Q|R|S|T|U|V|W|X|Y|Z[1]

<Ziffer> ::= Ø|1|2|3|4|5|6|7|8|9

<Sonderzeichen> ::=+|−|*|/|=|,|.|(|)|"|:|;|<|>|'|$|␣|↑|#|%|!|[2]

Der Begriff <Buchstabe> besteht somit aus dem Symbol A *oder* B *oder* C *oder* ... Da die Symbole A, B, C ... die elementarsten Bestandteile einer Programmiersprache darstellen, die nicht weiter definiert werden, wurden hier keine spitzen Klammern verwendet. Entsprechendes gilt für die Begriffe <Ziffer> und <Sonderzeichen>.

Aus dem BASIC-Zeichenvorrat lassen sich weitere BASIC-Sprachelemente mit Hilfe der Backus-Naur-Form definieren, wie z.B.:

- Ganze Zahlen
- Dezimalzahlen in Dezimalschreibweise sowie
- Dezimalzahlen in Potenzschreibweise u. dgl.

Der Aufbau soll ebenfalls in der BNF beispielhaft angegeben werden.

Beispiel 6.4

- Ganze Zahlen

  <Ganze Zahl> ::= <Ziffernfolge> | <Vorzeichen> <Ziffernfolge>

  dabei versteht man unter

  <Ziffernfolge> ::= <Ziffer> {<Ziffer>}

  und

  <Vorzeichen> ::= + | −

  Auch eine andere Darstellung wie folgt wäre denkbar:

  <Ganze Zahl> ::= <Ziffernfolge> | + <Ziffernfolge> | − <Ziffernfolge>

---

1) Bei einigen BASIC-Versionen ist der Vorrat an Buchstaben noch größer (Kleinbuchstaben, ä, ö, ü, usw.). Der hier angegebene Vorrat dient nur als Beispiel zur Darstellung in der Backus-Naur-Form.

2) Bei einigen BASIC-Versionen ist der Vorrat an Sonderzeichen noch größer. Der hier angegebene Vorrat dient nur als Beispiel zur Darstellung in der Backus-Naur-Form.

Beispiel 6.5

- Dezimalzahlen in Dezimalschreibweise

  <Dezimalzahl in Dezimalschreibweise> ::=
  <Ziffernfolge> . <Ziffernfolge> | <Vorzeichen> <Ziffernfolge> . <Ziffernfolge>

6.3 Das Fahrnetz

6.3.1 Die Sinnbilder des Fahrnetzes

Das Fahrnetz ist ein aus folgenden Sinnbildern zusammengesetzes Gebilde:

Sinnbild	Bedeutung	Erläuterung
	Linie	Linien werden im Netz durchfahren.
	Weiche	Linien können sich über diese Weichen verzweigen bzw. wieder zusammengeführt werden.
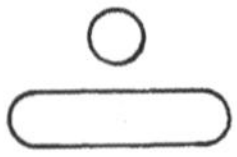	Elementare Zeichen	*Einzelne elementare* Zeichen, z.B. aus dem BASIC-Zeichenvorrat, müssen im Inneren eines Kreises im Fahrnetz angegeben werden. Sollen *mehrere* elementare Zeichen in einer bestimmten Reihenfolge angegeben werden, so ist der Kreis entsprechend zu „dehnen", so daß sich das unter dem Kreis befindliche Sinnbild ergibt. Die Zeichenfolge wird im Inneren dieses Sinnbildes angegeben.
	Teilnetz	Ein Fahrnetz muß nicht nur aus elementaren Zeichen bzw. Zeichenfolgen aufgebaut sein. Es kann zur vereinfachten Darstellung auch Teilnetze enthalten. Damit kann die Übersichtlichkeit größerer Fahrnetze erheblich gesteigert werden. Die Struktur des Teilnetzes muß selbstverständlich bekannt sein, d.h. das Teilnetz muß an anderer Stelle mit Hilfe eines speziellen Fahrnetzes näher erläutert sein.
	Brücke (Kreuzung)	Ein Fahrnetz läßt sich nicht immer „kreuzungsfrei" angeben, auch wenn dies anzustreben ist. Um keine Verwechslung mit Weichen aufkommen zu lassen, sollte man die Linien sich nicht einfach kreuzen lassen, sondern eine „Überbrückung", wie im Sinnbild gezeigt, andeuten.

Fahrnetze bestehen aus einem Namen für das Netz und dem Netz an sich. Der *Name des Netzes* wird, z.B. zur Wiederverwendung in Teilnetzen, als Überschrift links über dem eigentlichen Netz angegeben. Das Netz besteht aus einer beliebig komplizierten Vermaschung der gezeigten fünf Sinnbildtypen. Wichtig ist, daß im Gegensatz zu Netzen im Straßenverkehr, bei der Eisenbahn u. dgl., Fahrnetze zur Beschreibung der Syntax von Programmiersprachen nur *einen Anfang* und *ein Ende* haben dürfen. Dies gilt auch für Teilnetze. Da für den Anfang und das Ende eines Netzes keine Sinnbilder festgelegt wurden, muß es eine andere Festlegung geben. Sie lautet:

- Den Anfang eines Netzes kennzeichnet die Linie, die am weitesten „links" liegt. Bei räumlich umfangreichen Netzen, bei denen es auch ein „Unten" und „Oben" gibt, gilt im Prinzip die gleiche Regel. Man sollte sich jedoch bemühen, die „Anfangslinie" „links oben" anzuordnen.
- Das Ende eines Netzes kennzeichnet die Linie, die am weitesten „rechts" liegt (Bei umfangreichen Netzen möglichst „rechts unten").

  Die Syntax dessen, was als Name über dem Fahrnetz steht, ergibt sich durch Aneinanderfügen der Zeichen und Teilnetze, die beim Durchfahren der Linien des Netzes in den „Kreisen" und „Rechtecken" berührt werden.

6.3.2 Beispielhafte Beschreibung einiger einfacher Sprachelemente der Programmiersprache BASIC mit Hilfe von Fahrnetzen

Es sollen die gleichen Beispiele wie zur Darstellung der Backus-Naur-Form verwendet werden, damit ein direkter Vergleich möglich ist und sich eine nochmalige Erläuterung erübrigt.

Beispiel 6.6

Darstellung der Zeichen des BASIC-Zeichenvorrats:

Zeichen

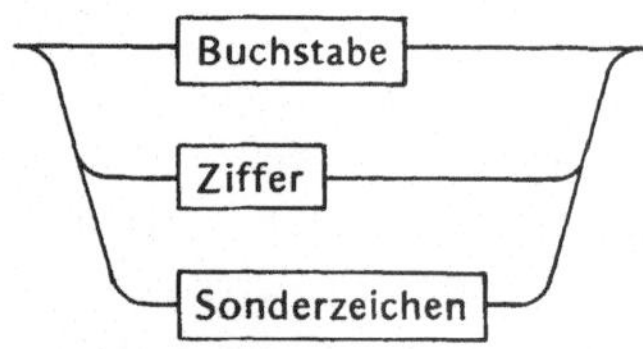

Es wird deutlich, daß eine *"ODER"-Struktur* von elementaren Zeichen bzw. Teilnetzen im Netz mit Hilfe von *parallelen Zweigen* und entsprechenden Weichen darzustellen ist. Es wird dann entweder der erste *oder* der zweite *oder* der dritte Zweig durchlaufen. Buchstabe, Ziffer und Sonderzeichen sind Teilnetze. Ihre Struktur muß noch angegeben werden.

Beispiel 6.7

Buchstabe

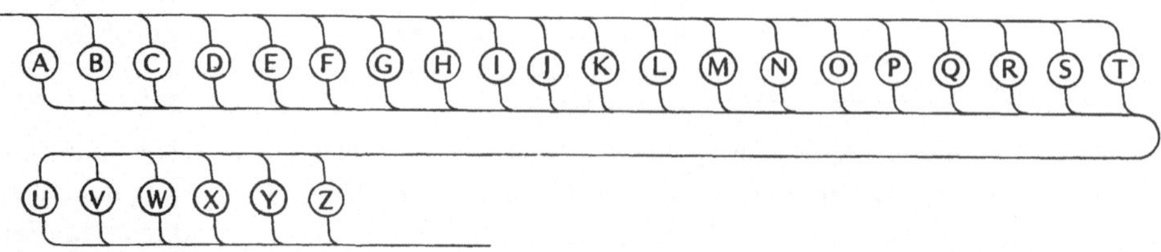

Beispiel 6.8

Ziffer

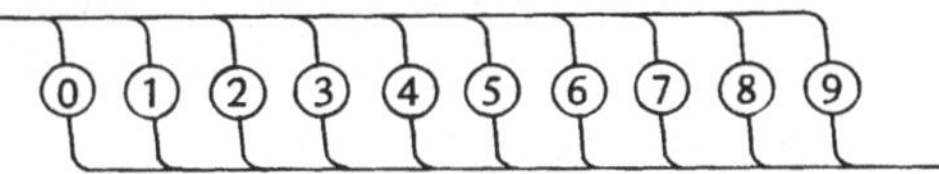

Beispiel 6.9

Sonderzeichen

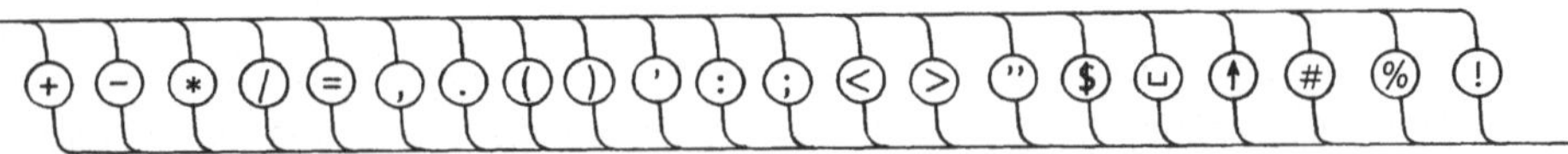

Beispiel 6.10

Ziffernfolge

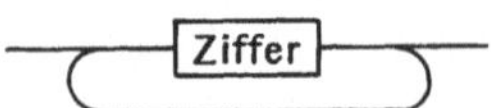

Man erkennt hier eine Schleife. Das Teilnetz „Ziffer" kann über die angegebenen Weichen beliebig oft durchlaufen werden. Durch Aneinanderreihung der durchlaufenen Ziffern wird eine Ziffernfolge aufgebaut. Möchte man die Anzahl der Schleifendurchläufe begrenzen, so ist dies innerhalb des durch die Schleife gebildeten Raumes durch einen Text anzugeben, z.B. „max.3mal".

Beispiel 6.11

Vorzeichen

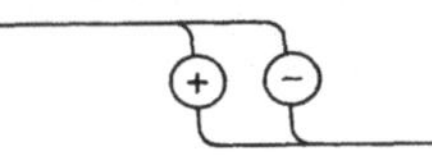

Beispiel 6.12

Ganze Zahl

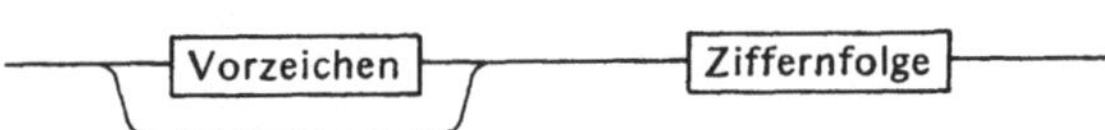

Beispiel 6.13

Dezimalzahl in Dezimalschreibweise

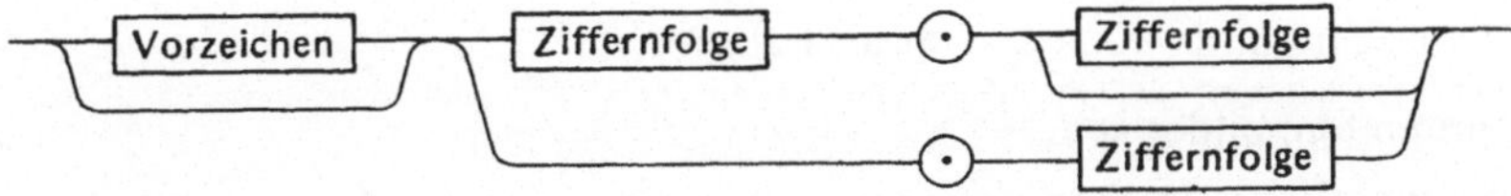

6.4 Vergleich der Darstellungstechniken

Mit Hilfe der Backus-Naur-Form läßt sich die Syntax einer Programmiersprache vollständig und korrekt beschreiben. Die Backus-Naur-Form hat den Vorteil, daß sie relativ einfach, z.B. mit Hilfe einer Schreibmaschine, zu schreiben ist. Dem Autor erscheint jedoch die Darstellung mit Hilfe von Fahrnetzen übersichtlicher, insbesondere wenn Alternativen vorhanden sind bzw. Teile der Darstellung wiederholt werden sollen und somit Schleifen gebildet werden.

Die Syntax verschiedener BASIC-Versionen läßt sich durch einen Blick auf das Netzwerk auf einfache Weise auf mögliche Unterschiede hin vergleichen.

Zur Darstellung der Syntax der Programmiersprache BASIC wird daher in den folgenden Kapiteln das Fahrnetz verwendet. Da diese Darstellung zumindest in BASIC-Hand- und Lehrbüchern noch nicht üblich ist, werden diese Darstellungen außerdem durch verbale Beschreibungen näher erläutert.

6.5 Zusammenfassung

Die Syntax einer Programmiersprache gibt die Regeln an, die bei dem Aufbau von Anweisungen in einer Programmiersprache zu beachten sind.

Zum Codieren von korrekten Programmen ist es wichtig, die Syntax einer Programmiersprache

- vollständig
- übersichtlich und
- leicht verständlich

darzustellen.

Die Beschreibung der Syntax einer Programmiersprache mit Hilfe von Worten ist i.a. unzureichend.

Mit Hilfe der Backus-Naur-Form läßt sich die Syntax einer Programmiersprache vollständig und korrekt beschreiben. Mit Hilfe einer Schreibmaschine läßt sie sich auch leicht schreiben.

Dem Autor erscheint sie jedoch nicht so übersichtlich wie die Darstellung der Syntax mit Hilfe von Fahrnetzen, insbesondere bei der Darstellung von Alternativen und Wiederholungen. Aus diesen Gründen scheint sich die letztere Darstellungsmethode (Fahrnetz) mehr und mehr durchzusetzen.

6.6 Übungsaufgaben

Die Lösung der Übungsaufgabe befindet sich in Kap. 24.

Aufgabe 6.1

Geben Sie die Syntax für den Begriff „alphanumerisches Zeichen"

- in der Backus-Naur-Form und
- als Fahrnetz

mit Hilfe der bekannten Sinnbilder an.

Anmerkung: Alphanumerische Zeichen bestehen entweder aus Buchstaben oder Ziffern.

7 Die Programmiersprache BASIC

Die bevorzugte problemorientierte Programmiersprache ist BASIC. Sie ist dialogfähig und zudem noch relativ schnell und leicht erlernbar. Darauf weist schon der Name der Programmiersprache hin.

BASIC = Beginners All-purpose Symbolic Instruction Code.
Dies bedeutet sinngemäß übersetzt:
Symbolischer Allzweck Befehlscode für Anfänger.

BASIC ist eine einfache, leicht verständliche und leicht erlernbare Programmiersprache für alle Zwecke, die sich besonders für Programmieranfänger eignet.

Weil das Standard-BASIC so einfach gehalten ist, ist auch der Umfang derartiger Compiler bzw. Interpreter relativ gering und daher besonders für kleine Computersysteme, wie z.B. Mikrocomputer, besonders geeignet.

BASIC wurde im Jahre 1964 vom Dartmouth College in den USA entwickelt. Mit der Zeit sind inzwischen abweichend zum ursprünglichen „Dartmouth BASIC" verschiedene BASIC-Versionen entstanden, die die ursprüngliche Programmiersprache jeweils um einige Möglichkeiten ergänzten. Diese BASIC-Versionen wurden somit „herstellerabhängig".

Seit 1974 bemüht sich ECMA (European Computer Manufacturers Association) zusammen mit ANSI (American National Standards Institute) um eine Standardisierung von BASIC. Im Dezember 1976 wurde eine Norm für ein sog. „Minimal BASIC" vorgeschlagen. Die Hersteller von Mikrocomputern halten sich mehr oder weniger an diesen Vorschlag. Der BASIC-Befehlsvorrat, auf den in diesem Buch näher eingegangen wird, wurde so ausgewählt, daß er sowohl in dem Normvorschlag als auch in allen modernen BASIC-Versionen der Mikrocomputer-Hersteller vorhanden ist.

8 Die allgemeine Programmstruktur in BASIC

Nach der Problemaufbereitung und der Darstellung des Problems in Form von Struktogrammen kann die eigentliche Programmierung in der gewünschten Programmiersprache erfolgen. Dies nennt man auch *Codierung*. Der Programmierer wird dazu das Programm zunächst handschriftlich auf einem Blatt Papier entwerfen. Der erste Programmentwurf wird auch *Primärprogramm* genannt.

Erst anschließend wird das Programm über die Eingabetastatur in den Mikrocomputer eingegeben. Dies können anhand des Primärprogrammes vielfach auch Personen, die nicht programmieren können (Datentypisten). Dieses maschinenlesbare Programm in der höheren Programmiersprache stellt für den Mikrocomputer die Programmquelle dar und wird daher *Quellprogramm* genannt. Aus diesem Quellprogramm erstellt der BASIC-Compiler das *Objektprogramm* (Maschinencode). Dann erst kann der Rechenlauf folgen.

Wird hingegen ein BASIC-Interpreter verwendet, werden die einzelnen Anweisungen des Quellprogramms nacheinander in den Maschinencode übersetzt und sofort ausgeführt (vgl. Kap. 2.3.2).

In diesem Kapitel soll die Programmstruktur der BASIC-Primär- bzw. Quellprogramme näher beschrieben werden.

8.1 Die Grobstruktur von BASIC-Programmen

Die Grobstruktur von BASIC-Programmen soll hier einführend erläutert werden. Auf Einzelheiten wird später genauer eingegangen.

Ein Programm besteht i.a. aus einer Folge von *Anweisungen* (vgl. Kap. 1.1). Zur richtigen Ausführung der Anweisungen benötigt der Mikrocomputer teilweise Zusatzinformationen, z.B. bei der Verwendung von Variablenfeldern (vgl. Kap. 11.2.3). Diese Informationen dienen nicht dem Fortgang der Rechnung. Sie unterscheiden sich dadurch von den Anweisungen und werden *Vereinbarungen* genannt.

Ein BASIC-Programm besteht aus einer Folge von Anweisungen und zugehörigen Vereinbarungen.

Die Vereinbarungen müssen stets getroffen werden, bevor der zu vereinbarende Tatbestand im Anweisungsteil benötigt wird. Dies ist immer gewährleistet, wenn die Vereinbarungen am Anfang des Programmes getroffen werden.

Um eine Übersicht über *alle* getroffenen Vereinbarungen zu haben, empfiehlt es sich, alle Vereinbarungen am Programmanfang zu einem *Vereinbarungsteil* zusammenzufassen.

Darauf folgt dann der *Anweisungsteil,* der die eigentliche Berechnungsvorschrift (Algorithmus) enthält, d.h. der Teil, der im Struktogramm grafisch dargestellt wurde.

Jede BASIC-Vereinbarung und jede BASIC-Anweisung steht i.a. in einer eigenen Zeile.

Es gibt jedoch auch Mikrocomputer (besser: die zugehörigen BASIC-Übersetzer), die es gestatten, mehrere Anweisungen pro Zeile einzugeben. Die einzelnen Anweisungen sind dann durch besondere Trennungszeichen (i.a. ein Doppelpunkt) voneinander zu trennen. Dies führt jedoch, unbedacht verwendet, i.a. zu nicht strukturierten Programmen und sollte daher i.a. vermieden werden.

Jede BASIC-Vereinbarung und jede BASIC-Anweisung beginnt mit einer Anweisungsnummer.

Die *Anweisungsnummer,* die obligatorisch vor jeder Vereinbarung bzw. Anweisung steht, muß eine vorzeichenlose ganze Zahl sein. Die höchste Stellenzahl ist vom Typ des Mikrocomputers abhängig und ist dem Handbuch des Herstellers zu entnehmen. Allgemein üblich sind 4 bis 5 Stellen.

Der Mikrocomputer bearbeitet die Vereinbarungen bzw. Anweisungen stets in aufsteigender numerischer Reihenfolge.

Die Anweisungsnummern legen die Reihenfolge der Vereinbarungen und Anweisungen fest, in der sie von Mikrocomputer bearbeitet werden.

Aus diesem Grunde muß das Programm nicht unbedingt in seiner logischen Reihenfolge eingegeben werden. Dies ist besonders vorteilhaft, wenn z.B. eine fehlende Anweisung in das Programm eingefügt werden muß. Der Programmierer kann durch Wahl einer entsprechenden Anweisungsnummer die Anweisung an dem logisch richtigen Ort im Programm plazieren, obwohl sie örtlich am Ende des Programmes geschrieben wird.

Es empfiehlt sich daher, bei der Ersteingabe des Programms eine größere Schrittweite bei den Anweisungsnummern zu wählen, um später noch Anweisungen einfügen zu können.

Wählt man bei der Ersteingabe des Programms für die Anweisungsnummern z.B. eine Schrittweite von 5 oder 10, so besteht die Möglichkeit, später bei Bedarf weitere Anweisungen einzufügen.

Bei einem *späteren* Auflisten des Programms erscheinen die angefügten Anweisungen am logisch richtigen Ort.

Da eine Anweisungsnummer eine bestimmte Anweisung kennzeichnet, darf die gleiche Anweisungsnummer natürlich in einem Programm nicht mehrfach vorkommen.

Jede dieser Vereinbarungen und Anweisungen des Primärprogrammes wird durch Drücken der (RETURN)-Taste (bzw. (ENTER) o.ä.) abgeschlossen. Dies bewirkt eine Abspeicherung der Programmzeile im Arbeitsspeicher des Mikrocomputers. Auf dem Bildschirm des Mikrocomputers macht sich dies dadurch bemerkbar, daß nach dem Drücken der RETURN-Taste der Cursor am Anfang der nächsten Bildschirmzeile steht.

Ein BASIC-Programm wird i.a. mit der Beendungsanweisung END beendet (vgl. Kap. 22.1).

Somit ergibt sich folgende Grobstruktur für BASIC-Programme:

1Ø	Vereinbarung 1	RETURN	Vereinbarungsteil
2Ø	Vereinbarung 2	RETURN	
⋮			
...	Vereinbarung n	RETURN	
1ØØ	Anweisung 1	RETURN	Anweisungsteil
11Ø	Anweisung 2	RETURN	
⋮			
...	Anweisung n	RETURN	
...	END	RETURN	

Bild 8.1
Grobstruktur für BASIC-Programme

Die Grobstruktur eines BASIC-Programmes läßt sich mit Hilfe eines Fahrnetzes wie folgt darstellen:

BASIC-Programm

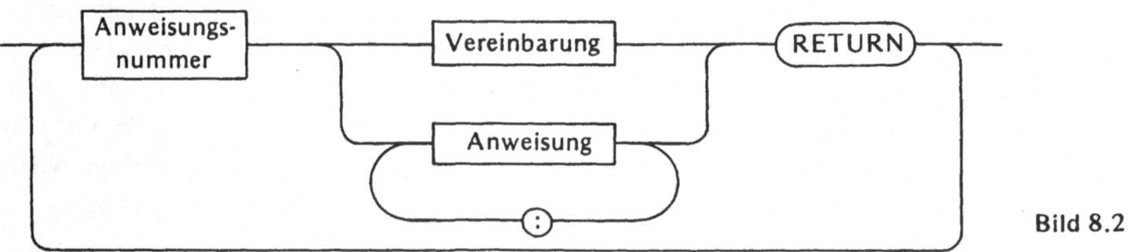

Bild 8.2

Das Fahrnetz der Anweisungsnummer ist:

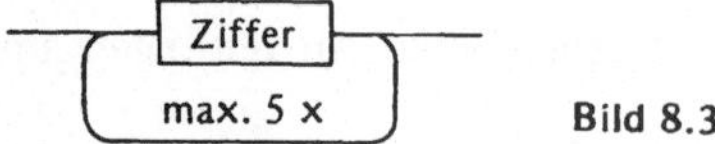

Bild 8.3

Die Fahrnetze der Vereinbarungen und Anweisungen werden in den folgenden Kapiteln dargestellt.

Häufig wird anstelle von RETURN symbolisch das ↵-Zeichen verwendet. Dieses Zeichen soll in Zukunft in diesem Buch verwendet werden.

Wie die Schleife des Fahrnetzes andeutet, können auch mehrere Anweisungen, getrennt durch Doppelpunkte, in einer Zeile stehen.

Vergleicht man ein BASIC-Programm mit einer Darstellung eines Problems in einer natürlichen Sprache, wie z.B. Deutsch, Englisch usw., so lassen sich Vereinbarungen und Anweisungen eines BASIC-Programmes mit Sätzen in der natürlichen Sprache vergleichen. Umgekehrt spricht man auch von *Programmsätzen*. Die Sätze einer natürlichen Sprache lassen sich weiter zergliedern in Worte, Silben und dergleichen. Diese lassen sich wiederum zusammensetzen aus Buchstaben, Ziffern und Sonderzeichen. Dies sind die elementaren Bausteine einer natürlichen Sprache. Entsprechendes gilt auch für Programmiersprachen. Aus welchen elementaren Bausteinen BASIC-Worte aufgebaut werden und wie daraus BASIC-Sätze gebildet werden, wird das Thema der nächsten Kapitel sein.

8.2 Die Grob-Struktur von Vereinbarungen und Anweisungen

Jede Vereinbarung bzw. Anweisung beginnt, wie schon erläutert, mit einer Anweisungsnummer.

Auf jede Anweisungsnummer folgt ein Schlüsselwort.

Das Schlüsselwort gibt den Typ der auszuführenden Operation in einer Anweisung bzw. den Typ einer Vereinbarung an.

Die Schlüsselworte werden in der Regel noch durch nähere Angaben zu den speziellen Operationen ergänzt (Parameter).

Somit ergibt sich folgende Grobstruktur für Vereinbarungen und Anweisungen:

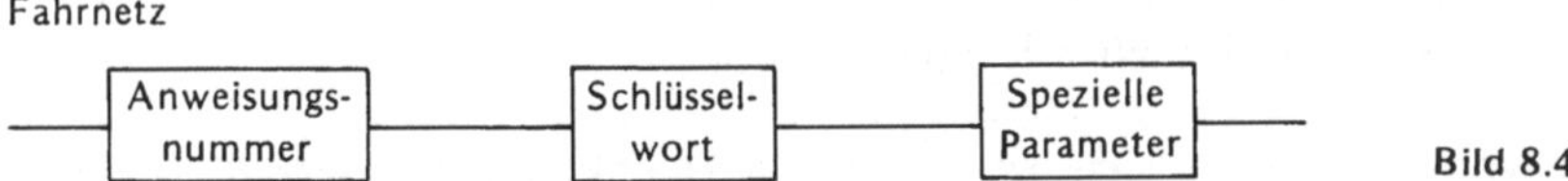

Bild 8.4

Aufgrund der Zeilenstruktur eines BASIC-Programmes ergibt sich, daß die Länge der Anweisung begrenzt ist. Sie ist daher z.B. gleich der Zeichenzahl, die in einer Bildschirmzeile unterzubringen ist (z.B. 80 Zeichen pro Zeile). Vielfach kann sie aber auch länger sein (z.B. 256 Zeichen d.h. ca. 3 Bildschirmzeilen). Nähere Einzelheiten müssen dem jeweiligen Benutzerhandbuch des verwendeten Mikrocomputers entnommen werden. Die begrenzte Zeichenzahl je Zeile bereitet jedoch selten Schwierigkeiten, da sich z.B. längere mathematische Formeln in der Regel durch mehrere kürzere Gleichungen beschreiben lassen. Ähnliches gilt für Texte u. dgl.

8.3 Kommentare im Programm

Neben Vereinbarungen und Anweisungen kann ein Programm auch Kommentare enthalten.

Kommentare sind zusätzliche Bemerkungen oder Erklärungen, die dem Programmierer helfen, ein Programm übersichtlich zu gestalten.

Durch eine Überschrift für das gesamte Programm sowie durch Überschriften für einzelne Programmteile u. dgl. läßt sich ein Programm übersichtlich gliedern.

Kommentare sind somit für eine strukturierte Programmierung wichtig, da man mit ihnen die Struktur von Programmen hervorheben und ihre Lesbarkeit verbessern kann.

Kommentare können an beliebigen Stellen im Programm stehen.

Ein Mikrocomputer kommt ohne zusätzliche Erklärungen aus. Daher braucht er die Kommentare nicht zu berücksichtigen. Durch ein Schlüsselwort wird der Übersetzer darauf hingewiesen, daß beim Programmablauf die folgenden Zeichen unberücksichtigt bleiben können, da sie nicht zum eigentlichen Algorithmus des Programms gehören. Dies hat zur Folge, daß der Kommentar vom Compiler bzw. Interpreter überlesen wird und keine Übersetzung in den Maschinencode erfolgt. Der Kommentar erscheint lediglich bei Programmauflistungen des Quellprogramms.

Die Struktur von Kommentaren entspricht der Struktur von Anweisungen und Vereinbarungen, d.h., sie besteht aus einer vorangestellten Anweisungsnummer, einem Schlüsselwort und dem eigentlichen Kommentar.

Somit ist die allgemeine Form eines BASIC-Kommentars:

n REM Kommentar

Dabei ist:

n	eine Anweisungsnummer,
REM	das Schlüsselwort für BASIC-Kommentare,
Kommentar	der Text des eigentlichen Kommentars.

Das Schlüsselwort REM läßt sich i.a. durch ein Hochkomma ' ersetzen. Diese Kurzform für das Schlüsselwort wird gerne verwendet, da das Schlüsselwort vor Kommentaren häufig störend wirkt.

Das Fahrnetz für BASIC-Kommentare ergibt sich somit wie folgt:

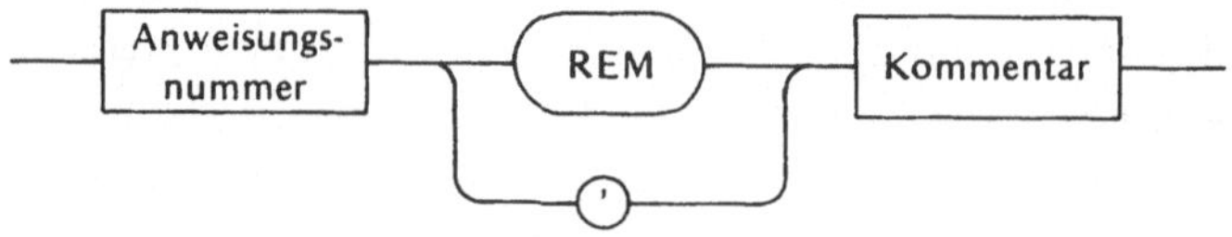

Das Fahrnetz vom Kommentar ist:

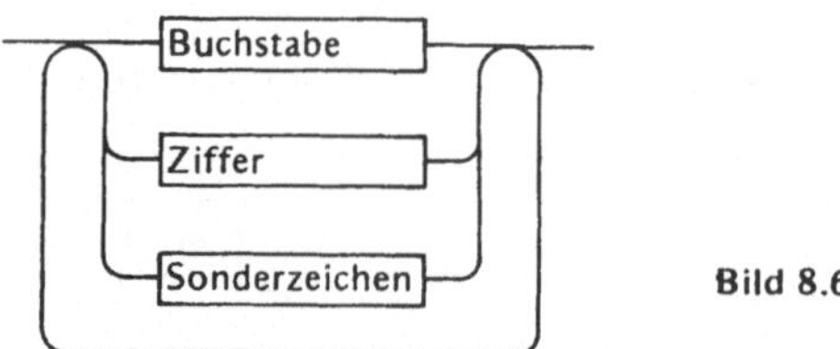

Bild 8.6

Das Fahrnetz eines Programmes (Bild 8.2) läßt sich bei Verwendung von Kommentaren wie folgt ergänzen:

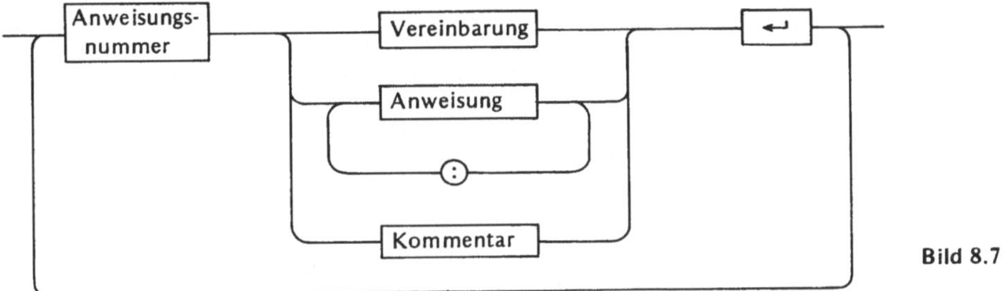

Bild 8.7

8.4 Zusammenfassung

Ein BASIC-Programm besteht aus einer Folge von *Anweisungen.*

Zur richtigen Ausführung der Anweisungen benötigt der Mikrocomputer vielfach Zusatzinformationen. Sie werden *Vereinbarungen* genannt und in einem *Vereinbarungsteil* am Anfang eines Programmes zusammengefaßt. Darauf folgt der eigentliche *Anweisungsteil.*

Jede BASIC-Vereinbarung und jede BASIC-Anweisung steht i.a. in einer eigenen Zeile.

Jede einzelne Vereinbarung bzw. Anweisung beginnt mit einer *Anweisungsnummer.*

Die Anweisungsnummern legen die Reihenfolge der Vereinbarungen bzw. Anweisungen fest, in der sie vom Mikrocomputer bearbeitet werden.

Auf jede Anweisungsnummer folgt ein *Schlüsselwort.*

Das Schlüsselwort gibt den Typ der auszuführenden Operationen in einer Anweisung bzw. den Typ einer Vereinbarung an.

Die Schlüsselworte werden in der Regel noch durch nähere Angaben zu den speziellen Operationen ergänzt (*Parameter*).

Kommentare sind zusätzliche Bemerkungen oder Erklärungen, die dem Programmierer helfen, das Programm übersichtlich zu gestalten.

Kommentare können an beliebigen Stellen im Programm stehen.

9 BASIC-Zeichenvorrat und BASIC-Sprachelemente

9.1 Allgemeines

Ist die Problemaufbereitung abgeschlossen, kann bekanntlich die *Codierung* des Programmes in der gewählten Programmiersprache, z.B. in BASIC, erfolgen (vgl. Kap. 5). Dazu müssen die Strukturblöcke des erstellten Struktogrammes mit Hilfe einer bzw. mehrerer Anweisungen (Befehle) in der jeweiligen Programmiersprache formuliert werden.

Vergleicht man eine Programmiersprache mit einer natürlichen Sprache, so läßt sich folgende Parallele ziehen:

Die *Anweisungen* einer Programmiersprache entsprechen ganzen *Sätzen* einer natürlichen Sprache.

Die Sätze der natürlichen Sprache setzen sich aus Sprachelementen, z.B. aus Worten zusammen. Die *Sprachelemente* setzen sich wiederum aus einzelnen *Zeichen*, wie Buchstaben, Zahlen und Sonderzeichen zusammen. Auch hier lassen sich entsprechende Parallelen zu den Programmiersprachen ziehen:

Die Anweisungen von Programmiersprachen setzen sich, wie bei einer natürlichen Sprache, aus bestimmten Sprachelementen zusammen. Diese wiederum setzen sich aus den Zeichen des Zeichenvorrates der jeweiligen Programmiersprache zusammen.

Sonderzeichen, wie z.B. griechische Buchstaben, Zeichen der Mengenlehre, allgemein Zeichen, die nicht im BASIC-Zeichenvorrat enthalten sind, müssen durch andere Zeichen bzw. Zeichenfolgen ersetzt werden.

Die griechischen Buchstaben α, β, γ ... usw. könnte man z.B. mit dem vorhandenen Zeichenvorrat ausdrücken, indem man die lateinischen Anfangsbuchstaben wählt. Die benötigten BASIC-Sprachelemente sowie der BASIC-Zeichenvorrat werden in den folgenden Kapiteln näher besprochen.

9.2 BASIC-Sprachelemente

Wie in einer normalen Sprache, in der aus dem Zeichenvorrat Worte und Sätze gebildet werden, können auch in der Programmiersprache BASIC entsprechende Sprachelemente gebildet werden. Da BASIC mathematisch-naturwissenschaftlich orientiert ist, gehören zu den Sprachelementen insbesondere

- Konstanten
- Variablen
- Standardfunktionen
- Operationszeichen
- Ausdrücke

Diese Sprachelemente werden mit Hilfe des BASIC-Zeichenvorrats gebildet.

Ausdrücke ergeben sich z.B. aus dem BASIC-Zeichenvorrat so wie es Bild 9.1 zeigt:

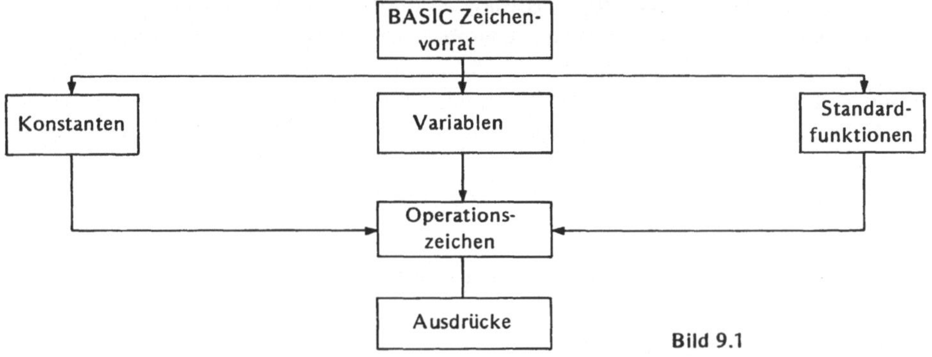

Bild 9.1

Dabei kann man z.B. Konstanten weiter wie folgt unterscheiden:

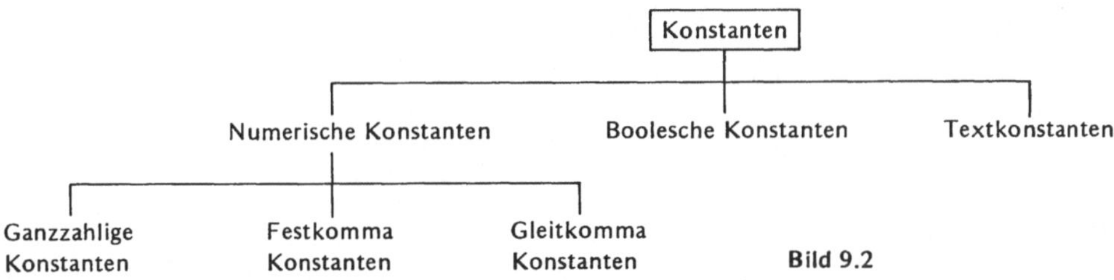

Bild 9.2

Entsprechendes gilt für Variablen, Standardfunktionen und Operationszeichen. Dies führt dann auch zu unterschiedlichen Typen von Ausdrücken.

Aus dem BASIC-Zeichenvorrat werden alle BASIC-Sprachelemente gebildet.

Die Schreibweise dieser Sprachelemente unterliegt Regeln, die in den folgenden Abschnitten behandelt werden.

Bevor auf einzelne Anweisungen der Programmiersprache BASIC eingegangen wird, empfiehlt es sich daher, zunächst die BASIC-Sprachelemente sowie den dafür erforderlichen BASIC-Zeichenvorrat kennenzulernen.

Der Leser wird sich daher noch etwas gedulden müssen, bis die eigentliche strukturierte Programmierung in BASIC besprochen wird, denn Programme bestehen bekanntlich aus einer Folge von Anweisungen, die strukturiert aufeinanderfolgen. Zunächst muß daher der Aufbau der einzelnen Anweisungen besprochen werden, bevor gezeigt wird, wie man sie strukturiert aufeinanderfolgen läßt.

9.3 BASIC-Zeichenvorrat

Jede Sprache, wie z.B. Griechisch, Russisch, Arabisch, Chinesisch usw. läßt sich mit Hilfe einer bestimmten Anzahl von Grundsymbolen darstellen. Zu den Grundsymbolen im Griechischen zählen die griechischen Buchstaben. Im Russischen sind es die kyrillischen Buchstaben. Die arabische und die chinesische Schriftsprache besteht aus wieder anderen Grundsymbolen. Die Menge der Grundsymbole, aus der eine Sprache besteht, wird Zeichenvorrat genannt.

BASIC ist eine Programmier*sprache*. Wie jede andere Sprache besitzt auch sie einen begrenzten Zeichenvorrat.

Der in diesem Buch verwendete Zeichenvorrat von BASIC umfaßt

- 26 Großbuchstaben (A bis Z)[1]
- 10 Ziffern (Ø bis 9)
- 21 Sonderzeichen + − ∗ / = , . ( ) ' : ; < > " $ ↑ ␣ # % ![2] [3]

Die entsprechenden Fahrnetze wurden schon in Kap. 6.3.2 angegeben und sollen hier der Vollständigkeit halber noch einmal angegeben werden.

BASIC-Zeichenvorrat

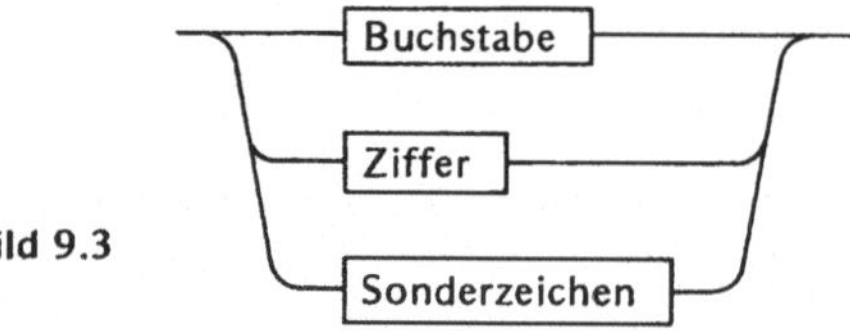

Bild 9.3

Buchstabe

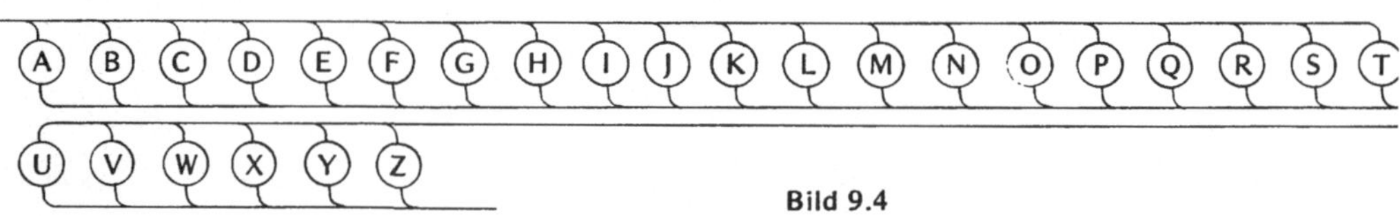

Bild 9.4

Ziffer

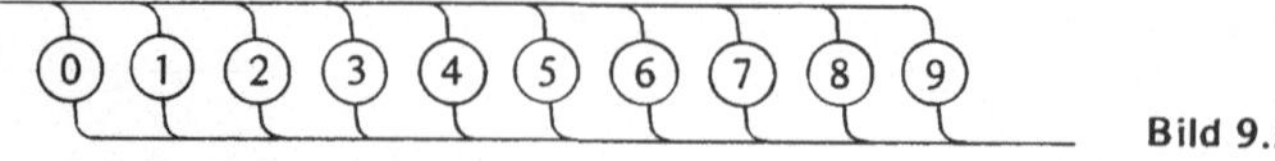

Bild 9.5

Sonderzeichen[2][3]

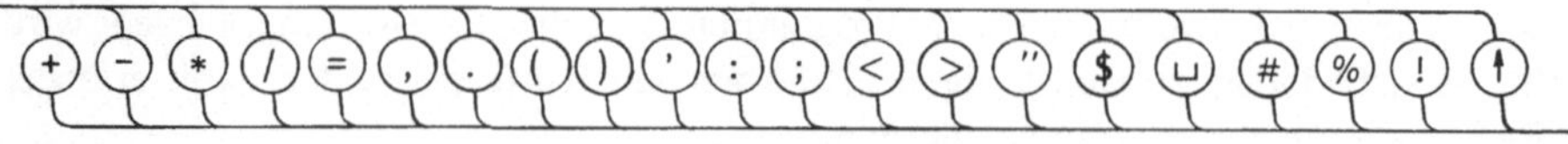

Bild 9.6

---

1) In einigen BASIC-Versionen sind auch kleine Buchstaben erlaubt.

2) Bei einigen BASIC-Versionen ist der Vorrat an Sonderzeichen noch etwas größer als hier angegeben. Dies liegt einerseits daran, daß für einige Kombinationen von Sonderzeichen mit spezieller Bedeutung ein spezielles Sonderzeichen verwendet wird (Beispiel: ∧ anstelle von ↑).

3) Das Zeichen ␣ vertritt in den folgenden Darstellungen das Leerzeichen (engl.: blank). Es wird durch Betätigen der Leertaste auf der Eingabetastatur auf dem Bildschirm angegeben, d.h. die Schreibposition auf dem Bildschirm wird durch ein „leeres" Zeichen besetzt.

10 Konstanten

Der Mikrocomputer wird i.a. mit Daten versorgt, die durch das Anwenderprogramm zu verarbeiten sind (vgl. Kap. 1.1). Diese Daten können sehr verschieden in ihrer Art sein. Daher empfiehlt es sich, diese *Datentypen* zu unterscheiden und getrennt zu behandeln.

Dies gilt auch für Konstanten, d.h. für unveränderliche Größen.

Die wohl gebräuchlichsten Konstantentypen sind:

- **Numerische Konstanten**
- **Textkonstanten**
- **Boolesche Konstanten**

Das Fahrnetz für Konstanten ergibt sich zu:

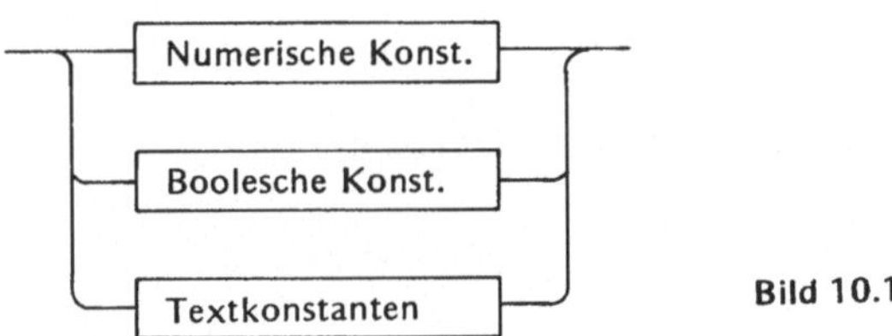

Bild 10.1

Auf ihre Darstellung in der Programmiersprache BASIC soll im Folgenden näher eingegangen werden.

10.1 Numerische Konstanten

Eine numerische Konstante hat von Anfang an einen festen Wert, der durch eine bestimmte Zahl festgelegt wird.

Bei numerischen Konstanten unterscheidet man weiter

- Ganzzahlige Konstanten
- Festkomma-Konstanten
- Gleitkomma-Konstanten
- Konstanten doppelter Genauigkeit

Das Fahrnetz für numerische Konstanten ergibt sich zu:

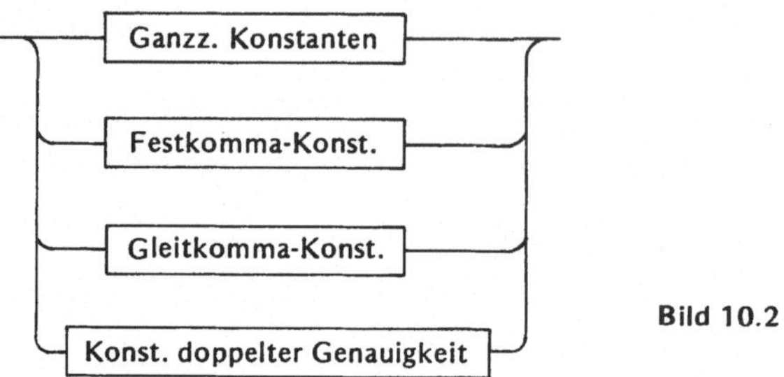

Bild 10.2

10.1.1 Ganzzahlige Konstanten

Ganzzahlige Konstanten sind positive oder negative ganze Zahlen.

Sie lassen sich mit Hilfe des Fahrnetzes wie folgt darstellen:

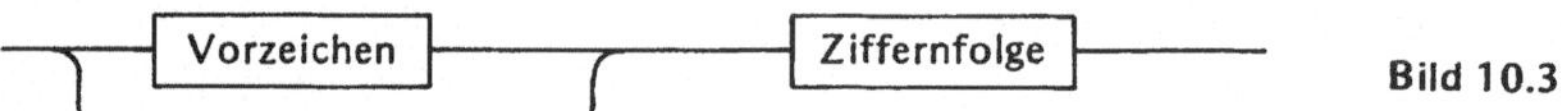

Bild 10.3

Das Fahrnetz für Vorzeichen ergibt sich aus dem BASIC-Zeichenvorrat zu:

Bild 10.4

Die Ziffernfolge läßt sich aus dem BASIC-Zeichenvorrat wie folgt ableiten:

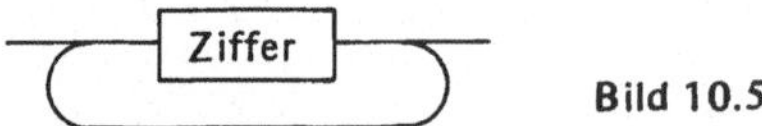

Bild 10.5

Wie das Fahrnetz für ganzzahlige Konstanten zeigt, läßt sich das Vorzeichen umgehen. Eine Ziffernfolge ohne Vorzeichen wird als positiv (+) bewertet, d.h. das positive Vorzeichen kann i.a. entfallen.

Durch den Speicher des Mikrocomputers wird die maximale Größe der ganzen Zahl festgelegt. Sie kann hier nicht allgemeingültig angegeben werden und muß dem jeweiligen Herstellerhandbuch entnommen werden.

Vielfach üblich sind für ganzzahlige Konstanten die Grenzwerte − 32 768 und + 32 767.

Beispiel 10.1:

Ganzzahlige Konstanten	
Mathematische Schreibweise	BASIC-Schreibweise
+ 2 345 − 6789	+ 2 345 − 6789

10.1.2 Festkomma-Konstanten

Festkomma-Konstanten sind positive oder negative Dezimalzahlen, bei denen das Komma an einer vorgegebenen Stelle steht.

Sie lassen sich in BASIC mit Hilfe des Fahrnetzes wie folgt darstellen:

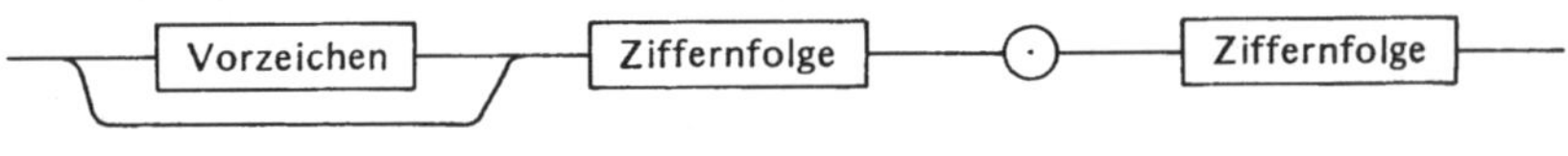

Bild 10.6

Vorzeichen und Ziffern werden demnach in BASIC genauso angegeben, wie in der mathematischen Schreibweise. Anstelle des Dezimalkommas tritt jedoch in BASIC der *Dezimalpunkt*. Das positive Vorzeichen kann, wie bei ganzzahligen Konstanten, entfallen, wenn die Festkomma-Konstante positiv ist.

Besteht die Ziffernfolge vor bzw. nach dem Dezimalpunkt aus einer bzw. mehreren Nullen, so kann diese Nullziffernfolge i.a. entfallen. Somit ergibt sich für Festkomma-Konstanten folgendes vervollständigtes Fahrnetz:

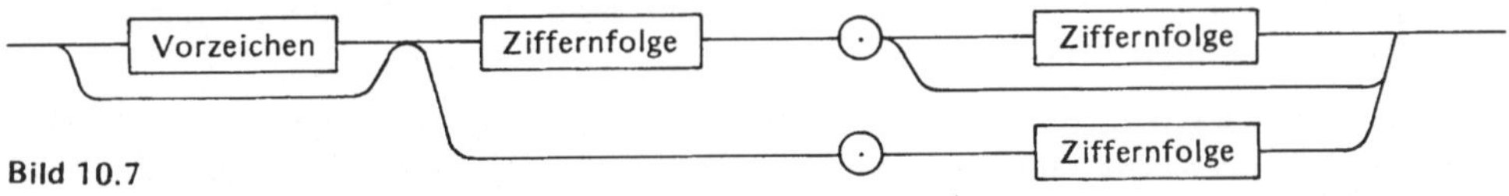

Bild 10.7

Der zweite Zweig wird in der Darstellung des Fahrnetzes nötig, da ein zusätzliches Umfahren der Ziffernfolge vor dem Dezimalpunkt zu einem Fahrweg führen könnte, der nur noch den Dezimalpunkt enthält. Diese Möglichkeit ist nicht erlaubt.

Durch den Speicher des Mikrocomputers wird auch hier die maximale Größe der Zahl begrenzt. Sie kann nicht allgemeingültig angegeben werden und muß dem jeweiligen Herstellerhandbuch entnommen werden.

Im allgemeinen können Festkomma-Konstanten aus maximal 6 Ziffern bestehen. Diese 6 Ziffern können beliebig auf die Ziffernfolgen vor bzw. nach dem Dezimalpunkt verteilt sein. Da dies für einige Probleme zu wenig Ziffern sind, bietet BASIC auch die Möglichkeit, mehr Ziffern zu verwenden. Darauf wird später näher eingegangen (vgl. Kap. 10.1.4).

Beispiel 10.2

Festkomma-Konstanten	
Mathematische Schreibweise	BASIC-Schreibweise
1,2	1.2
− 3,4	− 3.4
+ 502,67	+ 5Ø2.67
0,89	.89
6,00	6.
− 0,33	−.33

10.1.3 Gleitkomma-Konstanten

Gleitkomma-Konstanten sind positive oder negative Zahlen in Exponentialschreibweise.

Diese Schreibweise wird gern in der Naturwissenschaft und Technik benutzt, wenn sehr kleine oder sehr große Zahlen angegeben werden sollen. Diese Schreibweise ist in solchen Fällen meist kürzer und übersichtlicher.

Der Aufbau von Gleitkomma-Konstanten in BASIC läßt sich mit Hilfe von Fahrnetzen wie folgt darstellen:

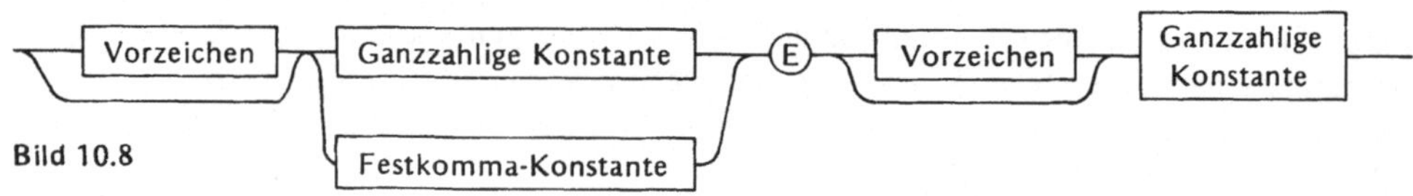

Bild 10.8

Das Teilnetz vor dem (E) stellt die *Mantisse* der Gleitkomma-Konstanten dar. Das auf die Mantisse folgende E zeigt an, daß die darauf folgende ganzzahlige Konstante die *Potenz zur Basis 10* ist.

Das Fahrnetz zeigt, daß die Vorzeichen sowohl vor der Mantisse als auch vor der Zehnerpotenz entfallen können. Dann ist die Mantisse bzw. der Exponent positiv.

Außerdem zeigt das Fahrnetz, daß im Gegensatz zur Mathematik vor dem Exponenten einer Gleitkomma-Konstanten eine ganzzahlige Konstante oder eine Festkomma-Konstante stehen *muß.*

Beispiel 10.3

Mathematische Schreibweise	BASIC
10^2	1E2

Das Fahrnetz zeigt ebenfalls eindeutig, daß der Exponent immer eine ganze Zahl sein muß. Festkommakonstanten, Brüche u. dgl. sind nicht erlaubt.

Ist der Exponent im mathematischen Algorithmus eine Festkommazahl oder ein Bruch, so muß der Wert eines derartigen Ausdrucks über eine entsprechende Rechenoperation ermittelt werden.

Beispiel 10.4

Gleitkomma-Konstanten	
Mathematische Schreibweise	BASIC-Schreibweise
10^{-6}	1E-6
$-123 \cdot 10^{+2}$	-123E+2
$1{,}23 \cdot 10^{23}$	1.23E23
$-45{,}678 \cdot 10^{-9}$	-45.678E-9
$1{,}00345 \cdot 10^{-12}$	1.ØØ345E-12
$Ø{,}5 \cdot 10^{-4}$	.5E-4
$-7{,}0 \cdot 10^{3}$	-7.E3

Die maximale Größe und die Genauigkeit einer Gleitkommakonstanten ist abhängig vom Mikrocomputer. Sie kann nicht allgemeingültig angegeben werden und muß dem jeweiligen Herstellerhandbuch entnommen werden.

Vielfach üblich sind für die Mantisse, die die *Genauigkeit* der Zahl bestimmt, 6 Ziffern bei beliebiger Anordnung des Dezimalpunktes.

Die größte Zehnerpotenz, die die *maximale Größe* der Zahl bestimmt, ist i.a. ± 38.

10.1.4 Konstanten mit doppelter Genauigkeit

Reicht die angegebene einfache Genauigkeit der Konstanten nicht aus, so besteht bei vielen BASIC-Versionen die Möglichkeit, Konstanten mit *doppelter Genauigkeit* zu vereinbaren. Damit der Mikrocomputer einfache und doppelt genaue numerische Konstanten unterscheiden und abspeichern kann, werden doppelt genaue Konstanten speziell gekennzeichnet.

Auf Ganzzahlige und Festkomma-Konstanten folgt zur Kennzeichnung der doppelten Genauigkeit das Zeichen #. Bei Gleitkomma-Konstanten wird hingegen der Buchstabe (E), der den folgenden Exponenten ankündigt, durch ein (D) ersetzt. (D steht für doppelte Genauigkeit).

Das Fahrnetz für Konstanten mit doppelter Genauigkeit ergibt sich somit zu:

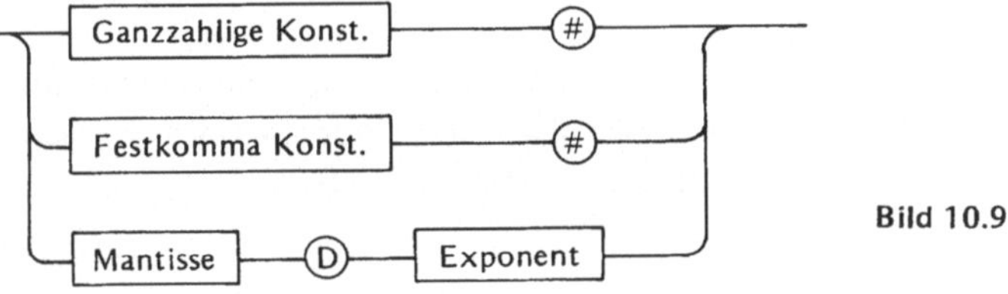

Bild 10.9

Beispiel 10.5:

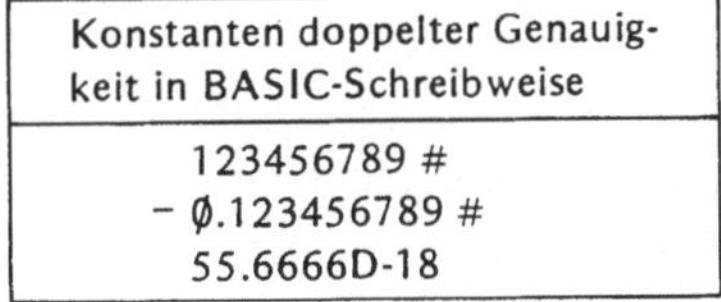

Konstanten doppelter Genauigkeit in BASIC-Schreibweise
123456789 #
– ∅.123456789 #
55.6666D-18

Die maximale Stellenzahl, die Konstanten doppelter Genauigkeit umfassen dürfen, hängt vom Mikrocomputer ab. Die jeweiligen Werte sind dem Herstellerhandbuch zu entnehmen. Vielfach üblich ist, daß Werte mit maximal 16 Stellen gespeichert werden können.

10.1.5 Weitere Konstantentypen

In vielen BASIC-Versionen kann man auch noch folgende Konstantentypen festlegen:

- *Ganze Zahlen* (engl. INTEGER) durch Anhängen des Zeichens % an die Zahl.
- *Einfach genaue Zahlen* durch Anhängen des Zeichens ! an die Zahl.

Wird keine dieser speziellen Typvereinbarungen getroffen, wird automatisch vom Mikrocomputer die einfache Genauigkeit angenommen.

Manche BASIC-Versionen erlauben auch noch die Festlegung von numerischen Werten aus anderen Zahlensystemen, wie z.B. Hexadezimalzahlen, Oktalzahlen u.dgl. Darauf soll in diesem Buch nicht näher eingegangen werden.

10.2 Textkonstanten

Textkonstanten (Zeichenkonstanten, Zeichenketten, engl.: string) bestehen aus einer Folge beliebiger Zeichen des Gesamtzeichenvorrates des Mikrocomputers. Diese Folge von Zeichen ist stets links und rechts in Anführungszeichen (Symbol: ") zu setzen.

Das Fahrnetz für Textkonstanten ergibt sich zu:

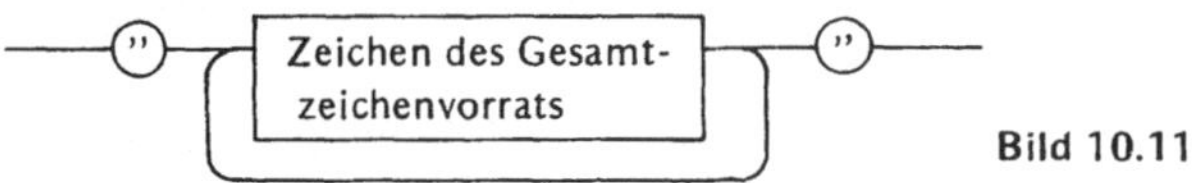

Bild 10.11

Der Gesamtzeichenvorrat des Mikrocomputers ist i.a. größer als der sog. BASIC-Zeichenvorrat. Zeichenketten können meist *alle* Zeichen enthalten, die auf der Eingabetastatur des Mikrocomputers zu finden sind. Vielfach befinden sich durch doppelte oder dreifache Belegung der Eingabetastatur auch grafische Symbole darunter, wie z.B.

Bild 10.12

Auch diese Zeichen können in Textkonstanten auftreten. Die Zeichen von Textkonstanten werden in einem anderen Code gespeichert als numerische Konstanten.

Numerische Konstanten müssen auf einfache Weise mathematisch verknüpft werden können. Durch Additionen und Subtraktionen von Konstanten entstehen neue Werte. Zur Durchführung dieser Rechenoperationen wird der sog. *Dualcode* verwendet.

Textkonstanten werden hingegen in einem anderen Code, meist im sog. ASCII-Code, in der DVA gespeichert, da dieser Code zur Textverarbeitung zweckmäßig ist.

Dieser Code wird später ausführlich behandelt (vgl. Kap. 13.3.4).

Mit Hilfe der Anführungszeichen, die die Textkonstanten begrenzen, ist der Mikrocomputer in der Lage, Textkonstanten von Schlüsselworten der BASIC-Anweisungen, die ebenfalls aus einer Folge von Zeichen bestehen, zu unterscheiden.

Die maximale Anzahl der Zeichen, die eine Textkonstante i.a. umfassen darf, ist begrenzt. Sie ist dem Herstellerhandbuch zu entnehmen.

Vielfach üblich ist, daß eine Zeichenkette bis zu 255 Zeichen umfassen darf.

Beispiel 10.6: Textkonstanten

Nr.	Textkonstante
1	"NEIN"
2	"GIB␣WERT␣EIN"
3	"HEIDI"
4	"123"
5	"*****"
6	"1ØØ␣KM/H"
7	"23␣MAI␣1982"

Die Textkonstante "123" in Beispiel Nr. 4 wird in einem anderen Code gespeichert als die numerische Konstante 123.

10.3 Boolesche Konstanten

Es gibt eine Reihe von Problemen, z.B. in der Schaltalgebra, die zu ihrer Bewältigung zweiwertige Größen benötigen. Die Verknüpfung dieser Größen fällt in das Gebiet der Booleschen Algebra[1]).

Boolesche Aussagen stellen weder den Inhalt noch die Bedeutung von Aussagen fest, sondern untersuchen, ob sie wahr oder falsch sind.

Beispiele für Boolesche Aussagen:

Aussage	Log. Wert der Aussage
Hamburg liegt an der Elbe.	wahr
Moskau liegt in Deutschland.	falsch
10 < 20	wahr
30 < 20	falsch

Boolesche Aussagen haben die Eigenschaft, wahr oder falsch zu sein.

Dies sind die sog. Wahrheitswerte.

Eine Boolesche Konstante hat einen festen Wahrheitswert, der entweder „wahr" oder „falsch" sein kann.

In BASIC werden diese Wahrheitswerte durch folgende Zahlen ausgedrückt:

Bedeutung	BASIC
wahr (engl. true)	- 1
falsch (engl. false)	Ø

Diese Wahrheitswerte werden somit in Form von Zahlen in den Speicherzellen des Mikrocomputers gespeichert. Der Wahrheitswert „wahr" wird durch die Zahl „– 1" ausgedrückt, der Wahrheitswert „falsch" durch die Zahl „Ø".

---

1) G. BOOLE (1815–1864): Engl. Mathematiker. Einer der Begründer der mathematischen Logik.

Mit Hilfe des Fahrnetzes lassen sich Boolesche Konstanten wie folgt darstellen:

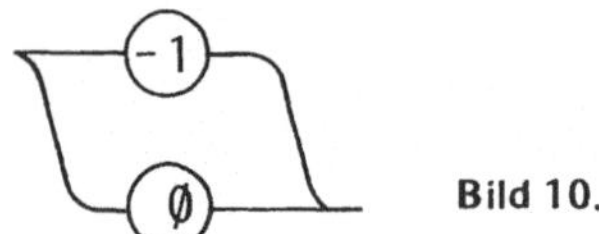

Bild 10.13

Die beiden Booleschen Konstanten ∅ und −1 unterscheiden sich im Speicher des Mikrocomputers durch nichts von den numerischen Werten ∅ bzw. −1.

In BASIC ist auch eine bewußte bzw. unbewußte Verknüpfung boolescher Werte mit numerischen Werten möglich. Insbesondere die unbewußte Verknüpfung kann zu ungewollten Fehlerquellen führen. Daher wird in anderen Programmiersprachen durch einen speziellen Datentyp sichergestellt, daß eine ungewollte Verknüpfung zwischen numerischen und booleschen Werten beim Übersetzen festgestellt wird.

10.4 Zusammenfassung

Konstanten

Die gebräuchlichsten Konstantentypen sind

- Numerische Konstanten
- Textkonstanten
- Boolesche Konstanten

Numerische Konstanten

Eine numerische Konstante hat von Anfang an einen festen Wert, der durch eine bestimmte Zahl festgelegt wird. Dabei unterscheidet man

- Ganzzahlige Konstanten
- Festkomma-Konstanten
- Gleitkomma-Konstanten

Die Zahl der die Genauigkeit festlegenden Ziffern ist durch den den Konstanten zur Verfügung gestellten Speicherplatz begrenzt. Genügt die automatisch vom Mikrocomputer angenommene einfache Genauigkeit nicht, können Konstanten auch mit doppelter Genauigkeit vereinbart werden. Dies geschieht durch Anhängen des Sonderzeichens # an das Ende der Konstanten.

Textkonstanten

Textkonstanten bestehen aus einer Folge beliebiger Zeichen des Gesamtzeichenvorrats des Mikrocomputers. Diese Folge von Zeichen ist stets links und rechts in Anführungszeichen zu setzen. Während numerische Konstanten im Dualcode im Mikrocomputer gespeichert werden, werden Textkonstanten im ASCII-Code gespeichert.

Boolesche Konstanten

Boolesche Aussagen haben die Eigenschaft, wahr oder falsch zu sein. In BASIC werden diese beiden Konstanten Wahrheitswerte durch folgende Zahlen ausgedrückt:

wahr	−1
falsch	Ø

Sie unterscheiden sich im Speicher des Mikrocomputers durch nichts von den numerischen Werten −1 bzw. Ø.

10.5 Übungsaufgaben

Die Lösungen der Übungsaufgaben befinden sich in Kap. 24

Aufgabe 10.1

In einem Herstellerhandbuch wird angegeben, daß maximal 13 gültige Ziffern als Festkommazahl eingegeben werden können. Geben Sie die größte und kleinste einzugebende Festkommazahl an.

Größte: ______________________

Kleinste: ______________________

Aufgabe 10.2

Der größte Zehnerexponent, den ein Mikrocomputer in wissenschaftlicher Schreibweise verarbeiten kann, sei hier zu $10^{\pm 38}$ angenommen. Sind folgende Schreibweisen für Konstanten zulässig? Geben Sie eine Begründung an, wenn die Schreibweise nicht zulässig ist.

Nr.	BASIC-Konstante	Ja	Nein	Begründung
1	13.3E38	0	0	
2	1.33E38	0	0	
3	Ø.ØØ133E-38	0	0	
4	+ 195	0	0	
5	1Ø.7E6.3	0	0	
6	1,234	0	0	
7	−Ø.1234E-17	0	0	
8	$\frac{6}{7}$	0	0	

Aufgabe 10.3

Von welchem Typ sind Konstanten, wenn sie folgende Zeichen enthalten?

Nr.	Zeichen	Erläuterung
1	#	
2	!	
3	%	
4	D	

Aufgabe 10.4

Sind folgende Textkonstanten richtig? Geben Sie die Fehler an!

Nr.	Textkonstante	Richtig	Falsch	Bemerkung
1	"BMW␣525"	0	0	
2	"13␣"UHR"	0	0	
3	"GIB␣WERT␣EIN	0	0	
4	"VENTIL␣ZU"	0	0	

Aufgabe 10.5

Wie werden die Wahrheitswerte „wahr" und „falsch" in BASIC ausgedrückt?

Aufgabe 10.6

Geben Sie folgende numerischen Konstanten in BASIC an!

Nr.	Mathematisch	BASIC
1	36,7	
2	$-1{,}45 \cdot 10^7$	
3	10^5	

Aufgabe 10.7

Geben Sie ein Fahrnetz an, das ganzzahlige Konstanten, Festkomma-Konstanten und Gleitkomma-Konstanten mit einfacher und doppelter Genauigkeit darstellt.

11 Variablen

11.1 Allgemeines

Eine Variable steht stellvertretend für einen Wert.

Die Werte müssen nicht nur numerische Werte sein. Variablen können auch stellvertretend für Texte, boolesche Werte u. dgl. stehen.

Man kann u.a. folgende wichtigen Variablentypen unterscheiden:

- Numerische Variablen
- Textvariablen
- Boolesche Variablen

Im Fahrnetz läßt sich dies wie folgt darstellen:

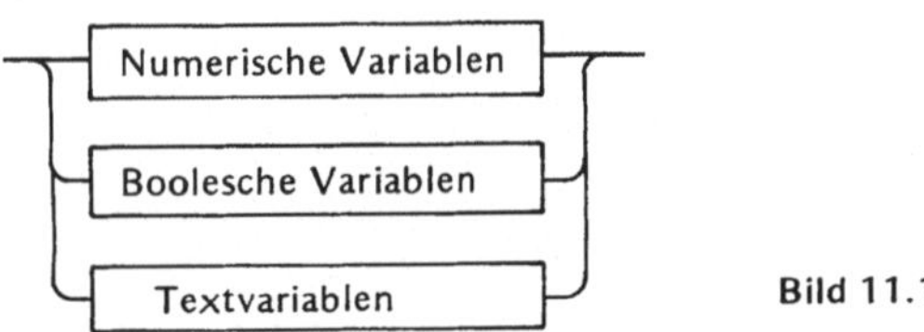

Bild 11.1

Es ist vielfach sehr nützlich, wenn einer Variablen eine Folge von Werten zugeordnet werden kann.

Beispiel 11.1

Aus Messungen liegen 100 Werte für Ströme und Spannungen vor. Die zugehörigen Leistungen sollen errechnet werden.

Folgende Tabelle wäre aufzustellen:

Strom	Spannung	Leistung
i_1 = 1A	u_1 = 10V	p_1 = ?
i_2 = 2A	u_2 = 20V	p_2 = ?
⋮	⋮	⋮
i_{100} = 100A	u_{100} = 1000 V	p_{100} = ?

Aus dem Beispiel wird der Zweck der Indizierung von Variablen deutlich:

Die Indizierung von Variablen bietet die Möglichkeit, Variablen zu beziffern.

Zur Berechnung der Leistung wären folgende Gleichungen aufzustellen:

$$p_1 = i_1 \cdot u_1$$
$$p_2 = i_2 \cdot u_2$$
$$\vdots$$
$$p_{100} = i_{100} \cdot u_{100}$$

Wollte man die Ergebnisse mit Hilfe eines BASIC-Programmes errechnen, so müßten diese 100 Gleichungen programmiert werden, obwohl sie sich nur in ihrem Index unterscheiden. Eine einfachere Schreibweise ist möglich, wenn ein variabler *Index* benutzt wird.

Dann würde sich in diesem Beispiel der Schreibaufwand zur Beschreibung der 100 Gleichungen reduzieren auf

$$p_k = i_k \cdot u_k \quad \text{für} \quad k = 1, 2 \ldots 100$$

Der variable Index k läuft in der Gleichung von 1 bis 100 mit der Schrittweite 1.

Man kann somit für alle Variablentypen noch unterscheiden zwischen

- Einfachen Variablen und
- Indizierten Variablen

11.2 Numerische Variablen

Der Gebrauch von numerischen Variablen ist aus der Mathematik bekannt. Im Gegensatz zu Konstanten wird den Variablen erst im Verlauf der Rechnung oder durch Eingabe von Werten über die Eingabetastatur ein Wert zugeordnet.

11.2.1 Einfache numerische Variablen

Einer Variablen wird ein Variablenname gegeben, der ihn von anderen Variablen unterscheidet.

Der Variablenname läßt sich bei Datenverarbeitungsanlagen als symbolische Adresse einer Speicherzelle im Arbeitsspeicher des Mikrocomputers auffassen, die zur Aufnahme des jeweiligen Zahlenwertes bereitsteht. Die Namensgebung für Variablen unterliegt in BASIC folgenden Regeln:

Ein BASIC-Variablenname wird gebildet

- **aus ein oder zwei Zeichen des BASIC-Zeichenvorrates;**
- **das erste Zeichen muß ein Buchstabe sein;**
- **das zweite Zeichen kann ein Buchstabe oder eine Ziffer sein.**

Somit ergibt sich folgendes Fahrnetz für den Variablennamen einfacher numerischer Variablen:

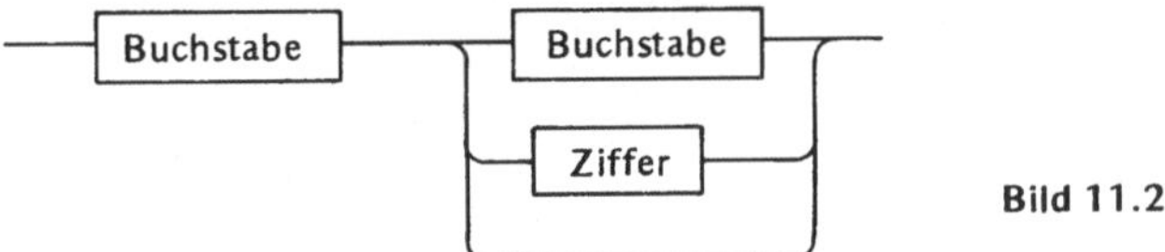

Bild 11.2

Beispiel 11.2

Richtige gebildete BASIC-Variablennamen
X
V1
A7
P
ZØ

Beispiel 11.3

Fehlerhaft gebildete Variablennamen	Fehler
89	Das erste Zeichen ist kein Buchstabe.
V*	Das zweite Zeichen ist weder ein Buchstabe noch eine Ziffer.

Der Variablenname darf i.a. auch mehr als zwei Zeichen besitzen. Bei den meisten BASIC-Versionen werden jedoch nur die ersten beiden Zeichen ausgewertet.

Eine unbewußte Vergabe längerer Variablennamen kann leicht dazu führen, daß die Variablen nicht mehr eindeutig sind.

Beispiel 11.4

Von den Variablennamen INGE, INGRID, INGEBORG werden vom BASIC-Übersetzer nur die ersten zwei Zeichen ausgewertet, d.h. IN. Somit unterscheiden sich die drei Variablen in BASIC nicht mehr voneinander. Daher stehen sie nicht mehr eindeutig stellvertretend für den ihnen eigentlich zugedachten Wert.

Variablennamen dienen zur Unterscheidung von Variablen. Sie dürfen nur eindeutig verwendet werden.

Es können somit in einem BASIC-Programm 962 verschiedene Variablennamen definiert werden (26 Variablen durch einfache Buchstaben und 936 Variablen durch Kombination von 26 Buchstaben mit den anderen 26 Buchstaben bzw. 10 Ziffern).

Eindeutige längere Variablennamen haben den Vorteil, ein Programm *lesbarer* zu machen, auch wenn vom BASIC-Übersetzer nur die ersten beiden Zeichen ausgewertet werden.

Beispiel 11.5

Die Verwendung sinnvoller Variablennamen kann ein Programm transparenter machen. Um z.B. die Geschwindigkeit aus einer gegebenen Strecke und einer gegebenen Zeit zu berechnen, könnte man schreiben:

X = Y/Z,

wobei / das Divisionszeichen in BASIC darstellt. Verständlicher wird die Gleichung jedoch eher, wenn man die üblichen physikalischen Symbole verwendet, wie z.B.:

V = S/T

Noch leichter wird die Gleichung für einen Unbeteiligten lesbar, wenn man schreibt:

GESCHW=WEG/ZEIT

Da i.a. nur die ersten beiden Zeichen für BASIC entscheidend sind, muß darauf gechtet werden, daß nicht andere Variablen mit den Anfangsbuchstaben GE, WE bzw. ZE in Variablennamen des Programms vorhanden sind.

Durch die vergleichsweise geringe Anzahl der möglichen Variablennamen ist es somit häufig schwierig, ein Programm mit Hilfe sinnvoller Variablennamen übersichtlich zu gestalten.

Bei der Wahl von Variablennamen dürfen keine reservierten Wortsymbole ausgesucht werden.

Reservierte Wortsymbole sind z.B. sog. Schlüsselworte (Namen) von BASIC-Kommandos und Anweisungen, Namen von sog. Standardfunktionen und Operatoren u. dgl. Diese reservierten Wortsymbole können im Anhang A 4 (Kap. 25.4) nachgelesen werden. Wenn man für die Variablennamen grundsätzlich nur zwei Zeichen wählt, reduziert sich die Zahl der reservierten Wortsymbole erheblich. Dies sind z.B. die Wortsymbole IF, TO, FN, ON und OR.

Numerische Variablen stehen stellvertretend für numerische Werte. Diese Werte können von unterschiedlichem Typ sein.

Wie bei den numerischen Konstanten unterscheidet man:

- **ganzzahlige Variablen durch Anhängen des %-Zeichens an den Variablennamen.**
- **Gleitkomma-Variablen einfacher Genauigkeit durch Anhängen des !-Zeichens an den Variablennamen.**
- **Gleitkomma-Variablen doppelter Genauigkeit durch Anhängen des #Zeichens an den Variablennamen.**

Somit ergibt sich folgende erweiterte Darstellung des Fahrnetzes für Variablennamen einfacher numerischer Variablen:

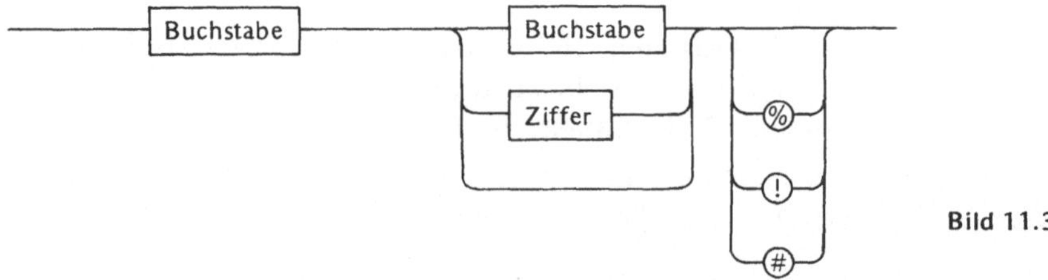

Bild 11.3

Beispiel 11.6

Nr.	Variablenname	Erläuterung
1	PI #	Variable doppelter Genauigkeit
2	M1 !	Variable einfacher Genauigkeit
3	MI	Variable einfacher Genauigkeit
4	SU %	Ganzzahlige Variable

Bei einigen BASIC-Varianten besteht ferner die Möglichkeit, den Variablentyp nicht nur mit Hilfe des Variablennamens vereinbaren zu können, sondern auch mit Hilfe einer Vereinbarung im Vereinbarungsteil. Darauf soll hier jedoch nicht näher eingegangen werden.

11.2.2 Indizierte numerische Variablen

In BASIC ist eine Indizierung durch Tieferstellen des Index, wie aus der Mathematik gewohnt, nicht möglich.

Die Schreibregeln, die in BASIC bei einer Indizierung von Variablen zu beachten sind, lauten:

- Der Variablenname wird bei indizierten numerischen Variablen genauso gebildet, wie bei einfachen numerischen Variablen. Dies gilt auch für die Typkennzeichnung (Zeichen %, !, #).
- Der dem Variablennamen folgende Index muß in runde Klammern gesetzt werden.
- Bei mehreren Indizes müssen diese durch Kommas voneinander getrennt werden.
- Der Index kann eine ganze Zahl, eine Variable oder ein arithmetischer Ausdruck[1]) sein.

Somit ergibt sich für indizierte numerische Variablen folgendes Fahrnetz:

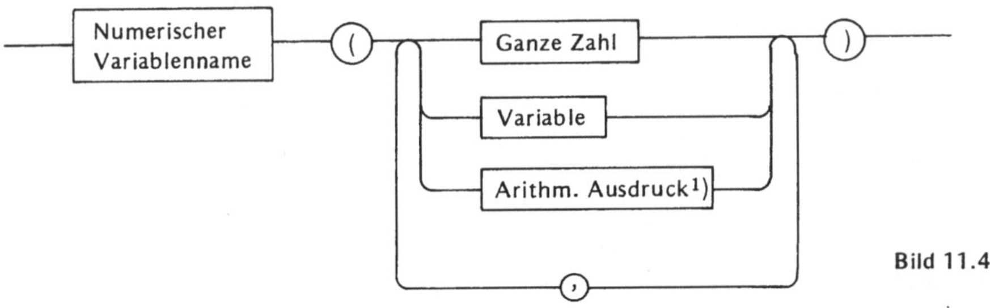

Bild 11.4

1) Der Aufbau arithmetischer Ausdrücke wird in Kap. 14.1 ausführlich besprochen.

Beispiel 11.7

Beispiele für indizierte Variablen:

Nr.	BASIC	Mathematische Schreibweise	Erläuterung
1	T (1Ø)	t_{10}	Konstanter Index.
2	B (I)	b_i	Variabler Index.
3	Z (N + 1)	z_{n+1}	Arithmetischer Ausdruck als Index.
4	Y (K, I)	$y_{k,i}$	Zwei variable Indizes.
5	P (5, K, N * 1)	$p_{5,K,N*1}$	Drei Indizes (Konstante, Variable, arithm. Ausdruck).
6	A % (1, 2)	$a_{1,2}$	Ganzzahlige zweifach indizierte Variable.
7	Q # (L –5, T/N)	$q_{\ell-5,\frac{T}{n}}$	Doppelt genaue zweifach indizierte Variable.

Wie diese Beispiele in Nr. 6 und 7 zeigen, können selbstverständlich die numerischen indizierten Variablen auch als ganzzahlige Größen bzw. doppelt genau vereinbart werden.

Dies geschieht durch Anhängen der üblichen Kennzeichnung an den Variablennamen (vgl. Kap. 11.2.1). Weitere Beispiele zeigt Beispiel 11.8.

Beispiel 11.8

Nr.	BASIC	Erläuterung
1	A # (I)	Indizierte Variable A, die stellvertretend für einen doppelt genauen Wert steht.
2	X % (L, M)	Indizierte Variable X, die stellvertretend für eine ganze Zahl steht.

Die Indizes müssen ganzzahlig sein.

Ist der Index, aus welchem Grund auch immer, nicht ganzzahlig, wird vom Mikrocomputer i.a. automatisch der ganzzahlige Teil (ohne Runden!) als Index angenommen. Dies kann zu ungewollten Fehlern führen.

11.2.3 Numerische Felder

Die Menge aller indizierter Variablen, die den gleichen Variablennamen haben, werden als Feld bezeichnet.

Man unterscheide in BASIC ein-, zwei- bzw. mehrdimensionale Felder, je nach Anzahl der Indizes.

Die Anzahl der *Dimensionen*, die sich aus der Anzahl der Indizes ergibt, und die Anzahl der Elemente je Dimension ist i.a. nur durch die Größe des Arbeitsspeichers des jeweiligen Mikrocomputers begrenzt.

Beispiel 11.9

Beispiel eines eindimensionalen Feldes (Liste):

Mathematische Schreibweise	BASIC	Beispiel für gespeicherte Stromwerte in Ampère
i_1	I(1)	1
i_2	I(2)	2
.	.	.
.	.	.
.	.	.
i_{100}	I(1ØØ)	1ØØ

Die indizierte Variable dient hier dazu, einen bestimmten Speicherplatz innerhalb einer Liste mit dem darin gespeicherten Wert zu bezeichnen.

Besteht ein Feld nur aus einer Zeile oder einer Spalte, so handelt es sich um ein eindimensionales Feld. Ein eindimensionales Feld wird auch kurz Liste oder Vektor genannt.

Ein zweidimensionales Feld besteht demgegenüber aus waagerechten Zeilen und senkrechten Spalten. Der erste Index gibt die Zeilennummer, der zweite die Spaltennummer an. Das zweidimensionale Feld wird daher auch vielfach Tabelle oder Matrix genannt.

Beispiel 11.10

Beispiel eines zweidimensionalen Feldes aus zwei Zeilen und zwei Spalten:

Mathematische Schreibweise		BASIC
$a_{1,1}$	$a_{1,2}$	A (1,1)
		A (1,2)
		A (2,1)
$a_{2,1}$	$a_{2,2}$	A (2,2)

Für den Programmierer ist es vielfach wichtig zu wissen, in welcher Reihenfolge die Feldkomponenten den Speicherplätzen zugeordnet werden. Es gilt folgende Speicherregel: Bei zweifach indizierten Variablen durchläuft der zweite Index seine Werte schneller als der erste, so daß die Tabelle *zeilenweise* abgearbeitet wird.

Beispiel 11.11

Diese Speicherregel soll anhand einer zweidimensionalen Matrix mit drei Zeilen und vier Spalten näher erläutert werden. Die Pfeile geben die Reihenfolge der Speicherung an.

A (1,1) → A (1,2) → A (1,3) → A (1,4) ⤵
↳ A (2,1) → A (2,2) → A (2,3) → A (2,4) ⤵
↳ A (3,1) → A (3,2) → A (3,3) → A (3,4)

Mit Hilfe einer zweifach indizierten Variablen kann jede Größe innerhalb der Tabelle angesprochen werden. A (2,3) bezeichnet z.B. das Element in Zeile 2 und Spalte 3 mit dem Namen A.

Ein bestimmtes Element eines Feldes kann durch die Feldvariable und die jeweiligen Indizes angesprochen werden.

Felder sind sehr zweckmäßig, denn sie erlauben den schnellen Umgang mit großen Datenmengen.

Beispiel 11.12

Beispiel aus dem Rechnungswesen.

Aus Rechnungsnummer, Datum der Ausstellung der Rechnung und Rechnungsbetrag läßt sich folgendes Feld aufbauen:

Rechnungs-Nr.	Ausstellungsdatum	Rechnungsbetrag
1	1.11.83	125,73
2	2.11.83	70,00
3	3.11.83	21,13
4	4.11.83	278,05
.	.	.
.	.	.
.	.	.

Man könnte mit Hilfe dieses Feldes, das aus n Zeilen und 3 Spalten besteht, verschiedene Operationen einleiten, wie z.B.:

- Gesamtsumme aller Rechnungsbeträge bilden.
- Rechnungen mit einem Rechnungsbetrag unter einem bestimmten Betrag, z.B. 20,00 DM, löschen.
- Rechnungen, die vor einem bestimmten Termin liegen, auflisten lassen.
- Ordnen der Rechnungen nach der Rechnungsbetragsgröße u. dgl.

Für alle diese Operationen bietet das angegebene Feld die Grundlage, da es alle notwendigen Daten enthält. Dieses Beispiel wird an anderer Stelle (vgl. Kap. 23.6.3) in Form eines BASIC-Programmes dargestellt und ausführlich besprochen.

11.2.4 Die DIM-Vereinbarung (Feldvereinbarung)

Für jeden Variablennamen, der im Programm benutzt wird, wird eine Speicherzelle im Arbeitsspeicher reserviert. Der Variablenname dient als symbolische Adresse für diese Speicherzelle. Sie kann jederzeit mit einem Wert gefüllt werden.

Ein Feldname steht stellvertretend für eine Vielzahl von Werten. Der Mikrocomputer weiß nicht ohne weiteres, wieviele Speicherzellen für die Werte eines Feldes zu reservieren sind. Man muß es ihm im Programm mitteilen. Dazu dient die DIM-Vereinbarung.

Dies ist ein typisches Beispiel für eine *Vereinbarung.* Die Angabe der benötigten Speicherzellen dient nicht dem Fortgang der Rechnung bei einem Problem. Sie informiert hingegen den Mikrocomputer über Dinge, die der Mikrocomputer zusätzlich zur Bearbeitung der Probleme benötigt.

Derartige Vereinbarungen gehören in den Vereinbarungsteil am Anfang eines Programmes (vgl. Kap. 8.1).

Die Feldgrößen werden folgendermaßen vereinbart:

> **Für eindimensionale Felder ist die allgemeine Form der DIM-Vereinbarung:**
>
> **n DIM $V_1(m_1)$, $V_2(m_2)$, ... , $V_x(m_x)$**

Hierbei ist:

n eine Anweisungsnummer (vorzeichenlose ganze Zahl)
DIM Schlüsselwort für die Feldvereinbarung
V_x Feldvariablenname
m_x Indexmaximalwert

Die einzelnen Feldvariablennamen, nebst den dazugehörenden in runden Klammern eingefaßten Indexmaximalwerten, sind durch Kommas zu trennen. Die Reihenfolge ist beliebig. Insgesamt ergibt sich dabei eine Liste von Feldvariablennamen.

> **Der Typ der Feldvariablen kann auch ganzzahlig bzw. doppelt genau sein (vgl. Kap. 11.2.1, 11.2.2).**
>
> **Der Indexmaximalwert muß i.a. keine Konstante sein, sondern kann auch eine Variable oder ein arithmetischer Ausdruck[1]) sein.**

Werden Variablen als Indexmaximalwerte in DIM-Vereinbarungen benutzt, so muß ihnen im Programm ein Wert zugeordnet werden.

> Die DIM-Vereinbarung für zweidimensionale Felder unterscheidet sich von der für eindimensionale Felder nur durch die Angabe von zwei Indexmaximalwerten [für die Zeilen (Z) und Spalten (S)]. Sie hat die allgemeine Form:
>
> n DIM $V_1(m_{1Z}, m_{1S})$, $V_2(m_{2Z}, m_{2S})$, ... , $V_x(m_{xZ}, m_{xS})$

Für mehrdimensionale Felder gilt entsprechendes.

Mit Hilfe des Fahrnetzes ergibt sich folgende Darstellung für *Feldvereinbarungen:*

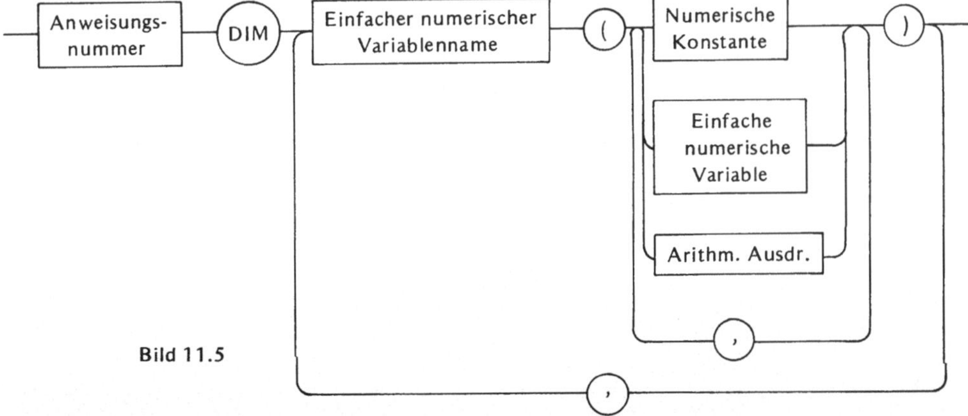

Bild 11.5

1) Der Aufbau arithmetischer Ausdrücke wird in Kap. 14.1 ausführlich besprochen.

Das Fahrnetz der *Anweisungsnummer* wurde schon in Kap. 8 (Bild 8.3) behandelt.

Zur Reduzierung des Schreibaufwandes gibt es in der Programmiersprache BASIC folgende Vereinfachung:

Für Listen bis zu 11 Feldkomponenten hält BASIC von sich aus Speicherplätze frei. Ebenso für Tabellen mit höchstens 11 Zeilen und 11 Spalten.

Die Zahl 11 ergibt sich infolge der Zählung des Index von Ø bis 10.

Entsprechendes gilt für mehrdimensionale Felder.
Die DIM-Vereinbarung *kann* für Felder dieser Größe entfallen.

Beispiel 11.13

Für eine Liste mit 9 Feldkomponenten werden genügend Speicherplätze bereitgehalten.

Für eine Tabelle mit 8 Zeilen und 9 Spalten werden genügend Speicherplätze bereitgehalten.

Für eine Tabelle mit 11 Zeilen und 13 Spalten werden nicht genügend Speicherplätze bereitgehalten.

Kommen größere Felder vor, als für den Normalfall vorgesehen wurde, so muß man den Mikrocomputer anweisen, entsprechend mehr Speicherplätze für die Felder freizuhalten. Dies geschieht mit Hilfe der geschilderten Feldvereinbarung DIM.

Die automatische Reservierung von 11 Speicherplätzen für jedes eindimensionale Feld bzw. von 11 × 11 = 121 Speicherplätzen für jedes zweidimensionale Feld führt natürlich zu einer Verschwendung von Speicherplätzen, wenn die Felder tatsächlich wesentlich kleiner sind, denn diese Speicherzellen können nicht mehr anderweitig benutzt werden. Dies gilt insbesondere, wenn die Arbeitsspeicherkapazität gering ist und man mit der Arbeitsspeicherkapazität haushalten muß.

Beispiel 11.14

Ein dreidimensionales Feld, das in allen drei Dimensionen den Indexmaximalwert 3 besitzt, und somit 3*3*3 = 27 Speicherzellen benötigen würde, benötigt, wenn es nicht extra dimensioniert wird, 11*11*11 = 1331 Speicherzellen. Werden z.B. zur Speicherung einfach genauer Werte 4 Byte pro Speicherzelle benötigt, so sind dies 5324 Byte, die im Arbeitsspeicher reserviert werden. Dies ist, wie man sieht, schon recht viel.

Es empfiehlt sich somit i.a., auch kleinere Felder mit Hilfe der DIM-Vereinbarung festzulegen und damit die automatische Reservierung durch den Mikrocomputer auszuschalten.

Beispiel 11.15

Beispiele für die Feldvereinbarung mit DIM
(Die Zählung der Indizes beginnt mit ∅)

1	3 DIM Z(18) Es handelt sich um ein eindimensionales Feld, das für die Feldvariable Z insgesamt 19 Speicherplätze freihält. (Z(∅) bis Z(18)).
2	3 DIM X(14,4) Es handelt sich um ein zweidimensionales Feld, das aus 15 Zeilen und 5 Spalten besteht, d.h., es werden für die Feldvariablen X 15 · 5 = 75 Speicherplätze reserviert.
3	3 DIM A(5∅), B(1∅,15), C(3) Für die indizierte Variable A werden 51 Speicherplätze reserviert. Für die indizierte Variable B werden 11 · 16 = 176 Speicherplätze reserviert. Für die indizierte Variable C werden 4 Speicherplätze reserviert. Diese letzte Reservierung wäre nicht nötig, da weniger als 11 Speicherplätze benötigt werden. Daher könnte C(3) in der DIM-Anweisung entfallen. Es schadet jedoch auch nicht, wenn man kleinere Felder spezifiziert, da dadurch der Speicherplatzbedarf verringert werden kann.
4	5∅ DIM Q(M, N) Dimensionierung eines zweidimensionalen Feldes. Die indexmaximalwerte werden durch die Variablen M und N bestimmt. Diese Werte müssen festgelegt sein, bevor das Feld zum ersten Mal bearbeitet wird. Es empfiehlt sich, diese Festlegung an den Vereinbarungsteil direkt anzuschließen.
5	6∅ DIM R(K + 5, L*2) Die Indexmaximalwerte sind arithmetische Ausdrücke.
6	7∅ DIM S # (5, I*2) Die Feldelemente sind von doppelter Genauigkeit.
7	8∅ DIM T % (J) Die Feldelemente sind ganzzahlig.

11.3 Textvariablen

11.3.1 Textvariablennamen

Eine Textvariable steht stellvertretend für einen Text (vgl. Kap. 10.2).

Textvariablennamen werden i.a. so gebildet wie einfache numerische Variablennamen. Anstelle der möglichen Typkennzeichen für ganze Zahlen, Zahlen doppelter Genauigkeit usw. tritt für Textvariablen ein $-Zeichen.

Das Fahrnetz für die Bildung von Textvariablennamen ist:

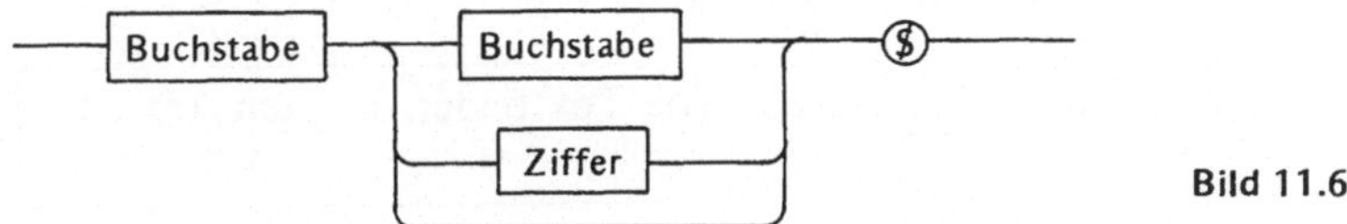

Bild 11.6

Beispiel 11.16

Beispiele für Textvariablennamen

Nr.	Textvariablenname
1	A $
2	NA $
3	Z1 $

Numerische Variablennamen und Textvariablennamen, die sich in den ersten zwei Zeichen nicht unterscheiden, können dennoch im gleichen Programm gleichzeitig verwendet werden, denn sie unterscheiden sich noch im $-Zeichen voneinander.

Beispiel 9.13:

Die Numerische Variable A1 und die Textvariable A1 $ dürfen im gleichen Programm gleichzeitig auftreten.

Es ist zu beachten, daß die Inhalte aller Textvariablen bei dem Programmstart automatisch auf Null gesetzt werden. Dieser sog. „*Nulltext*" enthält keine Zeichen.

11.3.2 Indizierte Textvariablen

Für die Bildung indizierter Textvariablennamen gilt entsprechendes wie für die numerischen indizierten Variablennamen:

Jeder gültige Textvariablenname kann auch als Name für indizierte Textvariablen verwendet werden.

Nur selten ist die Zahl der Textvariablen bei einer Indizierung eingeschränkt. Dies ist im Einzelfall dem Herstellerhandbuch zu entnehmen.

Beispiel 11.17

Beispiele für indizierte Textvariablen:

BASIC	Erläuterung
T$(1∅)	Konstanter Index
B$(I)	Variabler Index
Y$ (K, I)	Zwei variable Indizes
Z$ (N + 1)	Ein arithmetischer Ausdruck als Index
K5 $ (M – N, S + T)	Zwei arithmetische Ausdrücke als Indizes
KA$(1, A, I + 1)	Drei Indizes (Konstante, Variable, arithmetischer Ausdruck)

11.3.3 Textfelder

Die Menge aller indizierten Textvariablen, die den gleichen Textvariablennamen haben, wird als Textfeld bezeichnet.

Dies bedeutet, daß in einem Textfeld *nur* Texte enthalten sein dürfen. Gemischte Felder, z.B. Texte und Zahlen in einem Feld, sind unzulässig.

Man unterscheidet, ein-, zwei- und mehrdimensionale Textfelder, je nach Anzahl der Indizes.

Beispiel 11.18

Eindimensionales Textfeld (Liste, Vektor)

Eindimensionales Textfeld	Beispiel für gespeicherte Texte:
L$(1)	KLAUS
L$(2)	PETER
L$(3)	MAX
L$(4)	HUBERT
L$(5)	ANDREAS

Ein zweidimensionales Feld besteht demgegenüber aus waagerechten Zeilen und senkrechten Spalten. Der *erste* Index gibt bekanntlich die Zeilennummer, der *zweite* Index die Spaltennummer an.

Beispiel 11.19

Zweidimensionales Textfeld (Tabelle, Matrix)

Zweidimensionales Textfeld	Beispiel für gespeicherte Texte
N$(1, 1)	KLAUS
N$(1, 2)	MEIER
N$(2, 1)	PETER
N$(2, 2)	SCHULZE
N$(3, 1)	MAX
N$(3, 2)	SCHREIBER

Der erste Index gibt die Zeilen an, der zweite Index die Spalten. Somit ergibt sich folgendes zweidimensionales Feld (fett umrahmter Teil):

	Spalte 1	Spalte 2
Zeile 1	N $ (1, 1)	N $ (1, 2)
Zeile 2	N $ (2, 1)	N $ (2, 2)
Zeile 3	N $ (3, 1)	N $ (3, 2)

Die zugehörigen gespeicherten Texte sind somit wie folgt in der zweidimensionalen Ebene angeordnet:

	Spalte 1	Spalte 2
Zeile 1	KLAUS	MEIER
Zeile 2	PETER	SCHULZE
Zeile 3	MAX	SCHREIBER

Im Speicher werden die Texte jedoch nicht zweidimensional, sondern hintereinander (eindimensional) in aufeinanderfolgenden Speicherzellen gespeichert. Da in BASIC bei zweifach indizierten Variablen der zweite Index seine Werte schneller durchläuft als der erste Index, wird das zweidimensionale Textfeld des Beispiels 11.19 in der am Anfang angegebenen Reihenfolge gespeichert und durchlaufen. Dies bedeutet für die Felddarstellung in der zweidimensionalen Ebene, daß dieses Feld wie folgt zeilenweise abgearbeitet wird:

```
  KLAUS   →   MEIER  →┐
└→PETER   →   SCHULZE→┐
└→MAX     →   SCHREIBER
```

Entsprechendes gilt für mehrdimensionale Textfelder.

11.3.4 Die DIM-Vereinbarung (Feldvereinbarung) für Textfelder

Die DIM-Vereinbarung für Textfelder entspricht dem Aufbau der DIM-Vereinbarung für numerische Felder.

Das Fahrnetz der DIM-Vereinbarung für Textfelder ist:

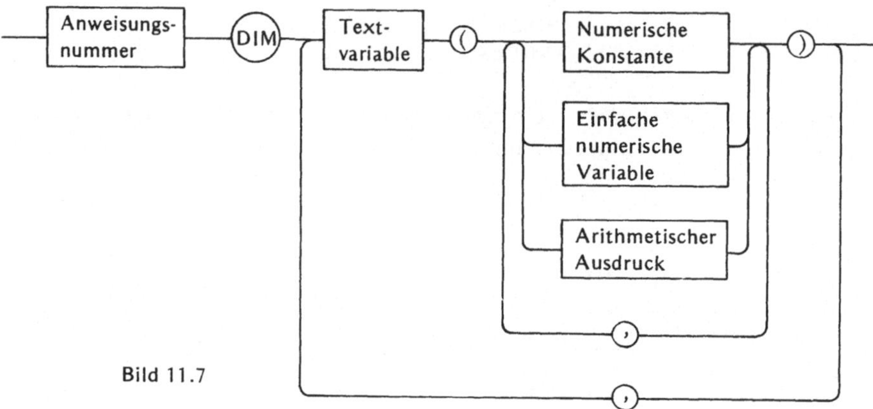

Bild 11.7

Beispiel 11.20

Nr.	Beispiele für die Feldvereinbarung mit DIM:
1	1∅ DIM Z $ (15) Es handelt sich um ein eindimensionales Textfeld, das für die Textfeldvariable Z $ insgesamt 16 Speicherplätze reserviert (Z $ (∅) bis Z $ (15)). Die Vereinbarung bedeutet nicht, daß 16 Zeichen in einer Zeichenkette auftreten dürfen, sondern die Dimensionierung für 16 Zeichenketten. Jede dieser 16 Zeichenketten kann im Rahmen der Maximallänge eine beliebige Länge haben.
2	1∅ DIM X $ (3∅,5) Es handelt sich um ein zweidimensionales Feld, das aus 31 Zeilen und 6 Spalten besteht, das heißt, es werden für die Textfeldvariable X $ 31 · 6 = 186 Speicherplätze reserviert.
3	1∅ DIM A (5), B $ (11,11) Für die indizierte numerische Variable A werden 6 Speicherzellen reserviert (A(∅) bis A(5)). Für die indizierte Textvariable B $ werden 12 · 12 = 144 Speicherzellen reserviert (B $ (∅, ∅) bis B $ (11,11)).
4	2∅ DIM B$(A) Beispiel für eine numerische Variable zur Festlegung des Indexmaximalwertes eines Textfeldes.

11.4 Boolesche Variablen

Boolesche Variablen sind durch symbolische Namen bezeichnete Größen, denen erst im Verlauf der Rechnung Wahrheitswerte zugeordnet werden.

Eine Boolesche Variable steht stellvertretend für einen Wahrheitswert.

Boolesche Variablennamen werden wie numerische Variablennamen gebildet.

Im Gegensatz zu anderen höheren Programmiersprachen werden Boolesche Variablen in BASIC weder vom Namen her noch mit Hilfe spezieller Vereinbarungen (wie z.B. in FORTRAN, PASCAL o.ä.) von numerischen Variablen unterschieden.

Hier besteht somit die Gefahr, daß Boolesche Werte mit numerischen Werten verknüpft werden, auch wenn dies nicht gewollt ist.

Indizierte Boolesche Variablen und Felder werden wie numerische indizierte Variablen und Felder gebildet.

11.5 Zusammenfassung

Eine Variable steht stellvertretend für einen Wert. Die Indizierung von Variablen bietet die Möglichkeit, Variablen zu beziffern.

Variablennamen dienen der Unterscheidung der Variablen voneinander.

Sie dürfen nur eindeutig verwendet werden.

- Einfache numerische Variablen

  Variablenname:

  Ein BASIC-Variablenname wird gebildet
  - aus ein oder zwei Zeichen des BASIC-Zeichenvorrats;
  - das erste Zeichen muß ein Buchstabe sein;
  - das zweite Zeichen kann ein Buchstabe oder eine Ziffer sein.

  Variablentyp:

  Wie bei den numerischen Konstanten unterscheidet man bei den numerischen Variablen durch Anhängen von Typenkennzeichen folgende Variablentypen:
  - Ganzzahlige-Variablen (%)
  - Gleitkomma-Variablen einfacher Genauigkeit (!)
  - Gleitkomma-Variablen doppelter Genauigkeit (#)

- Indizierte numerische Variablen

  Der Variablenname wird bei indizierten numerischen Variablen genauso gebildet, wie bei einfachen numerischen Variablen. Dies gilt auch für die Typkennzeichnung.

Der dem Variablennamen folgende Index muß in runde Klammern gesetzt werden.

Bei mehreren Indizes müssen diese durch Kommas voneinander getrennt werden.

Der Index kann eine ganze Zahl, eine Variable oder ein arithmetischer Ausdruck sein.

- Numerische Felder

  Die Menge aller indizierten Variablen, die den gleichen Variablennamen haben, werden als Feld bezeichnet.

  Ein bestimmtes Element eines Feldes kann durch die Feldvariable und die jeweiligen Indizes angesprochen werden.

  Felder sind sehr zweckmäßig, denn sie erlauben den schnellen Umgang mit großen Datenmengen.

  Felder mit mehreren Indizes bezeichnet man als mehrdimensional.

- Feldvereinbarungen

  Ein Feld besteht aus einer Vielzahl von Feldelementen. Der Mikrocomputer weiß nicht ohne weiteres, wieviele Speicherzellen dafür zu reservieren sind. Man muß es ihm im Programm mitteilen. Dazu dient die Feldvereinbarung (DIM), deren Fahrnetze in Bild 11.5 und 11.7 dargestellt sind.

- Textvariablen

  Textvariablennamen werden i.a. so gebildet wie einfache numerische Variablennamen. Anstelle der möglichen Typkennzeichen für ganze Zahlen, Zahlen doppelter Genauigkeit usw. tritt für Textvariablen ein $-Zeichen.

  Jeder gültige Textvariablenname kann auch als Name für indizierte Textvariablen verwendet werden.

  Die Menge aller indizierten Textvariablen, die den gleichen Textvariablennamen haben, werden als Textfeld bezeichnet. Die Größe des Textfeldes ist i.a. mit einer Feldvereinbarung festzulegen.

- Boolesche Variablen

  Eine Boolesche Variable steht stellvertretend für einen Wahrheitswert. Boolesche Variablennamen werden wie numerische Variablennamen gebildet. Entsprechendes gilt für indizierte Variablen, Felder und Feldvereinbarungen.

11.6 Übungsaufgaben

Die Lösungen der Übungsaufgaben finden Sie in Kap. 24.

Aufgabe 11.1

Sind folgende Variablennamen für numerische Variablen zulässig?

Nr.	Variablenname	Ja	Nein	Begründung
1	C 1	0	0	
2	K2R	0	0	
3	Q	0	0	
4	K /	0	0	
5	4 R	0	0	
6	A	0	0	
7	M12	0	0	
8	AA	0	0	
9	π	0	0	
10	88	0	0	

Aufgabe 11.2

Geben Sie für folgende indizierte numerischen Variablen die BASIC-Schreibweise an und erläutern Sie sie!

Nr.	Mathematische Schreibweise	BASIC	Erläuterung
1	a_4		
2	$x_{2,3}$		
3	y_{k1}		
4	$r_{i+3,5}$		
5	x_{y2}		
6	$c_{4 \cdot M}$, $G_{M,N}$		

Aufgabe 11.3

Es sei folgende quadratische Matrix (5 Zeilen, 5 Spalten) gegeben:

13	9	2	108	9
3	⑪	4	7	27
31	29	17	㉗	25
1	5	8	19	99
③	4	16	7	21

Dieses Feld soll den Feldnamen A besitzen. Geben Sie die indizierten BASIC-Variablen der eingekreisten Feldelemente an.

Aufgabe 11.4

Nr.	Aufgabe
1	Geben Sie die DIM-Vereinbarung für ein eindimensionales Feld mit der Feldvariablen F für maximal 16 Elemente an.
2	Geben Sie die DIM-Vereinbarung für ein zweidimensionales Feld mit der Feldvariablen Q mit maximal 16 Zeilen und Spalten sowie ein weiteres eindimensionales Feld mit der Feldvariablen V mit maximal 11 Elementen an.
3	Ist die DIM-Vereinbarung für die Feldvariable V in Aufgabe 2 unbedingt erforderlich?

Die Anweisungsnummer sei für alle drei Aufgaben frei wählbar.

Aufgabe 11.5

Sind folgende DIM-Vereinbarungen erlaubt?

Nr.	DIM-Vereinbarung	Ja	Nein	Erläuterung
1	1Ø DIM N$ (1A)	○	○	
2	2Ø DIM Q% (A, B)	○	○	
3	3Ø DIM P £ (X, Y, Z)	○	○	
4	4Ø DIM M #, N%(1Ø)	○	○	
5	5Ø DIM S(A+B*D/C)	○	○	
6	6Ø DIM M$ (A*B/(C*D)	○	○	

Aufgabe 11.6

Welche der angegebenen einfachen Textvariablen ist richtig bzw. fehlerhaft gebildet?

Textvariable	Richtig	Falsch	Begründung
T$	O	O	
X	O	O	
B1 $	O	O	
TI $	O	O	
Q$5	O	O	
Y*$	O	O	
PU$	O	O	
$AB	O	O	

Aufgabe 11.7

Welche Besonderheiten weisen Boolesche Variablennamen gegenüber einfachen numerischen Variablennamen auf?

Aufgabe 11.8

Es können in BASIC-Programmen auch Feldnamen ohne DIM-Vereinbarung benutzt werden. Geben Sie dafür eine Erklärung.

12 Operationszeichen

12.1 Arithmetische Operationszeichen

Arithmetische Operationszeichen geben die auszuführenden arithmetischen Operationen an. Durch sie wird das Rechenwerk des Mikrocomputers zu bestimmten Rechenschritten veranlaßt.

BASIC kennt folgende arithmetische Operatoren:

Operation	BASIC	Beispiel
Addition	+	A + B
Subtraktion	-	A - B
Multiplikation	*	A * B
Division	/	A / B
Potenzbildung	↑	A ↑ B

Bei einigen Mikrocomputern wird zur Potenzierung anstelle des Symbols ↑ das Symbol ∧ bzw. * * benutzt.

Andere arithmetische Operationen, wie z.B. das Wurzelziehen und das Logarithmieren, werden nicht durch derartige Sonderzeichen ausgedrückt, sondern mit Hilfe sogenannter Standardfunktionen, auf die im folgenden Abschnitt eingegangen wird (Kap. 13.1).

Fahrnetz für arithmetische BASIC-Operatoren:

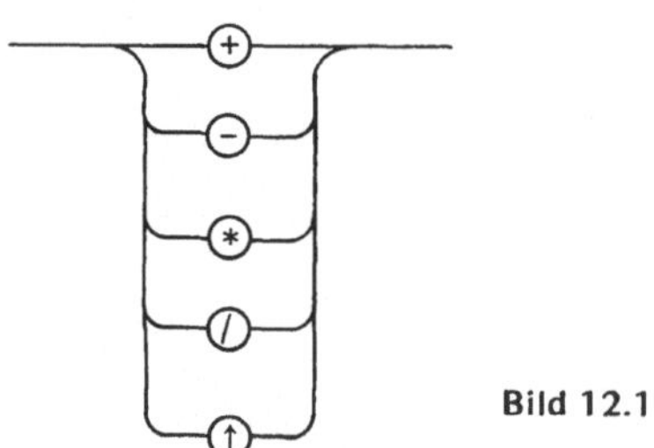

Bild 12.1

12.2 Boolesche Operatoren

Boolesche Operatoren geben die auszuführenden Booleschen Operationen an. Durch sie können mehrere Boolesche Aussagen zu neuen Aussagen zusammengesetzt werden.

BASIC kennt drei Boolesche Operatoren.

Operation	Mathem. Symbol	BASIC	Beispiel
Negation	– [1]	NOT	NOT A
UND-Funktion	$\wedge$	AND	A AND B
ODER-Funktion	$\vee$	OR	A OR B

Fahrnetz für Boolesche BASIC-Operatoren:

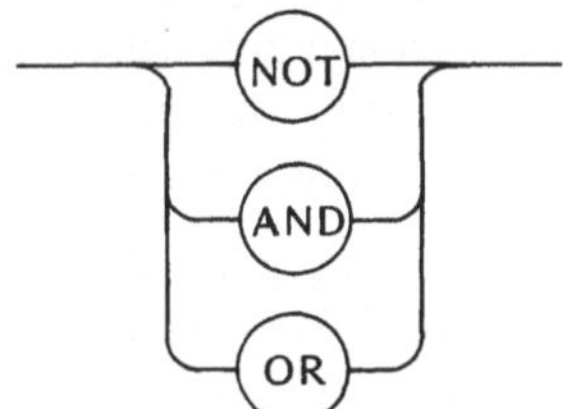

Bild 12.2

Was diese Booleschen Operatoren im einzelnen bewirken, wird im Kapitel „Boolesche Ausdrücke" dargelegt (vgl. Kap. 14.2).

12.3 Vergleichsoperatoren

12.3.1 Vergleich von numerischen Werten

Vergleichsoperatoren stellen eine in der Praxis wichtige Verbindung zwischen Booleschen und numerischen Größen her, indem numerische Werte miteinander verglichen werden. Das Vergleichsergebnis führt hingegen zu einem Wahrheitswert, d.h. das Ergebnis ist entweder „wahr" oder „falsch".

Vergleiche von numerischen Werten mit Hilfe von Vergleichsoperatoren führen zu Booleschen Aussagen, die mit Booleschen Operatoren weiter behandelt werden können.

[1] Über den zu negierenden Booleschen Ausdruck wird ein Strich angebracht.

BASIC kennt folgende sechs Vergleichsoperatoren:

Nr.	Vergleichsoperator (mathematisch)	Vergleichsoperator (BASIC)	Bedeutung
1	< (kleiner)	<	Der links vom Vergleichsoperator stehende numerische Wert ist kleiner als der rechtsstehende numerische Wert.
2	> (größer)	>	Der links vom Vergleichsoperator stehende numerische Wert ist größer als der rechtsstehende.
3	= (gleich)	=	Der links vom Vergleichsoperator stehende numerische Wert stimmt exakt mit dem rechtsstehenden numerischen Wert überein.
4	≠ (ungleich)	<>	Der links vom Vergleichsoperator stehende numerische Wert stimmt nicht mit dem rechtsstehenden numerischen Wert überein.
5	≤ (kleiner gleich)	<=	Der links vom Vergleichsoperator stehende numerische Wert ist kleiner oder gleich dem rechtsstehenden numerischen Wert.
6	≥ (größer gleich)	>=	Der links vom Vergleichsoperator stehende numerische Wert ist größer oder gleich dem rechtsstehenden numerischen Wert.

Fahrnetz für BASIC-Vergleichsoperatoren:

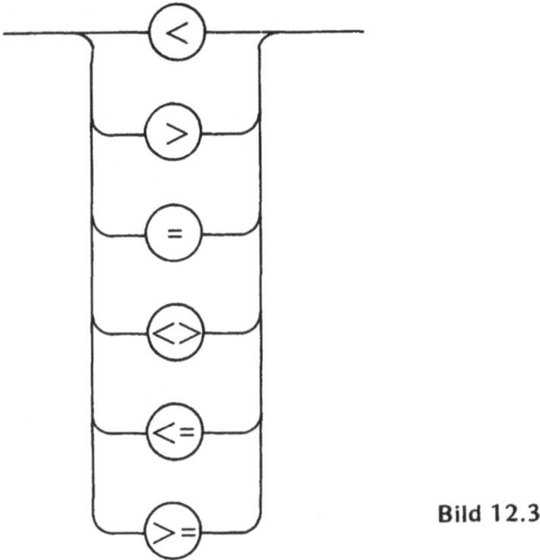

Bild 12.3

12.3.2 Vergleich von Texten

Mit Hilfe der Vergleichsoperatoren, mit denen numerische Werte verglichen wurden, können auch Texte verglichen werden. Dies ist möglich, da die einzelnen Zeichen, aus denen die Texte bestehen, im Computer in Form einer bestimmten Folge von Nullen und Einsen dargestellt werden, d.h. in Form eines zweiwertigen Codes (Werte Ø und 1), dem sog. ASCII-Code (vgl. Kap. 13.3.4 und Anhang A5 in Kap. 25.5). Diesem Code liegt ein bestimmtes Ordnungsschema zugrunde, mit dessen Hilfe Texte verglichen werden können.

Vergleichen heißt bei Texten:

- auf Textgleichheit prüfen oder
- steht ein Text *alphabetisch* vor- oder hinter einem anderen Text.

Diese Problematik wird ausführlich im Kapitel „Textausdrücke" behandelt (vgl. Kap. 14.3).

12.4 Textoperator

Texte können mit Hilfe eines Textoperators verkettet werden.

Der Verkettungsoperator für Texte ist in BASIC das + Zeichen.

Mit Hilfe des Verkettungsoperators + können aus mehreren einzelnen Texten neue „verkettete" Texte zusammengesetzt werden. Bei der Verkettung von Texten ist darauf zu achten, daß die maximale Zahl der Zeichen, aus denen ein Text bestehen darf, infolge der Verkettung nicht überschritten wird (vgl. 10.2).

Beispiel 12.1

Verkettung von zwei Textvariablen C1 $ + C2 $

Wenn die Textvariable C1 $ den Text FUSS enthält und die Textvariable C2 $ den Text BALL, ergibt sich infolge der Verkettung C1 $ + C2 $ der verkettete Text FUSSBALL.

Auch auf die Verkettung von Texten wird im Kapitel „Textausdrücke" noch einmal näher eingegangen (vgl. Kap. 14.3).

12.5 Zusammenfassung

Operationszeichen

- Arithmetische Operationszeichen sind: +, -, *, /, ↑
- Boolesche Operationszeichen sind: NOT, AND, OR
- Vergleichsoperatoren sind: <, <=, =, >=, >, <>

  Es können numerische Werte sowie Texte verglichen werden. Bei einem Vergleich von Texten werden die Dezimaläquivalente der Zeichen des ASCII-Codes Zeichen für Zeichen nacheinander mit Hilfe der Vergleichsoperatoren „verglichen".
- Textoperator

  Der Verkettungsoperator für Texte ist das + Zeichen.

13 Standardfunktionen

13.1 Numerische Standardfunktionen

Um technisch-mathematische Probleme lösen zu können, werden gewisse Standardfunktionen, wie z.B. sin, cos, log usw. benötigt. Eine Reihe dieser Standardfunktionen liegen im Speicher eines Mikrocomputers fest programmiert vor und können durch Nennung ihres Namens (Schlüsselwort) aufgerufen und im Programm wie Variablen benutzt werden.

In allen BASIC-Versionen stehen standardmäßig folgende Funktionen zur Verfügung:

Übliche Schreibweise	Bedeutung	BASIC
$\sqrt{x}$	Quadratwurzel	SQR(X)
e^x	Exponentialfunktion	EXP(X)
$\ln x$	Natürlicher Logarithmus	LOG(X)
$\sin\alpha$	Sinus	SIN(A)
$\cos\alpha$	Cosinus	COS(A)
$\tan\alpha$	Tangens	TAN(A)
$\arctan\alpha$	Arcustangens	ATN(A)
$\lvert x\rvert$	Absolutbetrag	ABS(X)
$[x]$	Ganzzahliger Anteil von x	INT(X)
$\operatorname{sgn} x$	Signum von x	SGN(X)
	Zufallszahl zwischen Ø und 1	RND(X)

Auf den Namen (Schlüsselwort) der Standardfunktion folgt, durch runde Klammern getrennt, das Argument der Standardfunktion.

Das Argument der numerischen Standardfunktion darf aus beliebigen arithmethischen Ausdrücken, d.h. aus Variablen, Konstanten oder Standardfunktionen bestehen, die auch über arithmetische Operatoren verknüpft sein dürfen[1]).

---

[1]) Der Begriff des arithmetischen Ausdrucks wird in Kapitel 14.1 eingehend erläutert.

Fahrnetz für numerische Standardfunktionen (alphabetisch geordnet):

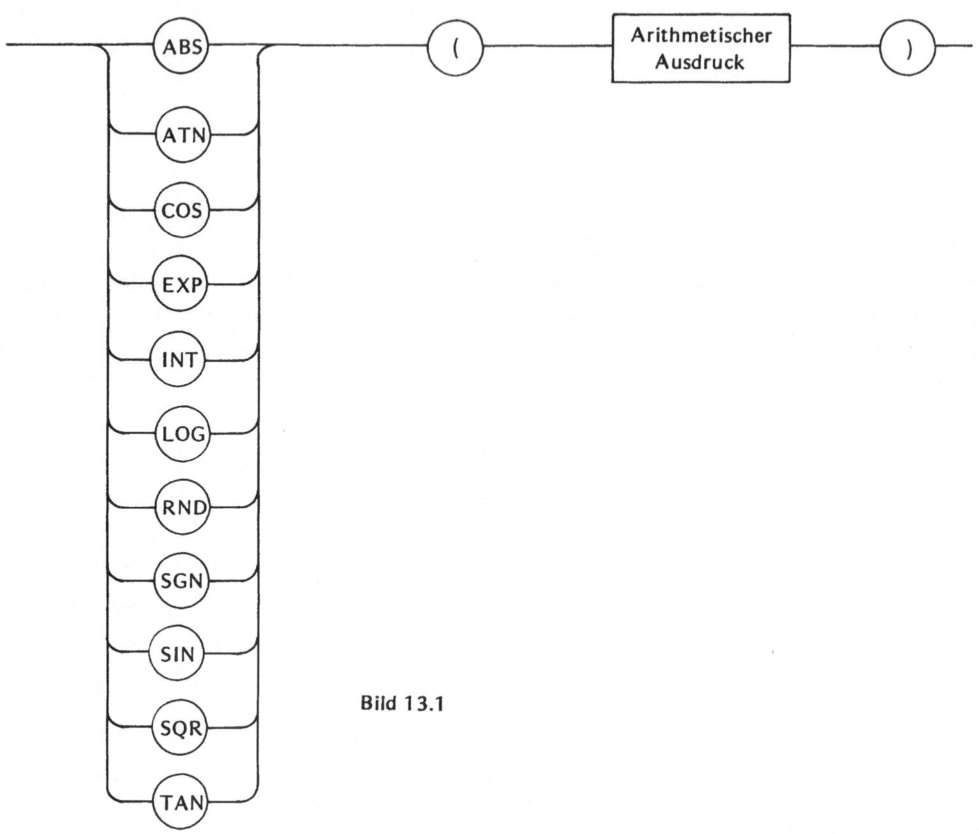

Bild 13.1

Beispiel 13.1

Beispiele für einfache Standardfunktionen:

Mathematische Schreibweise	BASIC	Erläuterung
$\sqrt{5}$	SQR(5)	Das Argument ist eine Konstante mit dem Wert 5.
e^{λ}	EXP(L)	Das Argument ist eine Variable (L für LAMBDA).
$\ln(a + b)$	LOG(A + B)	Das Argument ist ein arithmetischer Ausdruck.
$\sqrt{\sqrt{x}}$	SQR(SQR(X))	Das Argument ist eine Standardfunktion.
$e^{n\sqrt{y}}$	EXP(N*SQR(Y))	Das Argument ist ein arithmetischer Ausdruck mit Standardfunktion.

Einige Standardfunktionen sollen im folgenden noch etwas näher besprochen werden.

- Die *Quadratwurzel* ist nur für nichtnegative Werte definiert, da sich sonst imaginäre Werte ergeben.
- Der *natürliche Logarithmus* ist nur für positive Werte definiert.
- Bei den *Winkelfunktionen*, wie sin, cos usw., muß man beachten, daß das Argument im Bogenmaß eingesetzt wird und keinesfalls im Gradmaß.

  Für die Umrechnung vom Gradmaß in das Bogenmaß gilt die Formel:

  $$\text{Bogenmaß} = \frac{\pi}{180^\circ} \cdot \text{Gradzahl} \qquad \text{bzw.}$$

  $$\text{Bogenmaß} = 0{,}017453 \cdot \text{Gradzahl}$$

  Liegt das Gradmaß vor, muß es mit der konstanten Zahl 0, 017453 multipliziert werden, um das Bogenmaß zu erhalten.

  Beispiel 13.2

Mathematische Schreibweise	BASIC	Erläuterung
sin α°	SIN(A*Ø.Ø17453)	Eingabe von α (Variablenname A) im Gradmaß.

- Den *ganzzahligen Anteil* von X erhält man mit Hilfe der Standardfunktion INT (X). Sie bewirkt, daß die größte ganze Zahl (daher INTEGER), die kleiner oder gleich X ist, ermittelt wird.

  Beispiele 13.3

BASIC	Berücksichtigter Wert	Erläuterung
INT (5.33) INT (5.88)	5 5	Die größte ganze Zahl, die kleiner oder gleich 5,33 bzw. 5,88 ist, ist 5. Der Anteil des Wertes hinter dem Dezimalzeichen entfällt also, unabhängig von seiner Größe.
INT (- 5.33) INT (- 5.88)	- 6 - 6	Die größte ganze Zahl, die kleiner oder gleich - 5,33 bzw. - 5,88 ist, ist - 6.

Mit Hilfe der Funktion INT (X) kann man durch Addition von Ø.5 zu dem jeweiligen Argument *auf-* bzw. *abrunden*, wie es die folgenden Beispiele zeigen.

Beispiele 13.4

BASIC	Berücksichtigter Wert	Erläuterung
INT (5.33 + Ø.5)	5	Abrundung
INT (5.88 + Ø.5)	6	Aufrundung
INT (- 5.33 + Ø.5)	- 5	Abrundung
INT (- 5.88 + Ø.5)	- 6	Aufrundung

- Die *Signumfunktion SGN (X)* gibt das Vorzeichen des Arguments in folgender Weise an:

  sgnx = + 1 für x > ∅
  sgnx = ∅ für x = ∅
  sgnx = - 1 für x < ∅

- Mit Hilfe der *Standardfunktion RND (X)* können gleichverteilte Zufallszahlen erzeugt werden. Dabei handelt es sich um keine echten Zufallszahlen, sondern um sog. Pseudo-Zufallszahlen, denn sie werden vom Mikrocomputer nach einem bestimmten Algorithmus ermittelt.

  Wenn „Zufallszahlen" nach einem bestimmten Algorithmus ermittelt werden, können sie nicht mehr dem Zufall unterliegen, denn sie sind berechenbar und somit voraussagbar.

  Die Besonderheit der vom Computer erzeugten Zufallszahlen liegt nun darin, daß der Benutzer der Zufallszahlen die erzeugten Pseudo-Zufallszahlen als wirkliche gleichwahrscheinlich verteilte Zufallszahlen auffassen kann.

  Dies liegt daran, daß die Perioden, mit denen die Pseudo-Zufallszahlen wiederholt werden, sehr groß sind und die Korrelation zwischen den erzeugten Pseudo-Zufallszahlen genügend klein ist.

  Der Wert, der für das Argument X gewählt wird, dient vielfach zur Steuerung der Folge der Zufallszahlen oder zur Angabe des Bereiches der Zufallszahlen.

  Hier gibt es Unterschiede bei den verschiedenen BASIC-Versionen. Genaue Auskunft gibt das zugehörige Benutzerhandbuch. Hier sollen zwei häufig benutzte Fälle beispielhaft angegeben werden.

Fall 1:

Auswirkung des Wertes vom Argument X auf die Zufallszahlen:

– Positives Argument

Die Standardfunktion RND (X) erzeugt bei jedem Aufruf eine andere Zufallszahl. Auch bei einem erneuten Programmstart werden andere Zufallszahlen erzeugt.

– Argument Null

Die Standardfunktion RND (X) erzeugt bei jedem Aufruf eine andere Zufallszahl. Diese Folge von Zufallszahlen wird jedoch bei einem neuen Start des Programms wiederholt.

– Negatives Argument

Die Standardfunktion RND (X) erzeugt bei jedem Aufruf nur eine einzige Zufallszahl.

Die beiden letzten Fälle sind wichtig zum Testen von Programmen, die mit Zufallszahlen arbeiten, um die richtige Arbeitsweise überprüfen zu können.

Das Argument kann eine Konstante, eine Variable oder ein arithmetischer Ausdruck sein.

Fall 2:

Bei anderen Mikrocomputern hat das Argument X eine andere Aufgabe, wie z.B.:

– Positives ganzzahliges Argument

Der Mikrocomputer gibt eine ganzzahlige Zufallszahl zwischen 1 und dem Wert im Argument (einschließlich) aus.

– Argument Null

Der Mikrocomputer gibt Zufallszahlen zwischen ∅ und 1 aus.

13.2 Ableitung weiterer mathematischer Funktionen mit Hilfe numerischer Standardfunktionen

Die Standardfunktionen sind so ausgewählt, daß sich andere mathematische Funktionen leicht durch sie ausdrücken lassen.

Beispiel 13.5

Mathematische Schreibweise	BASIC
ctgx	COS(X)/SIN(X) bzw. 1/TAN(X)

Weitere wichtige mathematische Funktionen sind nachfolgend aufgeführt:

Nr.	Name	BASIC
1	Arcussinus	ATN(X/SQR(-X*X+1))
2	Arcuscosinus	-ATN(X/SQR(-X*X+1))+1.57Ø8
3	Hyperbelsinus	(EXP(X)–EXP(–X))/2
4	Hyperbelcosinus	(EXP(X)+EXP(–X))/2
5	Hyperbeltangens	EXP(-X)/(EXP(X)+EXP(-X))*2+1
6	Hyperbelcotangens	EXP(-X)/(EXP(X)-EXP(-X))*2+1
7	Hyperbel-Areasinus	LOG (X+SQR (X*X+1))
8	Hyperbel-Areacosinus	LOG (X+SQR (X*X-1))
9	Hyperbel-Areatangens	LOG ((1+X)/(1-X))/2
10	Hyperbel-Areacotangens	LOG ((X+1)/(X-1))/2

13.3 Standardfunktionen zur Textverarbeitung

13.3.1 Bestimmung der Länge von Texten mit Hilfe der Standardfunktion LEN

Die allgemeine Form zur Bestimmung der Länge von Texten mit Hilfe der Standardfunktion LEN ist

LEN ("Text")
LEN(Textvariable)
LEN("Text" + Textvariable)

Die Standardfunktion LEN ermittelt die Anzahl der Zeichen, aus denen ein Text besteht.

Das Ergebnis der Standardfunktion LEN ist eine ganzzahlige Zahl, die in den Grenzen der maximalen Länge eines Textes liegt.

Die Zahl kann einer numerischen Variablen zugeordnet werden und steht damit zur weiteren Verarbeitung zur Verfügung.

Die Textkonstante, die Textvariable bzw. die Verkettung von Texten muß, in Klammern gesetzt, dem Wortsymbol LEN folgen.

Leerzeichen (engl.: blank) im Text zählen ebenfalls als Zeichen.

Beispiel 13.6

Nr.	BASIC	Erläuterung
1	LEN("MEYER")	Die Standardfunktion LEN wird den Wert 5 ermitteln, denn die Textkonstante Meyer besteht aus 5 Zeichen.
2	LEN(A$)	Die Standardfunktion LEN wird die Länge der unter der Textvariablen A$ gespeicherten Textkonstanten ermitteln.
3	LEN("XYZ"+B$)	Die Standardfunktion LEN wird die Länge des Textes im Argument ermitteln, d.h. die Länge der Verkettung der Textkonstanten "XYZ" mit dem Text, für den B$ stellvertretend steht.

Das Fahrnetz der Textstandardfunktion LEN ist:

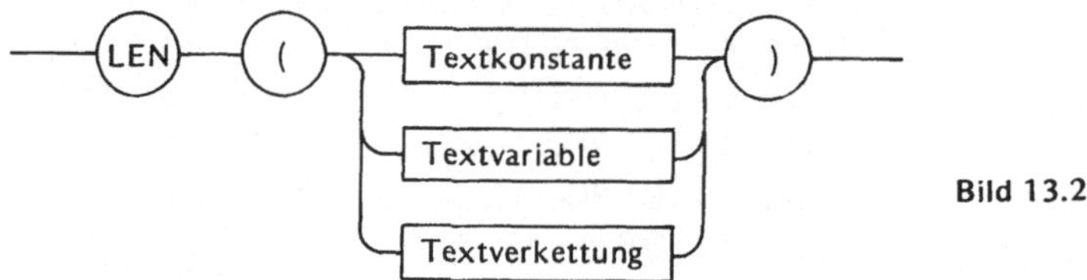

Bild 13.2

Das Fahrnetz für die Textverkettung ist:

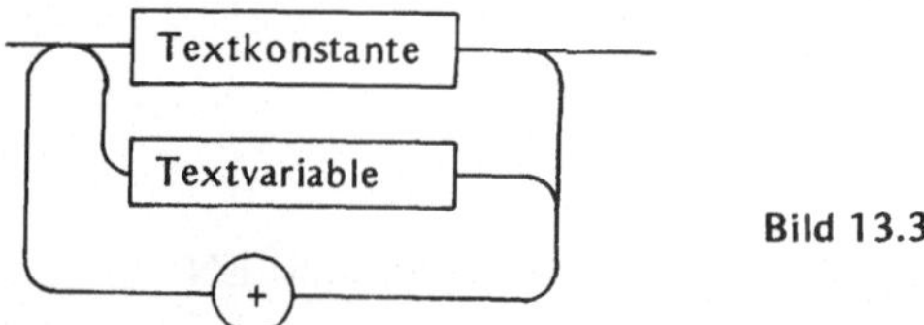

Bild 13.3

13.3.2 Veränderung von Texten mit Hilfe der Standardfunktionen LEFT$, RIGHT$, MID$

Häufig möchte man Texte mit Hilfe eines Programmes verändern. Hierzu dienen die Standardfunktionen

- LEFT$
- RIGHT$
- MID$

Man kann mit Hilfe dieser Standardfunktionen ursprünglich vorhandene Texte in neue Teiltexte zerlegen.

- Die Standardfunktion LEFT$

Die Standardfunktion LEFT$ hat die allgemeine Form
LEFT$ (Text, arithmetischer Ausdruck)

- Der Text (1. Argument in der Klammer nach LEFT$) kann aus einer Textkonstanten, einer Textvariablen oder einer Verkettung von Texten bestehen.
- Der arithmetische Ausdruck (2. Argument in der Klammer nach LEFT$) kann eine numerische Konstante (Zahl), eine numerische Variable oder allg. ein arithmetischer Ausdruck[1]) sein.
- Beide Argumente, d.h. Text und arithmetischer Ausdruck, werden durch ein Komma getrennt.

> – **Die Standardfunktion LEFT$ bewirkt, daß aus dem im Argument folgenden Text (1. Argument) ein neuer Text erzeugt wird, der vorn links (engl. left) beginnend, aus soviel Zeichen des ursprünglichen Textes besteht, wie der numerische Wert des arithmetischen Ausdruckes im Argument (2. Argument) vorgibt.**

- Besteht der ursprüngliche Text aus weniger Zeichen als der arithmetische Ausdruck vorgibt, so entspricht der neue Text dem ursprünglichen Text.

Beispiel 13.7

Nr.	BASIC	Erläuterung
1	LEFT$(”BUCH”, 2)	Die Standardfunktion wählt die beiden linksstehenden Zeichen BU aus dem gesamten Text “BUCH” aus.
2	LEFT$(A$, 3)	Die Standardfunktion wählt aus dem Text, für den die Textvariable A$ stellvertretend steht, die ersten drei linksstehenden Zeichen aus.
3	LEFT$(A$, N)	Wie Beispiel Nr. 2, jedoch mit dem Unterschied, daß die Zahl der linksstehenden Zeichen, die von der Standardfunktion ausgewählt werden, durch den Wert der numerischen Variable N bestimmt wird.

- Die Standardfunktion RIGHT$

> **Die Standardfunktion RIGHT$ hat die allgemeine Form**
> **RIGHT$ (Text, arithmetischer Ausdruck)**

Für die beiden Argumente in der Klammer (Text und arithmetischer Ausdruck) gilt entsprechendes wie für die Standardfunktion LEFT$.

> **Das Standardfunktion RIGHT$ bewirkt, daß aus dem im ersten Argument spezifizierten Text ein neuer Text erzeugt wird. Vom ursprünglichen Text werden bei dem am weitesten rechts (engl. right) stehenden Zeichen beginnend, d.h. am Ende des Textes beginnend, so viele links davon stehende Zeichen aus dem ursprünglichen Text ausgewählt, wie der numerische Wert des arithmetischen Ausdruckes (2. Argument) vorgibt. Dies ist der neue Text.**

---

[1]) Der Begriff des arithmetischen Ausdrucks wird in Kapitel 14.1 eingehend erläutert. An dieser Stelle genügt es, zu wissen, daß er zu einem numerischen Wert führt.

Besteht der ursprüngliche Text aus weniger Zeichen als der arithmetische Ausdruck vorgibt, so entspricht der neue Text dem ursprünglichen Text.

Beispiel 13.8

Nr.	BASIC	Erläuterung
1	RIGHT$("MAIER",2)	Die Standardfunktion wählt aus dem Text "MAIER" die beiden rechtsstehenden Zeichen (ER) aus.
2	RIGHT$(A$+B$,N)	Die Standardfunktion wählt aus der Verkettung zweier Texte, für den die Textvariablen A$ und B$ stellvertretend stehen, N rechtsstehende Zeichen aus.

- Die Standardfunktion MID$

Die Standardfunktion MID$ hat die allgemeine Form

MID$ (Text, arithmetischer Ausdruck 1, arithmetischer Ausdruck 2).

- Der Text (1. Argument in der Klammer nach MID$) kann aus einer Textkonstanten, einer Textvariablen oder einer Verkettung von Texten bestehen.
- Die arithmetischen Ausdrücke 1 und 2 können numerische Konstanten, numerische Variablen oder arithmetische Ausdrücke sein.
- Alle drei Argumente müssen durch Kommas getrennt werden.

Das Schlüsselwort MID$ bewirkt, daß aus dem im ersten Argument spezifizierten Text ein neuer Text erzeugt wird.

Der Wert des arithmetischen Ausdruckes 1 kennzeichnet ein bestimmtes Zeichen in der Mitte (engl. middle) des ursprünglichen Textes. Zählt man vom Anfang des Textes entsprechend dem Wert des 1. arithmetischen Ausdruckes die Zeichen des Textes nach rechts, so erhält man dieses Zeichen in der Mitte des Textes. Dieses Zeichen ist der Anfang eines neues Textes. Wählt man von diesem Zeichen nach rechts fortfahrend entsprechend dem Wert des 2. arithmetischen Ausdruckes weitere Zeichen des ursprünglichen Textes, so erhält man den vollständigen neuen Text.

Der zweite arithmetische Ausdruck kann auch fehlen. Wenn dieser Ausdruck fehlt, ergibt sich der neue Text aus allen rechtsstehenden Zeichen des ursprünglichen Textes, beginnend mit dem Zeichen, das der erste arithmetische Ausdruck kennzeichnet.

Beispiel 13.9

Nr.	BASIC	Erläuterung
1	MID$("HUNDE",2,3)	Die Standardfunktion MID$ wählt aus dem Text "HUNDE" den Text aus, der mit dem 2. Zeichen, d.h. mit U beginnt und aus zwei folgenden Zeichen besteht (insgesamt drei Zeichen), d.h. es wird der Text UND ausgewählt.

Fahrnetz für die Textstandardfunktionen LEFT$, RIGHT$, MID$

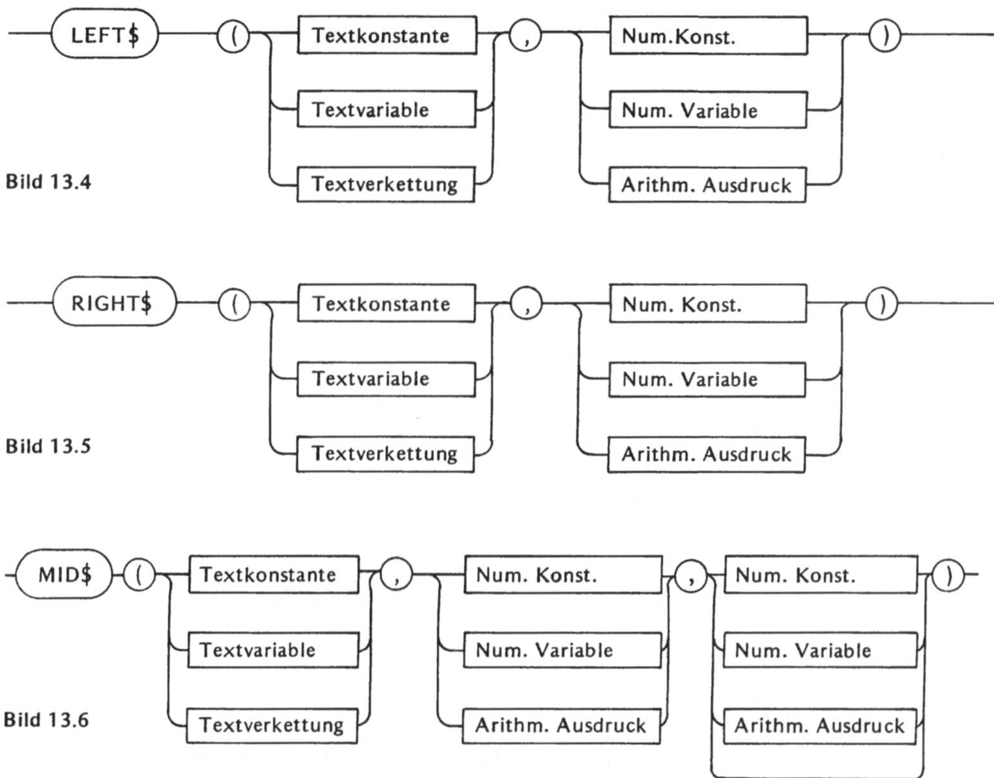

Bild 13.4

Bild 13.5

Bild 13.6

13.3.3 Die Standardfunktionen STR$ und VAL

Vielfach möchte man

- numerische Werte (Zahlen) in einen Text (engl. string) umwandeln oder
- innerhalb eines Textes vorhandene Zahlen in einen numerischen Wert (engl. value) umwandeln.

Dazu dienen die Standardfunktionen:

- STR$ Umwandlung eines numerischen Wertes in einen Text (string)
- VAL Umwandlung einer in einem Text enthaltenen Zahl in einen numerischen Wert (value).

In beiden Fällen handelt es sich im Prinzip um eine Codeumwandlung.

- Die Standardfunktion STR$

Die Standardfunktion STR$ hat die allgemeine Form

STR$ (numerischer Ausdruck)

Die Standardfunktion STR$ bewirkt, daß der in Klammern folgende numerische Ausdruck in einen Text (engl. string) umgewandelt wird.

– Der numerische Ausdruck kann eine Zahl, eine numerische Variable oder ein arithmetischer Ausdruck sein.
– Der numerische Ausdruck muß in Klammern eingeschlossen auf das Schlüsselwort STR$ folgen.

Fahrnetz für die Textstandardfunktion STR$:

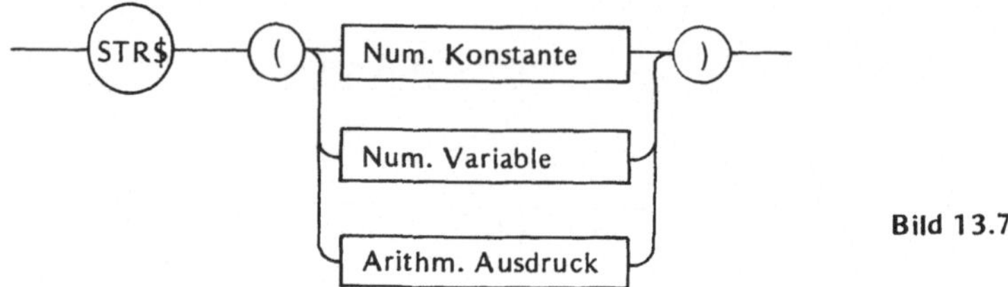

Bild 13.7

Die Umwandlung eines numerischen Wertes in einen Text ist vielfach sinnvoll, denn mit dem numerischen Wert in Form eines Textes lassen sich alle Textoperationen ausführen, wie z.B.:

- mit Hilfe der Standardfunktion LEN die Anzahl der Druckstellen einer Zahl einschließlich Vorzeichen und Sonderzeichen zu ermitteln
- mit Hilfe der Standardfunktion LEFT$, RIGHT$, MID$ Zahlen zu verändern, d.h. z.B. nur bestimmtes Stellen der Zahl zu berücksichtigen und zu isolieren.

Beispiel 13.10

Nr.	BASIC	Erläuterung
1	STR$(3.1415)	Der numerische Wert 3.1415 (Dualcode) wird in einen Text (ASCII-Code) umgewandelt. Anschließend könnten die Textstandardfunktionen u. dgl. angewendet werden.
2	STR$(1.7)+STR$(−2.4)	Der numerische Wert 1.7 wird, wie auch der Wert −2.4, in einen Text umgewandelt und über den Verkettungsoperator + verkettet (*nicht* numerisch addiert), d.h. es entsteht folgende Zeichenkette: ␣1.7−2.4

- Die Standardfunktion VAL

Die Standardfunktion VAL hat die allgemeine Form

VAL (Text)

Die Standardfunktion VAL bewirkt, daß der in Klammern folgende Text in einen numerischen Wert umgewandelt wird.

Die Standardfunktion VAL ist somit das Gegenstück zur Standardfunktion STR$. Dies bereitet keine Schwierigkeiten, solange der Text, der dem Schlüsselwort VAL in Klammern folgt, aus Ziffern, positiven bzw. negativen Vorzeichen und einem Dezimalpunkt besteht, denn ein derartiger Text, der eine im ASCII-Code verschlüsselte Zahl darstellt, läßt sich ohne weiteres in einen numerischen Wert umwandeln.

Die Umwandlung eines Textes in einen numerischen Wert wird jedoch sinnlos, wenn außer Ziffern, einem positiven oder negativem Vorzeichen sowie einem Dezimalpunkt, auch Buchstaben und andere Sonderzeichen im Text auftreten. Hier verhält sich die Standardfunktion VAL folgendermaßen:

Beginnt der Text mit Ziffern, so werden diese in einen numerischen Wert umgewandelt. Die folgenden alphanumerischen Zeichen werden ignoriert.

Dies ist besonders nützlich, wenn man aus einem Text nur den numerischen Wert herausziehen will.

Beginnt der Text mit nichtnumerischen Zeichen, so ergibt sich bei Anwendung der Standardfunktion VAL der numerische Wert Ø.

Steht innerhalb eines Textes eine Zahl, die in eine numerische Zahl umgewandelt werden soll, so läßt sich mit den bislang bekannten Text-Standardfunktionen eine Aufteilung in mehrere Texte erreichen, so daß die Zahl ganz isoliert ist oder am Anfang eines Textes steht. Anschließend ist die Umwandlung mit Hilfe der Standardfunktion VAL möglich.

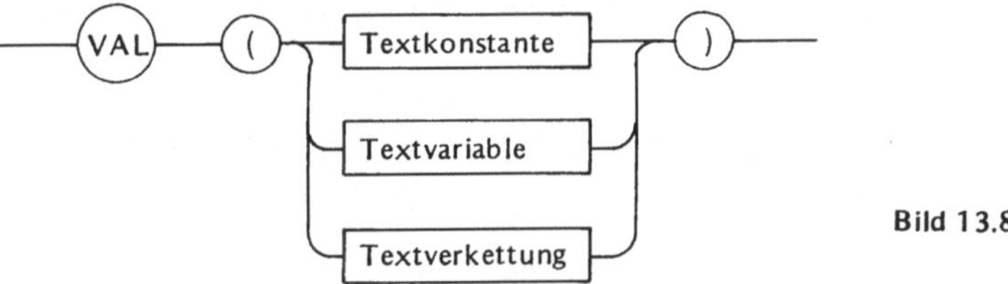

Bild 13.8

Beispiel 13.11

Nr.	BASIC	Erläuterung
1	VAL ("–"+"1"+"."+"2")	Es werden im Argument die Zeichen "–", "1", ".", "2" verkettet und in einen numerischen Wert umcodiert. Es entsteht dadurch der numerische Wert – 1.2.
2	VAL(A$)	Ziffern, die am Anfang des Textes, für den die Variable A$ stellvertretend steht, auftreten, werden in einen numerischen Wert (Dualcode) umgewandelt.

13.3.4 Die Standardfunktionen ASC und CHR$

Für manche Probleme ist es zweckmäßig

- die Dezimaläquivalente von ASCII-Zeichen (vgl. Anhang 5 in Kap. 25.5) ermitteln zu können bzw.
- ein Dezimaläquivalent eines ASCII-Zeichens in das zugehörige ASCII-Zeichen umwandeln zu können.

Dazu dienen die Standardfunktionen

- ASC

  Umwandlung eines Text-Zeichens in das zugehörige ASCII-Dezimaläquivalent (vgl. dazu die zugehörige Tabelle in Kap. 25.5, Anhang 5)

- CHR$

  Umwandlung eines ASCII-Dezimaläquivalentes in das zugehörigeText-Zeichen (engl. character).

Die Standardfunktion ASC

> **Die Standardfunktion ASC bewirkt, daß das erste Zeichen eines Textes in das zugehörige Dezimaläquivalent des ASCII-Codes umgewandelt wird. Die folgenden Zeichen werden ignoriert.**
>
> **Die Standardfunktion ASC hat die allgemeine Form**
>
> **ASC (Text)**

- Der Text kann eine Textkonstante, eine Textvariable, ein verketteter Text (Verkettung von Texten mit Hilfe des Textoperators +) sowie ein Ausdruck mit anderen Text-Standardfunktionen sein.
- Der Text muß, in Klammern gesetzt, dem Schlüsselwort ASC folgen.

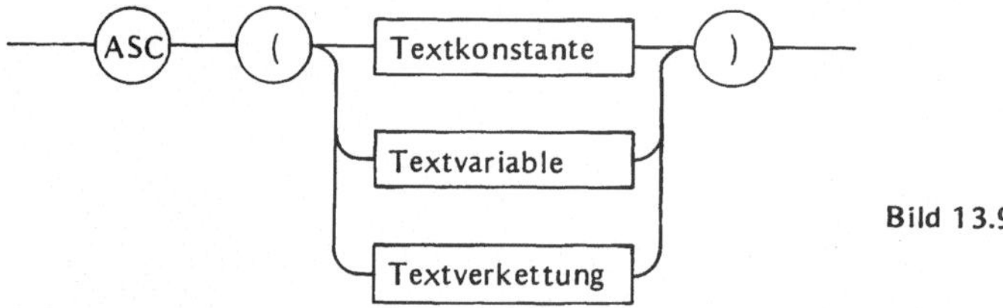

Bild 13.9

Beispiel 13.12

Nr.	BASIC	Erläuterung
1	ASC("A")	Die Standardfunktion ASC ermittelt das Dezimaläquivalent des ASCII-Codes für den Buchstaben A (lt. Tabelle im Anhang 5 die Zahl 65).
2	ASC("␣")	Die Standardfunktion ASC ermittelt das Dezimaläquivalent des ASCII-Codes für das Leerzeichen, das hier symbolisch mit ␣ angegeben wurde (lt. Tabelle im Anhang 5 die Zahl 32).

Die Standardfunktion CHR$

> **Die Standardfunktion CHR$ bewirkt, daß eine im Argument der Standardfunktion näher bezeichnete Zahl als Dezimaläquivalent des ASCII-Codes aufgefaßt wird und in das entsprechende ASCII-Zeichen umgewandelt wird.**
>
> **Die Standardfunktion CHR$ ist somit die Umkehrung der Standardfunktion ASC.**
>
> **Die Standardfunktion CHR$ hat die allgemeine Form**
>
> **CHR$ (numerischer Ausdruck)**

Der numerische Ausdruck kann eine konstante ganze Zahl zwischen Ø und 255 sein, bzw. eine numerische Variable (auch indizierte numerische Variable) oder allg. ein arithmetischer Ausdruck, bei denen die Werte ebenfalls im angegebenen Wertebereich (Ø bis 255) liegen müssen.

Ergeben sich in arithmetischen Ausdrücken keine ganzzahligen Werte, so werden die Ziffern nach dem Dezimalpunkt vom Computer nicht berücksichtigt.

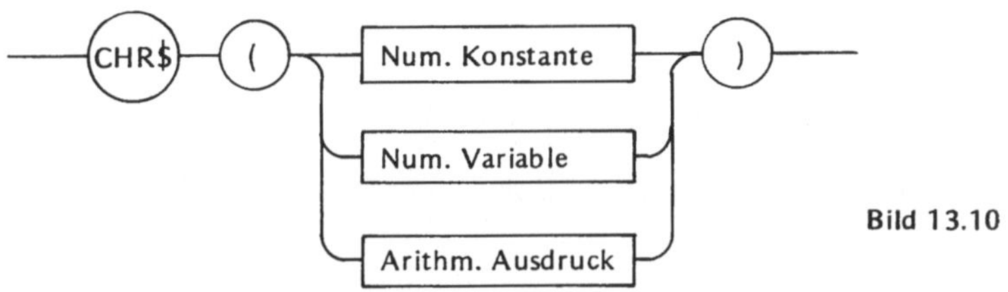

Bild 13.10

Beispiel 13.13

Nr.	BASIC	Erläuterung
1	CHR$(37)	Das Dezimaläquivalent 37 steht im ASCII-Code für ein %-Zeichen (vgl. Tabelle im Anhang 5). Das %-Zeichen wird mit Hilfe der Standardfunktion CHR$ aus dem Dezimaläquivalent 37 ermittelt.

Mit Hilfe der Standardfunktionen ASC und CHR$ lassen sich viele Probleme lösen. So kann man z.B. programmgesteuert Zeichen des Zeichenvorrats in andere Zeichen umwandeln, indem man mit Hilfe der Standardfunktion ASC die zu den Zeichen zugehörigen Dezimaläquivalente ermittelt und anschließend zum Dezimaläquivalent einen numerischen Wert hinzufügt bzw. abzieht. Dadurch ergibt sich ein neuer Wert, der ein neues Dezimaläquivalent darstellt. Die Rückumwandlung dieses Dezimaläquivalentes in das zugehörige Zeichen erfolgt anschließend mit Hilfe der Standardfunktion CHR$.

So kann man z.B. Großbuchstaben in Kleinbuchstaben umwandeln, indem zum Dezimaläquivalent der Großbuchstaben der Wert 31 addiert wird. Dem Buchstaben A entspricht das Dezimaläquivalent 65. Addiert man den Wert 31, so erhält man das Dezimaläquivalent 96. Dies entspricht dem Buchstaben a. Das hat natürlich nur einen Sinn, wenn das Ausgabegerät, wie z.B. der Drucker, auch über die Möglichkeit verfügt, Kleinbuchstaben zu drucken.

Ein weiterer Anwendungsfall wäre z.B. die Verschlüsselung von Nachrichten.

13.4 Zusammenfassung

Auf das Schlüsselwort der Standardfunktion folgt, durch runde Klammern getrennt, das Argument der Standardfunktion.

Numerische Standardfunktionen

Das Argument der numerischen Standardfunktion darf aus beliebigen arithmetischen Ausdrücken bestehen.
Die i.a. in allen BASIC-Dialekten vorhandenen Schlüsselworte numerischer Standardfunktionen sind:

SQR, EXP, LOG, SIN, COS, TAN, ATN, ABS, INT, SGN, RND

Für den Wertebereich der Argumente sind vielfach Einschränkungen zu berücksichtigen.
Weitere wichtige mathematische Funktionen lassen sich mit Hilfe dieser Standardfunktionen ausdrücken.

Standardfunktionen zur Textverarbeitung

- Die Standardfunktion LEN ermittelt die Anzahl der Zeichen, aus denen ein Text besteht.
- Die Standardfunktion LEFT$ bewirkt, daß aus dem im Argument folgenden Text ein neuer Text erzeugt wird, der links beginnend, aus soviel Zeichen des ursprünglichen Textes besteht, wie der numerische Wert des arithmetischen Ausdruckes im Argument vorgibt.
- Die Standardfunktion RIGTH$ bewirkt, daß aus dem im Argument folgenden Text ein neuer Text erzeugt wird, der am Ende des Textes beginnend, soviele links davon stehende Zeichen aus dem ursprünglichen Text auswählt, wie der numerische Wert des arithmetischen Ausdruckes vorgibt.
- Die Standardfunktion MID$ bewirkt, daß aus dem im Argument folgenden Text ein neuer Text erzeugt wird, der mit dem Zeichen beginnt, das durch den ersten arithmetischen Ausdruck festgelegt ist und den folgenden, rechts davon stehenden Zeichen. Der zweite arithmetische Ausdruck legt die Anzahl der Zeichen des neuen Textes fest.
- Die Standardfunktion STR$ bewirkt, daß der in Klammern folgende numerische Ausdruck in einen Text umgewandelt wird.
- Die Standardfunktion VAL bewirkt, daß der in Klammern folgende Text, sofern es sich um Ziffern handelt, in einen numerischen Wert umgewandelt wird.
- Die Standardfunktion ASC bewirkt, daß das erste Zeichen eines Textes in das zugehörige Dezimaläquivalent des ASCII-Codes umgewandelt wird. Die folgenden Zeichen werden ignoriert.
- Die Standardfunktion CHR$ bewirkt, daß ein im Argument der Standardfunktion stehender numerischer Wert als Dezimaläquivalent des ASCII-Codes aufgefaßt wird und in das entsprechende ASCII-Zeichen umgewandelt wird.

13.5 Übungsaufgaben

Die Lösungen der Übungsaufgaben finden Sie in Kap. 24.

Aufgabe 13.1

Drücken Sie die folgenden Funktionen durch BASIC-Standardfunktionen aus:

Nr.	Funktion in mathematischer Schreibweise	BASIC
1	$\sqrt{118{,}5}$	
2	ln 10	
3	sin 3,289 (rad)	
4	cos 45°	
5	$\vert A - 15\vert$	
6	$\sqrt{\sin x}$	
7	$[\vert x + 1\vert + Ø.5]$	

Aufgabe 13.2

Wie kann man mit Hilfe der Standardfunktion INT(X) Zahlenwerte auf- bzw. abrunden?

Aufgabe 13.3

Was läßt sich mit Hilfe der Standardfunktion SGN(X) bestimmen?

Aufgabe 13.4

Was ist zu beachten, wenn in BASIC Winkelfunktionen wie sin, cos usw. benutzt werden?

Aufgabe 13.5

Was wird von folgenden Textstandardfunktionen ermittelt:

Nr.	Textstandardfunktion	Ergebnis	Erläuterung
1	LEN("")		
2	LEN("␣")		
3	LEN("A"+"+"+"B")		
4	LEFT$("MAIER",3)		
5	RIGHT$("RECHTS",4)		
6	MID$("KATZE",2,3)		
7	STR$(1.7–2.4)		
8	LEN(STR$(3.1415))		
9	VAL("2Ø␣KILO")		
10	ASC("ADAM")		
11	CHR$(36)		

14 Ausdrücke

14.1 Arithmetische Ausdrücke

Der arithmetische Ausdruck ist, wie noch ausführlich gezeigt wird, Teil der arithmetischen Zuordnungsanweisung (vgl. Kap. 15.1). Er besteht aus numerischen Konstanten, numerischen Variablen und numerischen Standardfunktionen, die mit Hilfe von arithmetischen Operatoren verknüpft werden (vgl. Bild 9.1 in Kapitel 9.2).

Das Fahrnetz für *einfache arithmetische Ausdrücke* (ohne Klammern) ergibt sich demnach wie folgt:

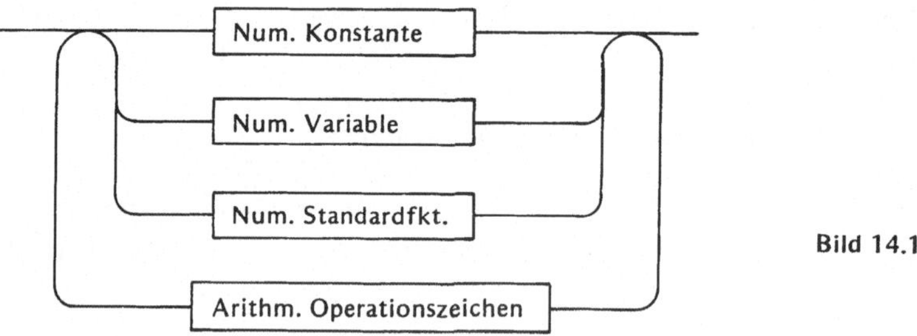

Bild 14.1

Beispiel 14.1

Beispiele für arithmetische Ausdrücke:

Mathematische Schreibweise	BASIC
x − y	X − Y
2a	2 * A
f^2	F ↑ 2

Arithmetische Ausdrücke stellen Vorschriften zur Berechnung von Zahlenwerten dar.

Bei dem Aufbau komplizierter arithmetischer Ausdrücke ist es wichtig, einige Regeln zu beachten. Sie sollen in den folgenden Abschnitten angegeben und erläutert werden.

14.1.1 Die Rangordnung arithmetischer Operatoren

In der Mathematik werden die einzelnen arithmetischen Rechenoperationen nach einer festen Rangordnung abgearbeitet. Die Rangordnung findet Ausdruck in der bekannten Regel:

Punktrechnung vor Strichrechnung.

Da BASIC eine mathematisch-naturwissenschaftlich orientierte Programmiersprache ist, gilt auch für sie die in der Mathematik gebräuchliche Rangfolge.

<table>
<tr><td colspan="3">In arithmetischen Ausdrücken gilt für die Rangordnung arithmetischer Operatoren: Punktrechnung vor Strichrechnung</td></tr>
<tr><td>d.h. Rang 1: ↑
Rang 2: * und /
Rang 3: + und −</td><td>(Potenzierung)
(Multiplikation und Division)
(Addition und Subtraktion)</td><td>höchster Rang
↓
niedrigster Rang</td></tr>
</table>

Stehen mehrere arithmetische Operatoren verschiedenen Ranges in einer Anweisung, so werden die Verknüpfungen entsprechend ihrer Rangfolge abgearbeitet.

Beispiel 14.2

Beispiele für die Behandlung arithmetischer Operatoren verschiedenen Ranges in arithmetischen Ausdrücken:

Arithmetischer Ausdruck	Erläuterung
B + C * D ↑ 4 (1.: D ↑ 4; 2.: C * D ↑ 4; 3.: B + C * D ↑ 4)	Die Rechenvorschrift wird schrittweise abgearbeitet: 1. Schritt: Die ranghöchste Rechenoperation wird zuerst ausgeführt. In diesem Beispiel wird also zunächst D ↑ 4 (D^4) errechnet. 2. Schritt: Von den verbliebenen Rechenoperationen wird die davon ranghöchste Rechenoperation ausgeführt. In diesem Beispiel wird das Ergebnis von D ↑ 4 mit C multipliziert. 3. Schritt: Letztlich wird die Rechenoperation mit dem niedrigsten Rang ausgeführt. Das Ergebnis aus dem 2. Rechenschritt wird zu B addiert.
B * C ↑ 3 + D (1.: C ↑ 3; 2.: B * C ↑ 3; 3.: B * C ↑ 3 + D)	Die Rechenvorschrift wird schrittweise abgearbeitet: 1. Schritt: Die erste Rechenoperation, die ausgeführt wird, ist C ↑ 3. 2. Schritt: Die zweite Rechenoperation, die ausgeführt wird, ist die Multiplikation von B mit dem Ergebnis von C ↑ 3. 3. Schritt: Die dritte Rechenoperation, die ausgeführt wird, ist die Addition von D zu dem Ergebnis von B * C ↑ 3.

In arithmetischen Ausdrücken stehen jedoch nicht nur Operatoren mit unterschiedlichen Rängen.

Stehen mehrere gleichrangige arithmetische Operatoren in einem arithmetischen Ausdruck, so werden sie in der Reihenfolge von links nach rechts behandelt.

Beispiel 14.3

Beispiele für die Behandlung arithmetischer Operatoren gleichen Ranges in arithmetischen Ausdrücken:

Arithmetischer Ausdruck	Erläuterung
B * C + D * E (1. B * C; 2. D * E; 3. Summe)	Die Rechenvorschrift wird in folgenden Schritten abgearbeitet: 1. Schritt: Die ranghöchste Rechenoperation, hier die Multiplikation, soll der Rangfolge entsprechend zuerst ausgeführt werden. Da jedoch zwei Rechenoperationen von gleichem Rang vorhanden sind, wird die am weitesten links stehende Rechenoperation, d.h. das Produkt von B und C, zuerst ausgeführt. 2. Schritt: Die verbliebene Rechenoperation vom gleichen Rang, das Produkt von D und E, wird als nächstes ausgeführt. 3. Schritt: Die beiden gewonnenen Produkte werden addiert.
B + C − D * E/F (1. D * E; 2. /F; 3. B + C; 4. Subtraktion)	Die Rechenvorschrift wird in folgenden Schritten abgearbeitet: 1. Schritt: Die erste Rechenoperation, die ausgeführt wird, ist die Multiplikation von D und E. 2. Schritt: Die nächste Rechenoperation ist die Division des im ersten Schritt gewonnenen Ergebnisses durch F. 3. Schritt: Die nächste Rechenoperation ist die Addition von B und C. 4. Schritt: Die nächste Rechenoperation ist die Subtraktion des im zweiten Schritt gewonnenen Ergebnisses von dem im dritten Schritt gewonnenen Ergebnis.

Bei der Übertragung der mathematischen Schreibweise arithmetischer Ausdrücke in die zugehörige BASIC-Schreibweise ist insbesondere darauf zu achten, daß der Multiplikationsoperator, der in der mathematischen Schreibweise vielfach fortgelassen wird, geschrieben werden muß.

Der Multiplikationsoperator darf in arithmetischen BASIC-Ausdrücken nicht fortgelassen werden.

Beispiel 14.4

Mathematische Schreibweise	BASIC-Schreibweise
$a = \frac{bc}{de}$	A = B * C/D/E

14.1.2 Klammerausdrücke

Klammerausdrücke werden in der Mathematik benötigt, wenn eine andere Reihenfolge ausgeführt werden soll als durch die Rangfolge der Operatoren vorgegeben ist. Bei BASIC gelten die aus der Mathematik bekannten Klammerregeln.

Klammerausdrücke haben vor den arithmetischen Operatoren Vorrang.

Innere Klammerausdrücke haben Vorrang vor den äußeren Klammerausdrücken.

Gleichrangige Klammerausdrücke werden von links nach rechts behandelt.

Innerhalb der Klammern gelten die Rangordnungen für arithmetische Operatoren.

Fahrnetze für derartige Ausdrücke werden zusammenfassend im Anhang A3 (Kap. 25.3) gezeigt.

Beispiel 14.5

Beispiele für Klammerausdrücke:

Arithmetischer Ausdruck	Erläuterung
(V * S + R) * H 1. 2. 3.	Die Rechenvorschrift wird in folgenden Schritten abgearbeitet: 1. Schritt: Die Berechnung der Klammer hat Vorrang. Innerhalb der Klammer gilt die Rangordnung der Operatoren. Die erste Rechenoperation ist daher die Multiplikation von V und S. 2. Schritt: Die zweite Rechenoperation ist die Addition von R zum Ergebnis, welches im ersten Schritt gewonnen wurde. 3. Schritt: In einem dritten Rechenschritt wird das Ergebnis des zweiten Rechenschritts mit dem Wert von H multipliziert.
A * ((B + E) * D − F) 1. 2. 3. 4.	Bei diesem Beispiel ist insbesondere die Regel „innere Klammer vor äußerer Klammer" zu beachten. Die unter der Gleichung angeordneten Klammern zeigen die Reihenfolge der Bearbeitungsschritte an.
A * (B + S)− D/(P + Q) 1. 2. 3. 4. 5.	Bei diesem Beispiel ist insbesondere die Regel „gleichrangige Klammerausdrücke werden von links nach rechts behandelt" zu beachten. Die unter der Gleichung angeordneten Klammern zeigen die Reihenfolge der Bearbeitung an.

Es kommt häufig vor, daß Operationszeichen und Vorzeichen direkt aufeinander folgen. Der Compiler bzw. Interpreter kann diesen Unterschied jedoch nicht erkennen. Für ihn folgen zwei arithmetische Operatoren aufeinander, von denen er nicht weiß, welche dieser Operationen ausgeführt werden soll. Aus diesem Grunde ist es in arithmetischen BASIC-Ausdrücken nicht erlaubt, daß zwei arithmetische Operatoren unmittelbar aufeinander folgen.

Zwei arithmetische Operatoren dürfen nie unmittelbar aufeinander folgen.

Die vorzeichenbehaftete Variable ist daher stets in Klammern einzuschließen.

Beispiel 14.6

Beispiele für vorzeichenbehaftete Variablen:

A = B * (– C) ist erlaubt.	A = B * – C ist verboten.
I = A – (+ B) ist erlaubt.	I = A – + B ist verboten.

14.1.3 Ausdrücke mit Standardfunktionen

Arithmetische Ausdrücke können auch numerische Standardfunktionen enthalten (vgl. Kap. 13.1). Dafür gelten in BASIC die dementsprechenden Vorrangregeln der Mathematik.

Standardfunktionen haben den höchsten Rang.

Die Berechnung einer Standardfunktion hat somit Vorrang vor den „Klammerregeln" und jeder „Punkt-" und „Strichrechnung".

Zunächst wird das Argument der Standardfunktion berechnet.

Anschließend wird der Wert für die Standardfunktion mit Hilfe des berechneten Wertes im Argument ermittelt.

Im weiteren Verlauf gelten die bislang angegebenen Vorrangregeln.

Es gilt somit in arithmetischen Ausdrücken die Rangordnung:

Rang 1: Arithmetische Standardfunktionen
Rang 2: Klammerung
Rang 3: Potenzierung
Rang 4: Multiplikation/Division
Rang 5: Addition/Subtraktion

Beispiel 14.7

Beispiele für arithmetische Ausdrücke mit arithmetischen Standardfunktionen:

Arithmetischer Ausdruck	Erläuterung
(A + SQR (B + D))/(3 * E) 1. 2. 3. 4. 5.	Im ersten Schritt wird das Argument B + D der Standardfunktion SQR berechnet. Im zweiten Schritt wird mit dem ermittelten Wert für das Argument der Wert für die Standardfunktion SQR selbst ermittelt. Im dritten Schritt wird die linke Klammer ausgewertet (A + SQR (B + D)) und im vierten Schritt die rechte Klammer (3 * E). Diese beiden Ergebnisse werden in einem fünften Schritt durcheinander dividiert.
LOG (SQR (ABS (A))) 1. 2. 3.	Im Argument der Standardfunktion LOG steht der arithmetische Ausdruck SQR(ABS(A)), der zunächst ausgewertet werden muß. Da das Argument der Standardfunktion SQR wieder eine andere Standardfunktion, nämlich die Funktion ABS enthält, bedeutet dies, daß auch hier zunächst das Argument der Funktion ausgewertet werden muß. Da es sich hier aber nur um die Variable A handelt, kann im ersten Schritt der Wert der Standardfunktion ABS (A) sofort ermittelt werden. Ist dieser Wert ermittelt, kann SQR (ABS (A)) berechnet werden. Danach läßt sich in einem dritten Schritt der Wert von LOG (SQR (ABS (A))) ermitteln.

14.2 Boolesche Ausdrücke

Boolesche Ausdrücke stellen Vorschriften zur Berechnung von Wahrheitswerten dar.

Boolesche Ausdrücke sind Teil der Booleschen Zuordnungsanweisung (vgl. Kap. 15.2).

Boolesche Ausdrücke bestehen aus Booleschen Konstanten und Variablen, die mit Hilfe von Booleschen Operatoren verknüpft sein können.

Boolesche Operation	Mathem. Symbol	Boolescher BASIC-Operator
UND	$\wedge$	AND
ODER	$\vee$	OR
NICHT	$-$	NOT

Bei der Verknüpfung stehen im einfachsten Fall links und rechts vom Booleschen Operator Boolesche Konstanten oder Boolesche Variablen. Die Booleschen Verknüpfungsoperatoren verknüpfen die beiden Wahrheitswerte nach den Regeln, die die Tabelle 14.1 in Kap. 14.2.1 angibt.

14.2.1 Boolesche Ausdrücke mit Booleschen Konstanten

Die folgende Tabelle gibt alle möglichen Booleschen Verknüpfungen mit den möglichen Booleschen Wahrheitswerten (Wahrheitstabelle) an.

Tabelle 14.1

Operation	Verknüpfung	Ergebnis	Verknüpfung in BASIC	Ergebnis in BASIC
UND (AND)	„wahr" UND „wahr" „wahr" UND „falsch" „falsch" UND „wahr" „falsch" UND „falsch"	„wahr" „falsch" „falsch" „falsch"	−1 AND −1 −1 AND Ø Ø AND −1 Ø AND Ø	−1 Ø Ø Ø
ODER (OR)	„wahr" ODER „wahr" „wahr" ODER „falsch" „falsch" ODER „wahr" „falsch" ODER „falsch"	„wahr" „wahr" „wahr" „falsch"	−1 OR −1 −1 OR Ø Ø OR −1 Ø OR Ø	−1 −1 −1 Ø
Negation (NOT)	Negation von „wahr" Negation von „falsch"	„falsch" „wahr"	NOT −1 NOT Ø	Ø −1

14.2.2 Boolesche Ausdrücke mit Booleschen Variablen

Selbstverständlich dürfen auch Boolesche Variablen, die stellvertretend für Boolesche Werte stehen, durch Boolesche Operatoren verknüpft werden.

Beispiel 14.8

Beispiele für zusammengesetzte Boolesche Ausdrücke:

Nr.	Mathematische Schreibweise	BASIC	Sprechweise
1	$\bar{a}$	NOT A	nicht a
2	$a \wedge b$	A AND B	a und b
3	$d \vee e$	D OR E	d oder e
4	$g \wedge h \wedge \bar{i}$	G AND H AND NOT I	g und h und nicht i

Wie das letzte Beispiel zeigt, können auch mehrere Boolesche Operatoren in einem Booleschen Ausdruck vorkommen.

Allgemein ergibt sich folgendes Fahrnetz für *einfache* Boolesche Ausdrücke:

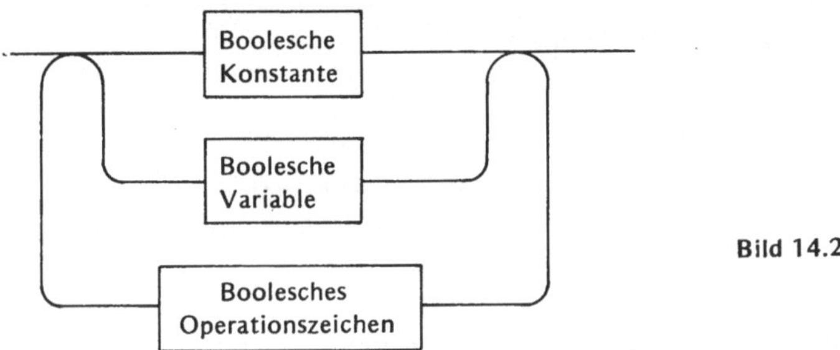

Bild 14.2

Das Fahrnetz komplizierterer Boolescher Ausdrücke wird im Anhang A3 (Kap. 25.3) gezeigt.

Der Mikrocomputer arbeitet die unterschiedlichen Booleschen Operationen in zusammengesetzten Booleschen Ausdrücken ähnlich wie bei arithmetischen Operatoren nach einer bestimmten Rangfolge ab.

14.2.3 Die Rangordnung der Booleschen Operatoren

Die Rangordnung der Booleschen Operatoren untereinander ist:

NOT	**höchster Rang**
AND	↓
OR	**niedrigster Rang**

Folgen in einem Booleschen Ausdruck mehrere im Rang gleiche Boolesche Operatoren aufeinander, so werden sie der Reihe nach von links nach rechts ausgeführt.

Beispiel 14.9

Beispiele für Operatoren unterschiedlichen Ranges in Booleschen Ausdrücken:

Nr.	Mathematische Schreibweise	BASIC	Erläuterung
1	$q \wedge \bar{p}$	Q AND NOT P NOT P: 1 Q AND NOT P: 2	In diesem Booleschen Ausdruck wird zunächst p negiert (1). Anschließend wird q über die UND-Funktion mit dem negierten Ausdruck verknüpft (2) und der Wahrheitswert der Aussage ermittelt.
2	$g \wedge h \vee \bar{i}$	G AND H OR NOT I G AND H: 2, NOT I: 1 G AND H OR NOT I: 3	In diesem Booleschen Ausdruck wird zunächst i negiert (1). Anschließend werden g und h über die UND-Funktion verknüpft (2). Das Ergebnis wird mit dem negierten Ausdruck von i über die ODER-Funktion verknüpft (3).

Zwei Boolesche Operatoren können unmittelbar hintereinander nur in Form OR NOT und AND NOT auftreten.
Vor NOT darf kein Boolescher Ausdruck stehen.

14.2.4 Klammerausdrücke

Sollen Boolesche Ausdrücke in einer anderen Reihenfolge abgearbeitet werden, als es durch die Rangfolge der Operatoren möglich ist, so ist die Bildung von Klammerausdrücken möglich.

Innere Klammerausdrücke haben in Booleschen Ausdrücken Vorrang vor äußeren Klammerausdrücken. Gleichrangige Klammerausdrücke werden von links nach rechts behandelt.

Beispiel 14.10

Beispiel für die Rangordnung bei Klammerausdrücken:

Nr.	Mathematische Schreibweise	BASIC	Erläuterungen
1	$\overline{q \wedge \overline{p}}$	NOT (Q AND NOT P) 1. (NOT P) 2. (Q AND NOT P) 3. (NOT (Q AND NOT P))	In diesem Booleschen Ausdruck hat die Klammer Vorrang. In der Klammer gilt die Vorrangregel der Operatoren. Zunächst wird p negiert (1) und danach q über die UND-Funktion mit dem negierten Ausdruck verknüpft (2). Dieser Ausdruck wird anschließend negiert (3) und dessen Wahrheitswert ermittelt. Ohne Klammerung wäre folgender völlig anderer Boolescher Ausdruck entstanden: $\overline{q} \wedge \overline{p}$.

14.3 Textausdrücke

Mit Hilfe des Textverkettungsoperators + können Textkonstanten und Textvariablen verkettet werden.
Diese Verkettung stellt einen <u>einfachen</u> Textausdruck dar.

Die allgemeine Form des Fahrnetzes für einfache Textausdrücke ist:

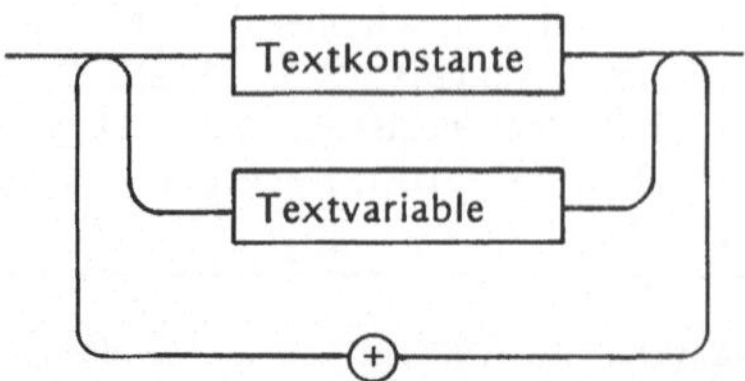

Bild 14.3

Beispiel 14.11

Beispiele für Textausdrücke:

Nr.	Textverkettung	Erläuterung
1	"HAUS"+"RATS"+"VERS."	Verkettung von drei Textkonstanten.
2	A$+B$	Verkettung von zwei Textvariablen.
3	"AUTO"+C$	Verkettung von einer Textkonstanten mit einer Textvariablen.

Bei der Verkettung von Texten ist darauf zu achten, daß die maximale Zahl der Zeichen, aus denen ein Text bestehen darf, infolge der Verkettung nicht überschritten wird (vgl. 10.2).

Außerdem können in den Textausdrücken Textstandardfunktionen enthalten sein, die einen Text verändern (LEFT$, RIGHT$, MID$, STR$, CHR$).
Sie haben Vorrang vor der Verkettung.

Textstandardfunktionen, die einen numerischen Wert liefern, können in Textausdrücken nicht verwendet werden (VAL, ASC). Diese Textstandardfunktionen können hingegen in arithmetischen Ausdrücken verwendet werden.

14.4 Vergleichsausdrücke

Arithmetische Ausdrücke können ebenso wie Textausdrücke mit Hilfe von Vergleichsoperatoren (vgl. Kap. 12.3) miteinander verglichen werden.

Das Ergebnis des Vergleichs ist eine Boolesche Aussage, die mit Booleschen Ausdrücken über Boolesche Operatoren weiter verknüpft werden kann.

14.4.1 Vergleich von arithmetischen Ausdrücken

Das Fahrnetz eines arithmetischen Vergleichsausdrucks ist:

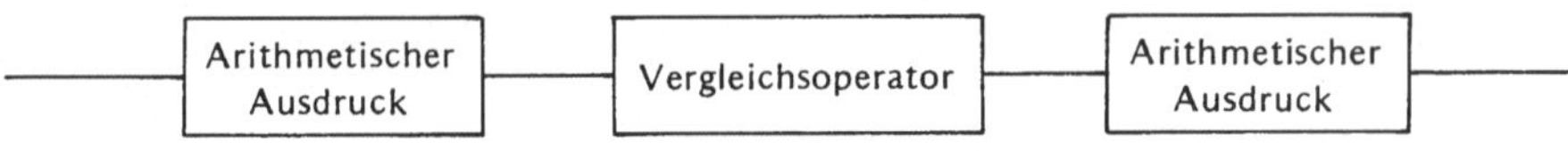

Bild 14.4

Für die Bearbeitung derartiger Ausdrücke gilt folgende Rangordnung für die Operatoren:

Rang 1: Arithmetische Operatoren
Die Rangordnung unter den arithmetischen Operatoren bleibt erhalten (vgl. Kap. 14.1)

Rang 2: Vergleichsoperatoren
Die Vergleichsoperatoren haben untereinander alle den gleichen Rang.

Beispiel 14.12

Beispiele für Vergleiche von arithmetischen Ausdrücken:

Nr.	Vergleichsausdruck	Erläuterung
1	A < Ø	Falls der Vergleich erfüllt ist (A ist kleiner als Ø), ergibt sich als Ergebnis des Vergleiches der Wahrheitswert „wahr". Im anderen Fall ergibt sich der Wahrheitswert „falsch".
2	$\underbrace{\underbrace{A + B}_{3} <> \underbrace{D * \underbrace{ABS(E)}_{1}}_{2}}_{4}$	Entsprechend der Rangfolge der Operatoren wird der Vergleichsausdruck in der Reihenfolge bearbeitet, wie es die nebenstehenden Schritte zeigen. Sind die sich aus dem arithmetischen Ausdruck ergebenden numerischen Werte auf beiden Seiten des Vergleichsoperators ungleich, ergibt sich als Ergebnis des Vergleiches der Wahrheitswert „wahr". Ansonsten wird der Wahrheitswert „falsch" ermittelt.

14.4.2 Vergleich von Textausdrücken

Texte werden im Mikrocomputer i.a. im ASCII-Code dargestellt (vgl. Kap. 10.2, 13.3.4). Wie die Tabelle im Anhang A5 (Kap. 25.5) zeigt, sind die alphabetisch geordneten Buchstaben im ASCII-Code so codiert, daß ihre Dezimaläquivalente ebenfalls steigende Werte aufweisen. Dies ist wichtig, wenn man Texte vergleichen und alphabetisch ordnen möchte.

Texte können mit Hilfe der bekannten Vergleichsoperatoren (vgl. Kap. 12.3) verglichen werden.

Die Vergleichsoperatoren haben bei Texten jedoch eine etwas andere Bedeutung als bei numerischen Werten.

Der Rechner vergleicht intern keine Buchstaben, Sonderzeichen usw., sondern die Werte der Dezimaläquivalente im ASCII-Code.

Das Zeichen mit dem niedrigeren Dezimaläquivalent geht dem mit dem höheren Dezimaläquivalent voran.

Es werden bei einem Vergleich von Texten die Dezimaläquivalente der Zeichen des ASCII-Codes mit Hilfe der Vergleichsoperatoren miteinander verglichen.

Zeichen mit dem kleineren Dezimaläquivalent sind z.B. kleiner als Zeichen mit einem größeren Dezimaläquivalent.

Beispiel 14.13

Der Buchstabe A geht dem Buchstaben B voran, da A ein niedrigeres Dezimaläquivalent als B hat (vgl. Tabelle im Kap. 25.5, Anhang A5)

Buchstaben sind im ASCII-Code von A bis Z nach aufsteigenden Werten geordnet.

Entsprechendes gilt auch für die Ziffern.

Texte, die aus mehreren Zeichen bestehen, werden der Reihe nach, Zeichen für Zeichen, verglichen.

Bei Zeichenketten verschiedener Länge ist die kürzere Zeichenkette „kleiner“ als die längere (kürzere Zeichenkette < längere Zeichenkette).

Bei einem Vergleich von Textausdrücken (vgl. 14.3) steht der Textverkettungsoperator + in der Rangfolge vor den Vergleichsoperatoren.

Das Fahrnetz eines derartigen Vergleichsausdrucks ist

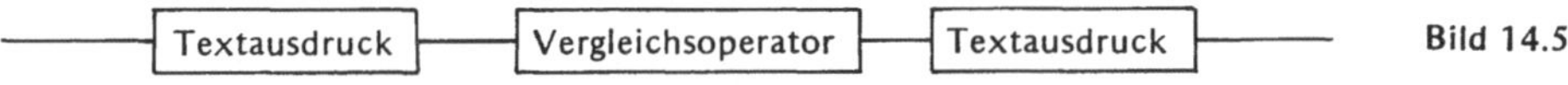

Bild 14.5

Beispiel 14.14

Der Text A1 geht dem Text A2 voran.

Die Wertigkeit des ersten Zeichens ist bei beiden Texten gleich. Somit entscheidet das zweite Zeichen die Reihenfolge.

Da die „1" im ASCII-Code kleiner als die „2“ ist, ist der Gesamttext „A1“ kleiner als der Gesamttext „A2“, oder anders ausgedrückt: In der ASCII-Reihenfolge geht der Text „A1“ dem Text „A2“ voran.

Beispiel 14.15

Im einzelnen gilt für Vergleichsoperatoren bei der Anwendung auf Texte folgende tabellarische Aufstellung:

Vergleichs-operator	Der Vergleich ist erfüllt, wenn	Beispiel
<	Der links vom Vergleichsoperator stehende Text steht alphabetisch vor dem rechts stehenden Text.	"X" < "Z" "X1" < "X2" "X" < "X1"
>	Der links vom Vergleichsoperator stehende Text steht alphabetisch hinter dem rechts stehenden Text.	"MEYER" > "MAYER" "GELB" > "BLAU" "ROT" > "LOT"
=	Die Texte auf beiden Seiten des Gleichheits-zeichens sind exakt gleich.	"A1" = "A1"
< >	Die Texte auf beiden Seiten des Ungleichheits-zeichens sind ungleich.	"A" < > "B"
< =	Der links von diesem Operator stehende Text steht alphabetisch vor dem rechts stehenden Text oder ist ihm gleich.	"X" < = "Z" "A" < = "A"
> =	Der links von diesem Operator stehende Text steht alphabetisch hinter dem rechts stehenden Text oder ist ihm gleich.	"ROT" > = "LOT" "B1" > = "B1"

14.4.3 Verknüpfung von Vergleichsausdrücken über Boolesche Operatoren

> **Die Verknüpfung von Vergleichsausdrücken über Boolesche Operatoren führt erneut zu Booleschen Ausdrücken.**

In diesen Ausdrücken können arithmetische, Boolesche-, Vergleichs- und Textoperatoren gleichzeitig vorkommen. Es gilt die bekannte Rangfolge:

Numerische Standardfunktionen		Textstandardfunktionen	
Klammern			
Arithmetische Operatoren	↑ * / + −	Textoperator	+
Vergleichsoperatoren	<;<=;=;>=;>;<>		
Boolesche Operatoren	NOT AND OR		

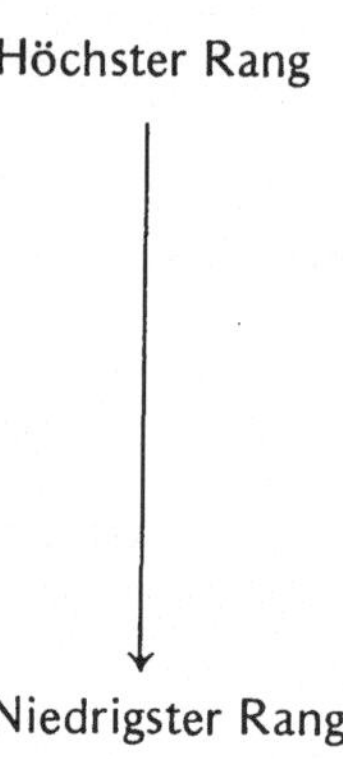

Beispiel 14.16

Nr.	Mathematische Schreibweise	BASIC	Erläuterung
1	$Q < 0 \land P < Z$	Q<0 AND P<Z Q<0 (1.), P<Z (2.) gesamt (3.)	Entsprechend der Rangfolge werden zunächst die Vergleichsoperationen ausgeführt. Da beide Vergleichsoperatoren von gleichem Rang sind, wird zunächst der Ausdruck Q<0 abgearbeitet (1). Anschließend wird der Ausdruck P<Z bearbeitet (2). Daraufhin werden die Booleschen Wahrheitswerte dieser beiden Vergleiche mit dem Booleschen Operator AND verknüpft (3).
2	$a \cdot b < c + d \lor e$	A*B<C+D OR E A*B (1.), C+D (2.) A*B<C+D (3.) gesamt (4.)	Bei einem Vergleichsausdruck werden zunächst die arithmetischen Ausdrücke, und zwar zunächst (1) und dann (2), berechnet. Anschließend wird der Boolesche Wahrheitswert des Vergleichs dieser Ausdrücke ermittelt (3). Dieser Boolesche Wahrheitswert wird über den Booleschen Operator OR mit der Booleschen Variablen E verknüpft (4).

14.5 Zusammenfassung

Arithmetische Ausdrücke

Arithmetische Ausdrücke stellen Vorschriften zur Berechnung von Zahlenwerten dar.

Für die Rangordnung arithmetischer Operatoren in arithmetischen Ausdrücken gilt:

Punktrechnung vor Strichrechnung

Stehen mehrere gleichrangige arithmetische Operatoren in einem arithmetischen Ausdruck, so werden sie in der Reihenfolge von links nach rechts behandelt.

Klammerausdrücke haben vor den arithmetischen Operatoren Vorrang.

Innere Klammerausdrücke haben Vorrang vor den äußeren Klammerausdrücken.

Gleichrangige Klammerausdrücke werden von links nach rechts behandelt.

Innerhalb der Klammern gelten die Rangordnungen für arithmetische Operatoren.

Numerische Standardfunktionen haben in arithmetischen Ausdrücken den höchsten Rang.

Boolesche Ausdrücke

Boolesche Ausdrücke stellen Vorschriften zur Berechnung von Wahrheitswerten dar. Sie bestehen aus Booleschen Konstanten und Variablen, die mit Hilfe von Booleschen Operatoren verknüpft sein können. Die Rangordnung der Booleschen Operatoren untereinander ist:

NOT
AND
OR

Boolesche Operatoren stehen im Rang unter allen arithmetischen Operatoren.

Es gelten die gleichen Klammerregeln wie bei arithmetischen Ausdrücken.

Textausdrücke

Mit Hilfe des Textverkettungsoperators + können Textkonstanten und Textvariablen verkettet werden. Diese Verkettung stellt einen einfachen Textausdruck dar.

Außerdem können in den Textausdrücken Textstandardfunktionen enthalten sein, die einen Text verändern, wie z.B. die Textstandardfunktionen:

LEFT$, RIGTH$, MID$, STR$, CHR$.

Sie haben Vorrang vor der Verkettung.

Vergleichsausdrücke

Arithmetische Ausdrücke können ebenso wie Textausdrücke mit Hilfe von Vergleichsoperatoren miteinander verglichen werden.

Die Vergleichsoperatoren haben untereinander alle den gleichen Rang.

Sie liegen gemeinsam in der Rangfolge zwischen den arithmetischen und Booleschen Operatoren.

Texte können auch mit Hilfe der bekannten Vergleichsoperatoren verglichen werden.

Es werden bei einem Vergleich von Texten die Dezimaläquivalente der Zeichen des ASCII-Codes mit Hilfe der Vergleichsoperatoren miteinander verglichen.

Texte, die aus mehreren Zeichen bestehen, werden der Reihe nach, Zeichen für Zeichen, verglichen.

Bei Zeichenketten verschiedener Länge ist die kürzere Zeichenkette „kleiner" als die längere.

Bei einem Vergleich von Textausdrücken steht der Textverkettungsoperator + in der Rangfolge vor den Vergleichsoperatoren.

Die Verknüpfung von Vergleichsausdrücken über Boolesche Operatoren und Ausdrücke führt erneut zu Booleschen Ausdrücken.

14.6 Übungsaufgaben

Aufgabe 14.1

Die Lösungen der Übungsaufgaben finden Sie in Kap. 24.

Geben Sie an, in welcher Reihenfolge die einzelnen arithmetischen Operationen in den folgenden arithmetischen BASIC-Ausdrücken bearbeitet werden:

Nr.	Arithmetischer Ausdruck
1	2 * A ↑ 3
2	A + B/C + D ↑ C
3	(A ↑ 2 + B ↑ 2) * .2
4	SQR (ABS (X + 1) + A)
5	KØ * (1 + P/1ØØ) ↑ N

Aufgabe 14.2

Sind die folgenden Booleschen Ausdrücke zulässig?

Nr.	Boolescher Ausdruck	Ja	Nein	Erläuterung
1	(A * B) > E	O	O	
2	(D ∧ E) >= (F + G)	O	O	
3	−1	O	O	
4	NOT A	O	O	
5	OR NOT B	O	O	
6	(X * Y > Z) AND U	O	O	
7	4.3 AND F	O	O	
8	OR V	O	O	
9	R AND OR T	O	O	
10	X ↑ 3 > Y AND −1	O	O	

Aufgabe 14.3

Welcher Text wird in folgendem Textausdruck ermittelt?

"PLZ="+STR$ (VAL ("23␣KIEL"))

Aufgabe 14.4

In welchem Fall sind folgende Vergleiche von Textausdrücken erfüllt?

Nr.	Vergleichsausdruck	Erläuterung
1	A$<"STOP"	
2	A$>=B$	
3	X$<>Y$+"ENDE"	
4	Y(1Ø)="AUTO"	

Aufgabe 14.5

Wie lautet die richtige Größenbeziehung zwischen Text1 und Text2 (Vergleichsausdruck)?

Nr.	Text1	Text2	Größenbeziehung	Erläuterung
1	S1Ø	% 1Ø		
2	HUT	HAT		
3	HUT	HUTABLAGE		

Aufgabe 14.6

Welche Vergleichsausdrücke sind fehlerhaft? Begründen Sie Ihre Antwort!

Nr.	Vergleichsausdruck	falsch	richtig	Begründung
1	X$<>A	○	○	
2	Z$> "65"	○	○	
3	N$ = "NAME"	○	○	
4	Q1 > "NUMMER"	○	○	
5	P$<=U$	○	○	

15 Zuordnungsanweisungen

15.1 Arithmetische Zuordnungsanweisungen

Die arithmetische Zuordnungsanweisung hat die allgemeine Form:

n LET numerische Variable = arithmetischer Ausdruck

Die arithmetische Zuordnungsanweisung besteht

- aus der Anweisungsnummer n,
- dem Schlüsselwort LET, das die Zuweisung kennzeichnet und
- der Zuweisung selbst:

  Variable = arithmetischer Ausdruck.

Bei der Zuweisung wird der Wert eines arithmetischen Ausdrucks, der nach den soeben besprochenen arithmetischen Regeln ausgewertet wird, einer numerischen Variablen zugeordnet. Damit die Zuordnung vom Compiler bzw. Interpreter stets richtig getroffen werden kann, steht der arithmetische Ausdruck, aus dem der Wert der Variablen ermittelt wird, auf der rechten Seite des Gleichheitszeichens, während die Variable, der der Wert des arithmetischen Ausdrucks zugewiesen wird, stets auf der linken Seite des Gleichheitszeichens steht.

Der Wert der linksstehenden Variablen ergibt sich aus dem Wert des rechtsstehenden arithmetischen Ausdrucks oder anders ausgedrückt:

Der Wert des rechtsstehenden arithmetischen Ausdrucks wird der linksstehenden Variablen zugeordnet.

In den meisten BASIC-Versionen kann auf das Schlüsselwort LET verzichtet werden, da die Art der Anweisung hinreichend durch das Gleichheitszeichen gekennzeichnet wird.

Das Fahrnetz der arithmetischen Zuordnungsanweisung ergibt sich dann wie folgt:

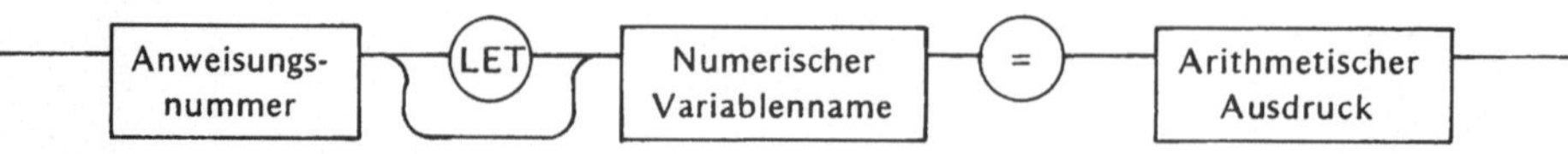

Bild 15.1

Beispiel 15.1

Beispiele für arithmetische Zuordnungsanweisungen:

Arithmetische Zuordnungsanweisung	Erläuterung
5 LET P = 3.14	Der Variablen mit dem Variablennamen P wird der Zahlenwert 3.14 zugeordnet. Technisch gesehen spielt sich folgender Vorgang bei der Zuordnung ab: In dem für die Variable P bereitgehaltenen Speicherplatz des Mikrocomputers wird durch diese Zuordnung der Zahlenwert 3.14 gespeichert.
1Ø LET X = Z * Y	Der Variablen mit dem Variablennamen X wird der Wert des Produktes der Variablen Z und Y zugeordnet. Technisch gesehen spielt sich folgender Vorgang bei der Zuordnung ab: Der Wert der Variablen Z wird mit dem Wert der Variablen Y multipliziert und das Ergebnis in dem für die Variable X bereitgehaltenen Speicherplatz des Mikrocomputers gespeichert.

Die arithmetische Zuordnungsanweisung hat eine reine Zuordnungsfunktion. Das Gleichheitszeichen stellt keine Gleichheit im Sinne der Mathematik dar. Dies verdeutlicht das folgende Beispiel:

Beispiel 15.2

Arithmetische Zuordnungsanweisung	Erläuterung
15 LET I = I + 1	Diese arithmetische Zuordnungsanweisung bewirkt, daß der Wert der Variablen mit dem Variablennamen I um 1 erhöht wird. Technisch gesehen spielt sich folgender Vorgang bei der Zuordnung ab: Der Wert der Variablen I, der in der Speicherzelle mit der symbolischen Adresse I enthalten ist, wird um 1 erhöht. Der sich daraus ergebende Wert wird nun in dem Speicherplatz der Variablen I des Mikrocomputers gespeichert. Der ursprüngliche Wert der Variablen I wird bei diesem Vorgang vernichtet, oder, wie man auch sagt, durch den neuen Wert überschrieben. Dieses Beispiel zeigt deutlich den Unterschied zwischen einer arithmetischen Zuordnungsanweisung und einer Gleichung. Die Form I = I + 1 ist als Gleichung sinnlos.

Mathematische Gleichungen, die nicht in der Form

Variable = arithmetischer Ausdruck

vorliegen, müssen vorher entsprechend umgeformt werden.

Beispiel 15.3

Mathematische Gleichung	Umformung	BASIC
$\frac{1}{x} = \frac{1}{y} + \frac{1}{z}$	$x = \frac{1}{\frac{1}{y} + \frac{1}{z}}$	5 LET X = 1/((1/Y) + (1/Z))

In BASIC sind auch Mehrfachzuweisungen möglich, wenn mehreren Variablen der gleiche Wert zugewiesen werden soll.

Dies gilt allerdings nicht für alle BASIC-Versionen. Außerdem ist die Zahl der Variablen, denen gleiche Werte zugewiesen werden sollen, i.a. begrenzt. Genaue Auskünfte geben die Herstellerhandbücher.

Beispiele 15.4

Beispiele für Mehrfachzuweisungen in BASIC:

Mehrfachzuweisung	Erläuterung
1Ø LET A = B = C = 5	Den Variablen a, b und c wird jeweils der Wert 5 zugeordnet.
15 LET A = B = C = 2 * X ↑ N	Zunächst wird der Wert der Variablen x mit dem Wert der Variablen n potenziert und dies mit der Konstanten 2 multipliziert. Das Ergebnis wird den Variablen a, b und c zugeordnet.

15.2 Boolesche Zuordnungsanweisungen

Bei einer Booleschen Zuordnungsanweisung wird der Wahrheitswert eines Booleschen Ausdrucks einer Booleschen Variablen zugeordnet.

Die Boolesche Zuordnungsanweisung hat die allgemeine Form:

n LET Boolesche Variable = Boolescher Ausdruck

Rein äußerlich unterscheidet sich die Boolesche Zuordnungsanweisung von der arithmetischen Zuordnungsanweisung nur im Booleschen Ausdruck.

Beispiel 15.5

Beispiele für Boolesche Zuordnungsanweisungen:

Nr.	Boolesche Zuordnungsanweisung	Erläuterung
1	1∅ LET A = − 1	Der Variablen A wird der Boolesche Wahrheitswert − 1 (wahr) zugeordnet.
2	2∅ LET B = NOT C	Der Variablen B wird der Boolesche Wahrheitswert zugeordnet, der dem Wahrheitswert der Variablen C entgegengesetzt ist (Komplement von C). • Ist der Wahrheitswert der Variablen C z.B. wahr (− 1), wird der Variablen B der Wahrheitswert falsch (∅) zugeordnet. • Ist der Wahrheitswert der Variablen C z.B. falsch (∅), wird der Variablen B der Wahrheitswert wahr (− 1) zugeordnet.
3	3∅ LET D = 5 > K	• Ist die Konstante 5 größer als der Wert der numerischen Variablen K, so wird der Variablen D der Wahrheitswert wahr (− 1) zugeordnet. • Im umgekehrten Falle wird der Variablen D der Wahrheitswert falsch (∅) zugeordnet.

Das Fahrnetz für arithmetische Zuordnungsanweisungen ließe sich für Boolesche Zuordnungsanweisungen wie folgt ergänzen:

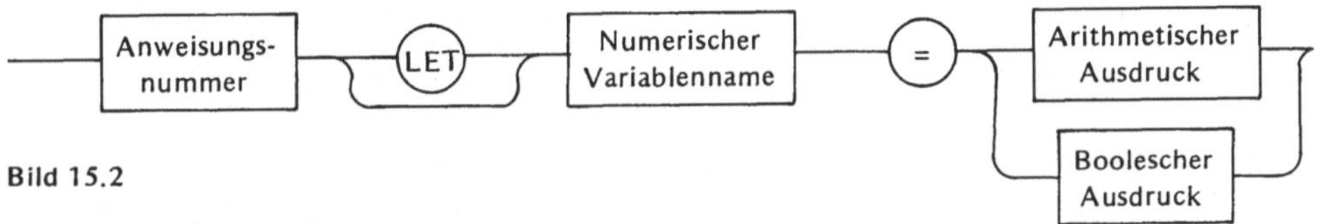

Bild 15.2

15.3 Zuordnungsanweisung von Texten

Die Zuordnungsanweisung für Texte hat die allgemeine Form:

n LET Textvariable = Textausdruck

Die Text-Zuordnungsanweisung besteht

- aus der Anweisungsnummer n,
- dem Schlüsselwort LET und
- der Zuordnung Textvariable = Textausdruck

Der rechts vom Gleichheitszeichen stehende Textausdruck wird der linksstehenden Textvariablen zugeordnet.

Der Textausdruck kann entweder eine Textkonstante, eine Textvariable oder eine Textverkettung sein und beliebige Textstandardfunktionen enthalten.

Ein rechts vom Gleichheitszeichen stehender konstanter Text muß, wie üblich, in Anführungszeichen (Symbol: ") eingeschlossen werden.

Beispiel 15.6

Beispiele für Textzuordnungsanweisungen:

Textzuordnungsanweisung	Erläuterung
1∅ LET A$="MEYER"	Der Textvariablen A$ wird der Text MEYER zugeordnet. Technisch gesehen spielt sich folgender Vorgang bei der Zuordnung ab: In dem für die Textvariable A$ bereitgehaltenen Speicherplatz des Computers wird mit Hilfe dieser Zuordnungsanweisung der Text MEYER gespeichert.
1∅ LET A$="ROT" 2∅ LET B$=A$	Der Textvariablen A$ wird zunächst der Text ROT zugeordnet. In der folgenden Zuordnungsanweisung wird der Textvariablen B$ der Wert der Textvariablen A$ zugeordnet, d.h. ebenfalls der Text ROT.

Indizierten Textvariablen können in dieser Form ebenfalls Texte zugeordnet werden. Teilweise erlauben einige BASIC-Versionen auch Mehrfachtextzuordnungsanweisungen, wenn mehreren Textvariablen der gleiche Text zugewiesen werden soll.

Beispiel 15.7

Beispiel für Mehrfachzuordnungsanweisungen:

Mehrfachzuordnungsanweisung	Erläuterung
1∅ LET A$ = B$ = "ROT"	Den Textvariablen A$ und B$ wird der Text ROT zugeordnet.

Bei vielen BASIC-Versionen kann auch hier das Schlüsselwort LET entfallen.

Schließt man die Textzuordnungsanweisungen in das bislang angegebene Fahrnetz für Zuordnungsanweisungen ein, so ergibt sich folgendes Fahrnetz[1]).

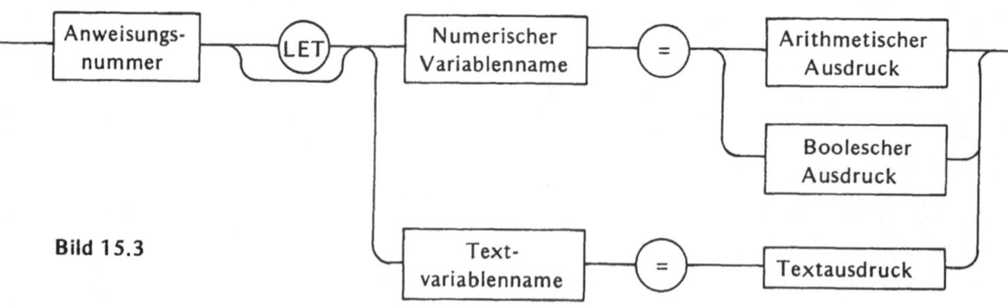

Bild 15.3

[1]) Ohne Mehrfachzuordnung. Bei den Variablennamen sind indizierte Variablennamen mit eingeschlossen.

15.4 Zusammenfassung

Die Zuordnungsanweisung hat die allgemeine Form:

n LET Variable = Ausdruck

Je nach Typ des Ausdrucks (arithmetisch, Boolesch, Text) muß eine (indizierte) Variable gleichen Typs verwendet werden.
In den meisten BASIC-Versionen kann auf das Schlüsselwort LET verzichtet werden.
Die Anweisungsnummer n muß vor der Zuordnungsanweisung stehen.
In vielen BASIC-Versionen sind auch Mehrfachzuweisungen möglich.

15.5 Übungsaufgaben

Die Lösungen der Übungsaufgaben finden Sie in Kap. 24.

Aufgabe 15.1

Übertragen Sie die folgenden Formeln aus der in der Mathematik üblichen Formelschreibweise in die BASIC-Schreibweise.

Nr.	Mathematische Schreibweise	BASIC-Schreibweise
1.	$U = 2\pi r$	
2.	$F = \pi r^2$	
3.	$c = a + 2b^{-3}$	
4.	$h = a + \frac{b}{c} + fd^e - g$	
5.	$x = a(b - cd)$	
6.	$y = \frac{a}{5 + 2b}$	
7.	$y = \frac{a}{5} + 2b$	
8.	$e = \frac{ab}{cd}$	
9.	$e = \frac{7}{8}(x - y)$	
10.	$c = \sqrt{a^2 + b^2}$	
11.	$a = \cos \alpha$	
12.	$b = \tan^3 X$	
13.	$y = \lvert a \rvert + \lvert b - c \rvert$	

Aufgabe 15.2

Übertragen Sie die folgenden Formeln aus der BASIC-Schreibweise in die in der Mathematik üblichen Formelschreibweise (Variable P steht für π, G für γ, O für ω).

Nr.	BASIC-Schreibweise	Mathematische Schreibweise
1.	5 LET X = 4 * 3.14 * R ↑ 3/3	
2.	1Ø LET Y = 1/(M ↑ (−2) − N ↑ (−2))	
3.	15 LET Z = (1 − 2 * I) ↑ (1/3)	
4.	2Ø LET U = EXP(− Y * Y/(2 * P * S))	
5.	25 LET V = EXP(N * LOG(Y))	
6.	3Ø LET Y = LOG((ABS((X + 1)/X))	
7.	35 LET W = ((A + B) ↑ 2) ↑ (1/5)	
8.	4Ø LET N = A * (1 − EXP(− T/2))	
9.	45 LET G = A ↑ ((N ↑ 2) − 1)	
10.	5Ø LET C = SQR(A*A+B*B−2*A*B*COS(G))	
11.	55 LET R1 = SQR(R*R+(O*L−1/(O*C))↑2)	

Aufgabe 15.3

Sind folgende Zuordnungsanweisungen richtig?

Zuordnungsanweisung	Richtig	Falsch	Bemerkung
5Ø LET D$="3Ø.MAI"	○	○	
6Ø Q1$="****ACHTUNG****"	○	○	
7Ø V="KARO"	○	○	
8Ø "FRANKFURT"=A$	○	○	
9Ø X=Y8$="STOP"	○	○	
1ØØ Z$="− − FEHLER − −	○	○	
11Ø R$(1Ø)="VENTIL AUF"	○	○	

Aufgabe 15.4

Ordnen Sie die Postleitzahl 23 der Textvariablen Z$, den Ortsnamen KIEL der Textvariablen O$ und den Straßennamen WALL 24 der Textvariablen S$ zu.

16 Ausgabeanweisung

Es muß die Möglichkeit bestehen, Ergebnisse auf einfache Weise vom Programm her in geeigneter Form auszugeben. Dazu dient in der Programmiersprache BASIC die Ausgabeanweisung PRINT.

Ausgabeanweisungen dienen dazu, Daten programmgesteuert auszugeben.

16.1 Die allgemeine Form der PRINT-Anweisung

Daten werden mit Hilfe der PRINT-Anweisung folgendermaßen auf dem Bildschirm ausgegeben:

n PRINT $a_1, a_2, \ldots, a_x$

Dabei ist:

n die Anweisungsnummer der PRINT-Anweisung,
PRINT das Schlüsselwort der Ausgabeanweisung,
a_1 bis a_x eine Liste von *x* Ausdrücken.

- Mit Hilfe des Schlüsselwortes PRINT (deutsch: Drucke) wird dem Mikrocomputer mitgeteilt, daß Daten ausgegeben werden sollen.
  Anstelle von PRINT kann i.a. auch kurz ein Fragezeichen gesetzt werden. Dies spart zwar Zeit beim Schreiben eines Programms, fördert aber nicht die Übersicht.
- Die Liste der Ausdrücke, die auf das Schlüsselwort PRINT folgt, enthält die arithmetischen, Booleschen- oder Textausdrücke, deren Werte ausgegeben werden sollen.
  Arithmetische Ausdrücke sind bekanntlich im einfachsten Fall
  - Konstanten und
  - Variablen (auch indizierte Variablen)

  Es sind aber auch beliebig über Operationszeichen verknüpfte arithmetische Ausdrücke möglich.

  Entsprechendes gilt für Boolesche- und Textausdrücke.
- Alle Typen von Ausdrücken können gemeinsam in einer Liste enthalten sein.
- Es können *beliebig viele* Ausdrücke in *beliebiger Reihenfolge* aufgelistet werden.
  Die einzelnen Ausdrücke werden dabei durch *Listentrennzeichen* voneinander getrennt. Unter Listentrennzeichen versteht man Kommas bzw. Semikolons.

Mit Hilfe des Schlüsselwortes PRINT wird dem Mikrocomputer mitgeteilt, daß Daten ausgegeben werden sollen.

Die Ausdrücke $a_1, \ldots, a_x$, deren Werte ausgegeben werden sollen, werden in einer Liste hinter dem Schlüsselwort PRINT aufgelistet.

Die Ausdrücke können sowohl arithmetische als auch Boolesche- bzw. Textausdrücke sein.

Die Liste kann eine beliebige Anzahl von Ausdrücken enthalten.

Ihre Reihenfolge ist beliebig.

Sie werden durch Listentrennzeichen (Kommas, Semikolons) voneinander getrennt.

Das Fahrnetz läßt sich wie folgt angeben:

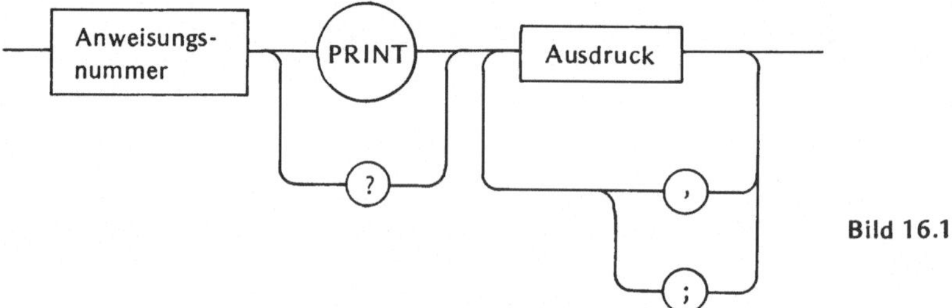

Bild 16.1

Das Fahrnetz für Anweisungsnummern finden Sie in Kap. 8, die Fahrnetze der Ausdrücke in Kap. 14.

Beispiel 16.1

Beispiele für Ausgabeanweisungen:

Nr.	PRINT-Anweisung	Erläuterung
1	5Ø PRINT F	Es wird der augenblickliche Zahlenwert der Variablen F auf dem Ausgabegerät ausgegeben.
2	6Ø PRINT A, B, C1, D	Es werden die augenblicklichen Zahlenwerte der Variablen A, B, C1 und D in der angegebenen Reihenfolge ausgegeben.
3	7Ø PRINT 8, 1ØØØ*(1+Ø.6)	Es wird der Zahlenwert der Konstanten 8 sowie das Ergebnis des arithmetischen Ausdrucks 1ØØØ * (1 + Ø.6) ausgegeben.
4	8Ø PRINT A↑2, B↑2	Es werden die Ergebnisse der arithmetischen Ausdrücke A ↑ 2 und B ↑ 2 ausgegeben.
5	9Ø PRINT N, SQR(N)	Es wird der Zahlenwert der Variablen N, sowie anschließend der Zahlenwert der Standardfunktion SQR für das Argument N ausgegeben.
6	1ØØ PRINT A, A$	Es wird der augenblickliche Zahlenwert der Variablen A und der der Variablen A$ zugeordnete Text ausgegeben.
7	11Ø PRINT LEN ("MEYER")	Es wird die Zahl der Zeichen ausgegeben, aus dem der Text "MEYER" besteht, d.h. die Zahl 5.
8	12Ø PRINT "FUSS"+"BALL"	Es wird die Verkettung der festen Texte "FUSS" und "BALL" ausgegeben, d.h. insgesamt der Text "FUSSBALL".

Die Bedeutung der Listentrennzeichen zur Trennung der einzelnen Listenelemente in der Ausgabeliste (Kommas bzw. Semikolons) wird in Kap. 16.2 näher erläutert.

16.2 Ausgabeformat der Daten

Bislang wurde nur allgemein davon gesprochen, *daß* Daten mit Hilfe der PRINT-Anweisung ausgegeben werden können. Es wurde jedoch nicht erwähnt, *wie* die Daten auf dem Ausgabegerät angeordnet werden.

Die *Anordnung der Daten* ist sehr wesentlich, denn die Ergebnisausdrucke sollen für jedermann ohne Kenntnis des Programms verständlich und übersichtlich dargeboten werden.

Die Ausgabeanweisung muß daher die Möglichkeit bieten, Daten übersichtlich auf dem Ausgabegerät zu gliedern, oder wie man auch sagt, zu *formatieren*.

Dies wäre gewährleistet, wenn die Ausgabezeilen und -spalten für die jeweiligen Ergebnisse weitgehend vom Programm her frei wählbar sind.

Die Regeln, die dabei in der Programmiersprache BASIC im einzelnen zu beachten sind, werden im folgenden näher ausgeführt.

16.2.1 Das Standard-Spaltenformat

Um die Programmierarbeit bei der Formatierung der Ausgabe zu vereinfachen, sieht die Programmiersprache BASIC ein Standard-Spaltenformat vor.

Dieses Standard-Spaltenformat wird automatisch gewählt, wenn die PRINT-Anweisung in der bekannten Form (Bsp. 16.1) angegeben wird, d.h., wenn die Listenelemente der Ausgabeliste (Liste der Ausdrücke) durch Kommas getrennt werden.

Dieses Standard-Spaltenformat kann jedoch von Microkomputer zu Mikrocomputer verschieden sein. Dies hängt im wesentlichen von der Größe und Auflösung des Bildschirms des Mikrocomputers ab.

Beispiel 16.2

1. Kleine Bildschirme und als Bildschirm benutzte Fernseher stellen z.B. nur 40 Zeichen oder weniger pro Zeile dar. Diese Ausgabezeile wird z.B. bei einer Ausgabe im Standard-Spaltenformat in *4 Felder zu je 10 Zeichen* unterteilt, d.h., es können standardmäßig 4 Zahlenwerte pro Zeile ausgegeben werden. Damit sich die Zahlen in den Bereichen nicht überschneiden und ein Lesen der Ausgabewerte nicht erschwert bzw. sogar unmöglich gemacht wird, sorgt der Mikrocomputer dafür, daß die Stellenzahl der Werte stets kleiner als die Stellenzahl eines Feldes ist. Bei 9 signifikanten Ziffern wäre in diesem Falle nur eine Leerstelle zur optischen Trennung der Zahlen vorhanden. Im allgemeinen werden daher nur 6 signifikante Ziffern (einfache Genauigkeit) dargestellt. Damit wird die Trennnung der Zahlenbereiche ausreichend deutlich.
2. Große fein auflösende Bildschirme können z.B. 80 Zeichen pro Zeile darstellen. Diese Ausgabezeile wird bei einer Ausgabe im Standard-Spaltenformat vielfach in *5 Felder zu 15 Zeichen* unterteilt, d.h. es können standardmäßig 5 Zahlenwerte pro Zeile ausgegeben werden. Die Zahl der signifikanten Ziffern kann größer sein, als in Fall 1.

In den folgenden Darstellungen soll beispielhaft vom 1. Fall ausgegangen werden (4 Felder zu je 10 Zeichen).

Bild 16.2 zeigt die zugehörige Aufteilung des Bildschirmes in entsprechende Ausgabefelder.

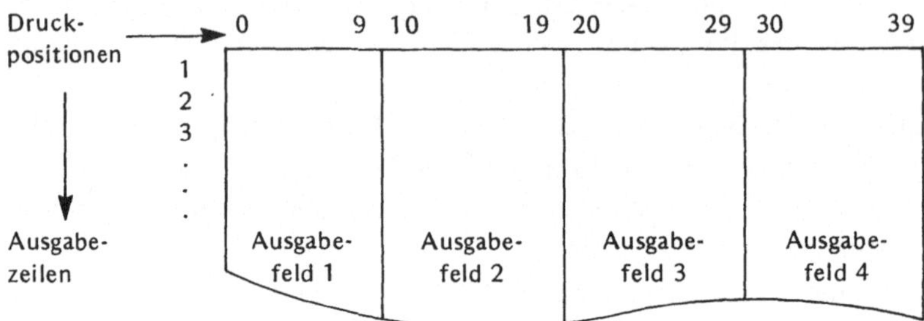

Bild 16.2 Einteilung der Ausgabezeilen in Ausgabefelder

Für jeden Ausdruck, der hinter dem Schlüsselwort PRINT aufgeführt ist und dessen Wert auf dem Bildschirm ausgegeben werden soll, ist im Standardspaltenformat ein Ausgabefeld vorgegebener Länge vorgesehen.

Die einzelnen Ausgabewerte werden der Reihe nach linksbündig in die jeweiligen Ausgabefelder ausgegeben, d.h. sie beginnen am linken Rand des Ausgabefeldes.

Bei *positiven Zahlenwerten* wird im allgemeinen das positive Vorzeichen nicht mit ausgegeben. Diese Stelle wird dann durch ein Leerzeichen ersetzt. Somit beginnen positive Zahlen meist um eine Stelle vom linken Rand des Ausgabefeldes versetzt.

- Wenn nur ein Wert ausgegeben werden soll, so kommt er in Ausgabefeld 1 und beginnt bei negativen Zahlen mit der Druckposition 0 und mit der Druckposition 1 bei positiven Zahlen.
- Wenn mehr als ein Wert gedruckt werden soll, so kommt der zweite Wert in Ausgabefeld 2, das mit der Druckposition 10 beginnt.
- Der dritte Wert folgt in Ausgabefeld 3, das mit der Druckposition 20 beginnt usw.

Beispiel 16.3

Beispiel für die Ausgabe von drei numerischen Werten:

Den Variablen A, B und C wurden in einem Programm folgende numerischen Werte zugewiesen:

A = 1ØØ; B = 2ØØØ; C = 11222;

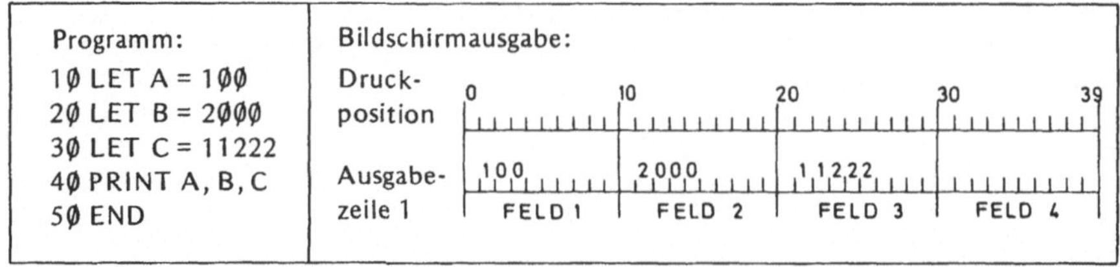

Das hier unterlegte *Raster* in der Bildschirmausgabe ist selbstverständlich auf dem Bildschirm nicht zu sehen. Es dient hier nur zur Demonstration.

Die ersten vier Ausgabewerte erhalten der Reihe nach je ein Ausgabefeld in der ersten Ausgabezeile. Der fünfte Wert wird im ersten Feld der zweiten Ausgabezeile ausgedruckt. Weitere Werte nehmen die nächsten Felder dieser Zeile ein. Daraufhin wird zur nächsten Ausgabezeile übergegangen usw.

Allgemein gilt:
Mit dem (n * 4 + 1)-fachen Ausgabewert für n = 1,2, ... beginnt jeweils eine neue Ausgabezeile.

Beispiel 16.4

Beispiel für die Ausgabe von neun numerischen Werten:

Den Variablen A, B, C, D, E, F, G, H, I wurden in einem Programm die ganzen positiven Zahlen von 1 bis 9 zugewiesen.

Programm:

```
 1ø LET A = 1
 2ø LET B = 2
 3ø LET C = 3
 4ø LET D = 4
 5ø LET E = 5
 6ø LET F = 6
 7ø LET G = 7
 8ø LET H = 8
 9ø LET  I = 9
1øø PRINT A, B, C, D, E, F, G, H, I
11ø END
```

Bildschirmausgabe:

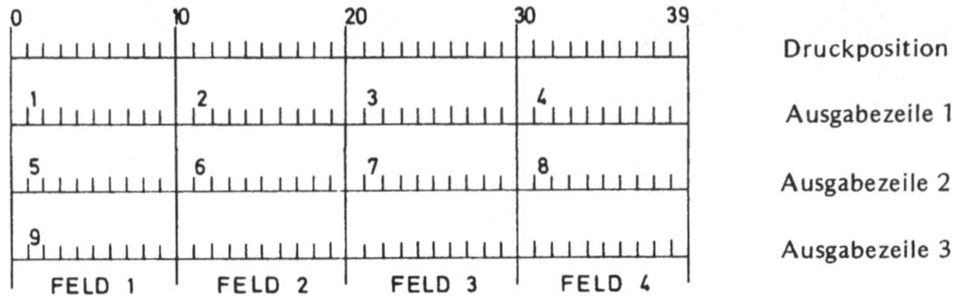

Es können auch Texte bzw. Boolesche Werte ausgegeben werden. Dies zeigen folgende Beispiele:

Beispiel 16.5

Ausgabe von Texten im Standard-Spaltenformat:

Programm:

```
1ø PRINT "A", "B", "C", "D"
2ø END
```

Bildschirmausgabe:

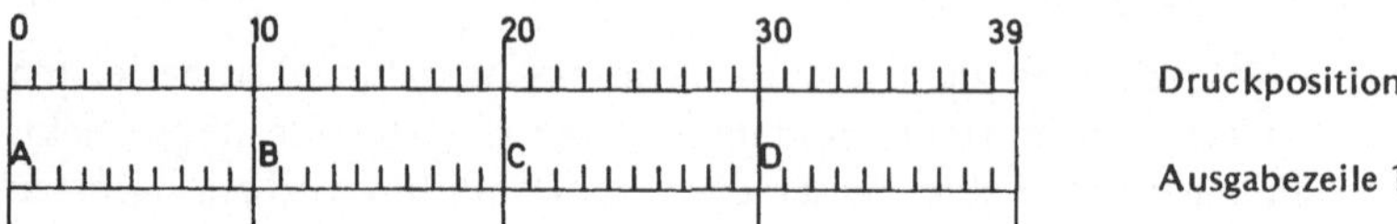

Beispiel 16.6

Ausgabe von Booleschen Werten im Standard-Spaltenformat:

Programm:

```
1Ø LET A = -1
2Ø LET B = Ø
3Ø LET C = A  AND  B
4Ø PRINT A, B, C
5Ø END
```

Bildschirmausgabe:

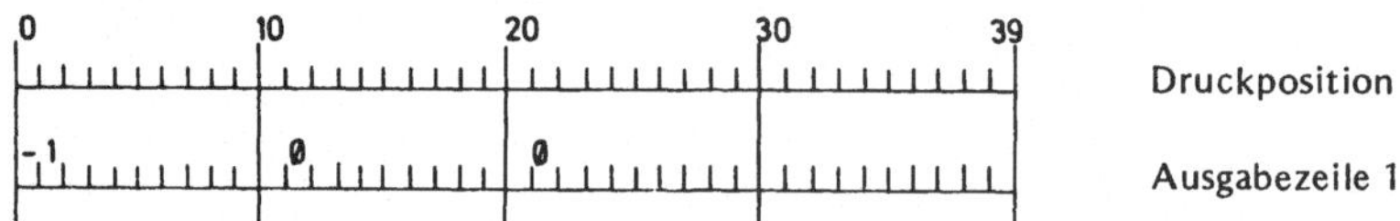

Numerische und Boolesche Werte, sowie Texte, können auch gemischt im Standard-Spaltenformat auf dem Bildschirm ausgegeben werden.

Alle Mikrocomputer bieten die Möglichkeit der Ausgabe im Standard-Spaltenformat. Sie unterscheiden sich nur

- in der Zahl der Zeichen pro Zeile,
- in der Zahl der Ausgabefelder pro Zeile,
- in der Zahl der Stellen je Ausgabefeld
- in der Zahl der signifikanten Ziffern, die pro Ausgabefeld dargestellt werden.

Diese Informationen sind den Herstellerhandbüchern zu entnehmen.

Falls es vorkommt, daß die Ausgabefelder für die Werte zu klein sind, d.h., daß ein Zahlenwert mehr Stellen inklusive Vorzeichen, Dezimalpunkt usw. benötigt als das Ausgabefeld Stellen besitzt, werden dazwischenliegende Feldgrenzen nicht berücksichtigt. Dies gilt auch für die Ausgabe von Texten, die länger als ein Ausgabefeld sind.

16.2.2 Das variable Spaltenformat

Für kleine Zahlenwerte (z.B. einstellige Zahlenwerte wie in den Beispielen 16.4, 16.5, 16.6) sind die Ausgabefelder mit 10 oder gar 15 Druckpositionen recht groß bemessen. Wenn Ausgabefelder mit weniger Druckstellen möglich wären, könnten mehr Zahlenwerte in einer Ausgabezeile untergebracht werden.

Die Programmiersprache BASIC bietet daher auch die Möglichkeit, Zahlen und Texte gedrängter auszudrucken.

Trennt man die Ausdrücke in der Liste der PRINT Anweisung jeweils durch ein Semikolon, so werden die Werte in einem variablen Spaltenformat ausgedruckt.

Für das variable Spaltenformat gilt bei der Ausgabe von Zahlenwerten folgendes:

- **Die Länge der Ausgabefelder ist für die einzelnen Ausgaben variabel (daher: „variables Spaltenformat").**
- **Die optische Trennung mehrerer Zahlen erfolgt nur durch ein der Zahl folgendes Leerzeichen.**
- **Ein positives Vorzeichen wird nicht ausgegeben, sondern durch ein Leerzeichen ersetzt.**

Beispiel 16.7

Beispiel für die Ausgabe von Werten im variablen Spaltenformat:

Den Variablen A, B, C, D, E, F, G, H, I werden die ganzen positiven Zahlen von 1 bis 9 zugewiesen (vgl. Beispiel 16.4).

Sie sollen im variablen Spaltenformat ausgegeben werden.

Programm:

```
 1ø LET A = 1
 2ø LET B = 2
 3ø LET C = 3
 4ø LET D = 4
 5ø LET E = 5
 6ø LET F = 6
 7ø LET G = 7
 8ø LET H = 8
 9ø LET  I = 9
1øø PRINT A; B; C; D; E; F; G; H; I
11ø END
```

Die Zahlenwerte von 1 bis 9 werden im variablen Spaltenformat wie folgt auf dem Bildschirm ausgegeben:

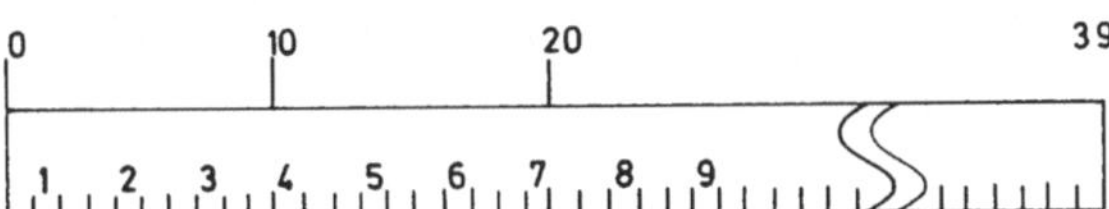

Die beiden Leerstellen *zwischen* jeweils zwei Zahlenwerten ergeben sich

- aus einer Leerstelle *nach* jeder Zahl,
- aus einer Leerstelle *vor* jeder Zahl anstelle des positiven Vorzeichens.

Beispiel 16.8

Das Programm von Beispiel 16.7 wird wie folgt in folgenden Zeilen abgeändert:

```
1ø LET A = -1
2ø LET B = -2
3ø LET C = -3
4ø LET D = -4
```

Die restlichen Programmzeilen bleiben unverändert (vgl. Programmbeispiel 16.7).

Es ergibt sich folgende Ausgabe auf dem Bildschirm:

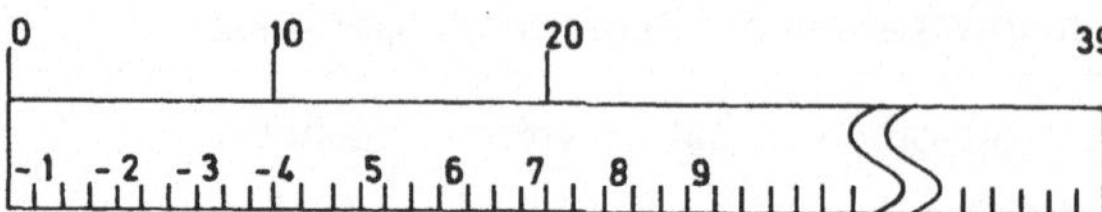

Da das negative Vorzeichen bei den ersten vier Zahlen mit angegeben wird, steht nur *ein* trennendes Leerzeichen zwischen den negativen Zahlen.

Beispiel 16.9

Für größere Zahlenwerte gilt das bisher gesagte entsprechend. Dies zeigt folgendes Beispiel:

```
1Ø LET A = 123456
2Ø LET B = –789012
3Ø PRINT A; B
4Ø END
```

Es ergibt sich folgende Ausgabe auf dem Sichtschirm:

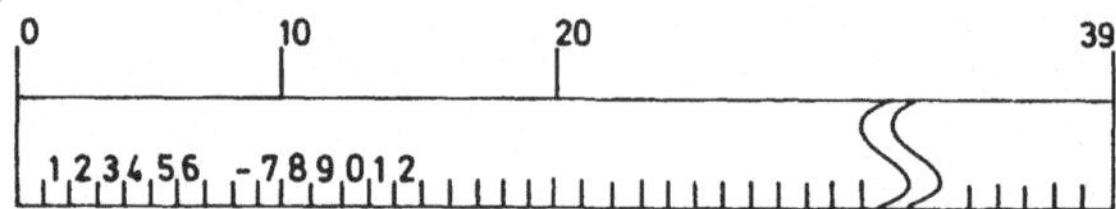

Man erkennt an diesem Beispiel, daß die darstellbare Zahlenlänge variabel ist.

Boolesche Werte werden wie arithmetische Werte (Werte Ø und – 1) ausgegeben.

Beispiel 16.10

Programmbeispiel:

```
1Ø  LET  A = - 1
2Ø  LET  B = Ø
3Ø  LET  C = NOT (A  AND  NOT  B)
4Ø  PRINT  A; B; C
5Ø  END
```

Den Variablen A und B werden Boolesche Werte zugeordnet, die im folgenden Booleschen Ausdruck (Anweisungsnummer 3Ø) verarbeitet werden. Die Eingabewerte sowie das Ergebnis des Booleschen Ausdrucks sollen anschließend ausgegeben werden.

Bildschirmausgabe:

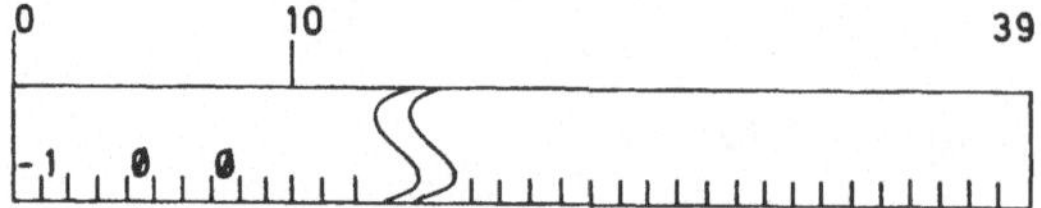

Texte werden bei Verwendung des variablen Spaltenformats ohne Zwischenraum zwischen den Texten ausgegeben.

Beispiel 16.11

Gegeben sei folgendes Programm:

```
10 PRINT "B";"A";"S";"I";"C"
20 PRINT "VIEWEG";"-VERLAG";
30 PRINT "62␣WIESBADEN 1"
40 END
```

Es wird folgendes ausgegeben:

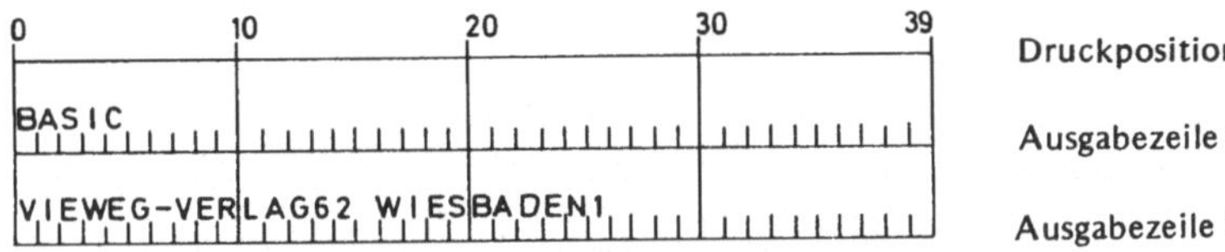

Druckposition

Ausgabezeile 1

Ausgabezeile 2

Leerstellen, die ausgegeben werden sollen, müssen in Texten durch Drücken der „Leertaste" (engl. blank bzw. space) angegeben werden.

Symbolisch werden hier Leerstellen *in Texten* durch das Zeichen␣ gekennzeichnet.

Für Zahlen in Texten gelten bei der Ausgabe selbstverständlich die Regeln für die Ausgabe von Texten und nicht die vorgenannten Regeln für die Ausgabe von Zahlen.

Wird eine PRINT-Anweisung mit einem Komma oder einem Semikolon abgeschlossen, wird bei einer später folgenden PRINT-Anweisung die Ausgabe auf dem Bildschirm in der gleichen Zeile fortgesetzt.

(Vergleiche dazu die Anweisung mit der Anweisungsnummer 20 in Beispie 16.11 und deren Wirkung bei der Bildschirmausgabe).

Beispiel 16.12

Gegeben sei folgendes Programm:

```
 10 LET A$ = "BEGINNERS"
 20 LET B$ = "ALL-PURPOSE"
 30 LET C$ = "SYMBOLIC"
 40 LET D$ = "INSTRUCTION"
 50 LET E$ = "CODE"
 60 LET N$ = "MEYER"
 70 LET W$ = "23␣KIEL"
 80 LET S$ = "WALL␣18"
 90 PRINT A$;B$;C$;D$;E$
100 PRINT A$,B$,C$,D$,E$
110 PRINT A$;"␣";B$;"␣";C$;"␣";D$;"␣";E$
120 PRINT "NAME:";N$;"WOHNORT:";W$
130 PRINT "STRASSE:";S$
140 END
```

Wenn das Ausgabeformat z.B. aus 4 Ausgabefeldern mit je 10 Druckstellen besteht, ergibt sich bei einem Ablauf des Programms folgende Ausgabe:

```
0         10        20        30       39
|         |         |         |        |   Druckposition
BEGINNERSALL-PURPOSESYMBOLICINSTRUCTIONC   Ausgabezeile 1
ODE                                        Ausgabezeile 2
BEGINNERS ALL-PURPOSE         SYMBOLIC     Ausgabezeile 3
INSTRUCTION         CODE                   Ausgabezeile 4
BEGINNERS ALL-PURPOSE SYMBOLIC INSTRUCTI   Ausgabezeile 5
ON CODE                                    Ausgabezeile 6
NAME:MEYER          WOHNORT:23 KIEL        Ausgabezeile 7
STRASSE:WALL 18                            Ausgabezeile 8
```

Die Ausgabeanweisung mit der Anweisungsnummer 9Ø gibt die Texte infolge der Semikolons als Trennzeichen *ohne Zwischenraum* hintereinander aus. Da der Text aus mehr als 40 Zeichen besteht, 40 Zeichen jedoch nur in einer Zeile aufgenommen werden können, wird der restliche Text in einer weiteren Ausgabezeile ausgegeben.

Die Ausgabeanweisung mit der Anweisungsnummer 1ØØ gibt die Texte infolge der Kommas als Trennzeichen in Ausgabefeldern zu je 10 Druckpositionen aus. Da die Texte „ALL-PURPOSE“ und „INSTRUCTION“ aus mehr als 10 Zeichen bestehen, beanspruchen diese Texte 2 aufeinanderfolgende Ausgabefelder zu je 10 Druckpositionen, d.h. insgesamt 20 Druckpositionen (siehe Ausgabezeilen 3 und 4).

Möchte man die Texte durch jeweils ein Leerzeichen trennen, so ist dieses Leerzeichen im Text mit anzugeben oder, wie dieses Beispiel mit der Anweisungsnummer 11Ø zeigt, als extra Text "␣" an der gewünschten Stelle einzufügen. Trennzeichen ist das Semikolon (siehe Ausgabezeile 5 und 6).

Die Ausgabeanweisung mit der Anweisungsnummer 12Ø zeigt folgendes:

- Ist ein Ausgabefeld mit 10 Zeichen voll besetzt, wird damit auch das nächste Ausgabefeld reserviert (siehe Ausgabezeile 7 mit dem Text "NAME: MEYER").
- Zahlen, im Text vereinbart, haben keine führenden oder nachfolgenden Leerstellen, es sei denn, diese wären im Text vereinbart (siehe Ausgabezeile 7: Zwischen den Texten "WOHNORT:" und "23␣KIEL" wird kein Leerzeichen ausgedruckt, im Text "23␣KIEL" ist das Leerzeichen im Text vereinbart).

Numerische Variablen und Textvariablen dürfen auch indiziert sein.

Beispiel 16.13

Gegeben sei folgendes Programm:

```
1Ø LET I = 8
2Ø LET A = 2
3Ø LET B = 3
4Ø LET C$(2) = "13."
5Ø LET M$(I) = "AUGUST"
6Ø PRINT C$(2),,,M$(I),2*(A↑2+B↑2)
7Ø END
```

Wenn das Ausgabeformat z.B. aus 4 Ausgabefeldern mit je 10 Druckpositionen besteht, ergibt sich bei einem Ablauf des Programms folgende Ausgabe:

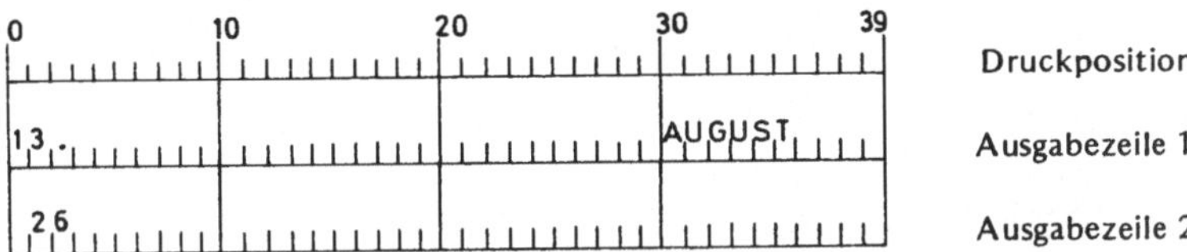

Dieses Beispiel zeigt neben der Indizierung der Variablen in der Ausgabeanweisung mit der Anweisungsnummer 6∅ zur Trennung der indizierten Variablen 3 Kommas.

Jedes dieser Kommas führt zum Anfang des nächsten Ausgabefeldes. Das erste Komma führt somit zum Anfang des zweiten Feldes, das zweite Komma zum Anfang des dritten Feldes und das dritte Komma zum Anfang des vierten Feldes. Der Text "AUGUST", der der indizierten Variablen M$(I) zugeordnet ist, wird somit linksbündig im vierten Feld der Ausgabezeile 1 ausgegeben.

16.2.3 Das Tabellenformat

Häufig steht der Programmierer vor dem Problem, errechnete Werte in Tabellenform ausgeben zu müssen.

Die Benutzung des Standard-Spaltenformates bietet dazu die einfachste Möglichkeit. Als Nachteil ist zu werten, daß die Tabelle höchstens 4 bzw. 5 nebeneinanderliegende Tabellenfelder aufweisen kann. Dies entspricht den 4 bzw. 5 Ausgabefeldern des Standard-Spaltenformats (je nach Bildschirm).

Vielfach möchte man mehr als z.B. 5 Tabellenfelder nebeneinander anordnen. Dies wäre z.B. bei der tabellarischen Darstellung des „kleinen Einmaleins" der Fall. Hier benötigt man 10 nebeneinanderliegende Tabellenfelder. Das Ausgabeformat muß somit in mindestens 10 Ausgabefelder aufgeteilt werden.

Man könnte nun auf den Gedanken kommen, anstelle des Standard-Spaltenformats das variable Spaltenformat zur tabellarischen Darstellung heranzuziehen, wenn mehr als 5 Tabellenfelder nebeneinander benötigt werden, da es bekanntlich mehr Werte je Zeile unterzubringen erlaubt als das Standard-Spaltenformat.

Dieser Gedanke erweist sich jedoch als wenig hilfreich, da sich bei einem variablen Spaltenformat die Feldeinteilung einer Zeile mit der Größenordnung der Werte ändert. Dies führt dazu, daß die Werte nicht tabellarisch geordnet untereinander stehen.

Beispiel 16.14

Es sollen mit Hilfe des variablen Spaltenformats folgende Werte in 3 Zeilen ausgegeben werden:

Zeile 1: 1; 2; 3
Zeile 2: 12; 123; 1234
Zeile 3: 12345; 123456; 1234567

Die BASIC-Anweisungsfolge lautet dazu:

```
1∅ PRINT 1; 2; 3
2∅ PRINT 12; 123; 1234
3∅ PRINT 12345; 123456; 1234567
4∅ END
```

Es ergibt sich folgende Aufteilung des Ausgabeformats auf dem Bildschirm:

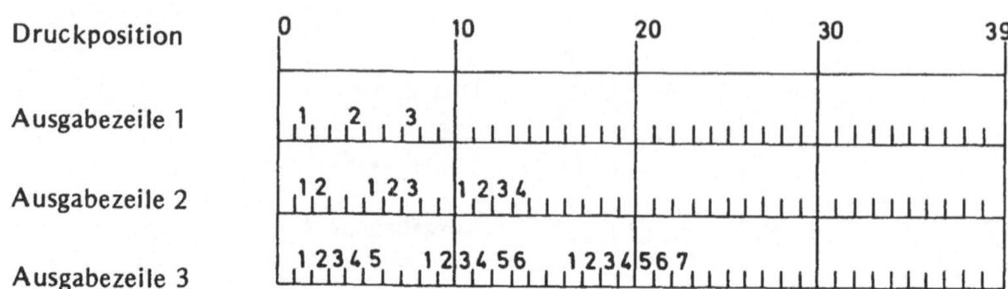

Wie dieses Beispiel deutlich zeigt, ergibt die Verwendung des variablen Spaltenformats keine tabellarische Anordnung der Werte.

> **BASIC bietet daher eine andere Möglichkeit, Berechnungsergebnisse tabellarisch in jedem gewünschten Ausgabeformat auszugeben. Den tabellarisch auszugebenden Werten von Ausdrücken der PRINT-Anweisung müssen zu diesem Zweck entsprechende Tabulatorfunktionen (TAB) vorangestellt werden.**

Die allgemeine Form einer Ausgabeanweisung für Tabellen ist:

n **PRINT TAB**(a_1),a_2,**TAB**(a_3),a_4,...,**TAB**(a_{x-1}),a_x

bzw. n **PRINT TAB**(a_1);a_2;**TAB**(a_3);a_4;...;**TAB**(a_{x-1});a_x

Den arithmetischen Ausdrücken der PRINT-Anweisung, die tabellarisch ausgedruckt werden sollen, werden zu diesem Zweck spezielle Tabulatorfunktionen (TAB) vorangestellt. Im einzelnen ist in der allgemeinen Form der Ausgabeanweisung für Tabellen:

n die Anweisungsnummer der PRINT-Anweisung
PRINT das Schlüsselwort der Ausgabeanweisung
TAB das Schlüsselwort der Tabulatorfunktion.

> **Mit Hilfe des Schlüsselwortes TAB wird dem Mikrocomputer mitgeteilt, daß eine tabellarische Ausgabe folgen soll.**

a_{x-1} ein arithmetischer Ausdruck.
Der Wert dieses arithmetischen Ausdrucks im Argument der Tabulatorfunktion (in runden Klammern) gibt die Druckposition in der jeweiligen Ausgabezeile an, in der mit dem Drucken des gewünschten Wertes begonnen werden soll. (Die Anfangsdruckposition beginnt mit dem Wert Ø).
Die Tabulatorfunktion TAB(a_{x-1}) bewirkt also, daß der Cursor des Bildschirms bzw. der Schreibkopf des Druckers zu der Ausgabeposition vorrückt, die durch den Wert des arithmetischen Ausdrucks a_{x-1} bestimmt ist.

a_x ein Ausdruck
Der Ausdruck kann sowohl ein arithmetischer-, boolescher- oder Textausdruck sein. Der Wert dieses Ausdruckes soll an der Stelle ausgedruckt werden, den die vorhergehende Tabulatorfunktion vorgibt.

{;} Als Listentrennzeichen ist sowohl das Komma als auch das Semikolon möglich.
Sie definieren auch hier das Ausgabeformat der Werte in der Art, wie es von dem Standard-Spaltenformat und dem variablen Spaltenformat her bekannt ist:

Das *Komma* reserviert z.B. für den jeweiligen Ausgabewert ein Ausgabefeld von von 10 bzw. 15 Spalten (je nach Bildschirm).

Das *Semikolon* trennt z.B. die numerischen und booleschen Ausgabewerte durch eine dem Wert folgende Leerstelle. Texte werden hingegen nicht durch Leerzeichen getrennt.

Das Semikolon wird in den meisten Fällen das zweckmäßigere Listentrennzeichen sein, da hier die reservierte Anzahl der Druckstellen des Feldes am kleinsten gehalten wird. Dies kommt der besseren Ausnutzung der Ausgabezeilen direkt zugute.

Beispiel 16.15

Es sollen mit Hilfe der Tabulatorfunktion folgende Werte tabellarisch in folgenden Zeilen ausgegeben werden (vgl. dazu Beispiel 11.12):

Zeile 1: 1;2;3
Zeile 2: –12;–123;–1234
Zeile 3: 12345;123456;1234567

Die Werte sollen dabei in Ausgabefeldern mit je 10 Druckpositionen linksbündig ausgegeben werden. Das erste Ausgabefeld soll 2 Druckpositionen links vom Rand beginnen.

Die Anweisungsfolge lautet dazu:

```
10 PRINT TAB(2);1;TAB(12);2;TAB(22);3
20 PRINT TAB(2);–12;TAB(12);–123;TAB(22);–1234
30 PRINT TAB(2);12345;TAB(12);123456;TAB(22);1234567
40 END
```

Die Ausgabe auf dem Bildschirm sieht dann folgendermaßen aus:

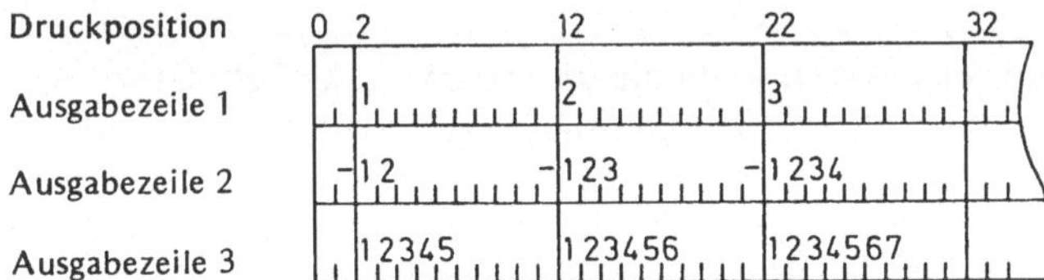

Die arithmetischen Ausdrücke im Argument der Tabulatorfunktion sind in diesem Falle Konstanten.

Die Ausgabe auf dem Bildschirm ist folgendermaßen zu deuten:

TAB(2) schreibt dem Mikrocomputer in der Anweisung mit der Anweisungsnummer 10 vor, den Wert 1 an die *zweite* Druckposition zu schreiben. Betrachtet man die Ausgabe, so steht die 1 an der *dritten* Druckposition. Dies ist auch völlig korrekt, wenn man bedenkt, daß die positive Zahl 1 als Ersatz für das positive Vorzeichen eine Leerstelle vor sich herführt.

In der zweiten Ausgabezeile wird dies für negative Zahlen deutlich. Die Zahlen beginnen bei Berücksichtigung des Vorzeichens tatsächlich an der zweiten Druckposition.

Die Tabulatorfunktion TAB(X) erzeugt Leerstellen bis zur Position X. Die Position X selbst erhält keine Leerstelle.

Selbstverständlich dürfen anstelle der Konstanten im Argument der Tabulatorfunktion auch *Variablen* oder *arithmetische Ausdrücke* stehen.

Positioniert werden können mit der Tabulatorfunktion arithmetische Ausdrücke, boolesche Ausdrücke und Textausdrücke, kurz: beliebige Ausdrücke, die in PRINT-Anweisungen auch gemischt aufeinander folgen können.

Beispiel 16.16

Gegeben sei folgendes Programm:

```
1Ø LET N$ = "P.MEYER,BERLIN"
2Ø PRINT "NAME␣UND␣ADRESSE";TAB(25);N$
3Ø PRINT "NAME␣UND␣ADRESSE";TAB(1Ø);N$
4Ø END
```

Bei Ablauf des Programms ergibt sich folgender Ausdruck:

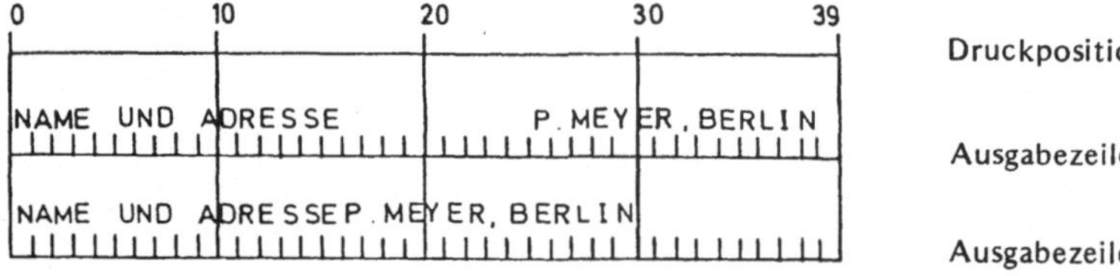

Die Ausgabeanweisung mit der Anweisungsnummer 2Ø druckt nach dem festen Text „NAME UND ADRESSE" infolge des Tabellenformates TAB(25) auf die Druckposition 25 folgend (d.h. beginnend mit der Druckposition 25) den Text, der der Variablen N$ in der Anweisung mit der Anweisungsnummer 1Ø zugeordnet ist.

Die Ausgabeanweisung mit der Anweisungsnummer 3Ø gleicht der vorangehenden Anweisung, mit dem einzigen Unterschied, daß das Tabellenformat TAB(1Ø) die Druckposition 1Ø angibt. Die Druckposition 1Ø ist aber schon durch den festen Text belegt, so daß TAB(1Ø) sich nicht auswirken kann. Der der Variablen N$ zugeordnete Text folgt in diesem Fall direkt auf den festen Text.

Die Tabulatorfunktion wird unwirksam, wenn die im Argument der Tabulatorfunktion angegebene Druckposition kleiner als die augenblickliche, schon erreichte Druckposition ist.

Bei einigen Mikrocomputern wird in diesem Fall die auszugebende Zahl bzw. der auszugebende Text direkt im Anschluß auf die letzte vorhergehende Ausgabe ausgegeben (s. Bsp. 16.16). Bei anderen Mikrocomputern wird hingegen zu einer neuen Ausgabezeile übergegangen. In dieser Zeile wird die Zahl dann in der von der Tabulatorfunktion vorgesehenen Position ausgegeben. Dies verdeutlicht noch einmal folgendes Beispiel:

Programmbeispiel 16.17

```
1Ø PRINT TAB(1Ø);1;TAB(5);2
2Ø END
```

Der Tabulator ist schon beim ersten Wert auf Position 1Ø. Für den zweiten Wert ist die Position 5 angegeben. In der gleichen Zeile darf der Tabulator nicht zurückgesetzt werden, da dann Werte überschrieben werden könnten. Dies darf nicht sein. Um dennoch die Werte auszugeben, gibt es folgende Fälle (abhängig vom Mikrocomputer).

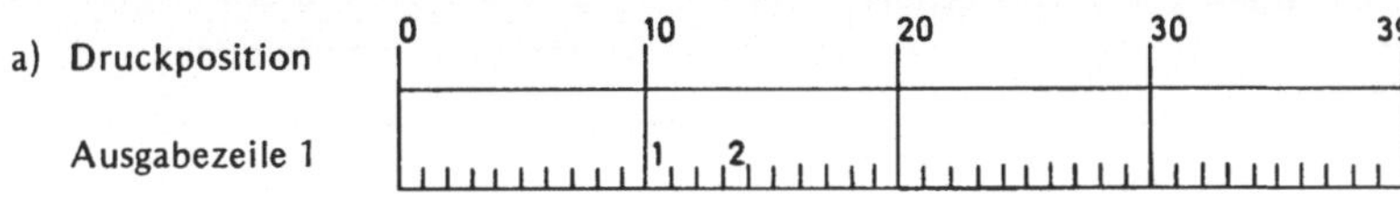

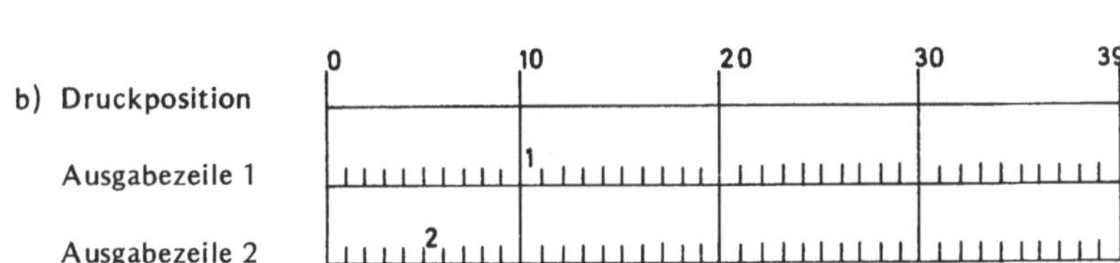

Das Argument der Tabulatorfunktion darf nur Druckpositionen aufweisen, die auf dem Bildschirm auch tatsächlich eingenommen werden können.

Programmbeispiel 16.18

```
1Ø PRINT TAB(1Ø);1
2Ø PRINT TAB(5Ø);2
3Ø PRINT TAB(-1Ø);3
4Ø END
```

Ausgabe:

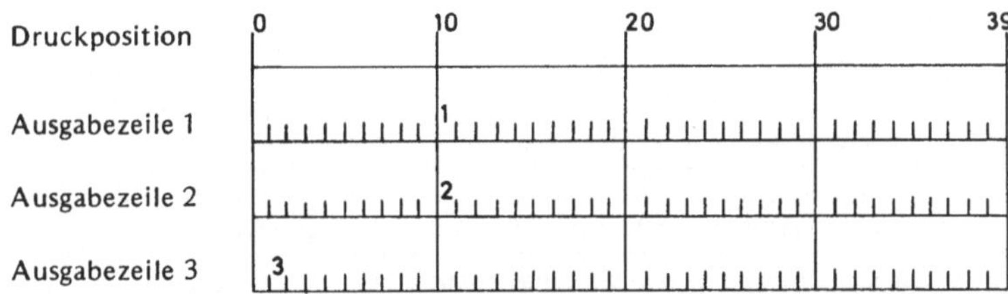

Dieses Beispiel zeigt in Ausgabezeile 2 die Ausgabe für die zugehörige Ausgabeanweisung mit der Anweisungsnummer 2Ø. Man erkennt:

Bei einigen Mikrocomputern darf das Argument auch größer sein als die mögliche Anzahl der Zeichen. Die Druckposition läßt sich dann dadurch ermitteln, daß man solange die maximale Anzahl der Druckpositionen pro Zeile von der Zahl im Argument abzieht, bis ein Wert erreicht ist, der kleiner ist als die maximale Anzahl der Druckpositionen pro Zeile.

Für das obige Beispiel ergibt sich für

TAB(5Ø)

bei maximal 40 Druckpositionen die aktuelle Druckposition wie folgt:

5Ø – 4Ø = 1Ø

Weiter zeigt dieses Beispiel in Ausgabezeile 3 die Ausgabe für die zugehörige Ausgabeanweisung mit der Anweisungsnummer 3Ø. Man erkennt:

Treten im Argument der Tabulatorfunktion Druckpositionen auf, die kleiner als Null (negativ) sind, dann bleibt die Druckposition am linken Zeilenrand. Es wird so verfahren, als wäre keine Tabulatorfunktion vorhanden gewesen.

Beispiel 16.20

Weitere Beispiele für den Einsatz von Tabulatorfunktionen:

Nr.	Ausgabeanweisung
1	1ØØ PRINT X;TAB(12);Y;TAB(24);Z Der der Variablen X zugeordnete Wert wird im ersten Ausgabefeld, beginnend bei der Druckposition 0, ausgegeben. Der der Variablen Y zugeordnete Wert wird in einem zweiten Ausgabefeld, beginnend bei der Druckposition 12, ausgegeben. Der der Variablen Z zugeordnete Wert wird in einem dritten Ausgabefeld, beginnend bei der Druckposition 24, ausgegeben.
2	1ØØ PRINT X;TAB(A);Y;TAB(2*A);Z Der der Variablen X zugeordnete Wert wird im ersten Ausgabefeld, beginnend bei der Druckposition 0, ausgegeben. Der der Variablen Y zugeordnete Wert wird in einem zweiten Ausgabefeld ausgegeben. Die Druckposition, bei der dieses Ausgabefeld beginnt, wird durch den Wert festgelegt, den die Variable A in der Tabulatorfunktion einnimmt. Der der Variablen Z zugeordnete Wert wird in einem dritten Ausgabefeld ausgegeben. Die Druckposition, bei der dieses Ausgabefeld beginnt, wird durch den Wert festgelegt, der sich aus dem arithmetischen Ausdruck 2*A ergibt.
3	5Ø LET W = Ø 6Ø LET B = 3.14/18Ø*W 7Ø PRINT TAB(35+25*SIN(B));W 8Ø LET W = W+3Ø 9Ø GOTO 6Ø Dieser Programmabschnitt zeigt, wie man mit Hilfe der Tabulatorfunktion eine Sinusfunktion grafisch ausgeben kann.

Anw. Nr.	Erläuterung
5Ø	Der Anfangswert des Winkels der Sinusfunktion sei W = Ø.
6Ø	Das Argument der Standardfunktion SIN(X) muß im Bogenmaß angegeben werden. Daher wird der Winkel W zunächst in das Bogenmaß B umgerechnet (vgl. 13.1).
7Ø	Dies ist die Ausgabeanweisung, mit der die Sinusfunktion grafisch ausgegeben werden kann. Die Tabulatorfunktion errechnet aus dem arithmetischen Ausdruck (35+25*SIN(B)) die Druckposition für den Wert der Variablen W. Diese Druckposition schwankt sinusförmig [SIN(B)] um die Druckposition 35, d.h. etwa in der Zeilenmitte bei ca. 70 möglichen Druckpositionen pro Zeile. Der Faktor 25 dient zur Vergrößerung des Sinus in der grafischen Darstellung, da er sonst nur Werte zwischen +1 und -1 einnimmt. Ist die Druckposition errechnet und vom Cursor bzw. Schreibkopf eingenommen, so wird anschließend an dieser Stelle der Wert des Winkels W im Gradmaß ausgedruckt.
8Ø	Der Winkel W wird um 30 Grad erhöht (W=W+30).
9Ø	Mit dem neuen Winkel wird zur Anweisung mit der Anweisungsnummer 6Ø zurückgesprungen. Auf diese Weise wird eine Schleife aufgebaut, die die Sinuskurve in Abständen von 30 Grad grafisch darstellt, wie es die folgende Skizze bis zu einem Winkel von 180° zeigt:

```
0
 30
    60
      90
    120
    150
 180
```

Zur Beendigung der Schleifendurchläufe muß eine geeignete Verzweigungsanweisung in den Programmabschnitt eingefügt werden. Dies wird ausführlich an späterer Stelle behandelt (vgl. Kap. 21).

16.3 Der Zeilenvorschub

Jede PRINT-Anweisung bewirkt, daß zur Ausgabe der Werte auf dem Bildschirm eine neue Zeile eingenommen wird.

Programmbeispiel 16.21

```
 1Ø PRINT 1
 2Ø PRINT 2
 3Ø PRINT 3
 4Ø PRINT 4
 5Ø PRINT 5
 6Ø PRINT 6
 7Ø PRINT 7
 8Ø PRINT 8
 9Ø PRINT 9
1ØØ PRINT 10
11Ø END
```

Es ergibt sich folgende Ausgabe:

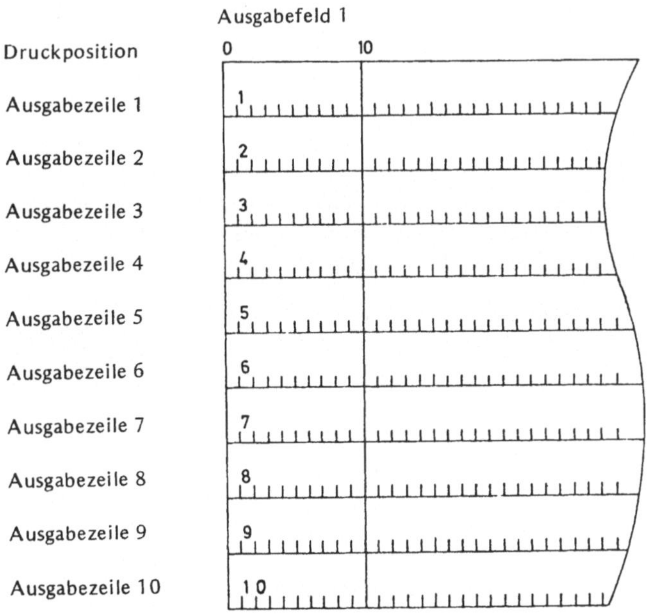

	Ausgabefeld 1	
Druckposition	0	10
Ausgabezeile 1	1	
Ausgabezeile 2	2	
Ausgabezeile 3	3	
Ausgabezeile 4	4	
Ausgabezeile 5	5	
Ausgabezeile 6	6	
Ausgabezeile 7	7	
Ausgabezeile 8	8	
Ausgabezeile 9	9	
Ausgabezeile 10	10	

Wenn die auf das Schlüsselwort PRINT folgende Liste der arithmetischen Ausdrücke jedoch mit einem Listentrennzeichen (Komma oder Semikolon) abschließt, wird eine folgende PRINT-Anweisung die Ausgabe der Werte in der bisherigen Zeile fortsetzen.

Die Werte werden in diesem Falle in den noch freien Ausgabefeldern der alten Druckzeile ausgegeben.

Programmbeispiel 16.22

```
1Ø PRINT 1;
2Ø PRINT 2;
3Ø PRINT 3;
4Ø PRINT 4;
5Ø PRINT 5;
6Ø PRINT 6;
7Ø PRINT 7;
8Ø PRINT 8;
9Ø PRINT 9;
1ØØ PRINT 1Ø
11Ø END
```

Es ergibt sich folgende Ausgabe:

Druckposition 0 4 7 10 13 16 19 22 25 28 39

Ausgabezeile 1 1 2 3 4 5 6 7 8 9 10

Ein reiner Zeilenvorschub (Leerzeile) wird durch eine PRINT-Anweisung erzeugt, die keine Liste mit Ausdrücken enthält.

Die allgemeine Form zur Ausgabe einer Leerzeile auf dem Bildschirm ist somit:

n PRINT

Beispiel 16.23

Es soll in einem Mikrocomputer für die Variable A der Wert 11 und für die Variable B der Wert 33 gespeichert sein. Bei der Ausgabe sollen die Werte für A und B jeweils in einer neuen Zeile, getrennt durch eine Leerzeile, ausgegeben werden. Der Programmteil der Ausgabe lautet:

Das Druckbild der Ausgabe hat folgendes Aussehen:

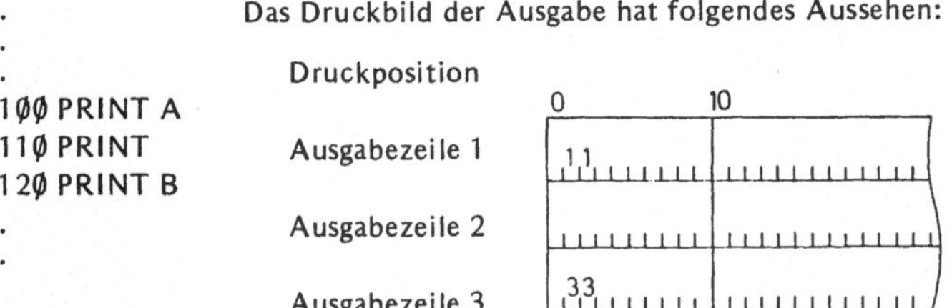

Für PRINT-Anweisungen, die Tabulatorfunktionen und Zeilenvorschübe enthalten, ergibt sich folgendes Fahrnetz:

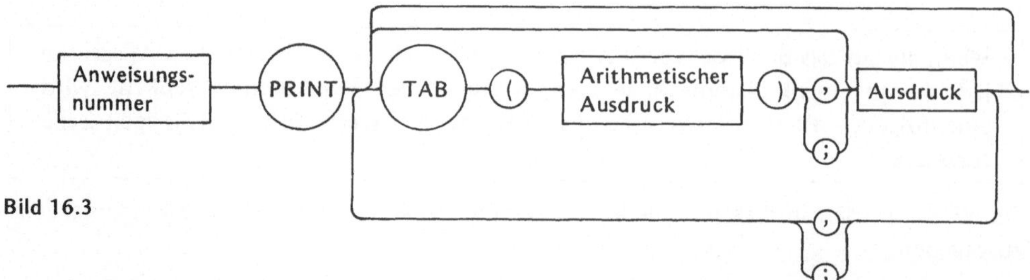

Bild 16.3

16.4 Ausgabe von Überschriften und numerischen Werten mit kommentierenden Texten

Die Ausgabedaten lassen sich mit Hilfe

- des Standard-Spaltenformats,
- des variablen Spaltenformats und
- des Tabellenformats

übersichtlich in Ausgabefelder gliedern. Die Übersichtlichkeit läßt sich noch weiter steigern, wenn zusätzlich beliebige Texte zur Erläuterung in das Datenmaterial eingefügt werden. Dabei kann es sich um Überschriften, Tabellentexte, Maßeinheiten usw. handeln.

Dazu dient die schon bekannte PRINT-Anweisung in bekannter Form. Wegen seiner Wichtigkeit soll hier jedoch noch einmal darauf eingegangen werden.

16.4.1 Überschriften

Kommentierende *feste* Texte können mit Hilfe der PRINT-Anweisung ausgegeben werden. Die allgemeine Form zur Ausgabe von festen Texten ist:

```
n PRINT "TEXT"
```

Der Text darf aus beliebigen Zeichen des BASIC-Zeichenvorrats bestehen und ist in Anführungszeichen (" ") zu setzen.

Beispiel 16.24

In einem Programm werden Quadratwurzeln berechnet.

Die Bildschirmausgabe soll daher als Überschrift den kommentierenden Text

Quadratwurzeln

aufweisen. Die entsprechende Ausgabeanweisung lautet:

```
1Ø PRINT "QUADRATWURZELN"
```

Beispiel 16.25

In einem Programm soll für eine Vielzahl von Arbeitnehmern der Lohn aus der Anzahl der Stunden und dem Stundenlohn ermittelt werden. Für alle Arbeitnehmer ist ein Lohnstreifen zu erstellen, in dem über den jeweiligen Zahlenwerten in einer separaten Zeile folgende kommentierende Texte stehen:

Stunden Std.lohn Lohn

Die Ausgabe der zugehörigen Werte soll im Standardspaltenformat erfolgen. (Annahme: 4 Ausgabefelder zu je 10 Druckpositionen).

Eine Möglichkeit, die Ausgabeanweisung wunschgemäß zu formulieren, ist:

```
1Ø PRINT "STUNDEN␣␣␣STD.LOHN␣␣LOHN"
```

Beispiel 16.26

Es soll die gleiche Textausgabe wie in Beispiel 16.25 erstellt werden. Dabei soll anstelle der Leerzeichen das Komma als Listentrennzeichen der verschiedenen Textelemente benutzt werden.

Die Ausgabeanweisung lautet dann:

```
1Ø PRINT "STUNDEN", "STD.LOHN", "LOHN"
```

Das Druckbild sieht dann wie im vorangegangenen Beispiel aus.

Sollten die Texte mehr als z.B. 1Ø Druckpositionen erfordern, so werden dazwischenliegende Ausgabefeldgrenzen nicht beachtet.

16.4.2 Ausgabe von numerischen Werten zusammen mit kommentierenden Texten

> Feste Texte und arithmetische Ausdrücke können in einer PRINT-Anweisung vermischt auftreten.

Verwendet man als Listentrennzeichen Kommas, so werden die Ausgabezeilen im Standard-Spaltenformat aufgeteilt. Kommentierende Texte und numerische Werte werden in der angegebenen Reihenfolge linksbündig in den Ausgabefeldern ausgegeben. Ist das letzte Feld gefüllt, wird automatisch zum ersten Feld der nächsten Zeile übergegangen.

Verwendet man als Listentrennzeichen Semikolons, so werden Texte und numerische Werte kompakt in einer Ausgabezeile ausgegeben. Zwischen einem kommentierenden Text und einem darauf folgenden numerischen Wert wird dann nur eine Druckposition als Zwischenraum freigehalten.

Beispiel 16.27

Nr.	Aufgabenstellung
1	Ein Programm lautet: 1Ø LET X=1Ø.5 1ØØ PRINT "X=",X 11Ø END In dem ersten 10-spaltigen Ausgabefeld einer Ausgabezeile wird der Text "X=" ausgeben. In dem zweiten 10-spaltigen Ausgabefeld der gleichen Ausgabezeile wird der Wert der Variablen X ausgegeben. 0 10 20 30 39 Druckposition X= 10.5 Ausgabezeile 1
2	Wird in der obigen Ausgabeanweisung das Komma durch ein Semikolon ersetzt, so ergibt sich die Ausgabeanweisung zu: 1ØØ PRINT "X=";X und der Ausdruck auf dem Bildschirm zu: Druckposition 0 10 39 Ausgabezeile 1 X= 10.5
3	Eine Ausgabeanweisung in einem Programm lautet: 1ØØ PRINT "ZINS",P,"PROZENT" Durch das Komma als Listentrennzeichen wird die Ausgabezeile in 10-spaltige Ausgabefelder aufgeteilt. Dabei enthält das Ausgabefeld 1: den Text "ZINS", das Ausgabefeld 2: den numerischen Wert der Variablen P, das Ausgabefeld 3: den Text "PROZENT".

Nr.	Aufgabenstellung
4	Eine Ausgabeanweisung in einem Programm lautet: 100 PRINT "DER SINUS VON",X,"GRAD IST",SIN(3.14*X/180) Die Ausgabezeile wird mit Hilfe des Kommas als Listentrennzeichen in Ausgabefelder zu je 10 Druckpositionen eingeteilt. Dabei enthält das Ausgabefeld 1: den Text "Der Sinus von", Ausgabefeld 2: den numerischen Wert der Variablen X, Ausgabefeld 3: den Text "Grad ist", Ausgabefeld 4: den Wert, der sich bei der Berechnung des arithmetischen Ausdrucks SIN(3.14*X/180) ergibt. Die Tatsache, daß der arithmetische Ausdruck in der Ausgabeanweisung auftreten darf, ist sehr praktisch, denn man erspart sich das Schreiben von zwei Anweisungen wie z.B.: 90 LET Y=SIN(3.14*X/180) 100 PRINT "DER SINUS VON",X,"GRAD IST",Y Diese beiden Anweisungen führen zur gleichen Ausgabe auf dem Bildschirm wie die obige Anweisung.

16.5 Die PRINT-USING-Anweisung

Mit Hilfe der PRINT-USING-Anweisung können Daten nach Maßgabe eines vom Programmierer vorgegebenen Formats ausgegeben werden.

Die PRINT-USING-Anweisung ist nicht in allen BASIC-Versionen vorhanden und soll deshalb nur kurz behandelt werden.

Die allgemeine Form der PRINT-USING-Anweisung ist:

nPRINT USING "Ausgabeformat"; Liste von Ausdrücken

Das "Ausgabeformat" ist eine Zeichenkette die bestimmte Formatierungszeichen enthält.
Die "Liste von Ausdrücken" ist so aufgebaut, wie es von der normalen PRINT-Anweisung her bekannt ist.

Man unterscheidet Formatierungszeichen für numerische Werte und für Zeichenketten.

16.5.1 Formatierte Ausgabe von numerischen Werten

Nr.	Formatierungszeichen	Erläuterung
1	#	**Das #-Zeichen steht im Ausgabeformat <u>stellvertretend</u> für eine Ziffer.** Mehrere #-Zeichen stehen im Ausgabeformat symbolisch für eine Ziffern*folge*. Das Ausgabeformat stellt somit eine *Maske* für die tatsächliche Ziffernfolge dar. Es werden von einer auszugebenden Zahl nur so viele Ziffern ausgegeben, wie #-Zeichen im Ausgabeformat vorhanden sind. Ist die auszugebende Zahl in ihrer Stellenzahl kleiner als die Zahl der #-Zeichen, so wird die Zahl rechtsbündig in die Maske eingetragen. Die führenden Stellen werden durch Leerstellen aufgefüllt. Beispiel 16.28 1Ø LET A=123 2Ø PRINT USING "####";A 3Ø END Ausgabe: ␣123
2	.	**In die Folge der #-Zeichen kann ein Punkt eingefügt werden. Er steht symbolisch für den Dezimalpunkt eines auszugebenden numerischen Wertes.** Die Zahl der #-Zeichen vor bzw. nach dem Punkt gibt die maximale Zahl der Ziffern vor bzw. nach dem Dezimalpunkt an (Vor- und Nachkommastellen). Ist die Zahl der #-Zeichen nach dem Dezimalpunkt kleiner als die Zahl der auszugebenden Ziffern, wird i.a. automatisch gerundet. Beispiel 16.29 1Ø PRINT USING "###.##";12.34;56.789 Ausgabe:␣12.34␣56.79
3	%	Das %-Zeichen wird automatisch *ausgegeben,* wenn das vorgegebene Ausgabeformat nicht groß genug ist, um die tatsächliche Ziffernfolge *vor* dem Dezimalpunkt vollständig aufzunehmen (Zahl ist zu groß). Beispiel 16.30 1Ø PRINT USING "##.##";123.45 Ausgabe: %123.45 Die Zahl wird somit umformatiert ausgegeben. Zum Kennzeichnen wird dazu das % Zeichen mit angegeben.

Nr.	Forma- tierungs- zeichen	Erläuterung
4	**	**Ein Doppelstern am Anfang des Ausgabeformats bewirkt, daß bei der Ausgabe führende Nullen bzw. Leerzeichen durch Sterne ersetzt werden.**
		Die Sterne selbst stehen auch für jeweils eine Ziffer. Dies ist interessant, wenn man z.B. beim Ausstellen von Schecks verhindern möchte, daß später Ziffern zugefügt werden. Beispiel 16.31 1Ø PRINT USING"**#.#";12.34;-Ø.5 In diesem Beispiel hat die Maske 3 Stellen vor dem Dezimalpunkt und eine hinter dem Dezimalpunkt. Ausgabe: *12.3*-Ø.5
5	↑↑↑↑	**Diese vier Hochpfeile am Ende des Ausgabeformats bewirken, daß die auszugebenden Werte in der Exponentialschreibweise ausgegeben werden.**
		Die vier Hochpfeile stehen somit symbolisch für das Format des Exponenten E ± Ziffernfolge, wobei die Ziffernfolge max. aus 2 Zeichen besteht. Das Ausgabeformat der Mantisse wird wie bekannt mit # und . festgelegt. Beispiel 16.32 1Ø PRINT USING "##.##↑↑↑↑";123.45[1)] Ausgabe: ␣1.23E+Ø2

Es gibt noch weitere Formatierungszeichen, um z.B.

- auch die Vorzeichenausgabe bei positiven Werten zu erzwingen bzw. die Vorzeichen der Zahl *nach*zustellen,
- vor die Zahl ein $ bzw. ein £ Zeichen zu setzen,
- Kommas an vorgegebene Stellen einzufügen und dgl.

Hierauf soll in diesem Buch nicht näher eingegangen werden. Es sei für diese Fälle auf das jeweilige Benutzerhandbuch verwiesen.

1) Bei Mikrocomputern, die das Zeichen ↑ nicht im Zeichensatz aufweisen, wird es i.a. durch das Zeichen ∧ ersetzt.

16.5.2 Formatierte Ausgabe von Zeichenketten

Nr.	Forma- tierungs- zeichen	Erläuterung
1	!	**Das Ausrufungszeichen im "Ausgabeformat" bewirkt, daß nur das erste Zeichen der angegebenen Zeichenketten ausgegeben wird.** Beispiel 16.33 1Ø PRINT USING"!";"ABC","DEF","GHI" Ausgabe: ADG Dies führt, wie man sieht, zu einer Verkettung der ersten Buchstaben der Zeichenkettenliste.
2	&␣␣␣ & bzw. Ö␣␣␣ Ö bzw. %␣␣␣ %	Die Zahl der Leerstellen zwischen den Sonderzeichen & bzw. Ö oder % ist frei wählbar und sei hier z.B. allgemein n. **Mit Hilfe der Formatierungszeichen & bzw. Ö oder % (abhängig vom Mikrocomputer, in der Wirkung gleich) können n+2 Zeichen der auf das Semikolon folgenden Zeichenketten ausgegeben werden.** Besitzt die Zeichenkette weniger Zeichen als das "Ausgabeformat" vorgibt, erfolgt die Ausgabe linksbündig. Der Rest wird mit Leerstellen aufgefüllt. Beispiel 16.34 1Ø PRINT USING "&␣ ␣␣&";"ABCDEFG" Ausgabe: ABCDE

16.6 Druckerausgabe

Bislang wurde nur über die Ausgabe von Daten auf den Bildschirm gesprochen. Vielfach möchte man diese Daten auch über einen Drucker ausgeben lassen.

Die Anweisung zur Ausgabe von Daten über einen Drucker ist leider in den BASIC-Versionen nicht einheitlich. Zwei Versionen sind jedoch weit verbreitet. Sie sollen im folgenden näher besprochen werden.

16.6.1 Druckerausgabe mit Hilfe von LPRINT bzw. LPRINT USING

Dies ist die wohl für den Anwender verständlichste Form. Die Druckerausgabeanweisungen sind hier genauso aufgebaut, wie die PRINT bzw. PRINT USING-Anweisungen für den Bildschirm. Der Unterschied in den beiden Ausgabeformen besteht nur im vorangestellten L vor den Schlüsselworten (Abkürzung für engl. *L*ine Printer, d.h. Zeilendrucker).

Die allgemeine Form dieser Druckanweisungen ist somit

n LPRINT Liste der Ausdrücke
n LPRINT USING "Ausgabeformat"; Liste der Ausdrücke

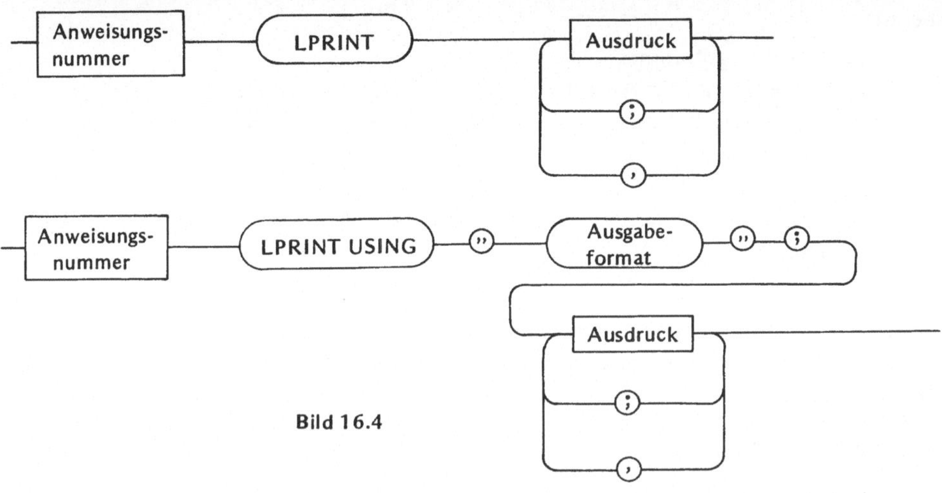

Bild 16.4

Ist in einem Programm eine derartige Druckanweisung vorhanden, jedoch kein Drucker angeschlossen oder ist dieser "OFF-Line" geschaltet, so wartet der Mikrocomputer i.a. in einer Warteschleife, bis der Drucker angeschlossen bzw. "ON-Line" geschaltet wird.

16.6.2 Druckerausgabe mit Hilfe von PRINT

Der Drucker muß an den Mikrocomputer angeschlossen werden. Dies geschieht i.a. über einen sog. „*Bus*" (z.B. IEEE-Bus), an dem auch *andere* Geräte *gleichzeitig* angeschlossen sein können. Um nun die Ausgabedaten nur an den gewünschten Drucker zu senden, muß *zunächst* ein „Ausgabekanal" zum Drucker hergestellt werden, während die anderen Geräte, die sich am gleichen Bus befinden, „passiv" geschaltet werden.

Dies geschieht mit Hilfe einer OPEN-Anweisung wie folgt:

n OPEN k,g,s

Hierbei ist:

n	die Anweisungsnummer
OPEN	das Schlüsselwort zur Festlegung eines Ausgabekanals zum Rechner
k	Kanalnummer (Zahl zwischen 1 und 255)
g	Gerätenummer (Drucker z.B.: g=4)
s	Sekundärparameter (z.B. s=Ø Ausdruck wie auf Bildschirm, s=7 Kleinschreibung)

Ist der Ausgabekanal in dieser Form festgelegt, kann mit Hilfe einer PRINT#-Anweisung die Ausgabe an den Drucker erfolgen. Die allgemeine Form der Anweisung ist:

n PRINT#K, Liste von Ausdrücken

Hierbei ist:

n die Anweisungsnummer

PRINT# das Schlüsselwort zur Ausgabe zu externen Geräten, z.B. zum Drucker. Die Anweisung hat die gleiche Wirkung wie die PRINT-Anweisung für die Bildschirmausgabe.

K Kanalnummer
Dies muß die gleiche Zahl sein, die in der OPEN-Anweisung zur Festlegung des Kanals benutzt wurde.

Liste Wie bei der normalen PRINT-Anweisung.

Ist die Druckerausgabe beendet, muß der ursprüngliche Zustand wie vor der Festlegung des Kanals (OPEN-Anweisung) wieder hergestellt werden. Dies geschieht mit Hilfe der CLOSE-Anweisung

```
n CLOSE K
```

Hierbei ist K wieder die Kanalnummer, die bei der Festlegung des Kanals in der OPEN-Anweisung gewählt wurde.

Diese *sehr allgemeine* aber nicht sofort verständliche Form der Datenausgabe kann auch zur Ausgabe von Daten zu anderen externen Geräten, wie z.B. zu Kassetten und Disketten, benutzt werden. Es müssen dann nur entsprechend andere Parameter für die Kanalnummer und Gerätenummer gewählt werden. Darauf soll hier jedoch nicht näher eingegangen werden.

16.7 Zusammenfassung

Ausgabeanweisungen dienen dazu, Daten programmgesteuert auszugeben. Daten werden mit Hilfe der PRINT-Anweisung folgendermaßen auf dem Bildschirm ausgegeben.

n PRINT $a_1, a_2, \ldots, a_x$

Hierbei können die Ausdrücke a_1 bis a_x arithmetische-, Boolesche- und Textausdrücke sein. Indizierte Variablen sind ebenfalls erlaubt.

Die Ausdrücke a_1 bis a_x werden durch Kommas oder Semikolons getrennt.

- Das Standard-Spaltenformat
  Werden die Ausdrücke a_1 bis a_x in der Liste hinter dem Schlüsselwort PRINT durch *Kommas* getrennt, so werden die Daten im Standardspaltenformat auf dem Bildschirm ausgegeben.
  Für jeden auszugebenden Wert eines arithmetischen Ausdrucks ist ein Ausgabefeld vorgegebener Länge vorgesehen (z.B. bei kleinen Bildschirmen 4 Ausgabefelder zu je 1Ø Zeichen).
  Die einzelnen Ausgabewerte werden der Reihe nach linksbündig in den jeweiligen Ausgabefeldern ausgegeben.

- Das variable Spaltenformat

  Werden die Ausdrücke a_1 bis a_x in der Liste hinter dem Schlüsselwort PRINT durch *Semikolons* getrennt, so werden die Daten in einem variablen Spaltenformat ausgegeben.

  Die Länge des Ausgabefeldes ist für die einzelnen Ausdrücke im variablen Spaltenformat variabel.

  - Dies bedeutet für numerische und Boolesche Werte:

    Das vairable Feld ist so lang wie die Anzahl der Zeichen des numerischen Wertes, ergänzt durch ein folgendes Leerzeichen, das die numerischen Werte optisch voneinander trennen soll.

    Ein positives Vorzeichen wird nicht ausgegeben, sondern durch ein Leerzeichen ersetzt.
  - Texte werden bei Verwendung des variablen Spaltenformates ohne Leerzeichen zwischen den Texten ausgegeben.

Wird eine PRINT-Anweisung mit einem Komma oder einem Semikolon abgeschlossen, wird bei einer später folgenden PRINT-Anweisung die Ausgabe auf dem Bildschirm in der gleichen Zeile fortgesetzt.

- Das Tabellenformat

  BASIC bietet die Möglichkeit, Berechnungsergebnisse tabellarisch in frei gewähltem Ausgabeformat auszugeben. Den tabellarisch auszugebenden Werten von Ausdrücken der PRINT-Anweisung müssen dazu entsprechende Tabulatorfunktionen vorangestellt werden. Diese haben die Form

TAB(a)

  Der Wert des arithmetischen Ausdruckes a im Argument der Tabulatorfunktion TAB gibt die Druckposition auf dem Bildschirm an, in der die Ausgabe des folgenden Wertes zu beginnen hat.

  Die Tabulatorfunktion wird unwirksam, wenn die im Argument der Tabulatorfunktion angegebene Druckposition kleiner als die augenblickliche, schon erreichte Druckposition ist.

  Das Argument der Tabulatorfunktion darf i.a. nur Druckpositionen aufweisen, die auf dem Bildschirm auch tatsächlich eingenommen werden können.

- Der Zeilenvorschub

  Jede PRINT-Anweisung bewirkt, daß zum Ausgeben der Werte der Ausdrücke a_1 bis a_x eine neue Zeile eingenommen wird.

  Zur Ausgabe einer leeren Zeile (Zeilenvorschub) darf auf das Schlüsselwort PRINT keine Liste mit Ausdrücken folgen.

- Die PRINT USING-Anweisung

  Die allgemeine Form der PRINT USING-Anweisung ist

n PRINT USING "Ausgabeformat"; Liste von Ausdrücken

Das „Ausgabeformat" ist eine Zeichenkette, die bestimmte Formatierungszeichen enthält, wie z.B.:

#	Dieses Zeichen steht stellvertretend für eine Ziffer.
.	Dieses Zeichen steht symolisch für einen Dezimalpunkt.
**	Ein Doppelstern am Anfang bewirkt, daß bei der Ausgabe führende Nullen bzw. Leerzeichen durch Sterne ersetzt werden.
↑↑↑↑	Vier Hochpfeile am Ende des Ausgabeformates bewirken, daß die auszugebenden Werte in der Exponentialschreibweise ausgegeben werden.
!	Das Ausrufungszeichen im Ausgabeformat bewirkt, daß nur die ersten Zeichen der angegebenen Zeichenketten ausgegeben werden.

Es existieren noch weitere Formatierungszeichen, auf die hier nicht näher eingegangen wird.
Die Liste der Ausdrücke hinter dem „Ausgabeformat" ist so aufgebaut, wie es von der normalen PRINT-Anweisung her bekannt ist.

- Druckerausgabe
  Zwei Versionen sind weit verbreitet:

1. Version:

```
n LPRINT Liste der Ausdrücke
```

2. Version

```
n OPEN  K,g,s
n PRINT #K, Liste der Ausdrücke
n CLOSE  K
```

Hierbei ist:

K eine Kanalzahl zwischen 1 und 255
g eine Gerätenummer (Drucker i.a. 4)
s Sekundärparameter (z.B. Normaldruck, Kleinschreibung o.ä.).

16.8 Übungsaufgaben

Die Lösungen der Übungsaufgaben finden Sie in Kap. 24.

Aufgabe 16.1

Was wird in den folgenden Programmbeispielen ausgegeben?[1)]

Nr.	Programmbeispiel	Ausgabe
1	1Ø PRINT LEN(" ") 2Ø END	
2	1Ø V$ = "KLAUS" 2Ø N$ = "MUELLER" 3Ø PRINT LEN (V$+N$) 4Ø END	
3	1Ø PRINT LEN("A"+"␣"+"B") 2Ø END	
4	1Ø PRINT LEN(N$);N$;5 2Ø END	
5	1Ø A = 3.1415 2Ø A$= STR$(A) 3Ø PRINT LEFT$(A$,4) 4Ø END	
6	1Ø N$ = "33Ø2 CREMLINGEN" 2Ø PRINT VAL(N$) 3Ø END	
7	1Ø PRINT ASC(RIGHT$("ADAM",3)) 2Ø END	
8	1Ø A$ = CHR$(35) 2Ø B$ = CHR$(33) 3Ø PRINT A$; "FEHLER";B$;A$ 4Ø END	
9	1Ø A$ = "HAUS" 2Ø LET B$ = MID$(A$,2,1) 3Ø PRINT B$ 4Ø END	
1Ø	1Ø V$ = "WOLFGANG" 2Ø N$ = "SCHNEIDER" 3Ø A$ = LEFT$(V$,1) 4Ø PRINT A$;".";N$ 5Ø END	

1) ␣ steht symbolisch für ein Leerzeichen.

Aufgabe 16.2

Geben Sie auf kariertem Papier das Druckbild folgender Ausgabeanweisungen in der angegebenen Reihenfolge an. Jedes Karo soll dabei eine mögliche Druckstelle symbolisieren.

```
 1Ø PRINT "BEISPIELE FÜR AUSGABEANWEISUNGEN"
 2Ø PRINT
 3Ø PRINT
 4Ø PRINT "X","Y","Z"
 5Ø PRINT
 6Ø PRINT 1234, 12345, 123456
 7Ø PRINT 7;1234;12345
 8Ø PRINT 123456
 9Ø PRINT
1ØØ PRINT "BETRAG:",1ØØØ,"SUMME=",1ØØ
11Ø PRINT "BETRAG:";1ØØØ;"SUMME=";1ØØ
12Ø PRINT "BETRAG:";
13Ø PRINT 1ØØØ;
14Ø PRINT "DM"
15Ø PRINT
16Ø PRINT 1,2,TAB(5),3
17Ø PRINT 1;2;TAB(5);3
18Ø PRINT 1;2;TAB(1Ø);3
```

Aufgabe 16.3

Man schreibe einen Programmteil, der es erlaubt, folgende Tabelle auszugeben:

Druckposition	0	10	20	30 … 39
Ausgabezeile 1				
Ausgabezeile 2	X GRAD	SIN(X)	COS(X)	
Ausgabezeile 3				
Ausgabezeile 4	?	?	?	

Die Werte für x in Grad werden mit Hilfe einer Zuordnungsanweisung zugewiesen. Die zu errechnenden Werte für sin(x) und cos(x) sind an der Stelle auszudrucken, wo z.Z. noch ein Fragezeichen (?) steht.

Aufgabe 16.4

Was für eine Folge haben Kommas und Semikolons, wenn sie als Listentrennzeichen für arithmetische Ausdrucke hinter einer PRINT-Anweisung auftreten?

Aufgabe 16.5

Was bewirkt die Funktion TAB(X)?

Aufgabe 16.6

Wie kann man in einer Ausgabe auf dem Bildschirm eine Leerzeile erzeugen?

Aufgabe 16.7

Geben Sie an, wie die Ausgabe gedruckt wird:
(Annahme: 4 Felder zu je 10 Druckstellen pro Druckzeile.)

Nr.	Ausgabeanweisung	Werte der Variablen
1	1Ø PRINT "FARBE ";F$,(A+B)*1/2;Q1	F$ → ROT A → 13,8 B → 5,9 Q1 → $-7{,}38 \cdot 10^{-3}$
2	2Ø PRINT L$,,,R$	L$ → LINKS R$ → RECHTS
3	3Ø PRINT TAB(18);M$	M$ → MITTE
4	4Ø PRINT TAB(18),M$	M$ → MITTE
5	5Ø PRINT "A*B";B$(1),A+B,A−B	BS(1) → 6.87 A → 5 B → 8

Aufgabe 16.8

Was wird vom Computer bei der Bearbeitung des folgenden Programmes ausgegeben?
(Annahme: 4 Felder zu je 10 Druckstellen pro Druckzeile.)

```
1Ø A = 123
2Ø A$ = "ABCD"
3Ø PRINT A,
4Ø PRINT "A",
5Ø PRINT A$,
6Ø PRINT "A$"
7Ø END
```

Aufgabe 16.9

Was wird vom Computer bei der Bearbeitung des folgenden Programmes ausgedruckt?
(Annahme: 4 Spalten zu je 10 Druckpositionen je Zeile.)

```
 1Ø L$(1) = "KLAUS"
 2Ø L$(2) = "PETER"
 3Ø L$(3) = "MAX"
 4Ø L$(4) = "HUBERT"
 5Ø L$(5) = "ANDREAS"
 6Ø PRINT L$(4)
 7Ø PRINT L$(1),L$(2)
 8Ø PRINT L$(5);L$(3)
 9Ø PRINT L$(1)+L$(2)
1ØØ END
```

17 Eingabeanweisungen

Programme müssen mit den erforderlichen Daten versorgt werden. Dazu dienen Eingabeanweisungen.

Eingabeanweisungen dienen dazu, Programme mit den erforderlichen Daten zu versorgen.

Im folgenden sollen vier Möglichkeiten erläutert werden, BASIC-Programme mit Daten zu versorgen:

- Wertzuweisung mit Hilfe der LET-Anweisung,
- Eingabe mit Hilfe der READ-DATA-Anweisung,
- Eingabe mit Hilfe der INPUT-Anweisung,
- Eingabe mit Hilfe der GET-Anweisung (bzw. INKEY$, INPUT$ o.ä.).

17.1 Wertzuweisung mit Hilfe der LET-Anweisung

Es ist schon mit den bisherigen Kenntnissen möglich, BASIC-Programme mit den erforderlichen Daten zu versorgen. Dazu legt man die Eingabedaten am Anfang eines jeden Programms mit Hilfe von Zuordnungsanweisungen (LET-Anweisungen) fest.

Beispiel 17.1

Es soll ein BASIC-Programm zur Berechnung der Gleichung $x = a + b \cdot c$ aufgestellt werden. Die Eingabedaten seien:

$a = 5;\; b = 7{,}2;\; c = 0{,}5\,.$

Erfolgt die Wertzuweisung über LET-Anweisungen, so ergibt sich folgendes Programm:

```
1Ø LET A = 5
2Ø LET B = 7.2
3Ø LET C = Ø.5
4Ø LET X = A+B*C
5Ø PRINT "A=";A;"B=";B;"C=";C;"X=A+B*C=";X
6Ø END
```

Die ersten drei LET-Anweisungen weisen den Variablen der vierten LET-Anweisung (Anw.Nr. 4Ø) die erforderlichen Werte zu. Anschließend werden die Eingabewerte sowie das Ergebnis der Rechnung zusammen mit einem erläuternden Text ausgegeben (Anw.Nr. 5Ø). Die letzte Anweisung beendet das Programm (vgl. Kap. 22.1).

Dieses Beispiel zeigt, daß für jede Variable, für die ein Wert eingegeben werden soll, eine LET-Anweisung geschrieben werden muß (außer bei möglichen Mehrfachzuweisungen).

Entsprechendes gilt für boolesche Zuordnungsanweisungen.

Beispiel 17.2

Es soll ein BASIC-Programm zur Berechnung der Gleichung

$Q = A \wedge B \vee \bar{C}$

aufgestellt werden. Die Eingabedaten seien:

A = wahr
B = falsch
C = wahr

Mit Hilfe von Zuordnungsanweisungen ergibt sich folgendes Programm:

```
10 LET A = -1
20 LET B = 0
30 LET C = -1
40 LET Q = A AND B OR NOT C
50 PRINT "A="; A;"B="; B;"C=";C;"Q=";Q
60 END
```

Auch für die Versorgung eines BASIC-Programms mit Texten ist dieses Verfahren möglich.

Beispiel 17.3

Es soll ein BASIC-Programm erstellt werden, das aus der Zuordnung der Einzelzeichen –,1,.,2 zu Textvariablen durch deren Verkettung den Text –1.2 erstellt. Das dazugehörige Programm lautet:

```
10 A$ = "-"
20 B$ = "1"
30 C$ = "."
40 D$ = "2"
50 E$ = A$+B$+C$+D$
60 PRINT E$
70 END
```

Wenn viele Variablen mit Eingabewerten versehen werden müssen oder häufig Änderungen der Eingabewerte erfolgen sollen, wird dieses Verfahren sehr umständlich. Aus diesen Gründen wurden für die Programmiersprache BASIC spezielle Eingabeanweisungen geschaffen, die es erleichtern, Programme mit Eingabewerten zu versehen. Sie sorgen dafür, daß die jeweiligen Eingabewerte von dem Eingabegerät zu dem Speicher der Zentraleinheit transportiert werden.

17.2 Eingabe mit Hilfe der READ-DATA-Anweisung

Daten werden mit Hilfe der READ-DATA-Anweisung folgendermaßen eingegeben:

n_1 **READ** $v_1, v_2, \ldots, v_x$

.
.
.

n_2 **DATA** $K_1, K_2, \ldots, K_x$

Dabei sind:

n_1, n_2	Anweisungsnummern der beiden Anweisungen (READ, DATA)
READ, DATA	Schlüsselworte der Eingabeanweisung
$v_1, \ldots, v_x$	Variablenliste mit x Variablen
$K_1, \ldots, K_x$	Werteliste mit x Konstanten

- Mit Hilfe des Schlüsselwortes READ (deutsch: Lies) wird dem Mikrocomputer mitgeteilt, daß Daten eingelesen werden sollen.
- Die *Variablenliste*, die auf das Schlüsselwort READ folgt, enthält die Variablen, denen Werte zugewiesen werden sollen.
  Es dürfen numerische Variablen, Boolesche Variablen und Textvariablen gemeinsam in der Variablenliste stehen. Diese Variablen können auch indiziert sein.
  Die Variablen unterschiedlichen Typs dürfen in beliebiger Anzahl und Reihenfolge aufgelistet werden.
  Die einzelnen Variablen werden dabei durch Kommas voneinander getrennt.
- Auf das Schlüsselwort DATA (deutsch: Daten) folgt die Werteliste mit den *Konstanten* $K_1, \ldots, K_x$, die den Variablen $v_1, \ldots, v_x$ zugewiesen werden sollen. Es dürfen weder Variablen noch Ausdrücke in der DATA-Anweisung stehen.
  Die Werte in der Werteliste der DATA-Anweisung werden dabei so aufgelistet,
  - daß der erste Wert der Werteliste der ersten Variablen der Variablenliste,
  - der zweite Wert der Werteliste der zweiten Variablen der Variablenliste usw.

  zugeordnet wird.
  Die Werte müssen durch Kommas getrennt werden.

Die zuzuweisenden Werte müssen somit *im Programm* durch eine besondere Anweisung, der sog. DATA-Anweisung, festgelegt werden.

Dies bedeutet, daß das *Programm geändert* werden muß, wenn die Eingabedaten verändert werden sollen.

Somit können nach dem Start des Programms die Daten nicht mehr vom Anwender geändert werden. Änderungen der Eingabedaten können nur über eine Änderung des Programms erfolgen.

Wenn die Eingabedaten häufig geändert werden sollen, ist somit diese Form der Eingabeanweisung nicht besonders zweckmäßig. Ändern die Eingabedaten sich jedoch selten, so erspart man sich den sonst notwendigen Eingabeaufwand.

Insbesondere zusammen mit der RESTORE-Anweisung (vgl. 17.3) ergeben sich nützliche Anwendungen, da die Eingabedatensätze dann sogar mehrfach genutzt und im Programm manipuliert werden können.

Die DATA-Anweisung kann an jeder beliebigen Stelle des Programms stehen.
Es ist jedoch üblich, alle DATA-Anweisungen am Programmende zusammenzufassen (vor oder hinter der END-Anweisung, vgl. Kap. 22.1).

Das Fahrnetz zu READ-DATA läßt sich wie folgt darstellen:

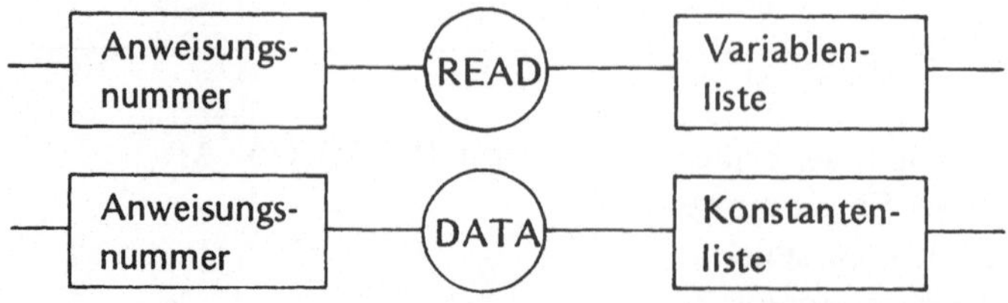

Zusammenfassend läßt sich festhalten:

Mit Hilfe der READ-DATA-Anweisung können beliebig vielen Variablen Werte zugewiesen werden.
Diese Variablen werden, durch Kommas getrennt, in einer „Variablenliste" hinter dem Schlüsselwort READ aufgelistet.
Die Reihenfolge und der Typ der Variablen können beliebig sein.
Die den Variablen zugeordneten Werte werden, durch Kommas getrennt, in einer „Werteliste" hinter dem Schlüsselwort DATA aufgelistet, und zwar in der Reihenfolge, in der die zugehörigen Variablen in der Variablenliste der READ-Anweisung aufgelistet sind.

Anhand von Beispielen sollen weitere Eigenschaften der READ-DATA-Anweisung erläutert werden.

Beispiel 17.4

Eingabe von numerischen Werten mit Hilfe von READ-DATA:

Eingabeanweisung	Erläuterung
1Ø READ A,B 2Ø LET C=A+B 3Ø PRINT "A=";A;"B=";B;"C=";C 4Ø END 5Ø DATA 15,18	Der Variablen A wird der Wert 15 und der Variablen B der Wert 18 zugewiesen. Mit diesen Werten wird der Wert C ermittelt. Die Eingabewerte sowie das Rechenergebnis werden wie folgt ausgegeben: A =␣15␣B =␣18␣C =␣33[1])

Die Variablen der Variablenliste müssen nicht in einer READ-Anweisung zusammengefaßt sein.

Beispiel 17.5

Eingabeanweisung	Erläuterung
1Ø READ A,B,C 2Ø READ D 3Ø LET X=A+B+C+D 4Ø PRINT A;B;C;D;X 5Ø END 6Ø DATA 3,–Ø.5,8Ø,12Ø	Nach der Ausführung der beiden READ-Anweisungen haben die Variablen folgende Werte angenommen: A = 3 B = –Ø.5 C = 8Ø D = 12Ø Ausgegeben wird: ␣3␣–Ø.5␣␣8Ø␣␣12Ø␣␣2Ø2.5[1])

1) Das␣-Zeichen steht für eine Leerstelle (Leerzeichen).

Die Daten für die Variablen der Variablenliste müssen nicht in einer DATA-Anweisung zusammengefaßt sein.

Beispiel 17.6

Eingabeanweisung	Erläuterung
1∅ READ A 2∅ READ B 3∅ READ C,D 4∅ LET X=A+B+C+D 5∅ PRINT A;B;C;D;X 6∅ END 7∅ DATA 3 8∅ DATA −∅.5,8∅ 9∅ DATA 12∅	Nach der Ausführung der drei READ-Anweisungen haben die Variablen folgende Werte angenommen: A = 3 B = −∅.5 C = 8∅ D = 12∅ Diese READ-DATA-Anweisung führt zum gleichen Ergebnis wie Beispiel 17.5

Diese Beispiele zeigen, daß den in der READ-Anweisung aufgelisteten Variablen der Reihe nach immer der nächste Zahlenwert aus der DATA-Anweisung zugeordnet wird.

Man muß daher darauf achten, daß stets ausreichend Daten vorhanden sind.

Eine READ-Anweisung ohne Daten führt zu einer Fehlermeldung.
(OUT OF DATA IN Anw.Nr. xx)

Wahrheitswerte können ebenfalls mit Hilfe der READ-DATA-Anweisung eingegeben werden.

Dabei ist zu beachten, daß die Booleschen Konstanten nur die Wahrheitswerte −1 (wahr) bzw. ∅ (falsch) annehmen können (vgl. Kap. 10.3).

Beispiel 17.8

Beispiel für die Ein- und Ausgabe von Wahrheitswerten:

Nr.	Programmbeispiel	Eingabe
1	1∅ READ Q,P 2∅ A = NOT (Q AND NOT P) 3∅ PRINT Q;P;A 4∅ DATA −1,∅ 5∅ END	Durch die READ-DATA-Anweisung (Anweisungsnummer 1∅ und 4∅) wird für die Variablen folgende Zuordnung der Wahrheitswerte getroffen: Q → −1 (wahr) P → ∅ (falsch) Durch die Boolesche Zuordnungsanweisung (Anweisungsnummer 2∅) wird der Variablen A ein Wahrheitswert zugeordnet. Dieser wird zusammen mit den Eingabewerten wie folgt ausgedruckt: −1␣␣∅␣␣∅

Mit Hilfe von READ-DATA können auch Textkonstanten, die in der DATA-Anweisung stehen, den entsprechenden Textvariablen in der READ-Anweisung zugeordnet werden. Die Textkonstanten in der DATA-Anweisung benötigen keine Anführungszeichen.

Es ist jedoch auch kein Fehler, Textkonstanten in der DATA-Anweisung in Anführungszeichen zu setzen.

Nur wenn die Textkonstanten Kommas oder Doppelpunkte enthalten, *müssen* die Textkonstanten in Anführungsstriche gesetzt werden.

Ähnliches gilt, wenn *führende* Leerstellen (Blank) als Textbestandteile berücksichtigt werden sollen. Ohne einschließende Anführungszeichen werden sie vom Computer nicht zum Text gerechnet.

Texte, die *innerhalb* des Textes Leerstellen aufweisen, müssen jedoch nicht in Anführungszeichen eingeschlossen werden.

Beispiel 17.9

```
1Ø READ L$,R$
2Ø PRINT L$,,,R$
3Ø END
4Ø DATA LINKS,RECHTS
```

Ausgabe:

Beispiel 17.10

Die Anweisungsnummer 4Ø des Programms von Beispiel 17.9 wird wie folgt geändert:

```
4Ø DATA LI,NKS,RECHTS
```

Die Ausgabe ändert sich wie folgt:

Das Wort LINKS, das durch ein Komma getrennt wurde, wird somit so behandelt, als wären es zwei getrennte Texte LI und NKS, die den Variablen A$ und B$ zugeordnet werden. Die Textkonstante RECHTS wird nicht berücksichtigt, da sie keiner Variablen zugeordnet werden kann.

Beispiel 17.11

Die Anweisungsnummer 4Ø des Programms von Beispiel 17.9 wird wie folgt geändert:

```
4Ø DATA LI:NKS,RECHTS
```

Es wird folgende Fehlermeldung ausgegeben:

```
OUT OF DATA IN 1Ø
```

Der Doppelpunkt wird somit als Trennungszeichen angesehen, dem eine BASIC-Anweisung folgt. Demzufolge enthält die DATA-Anweisung nur einen Wert (LI) für zwei Variablen (A$, B$). Dies führt zur ausgegebenen Fehlermeldung.

Beispiel 17.12

Die Anweisungsnummer 4∅ des Programms von Beispiel 17.9 wird wie folgt geändert:

4∅ DATA␣␣␣␣␣␣LINKS, RECHTS

Dies führt zur gleichen Ausgabe wie Beispiel 17.9. Die führenden Leerstellen vor dem Text LINKS wurden nicht berücksichtigt.

Hätte man jedoch die Konstanten in den Beispielen wie folgt in Anführungsstriche gesetzt:

Beispiel 17.10 "LI,NKS"
Beispiel 17.11 "LI:NKS"
Beispiel 17.12 "␣␣␣␣␣␣ LINKS"

so wären diese Texte so ausgegeben worden, wie sie in den Anführungsstrichen stehen.

17.3 Die RESTORE-Anweisung

Mit Hilfe einer READ-Anweisung kann ein Datensatz einer DATA-Anweisung nur einmal eingelesen werden.

Teilweise besteht der Wunsch, einen Datensatz, der schon im Programm in einer DATA-Anweisung vorhanden ist, noch einmal mit einer READ-Anweisung zu lesen.

Dies ist möglich bei Verwendung der RESTORE-Anweisung.

Das Fahrnetz der RESTORE-Anweisung ist:

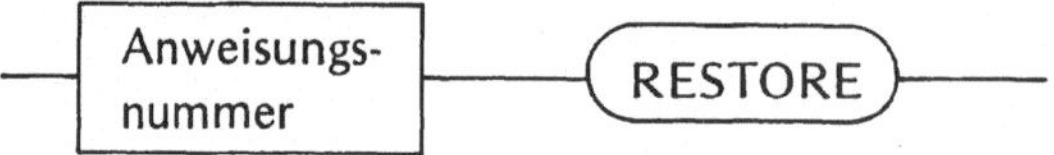

Mit Hilfe der RESTORE-Anweisung kann ein Datensatz einer DATA-Anweisung mehrfach gelesen werden. Dazu ist die Anweisung RESTORE vor der READ-Anweisung anzuordnen, die einen Datensatz wiederholt lesen soll.

Beispiel 17.13

Beispiel einer Eingabeanweisung mit wiederholtem Lesen eines Datensatzes:

Eingabeanweisung	Erläuterung
1∅ READ A,B 2∅ RESTORE 3∅ READ C,D 4∅ PRINT A;B;C;D 5∅ END 1∅∅ DATA ∅.15,−∅.25	In der READ-Anweisung mit der Anweisungsnummer 1∅ wird der Variablen A der Wert ∅.15 und der Variablen B der Wert −∅.25 zugeordnet. Damit wäre die DATA-Anweisung abgearbeitet. Durch die RESTORE-Anweisung kann sie jedoch wieder neu für eine READ-Anweisung verwendet werden. Dies hat zur Folge, daß in diesem Beispiel der Variablen C der Wert ∅.15 und der Variablen D der Wert −∅.25 zugeordnet wird. Die Werte der Variablen A,B,C und D werden mit Hilfe der PRINT-Anweisung wie folgt ausgegeben: ␣∅.15␣−∅.25␣␣∅.15␣−∅.25

Wäre die RESTORE-Anweisung nicht vorhanden gewesen (Anw.Nr. 2∅), so wäre folgende Fehlermeldung ausgegeben worden:

OUT OF DATA IN 3∅

Beispiel 17.14

Die einmal mit Hilfe der DATA-Anweisung angegebenen Werte können auch einfach über die RESTORE-Anweisung manipuliert werden. Möchte man z.B. mit einem neuen Datensatz arbeiten, der sich im Wert um den Faktor 2 vom alten Datensatz unterscheidet, so muß kein neuer Datensatz eingegeben werden. Man kann auch nach RESTORE und READ die Daten mit dem Faktor 2 multiplizieren, wie es folgendes Programm zeigt:

```
1Ø READ A,B
2Ø PRINT A;B
3Ø RESTORE
4Ø READ A,B
5Ø PRINT 2*A;2*B
6Ø END
7Ø DATA Ø.15,-Ø.25
```

Ausgabe:

```
␣.15␣-.25
␣.3␣-.5
```

17.4 Eingabe mit Hilfe der INPUT-Anweisung

Mit Hilfe der INPUT-Anweisung erreicht man ein noch größeres Maß an Flexibilität bei der Eingabe als mit der READ-DATA-Anweisung, da die Daten mit Hilfe der INPUT-Anweisung erst während des Programmlaufs (Rechenlaufs) eingegeben werden müssen. Man hat somit z.B. die Möglichkeit, Eingabedaten abhängig von vorangegangenen Rechenergebnissen einzugeben. Die INPUT-Anweisung ist auch besonders gut geeignet, wenn der Benutzer mit dem Mikrocomputer in einen Dialog treten will. Dazu ein Anwendungsbeispiel:

In Lehrprogrammen stellt der Mikrocomputer Fragen und verlangt vom Lernenden Antworten (z.B. richtig, falsch, weiß ich nicht, usw.). Die Antworten sind Eingabedaten, die erst während des Programmlaufs eingegeben werden können. Dies wäre jedoch mit einer READ-DATA-Eingabe nicht möglich, da diese verlangt, daß die Eingabedaten schon im Programm durch eine DATA-Anweisung eindeutig festgelegt werden.

Für die Dialogsprache BASIC wurde daher eine besondere Eingabeanweisung geschaffen, die es ermöglicht, Daten auch während des Programmlaufs einzugeben. Dies ist die sogenannte INPUT-Anweisung.

Die INPUT-Eingabeanweisung hat folgende allgemeine Form:

n INPUT $v_1, v_2, \ldots, v_x$

Dabei ist

n die Anweisungsnummer der INPUT-Anweisung,
INPUT das Schlüsselwort der Anweisung,
$v_1, \ldots, v_x$ eine Variablenliste mit x Variablen.

- Das Wortsymbol INPUT (deutsch: Eingabe) bewirkt, daß dem Mikrocomputer mitgeteilt wird, daß Daten *während* des Programmlaufs eingegeben werden sollen.
- Die *Variablenliste*, die auf das Schlüsselwort INPUT folgt, enthält die Variablen, denen Werte während des Programmlaufs zugewiesen werden sollen.

Es können dabei beliebig viele Variablen beliebigen Typs (numerisch, Boolesch, Text) in beliebiger Reihenfolge aufgelistet werden.

Diese Variablen dürfen auch indiziert sein.

Die einzelnen Variablen in der Variablenliste werden dabei durch Kommas voneinander getrennt.

- Die benötigten Daten werden nicht aus dem Speicher des Mikrocomputers entnommen, sondern nach Bearbeitung der INPUT-Anweisung direkt vom Benutzer angefordert.

Die Anforderung an den Benutzer, Daten einzugeben, wird auf dem Bildschirm der Benutzerstation meist durch Ausgabe eines Fragezeichens gekennzeichnet.

- **Der Mikrocomputer unterbricht die Programmbearbeitung solange, bis alle Daten, durch Kommas getrennt, eingegeben sind.**
- Nach Ausgabe des Fragezeichens müssen so viele Werte eingegeben werden, wie Variablen in der Variablenliste der INPUT-Anweisung stehen.

  Für die Reihenfolge der Eingabewerte gilt:
  - der erste eingegebene Wert wird der ersten Variablen der Variablenliste zugeordnet,
  - der zweite eingegebene Wert wird der zweiten Variablen der Variablenliste zugeordnet usw.
- **Die Trennung der Eingabewerte erfolgt durch Kommas.**
- **Am Ende der Eingabe aller Werte muß die RETURN-Taste o.ä. gedrückt werden. Dann werden die Daten im Speicher des Mikrocomputers gespeichert und somit den Variablen effektiv zugeordnet.**
- Werden zu wenig oder zu viele Variablen eingegeben, wird der Benutzer im allgemeinen durch besondere Meldungen darauf aufmerksam gemacht.

Beispiel 17.15

Beispiel einer INPUT-Eingabeanweisung:

Programmbeispiel	Erläuterung
4Ø INPUT A,B 5Ø LET X=A+B 6Ø PRINT A;B;X 7Ø END RUN ? 4.97,Ø.5	Während des *Rechenlaufs* des nebenstehenden Programms, d.h. nach Eingabe des RUN-Kommandos, bearbeitet der Mikrocomputer die INPUT-Anweisung (4Ø INPUT A, B). Sie wird gelesen und als Eingabeanweisung interpretiert. Bei der *Ausführung* der INPUT-Anweisung wird vom Mikrocomputer auf dem Bildschirm ein Fragezeichen ausgegeben. Das Programm erwartet nun die *Eingabe* von zwei Zahlenwerten für die Variablen A und B. Der Benutzer gibt über die Tastatur des Eingabegerätes zunächst für die Variable A einen Wert ein, z.B. 4.97, trennt diesen Wert gegenüber dem folgenden durch ein Komma und gibt anschließend für die Variable B den Wert Ø.5 ein. Nach *Abschluß der Eingabe* (Drücken der RETURN-Taste o.ä.) wird zur nächsten Anweisung des Programms (5Ø LET X= A+B) übergegangen usw.

Dieses Beispiel zeigt, daß der Benutzer eines Programms, das eine INPUT-Anweisung beinhaltet, wissen muß, in welcher Reihenfolge er die Daten für Variablen eingeben muß. Der Mikrocomputer gibt keinerlei Hilfestellung, z.B. durch Ausgabe der Reihenfolge der Werte auf dem Bildschirm.

Es wäre jedoch sinnvoll, wenn vor der Ausgabe des Fragezeichens ein „Text“ auf dem Bildschirm erschiene, der z.B. die Daten konkret anfordert und sich so ein Dialog zwischen Mikrocomputer und Benutzer bei der Eingabe ergibt. Ein Programm wird dadurch viel *benutzerfreundlicher*.

Dies läßt sich unter anderem mit vorangestellten PRINT-Anweisungen erzielen, wie es das folgende Beispiel zeigt:

Beispiel 17.16

Es soll das Beispiel 17.15 so abgeändert werden, daß vor der Eingabe der Werte für A und B ein „Abfragetext“ ausgegeben wird.

Programmbeispiel	Erläuterung
3∅ PRINT "GIB WERT FUER A EIN" 4∅ INPUT A 5∅ PRINT "GIB WERT FUER B EIN" 6∅ INPUT B 7∅ LET X=A+B 8∅ PRINT "A+B=";X 1∅∅ END	Die PRINT-Anweisungen mit den Anweisungsnummern 3∅ und 5∅ enthalten den Abfragetext, die den Benutzer zur richtigen Dateneingabe auffordern.
RUN GIB WERT FUER A EIN (Mikrocomputer) ? 4.97 (Benutzer) GIB WERT FUER B EIN (Mikrocomputer) ? ∅.5 (Benutzer) A + B =␣5.47 (Mikrocomputer)	Nach dem Start des Programms durch RUN ergibt sich der nebenstehende Dialog.

Dieser Eingabedialog läßt sich bei den meisten BASIC-Versionen auch über eine erweiterte INPUT-Anweisung führen. Die allgemeine Form lautet:

```
n INPUT "Abfragetext"; Variablenliste
```

Der Abfragetext, der bei Bearbeitung der INPUT-Anweisung auf dem Bildschirm ausgegeben wird, kann eine beliebige Zeichenkette sein. Er ist von der eigentlichen Variablenliste durch ein Semikolon zu trennen.

Beispiel 17.17

Es soll das Beispiel 17.16 so abgeändert werden, daß der „Abfragetext" in der INPUT-Anweisung mit aufgeführt wird.

Programmbeispiel	Erläuterung
3Ø INPUT "GIB WERT FUER A EIN";A 4Ø INPUT "GIB WERT FUER B EIN";B 5Ø LET X = A+B 6Ø PRINT "A+B=";X 1ØØ END	
RUN GIB WERT FUER A EIN? 4.97 GIB WERT FUER B EIN? Ø.5 A + B =␣5.47	Bei einigen BASIC-Versionen erscheint nach dem Abfragetext ein Fragezeichen, das, wie üblich, zur Dateneingabe auffordert. Bei anderen wird im Zusammenhang mit einem Abfragetext kein Fragezeichen ausgegeben. Möchte man dennoch das Fragezeichen im Abfragetext, so muß es in diesem Fall im Abfragetext enthalten sein.

Wird nicht für alle Variablen in der Variablenliste ein Wert bereitgestellt oder vorzeitig die RETURN-Taste gedrückt, so wird man durch ein Fragezeichen zur weiteren Dateneingabe aufgefordert.

Es können mit Hilfe der INPUT-Anweisung nicht nur numerische Werte eingegeben werden, sondern auch Boolesche Werte, Texte usw.

Texte, die eingegeben werden sollen, müssen nicht in Anführungsstriche gesetzt werden, können es aber.

Ausnahme:

Texte, die eingegeben werden sollen, müssen bei der Eingabe in Anführungsstriche gesetzt werden, wenn sie mit Leerstellen beginnen oder enden, Kommas bzw. Semikolons oder Anführungszeichen enthalten.

Wird die INPUT-Anweisung mit einem Semikolon abgeschlossen, so erfolgt nach der Dateneingabe und dem Abschluß durch RETURN kein Zeilenvorschub auf dem Bildschirm.

Die nächste Dateinein- bzw. -ausgabe erfolgt in der gleichen Bildschirmzeile.

Es ergibt sich für die INPUT-Anweisung folgendes Fahrnetz:

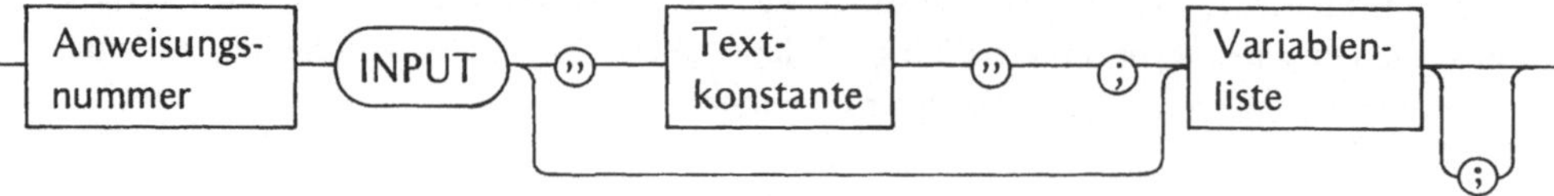

Beispiel 17.18

Beispiele von INPUT-Eingabeanweisungen mit anschließender Ausgabe der Eingabedaten in Form kurzer BASIC-Programme:

Nr.	BASIC-Programm mit INPUT- und PRINT-Anweisung	Eingabe der Daten	Erläuterung
1	1Ø INPUT A,A$ 2Ø PRINT A,A$ 3Ø END	?−3.14,−PI (RETURN)	In der Speicherzelle mit dem symbolischen Namen A wird die Zahl −3.14 gespeichert. In der Speicherzelle mit dem symbolischen Namen A$ wird der Text −PI gespeichert.
	Ausgabe der Daten: 0 10 20 30 39 -3.14 -PI		Der einzugebende Text −PI muß nicht in Anführungszeichen gesetzt werden. Der einzugebende Text *kann* jedoch auch in Anführungszeichen gesetzt werden. An der Form der Ausgabe ändert sich dabei nichts.
2	1Ø INPUT A,A$ 2Ø PRINT A,A$ 3Ø END	?−3.14 (RETURN) ?? −PI (RETURN)	Wie Beisp. Nr. 1, jedoch mit einer getrennten Eingabe der Werte. Der zweite fehlende Wert wird teilweise mit zwei Fragezeichen angefordert. Die Form der Ausgabe entspricht der in Beispiel 1.
3	7Ø INPUT X1,X2 8Ø INPUT X1$,X2$ 9Ø PRINT X1,,X2,X1$,X2$ 1ØØ END	? 5.67E−4,−567 (RETURN) ? AUF,ZU (RETURN)	Wenn für die erste INPUT-Anweisung die numerischen Werte eingegeben sind, meldet sich die zweite INPUT-Anweisung mit einem Fragezeichen. Hier müssen zwei Textkonstanten eingegeben werden, bevor das Programm zur PRINT-Anweisung übergeht.
	Ausgabe der Daten: 5.67E-04 -567 AUF ZU 0 10 20 30 39		Das zweite Ausgabefeld bleibt frei wegen der zwei Kommas nach X1.

Beispiel 17.19

Beispiele für Eingabeanweisungen mit Abfragetext:

Nr.	Eingabeanweisung
1	1Ø INPUT "VORNAME";VN$
2	2Ø INPUT "GEHALT";G
3	3Ø INPUT "ERGEBNIS";E
4	4Ø INPUT "GIB J ODER N";A$
5	5Ø INPUT "FAKTOR 1";X(1)

Beispiel 17.20

Es wird ein Programm angegeben, das den Eingabedialog zur Berechnung von Kreisflächen unterstützt.

```
1Ø PI = 3.14
2Ø INPUT "GEBEN SIE DEN RADIUS IN CM EIN";R
3Ø F = PI*R↑2
4Ø PRINT "DIE KREISFLAECHE IST";F;"CM IM QUADRAT"
5Ø END
```

Nach dem Starten des Programms mit dem RUN-Kommando folgt dieser Dialog:

Ausgabe auf dem Bildschirm:

GEBEN SIE DEN RADIUS IN CM EIN?

Das Programm wartet auf die Eingabe

Eingabe über die Tastatur:

Zum Beispiel: 5.Ø (RETURN)

Nach Abschluß der Eingabe durch Drücken der RETURN-Taste wird das Programm fortgesetzt.

Anschließend erscheint folgende Ausgabe auf dem Bildschirm:

DIE KREISFLAECHE IST 25 CM IM QUADRAT

Auch Wahrheitswerte können, wie schon erwähnt, mit Hilfe der INPUT-Anweisung eingegeben werden. Die bekannten Regeln für die Eingabe numerischer Werte bleiben dabei erhalten. Es ist jedoch zu beachten, daß als Wahrheitswerte nur die Zahlen −1 (wahr) bzw. Ø (falsch) eingegeben werden dürfen.

Beispiel 17.21

Beispiel für eine Eingabe von Booleschen Werten.

Programm	Erläuterung
1Ø INPUT Q,P 2Ø B=Q < Ø AND P 3Ø PRINT B 4Ø END	Die numerische Variable Q soll mit dem numerischen Wert Null verglichen werden (Q < Ø). Somit muß für Q ein numerischer Wert, z.B. der Wert 1Ø, eingegeben werden. Das Ergebnis ist ein Boolescher Wert, der mit der Booleschen Variablen P verknüpft wird (AND). Somit muß für P ein Boolescher Wert eingegeben werden, z.B. der Wahrheitswert „wahr" (–1).
Eingabe	
? 1Ø, –1 (RETURN)	Wenn das Fragezeichen als Aufforderung zur Dateneingabe erscheint, werden somit die Daten wie nebenstehend eingegeben.
Ausgabe	Erläuterung zur Ausgabe
␣Ø	Durch die Boolesche Zuordnungsanweisung (Anw.-Nr.2Ø) wird der Variablen B ein Wahrheitswert zugeordnet. Er ergibt sich wie folgt: Der Wahrheitswert aus dem Vergleich Q < Ø ist bei dem Eingabewert für Q = 1Ø „falsch" (Ø). Da bei der Eingabe der Variablen P der Wahrheitswert „wahr" (–1) zugeordnet wurde, ergibt sich der Boolesche Ausdruck zu Ø AND –1, d.h. insgesamt zu Ø(falsch). Dieser Boolesche Wert wird ausgedruckt (Anw.-Nr. 3Ø).

17.5 Eingabe mit Hilfe der GET-Anweisung (INKEY$, INPUT$)

Mit Hilfe der INPUT-Anweisung konnten

- Daten während des Programmlaufs eingegeben werden.
- Das Programm zeigt beim Auftreten einer INPUT-Anweisung mit Hilfe eines Fragezeichens an, daß es die Eingabe von Daten erwartet.
- Es können mehrere Daten mit Hilfe einer INPUT-Anweisung eingegeben werden.
- Die eingegebenen Daten werden auf dem Bildschirm hinter dem Fragezeichen aufgelistet.
- Das Programm wird solange nicht fortgesetzt, bis alle Eingabedaten eingegeben sind und die RETURN-Taste gedrückt wurde.

Die GET-Anweisung bewirkt, daß beim Auftreten des Schlüsselworts GET im laufenden Programm einer vorgegebenen Variablen der Wert zugeordnet wird, der durch Drücken einer Taste der Tastatur spezifiziert wird.

Die GET-Anweisung hat folgende allgemeine Form:

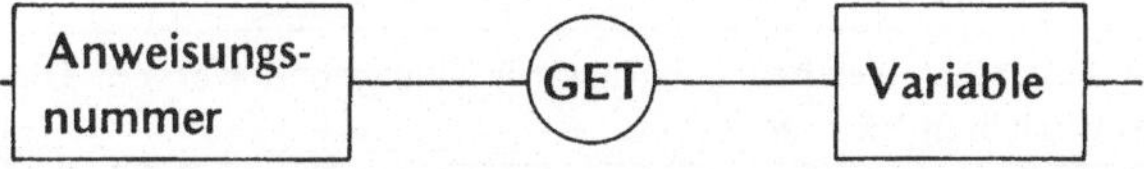

Die Variable kann entweder eine numerische Variable oder eine Textvariable sein, die auch indiziert sein darf.

Mit Hilfe der GET-Anweisung können somit wie bei der INPUT-Anweisung Daten während des Programmlaufs eingegeben werden.

Die GET-Anweisung weist jedoch folgende Unterschiede zur INPUT-Anweisung auf:

- Das Programm zeigt beim Auftreten der GET-Anweisung kein Zeichen, das den Anwender darauf aufmerksam macht, Daten einzugeben.
- Es kann i.a. nur jeweils *ein* Zeichen pro GET-Anweisung eingegeben werden, d.h., man darf bei jeder Eingabe mit GET nur eine Taste der Tastatur drücken.
- Die eingegebenen Zeichen werden nicht zur Kontrolle auf dem Bildschirm ausgegeben.
- Wenn in einem Programm eine GET-Anweisung auftritt und kein Zeichen eingegeben wird, fährt das Programm i.a. in der Bearbeitung fort. Die Variable, die stellvertretend für das einzugebende Zeichen steht, bleibt solange „leer“, bis eine Taste gedrückt wird. Eine „leere“ numerische Variable besitzt den Wert Ø, eine leere Textvariable beinhaltet einen „Nulltext“, d.h. es ist eine Zeichenkette der Länge Null.
  Wird *später* eine Taste gedrückt, wird der Variablen der Wert zugeordnet, der der gedrückten Taste entspricht.
- Soll der Rechner auf die Eingabe eines Zeichens *warten*, muß eine Warteschleife programmiert werden. Wird das Zeichen dann eingegeben, fährt das Programm sofort in der Bearbeitung fort. Ein Abschluß der Eingabe durch Drücken der RETURN-Taste ist nicht erforderlich.
- Vielfach können Tastenbetätigungen vom Mikrocomputer gespeichert werden. Wird eine Taste *vor* Auftreten des Schlüsselwortes GET gedrückt, so wird dieses Zeichen mit Hilfe der GET-Anweisung eingelesen.

Die GET-Eingabeanweisung ist somit wenig geeignet, wenn viele Daten einzugeben sind.

Die GET-Anweisung ist hingegen nützlich,

- **wenn man Daten während des Programmlaufs eingeben möchte, ohne abschließend die RETURN-Taste drücken zu müssen.**
  Dies ist wichtig bei Eingaben, die eine schnelle Reaktion erfordern, wie z.B. in vielen Spielprogrammen (Tennisschläger führen, Schießen zu bestimmten Zeitpunkten o.ä.).
- **wenn man bestimmte Tasten zu Spezialtasten machen möchte,**
  wie z.B. das Stoppen des Programms mit der Taste S oder das Quittieren von Abfragen mit den Tasten J für Ja bzw. N für Nein o.ä.
- **wenn nach dem Drücken der Taste das Programm sofort weiterlaufen soll.**

Beispiel 17.22

Nr.	Anweisung	Erläuterung
1	1Ø GET A	Es muß ein numerischer Wert über *eine* Zifferntaste eingegeben werden. Die Ziffer wird der numerischen Variablen A zugeordnet.
2	2Ø GET B$	Es muß ein beliebiges Zeichen der Tastatur eingegeben werden. Dies wird der Textvariablen B$ zugeordnet.

Da die GET-Anweisung den Programmlauf nicht unterbricht, jedoch i.a. auf eine Eingabe gewartet werden soll, muß vielfach eine Warteschleife aufgebaut werden. Die dazu nötigen Anweisungen sind an dieser Stelle noch nicht bekannt, so daß sinnvolle Beispiele an dieser Stelle nicht möglich sind.

17.6 Zusammenfassung

Eingabeanweisungen dienen dazu, Programme mit den erforderlichen Daten zu versorgen.

- Eingabe mit Hilfe der READ-DATA-Anweisung

  Fahrnetz

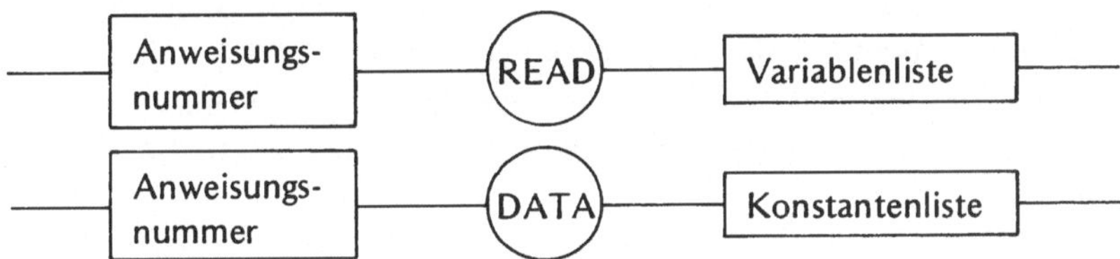

Die Variablenliste enthält, durch Kommas getrennt, die Variablen, denen Werte zugewiesen werden sollen. Es dürfen numerische-, Boolesche- und Textvariablen gemeinsam in der Liste stehen. Sie können auch indiziert sein. Die Anzahl ist nicht beschränkt, die Reihenfolge ist beliebig.

Die den Variablen zuzuweisenden Werte stehen in der DATA-Anweisung. Die Konstantenliste enthält diese Werte. Die Konstanten sind durch Kommas zu trennen.

Eine READ-Anweisung, die zuwenig Werte in der DATA-Anweisung aufweist, führt zu einer Fehlermeldung (OUT OF DATA).

Textkonstanten in der Konstantenliste der DATA-Anweisung benötigen keine Anführungszeichen. Nur wenn die Textkonstanten Kommas, Doppelpunkte oder am Anfang bzw. am Ende Blanks (Leerzeichen) enthalten, müssen die Textkonstanten in Anführungszeichen eingeschlossen werden.

Mit Hilfe einer RESTORE-Anweisung kann ein Datensatz (Konstantenliste) einer DATA-Anweisung mehrfach gelesen werden. Dazu ist die Anweisung

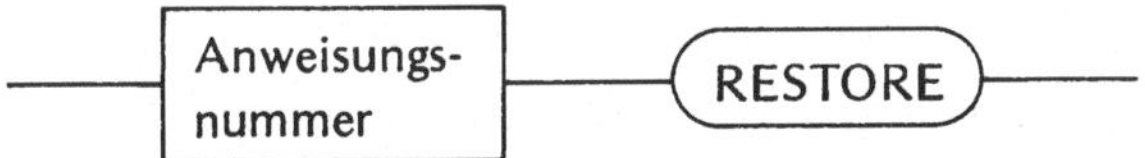

vor der READ-Anweisung anzuordnen, die einen Datensatz wiederholt lesen soll.

- Eingabe mit Hilfe der INPUT-Anweisung

  Fahrnetz

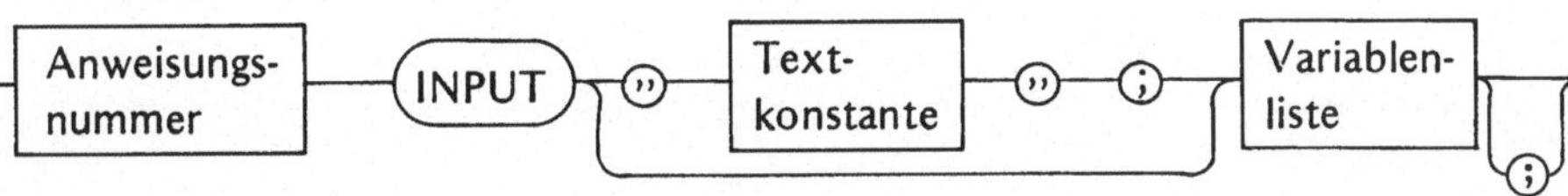

Die INPUT-Anweisung ermöglicht es, daß Daten während des Programmlaufs eingeben werden können.

Es können dabei in einer Variablenliste beliebig viele Variablen beliebigen Typs in beliebiger Reihenfolge, durch Kommas getrennt, aufgelistet werden. Die Variablen dürfen auch indiziert sein.

Die Anforderung an den Benutzer, Daten für diese Variablen einzugeben, wird auf dem Bildschirm der Benutzerstation meist durch Ausgabe eines Fragezeichens gekennzeichnet.

Der Mikrocomputer unterbricht die Programmbearbeitung solange, bis alle Daten, durch Kommas getrennt, eingegeben sind.

Texte, die eingegeben werden sollen, müssen nicht in Anführungsstriche gesetzt werden, außer wenn sie mit Leerstellen beginnen oder enden bzw. die Texte Kommas, Semikolons oder Anführungszeichen enthalten.

Am Ende der Eingabe aller Werte muß die RETURN-Taste gedrückt werden. Damit werden die Daten von dem Mikrocomputer übernommen und den Variablen zugeordnet.

Der Eingabedialog läßt sich i.a. über einen Abfragetext (hier: Textkonstante) führen. Er kann eine beliebige Zeichenkette sein und ist von der eigentlichen Variablenliste durch ein Semikolon zu trennen.

Wird die INPUT-Anweisung mit einem Semikolon abgeschlossen, so erfolgt nach der Dateneingabe und dem Abschluß durch RETURN kein Zeilenvorschub auf dem Bildschirm.

- Eingabe mit Hilfe der GET-Anweisung

Fahrnetz

Die Variable kann entweder eine numerische Variable oder eine Textvariable sein, die auch indiziert sein darf.

Die GET-Anweisung bewirkt, daß beim Auftreten des Schlüsselwortes GET im laufenden Programm einer vorgegebenen Variablen der Wert zugeordnet wird, der durch Drücken einer Taste der Tastatur spezifiziert wird.

Die GET-Anweisung ist nützlich, wenn man Daten während des Programmlaufs eingeben möchte, ohne abschließend die RETURN-Taste drücken zu müssen oder wenn man bestimmte Tasten zu Spezialtasten machen möchte.

17.7 Übungsaufgaben

Aufgabe 17.1

Geben Sie die Fehler in folgendem Programmteil an:

```
1Ø READ A;B
.
.
.
5Ø DATA 15;B
```

Aufgabe 17.2

Was geschieht, wenn nicht für alle Variablen der READ-Anweisung Werte in der DATA-Anweisung vorhanden sind?

Aufgabe 17.3

Welche Daten werden den Variablen in folgendem Programmteil zugeordnet:

```
1Ø READ A,B
.
.
.
1ØØ DATA 1,2,3,4
11Ø END
```

Lösung: A = ________________

B = ________________

Aufgabe 17.4

Wie sehen die Ausdrucke für folgende Programme aus?
(Annahme: 4 Druckfelder mit je 1Ø Druckstellen je Druckzeile.)

Nr.	Programm	Ausdruck
1	1Ø READ W1$,W,W2$ 2Ø PRINT W1$;W;W2$ 3Ø END 4Ø DATA "WIDERSTAND␣",122.8,"␣OHM"	
2	1Ø READ A$,A,B%,C#,D! 2Ø PRINT A;A$;C#;B%;D! 3Ø END 4Ø DATA WERT,1.23,456,1.23456789,7.891	
3	1Ø DIM A$(6) 2Ø READ A$(1), A$(2), A$(3), A$(4), A$(5) 3Ø PRINT A$(1); A$(2); A$(3); A$(4); A$(5) 4Ø END 5Ø DATA B,A,S,I,C	

Aufgabe 17.5

Welche Werte werden den Variablen der READ-Anweisung zugeordnet?

Nr.	Programm	Erläuterung
1	1∅ READ N$,S$,X,Y : 2∅∅ DATA MEYER,KLAUS,–128,13.4 :	
2	1∅ READ N$,S$,X,Y : 2∅∅ DATA MEYER,KLAUS 21∅ DATA –128,13.4 :	
3	1∅ READ N$,S$,X,Y : 2∅∅ DATA "MEYER","KLAUS" 21∅ DATA –128,13.4	

Aufgabe 17.6

Welche Daten werden den Variablen in folgendem Programmteil zugeordnet:

```
 1∅ READ A,B
 :
 5∅ RESTORE
 6∅ READ C,D
 :
1∅∅ DATA 1,2,3,4
11∅ END
```

Lösung: A = ______

B = ______

C = ______

D = ______

Aufgabe 17.7

Ordnen Sie mit Hilfe einer READ-DATA-Anweisung folgenden Variablen die zugehörigen Werte zu:

A1 → **–18**
B1 → ∅,12345
C1 → 1,2E–6
R$ → ROT
G$ → GRUEN

Aufgabe 17.8

Gegeben seien folgende kurze BASIC-Programme:

Wie sind die Eingabedaten für folgende INPUT-Anweisungen einzugeben? Wie sieht die Ausgabe dieser Eingabedaten aus?

(Annahme: Pro Druckzeile 4 Felder zu je 1Ø Druckspalten.)

Nr.	BASIC-Programm	Eingabedaten 1:	Form der Eingabe
1	1Ø INPUT X,X$,X1 2Ø PRINT X,X$,X1 3Ø END	X → 123 X$ → 24.DEZ.1983 X1 → −1,23	
		Form der Ausgabe:	
		Eingabedaten 2:	Form der Eingabe
		X → 123 X$ → "24.DEZ.1983" X1 → −1,23	
		Form der Ausgabe:	
		Eingabedaten 3:	Form der Eingabe
		X → 123 X$ → 24"DEZ"1983 X1 → −1,23	
		Form der Ausgabe:	
2	4Ø INPUT N$,V$ 5Ø INPUT A,B 6Ø PRINT N$,V$,A,B 7Ø END	Eingabedaten:	Form der Eingabe
		N$ → KLAUS V$ → MEYER A → Ø,ØØØ12 B → $1{,}23 \cdot 1Ø^{-6}$	
		Form der Ausgabe:	

3	8Ø INPUT K$ 9Ø PRINT K$ 1ØØ END	Eingabedaten 1:	Form der Eingabe
		K$ → "A,B"	
		Form der Ausgabe:	
		Eingabedaten 2:	Form der Eingabe
		K$ → A,B	
		Form der Ausgabe:	
4	11Ø INPUT A,B$,C(4) 12Ø PRINT A,B$,C(4) 13Ø END	Eingabedaten:	Form der Eingabe
		A → 987 B$ → COMPUTER C(4) → Ø,Ø987	
		Form der Ausgabe:	

Aufgabe 17.9

Gegeben sei folgendes Programm:

```
1Ø INPUT A$,B$,C$,D$,E$
2Ø LET R$=B$+A$
3Ø LET S$=D$+A$
4Ø LET T$=C$+A$
5Ø LET U$=B$+A$+E$
6Ø PRINT R$,S$,T$,U$
7Ø END
```

Für die einzelnen Textvariablen sollen folgende Texte eingegeben werden:

A$ → BALL
B$ → FUSS
C$ → HAND
D$ → FEDER
E$ → TOR

Wie sieht die Eingabe in den Computer und der Ausdruck des Computers aus? (Annahme: 4 Felder mit je 1Ø Druckspalten je Ausgabezeile.)

Aufgabe 17.10

Sind folgende Eingabeanweisungen richtig aufgebaut?

Nr.	BASIC-Eingabeanweisung	Ja	Nein	Erläuterung
1	1Ø INPUT A1,A2,A3	○	○	
2	2Ø READ C,P3,A5	○	○	
3	3Ø INPUT AB1	○	○	
4	4Ø INPUT A(B),C(I+2)	○	○	
5	5Ø READ X,Y 6Ø READ Z : 1ØØ DATA 1Ø 11Ø DATA Ø.8,–Ø.2	○	○	
6	6Ø READ R,S,T,U : 7Ø DATA 5,16,18	○	○	
7	1Ø INPUT A+B	○	○	
8	15 INPUT X,Y,Z	○	○	
9	22 INPUT R;S;T	○	○	

Aufgabe 17.11

Geben Sie ein BASIC-Programm zur Berechnung der Gleichung

$$Q = A \wedge B \vee \overline{C}$$

an. Die Eingabedaten seien:

A = wahr
B = falsch
C = wahr

Es ist die READ-DATA-Anweisung zur Eingabe vorzusehen.

18 Lineare Programme (Sequenzen)

18.1 Umrechnung von Geschwindigkeiten (KM/H in SM/H)

Aufgabenstellung

In der Seefahrt werden Geschwindigkeiten in Knoten angegeben. Dies ist die Zahl der Seemeilen (SM), die pro Stunde (H) zurückgelegt werden. Um einen Bezug zu den Geschwindigkeiten im Straßenverkehr zu gewinnen, die in Kilometer pro Stunde (KM/H) angegeben werden, ist eine entsprechende Umrechnung erforderlich.

Problemformulierung

Da eine Seemeile (SM) 1,852 Kilometer (KM) entspricht, ergibt sich die Umrechnungsformel zu

SMH = KMH/1.852

Struktogramm

Da es sich um eine sehr einfache Aufgabenstellung handelt, wird auf die Darstellung des Struktogrammes verzichtet.

Programmausdruck

```
10 '+++++ UMRECHNUNG VON GESCHWINDIGKEITEN +++++++++++
20 '          KILOMETER PRO STUNDE (KM/H) IN
30 '          SEEMEILEN PRO STUNDE (SM/H)
40 '------------------------------------------------
50 'EINGABE
60 INPUT"GEBEN SIE DIE GESCHWINDIGKEIT IN KM/H EIN";KMH
70 '------------------------------------------------
80 'UMRECHNUNG
90 SMH=KMH/1.852
100 '-----------------------------------------------
110 'AUSGABE
120 LPRINT KMH;"KM/H ENTSPRECHEN";SMH;"SM/H(KNOTEN)
130 '
140 '+++++ PROGRAMMENDE +++++++++++++++++++++++++++++++
150 END
```

Ergebnisausdruck

```
20 KM/H ENTSPRECHEN 10.7991 SM/H(KNOTEN)
```

Erläuterungen zum Programm

Anw.-Nr.	Erläuterung
1∅ bis 4∅	Kommentare zur Beschreibung der Aufgabe des Programmes.
5∅ bis 7∅	Aufforderung auf dem Bildschirm, einen Wert für die Geschwindigkeit in km/h einzugeben, sowie die eigentliche Eingabe des Wertes über die Tastatur.
8∅ bis 1∅∅	Arithmetischer Ausdruck zur Umrechnung der eingegebenen km/h in Sm/h.
11∅ bis 13∅	Ausgabe des Ergebnisses auf dem Drucker (LPRINT) mit einem erläuternden Text.

18.2 Bremswegberechnung

Aufgabenstellung

Der Fahrer eines Autos kennt nur die Geschwindigkeit und das Bremsvermögen seines eigenen Fahrzeuges. Er sollte sich daher in seiner Fahrweise so einrichten, daß sein Bremsweg kleiner oder höchstens gleich dem Abstand zu einem vorherfahrenden Fahrzeug ist. Auf diese Weise können Auffahrunfälle vermieden werden. Zur Verdeutlichung, wie stark der Bremsweg mit steigender Geschwindigkeit wächst, soll der Bremsweg eines Autos als Funktion der Geschwindigkeit ermittelt werden. Als Bremsverzögerung des Autos kann auf trockener Straße $b = 5\,\text{m/s}^2$ angenommen werden.

Problemformulierung

Aus der Bewegungslehre sind für gleichmäßig beschleunigte Bewegungen folgende Gleichungen bekannt:

$$s_B = \frac{1}{2} b t^2 \qquad (1)$$

$$v = b \cdot t \qquad (2)$$

Gleichung (1) gibt den Bremsweg s_B als Funktion der Bremsverzögerung b und der Bremszeit t an. Die Bremszeit ist jedoch nicht bekannt. Sie kann mit Hilfe der Gleichung (2) aus Geschwindigkeit v und Bremsverzögerung b wie folgt ermittelt werden:

$$t = \frac{v}{b}$$

Setzt man diese Zeit in Gleichung (1) ein, so ergibt sich der Bremsweg aus den dem Fahrer bekannten Größen v und b zu

$$s_B = \frac{v^2}{2b}$$

Struktogramm

BEGIN

Eingabe der Werte
für die Bremsverzögerung BVERZ und
für die Geschwindigkeit GESCHW.

$$BWEG = \frac{\left(\frac{GESCHW}{3,6}\right)^2}{2 * BVERZ}$$

Ausgabe
des Bremsweges BWEG mit einem
erläuternden Text.

END

Programmausdruck

```
10 '+++++ BREMSWEGBERECHNUNG +++++++++++++++++++
20 '
30 'EINGABE
40 '-------
50  PRINT"GEBEN SIE DIE BREMSVERZOEGERUNG"
60  PRINT"IN METER PRO SEKUNDENQUADRAT AN"
70  INPUT BVERZ
80  PRINT"GEBEN SIE DIE GESCHWINDIGKEIT"
90  PRINT"IN KILOMETER PRO STUNDE EIN"
100  INPUT GESCHW
110 '-----------------------------------------
120 'BERECHNUNG
130 '----------
140 BWEG=((GESCHW/3.6)^2)/2/BVERZ
150 '----------------------------------------
160 'AUSGABE
170 '-------
180 LPRINT"DER BREMSWEG IST BEI";GESCHW;"KM/H"
190 LPRINT"UND EINER BREMSVERZOEGERUNG VON";BVERZ;
200 LPRINT"M/S^2"
210 LPRINT
220 LPRINT BWEG "METER"
230 '----------------------------------------
240 '
250 '+++++ PROGRAMMENDE +++++++++++++++++++++++++
260 END
```

Ergebnisausdruck

```
DER BREMSWEG IST BEI 200 KM/H
UND EINER BREMSVERZOEGERUNG VON 5 M/S^2

 308.642 METER
```

Erläuterungen zum Programm

Anw.-Nr.	Erläuterung
1∅	Kommentar zur Beschreibung der Aufgabe des Programms.
3∅	Kommentar zur Kennzeichnung des Eingabeteils des Programms.
5∅, 6∅	Ausgabe auf dem Bildschirm, die zur Eingabe der Bremsverzögerung auffordert.
7∅	Eingabeanweisung zur Eingabe der Bremsverzögerung. Der Variablenname BVERZ setzt sich aus 5 Zeichen zusammen, von denen BASIC i.a. nur die ersten beiden auswertet. Aus Gründen der Lesbarkeit des Programms können und sollen für Variablennamen mehr als 2 Zeichen verwendet werden, sofern das Programm dadurch lesbarer wird.
8∅ bis 1∅∅	Aufforderung zur Eingabe der Geschwindigkeit.
11∅, 13∅	Kommentare zur Kennzeichnung des Programmteils, in dem die Berechnungen vorgenommen werden.
14∅	Arithmetische Zuordnungsanweisung zur Berechnung des Bremsweges. Da die Geschwindigkeit in km/h eingegeben wird, der Bremsweg jedoch in m ausgegeben werden soll, muß die Geschwindigkeit in m/s umgerechnet werden. Den Umrechnungsfaktor erhält man wie folgt: $\frac{km}{h} = \frac{1000\ m}{3600\ s} = \frac{1\ m}{3{,}6\ s}$ Die eingegebene Geschwindigkeit in km/h muß somit durch 3,6 dividiert werden, damit die Geschwindigkeit zur Berechnung in m/s vorliegt. Der Bremsweg ergibt sich in m, wenn die Bremsverzögerung in m/s^2 eingegeben wird.
16∅ bis 23∅	Ausgabe des ermittelten Wertes auf dem Drucker zusammen mit einem erläuternden Text.

18.3 Kalkulation

Aufgabenstellung

Dieses einfache Beispiel soll zeigen, daß auch Probleme des Handels mit Hilfe von BASIC einfach zu bewältigen sind.

Dem Händler werden beim Einkauf der Waren im allgemeinen gewisse **Rabatte** gewährt (z.B. Mengenrabatt) sowie ein Skonto eingeräumt. Andererseits hat er vielfach die **Bezugskosten** (z.B. Porto, Frachtgebühren, Rollgeld) zu tragen. Weiterhin entstehen ihm Unkosten z.B. für die Miete von Räumen, Licht, Heizung, Reinigung, Werbungskosten, Personalkosten usw. Diese Unkosten müssen von der Gesamtheit der Waren getragen werden und werden im allgemeinen in Form von **Handelsgemeinkosten** als Prozentsatz zur Summe des

Wareneinsatzes angegeben. Außerdem möchte der Händler noch einen gewissen **Gewinn** machen. Es stellt sich nun für den Händler die Aufgabe, einen Verkaufspreis für seine Waren zu ermitteln, der alle Kosten deckt und ihm den gewünschten Gewinn sichert.

Zur Bearbeitung dieser Aufgaben soll ein Programm geschrieben werden, bei dem nur noch die jeweiligen Werte eingegeben werden müssen, um dem Händler die Antwort auf seine Frage zu geben.

Problemformulierung

Es sind folgende Rechnungen vorzunehmen:

NEPREIS	Netto-Rechnungspreis des Lieferanten
– RABATT	abzüglich Mengen- oder Sonderrabatt
– SKONTO	abzüglich Skonto
= EKPREIS	= Einkaufspreis
+ BZKOSTEN	zuzüglich Bezugskosten
= ESPREIS	= Netto-Einstandspreis
+ HGKOSTEN	zuzüglich Handelsgemeinkosten
= SKOSTEN	= Selbstkosten
+ GEW	zuzüglich Gewinn
= NVKPREIS	= Nettoverkaufspreis
+ MWST	zuzüglich Mehrwertsteuer
= BVPREIS	= Bruttoverkaufspreis

Struktogramm

BEGIN

Eingabe der Werte:
Nettorechnungspreis in DM
Rabatt in %
Skonto in %
Bezugskosten in DM
Handelsgemeinkosten in %
Gewünschter Gewinn in %
Mehrwertsteuer in %

Dokumentation der Eingabedaten

Einkaufspreis = Nettorechnungspreis – Rabatt – Skonto
Einstandspreis = Einkaufspreis + Bezugskosten
Selbstkosten = Einstandspreis + Handelsgemeinkosten
Nettoverkaufspreis = Selbstkosten + Gewinn
Bruttoverkaufspreis = Nettoverkaufspreis + Mehrwertsteuer

Ausgabe der errechneten Werte

END

Programmausdruck

```
10 '++++ KALKULATION ++++++++++++++++++++++++++++++++++++
20 '
30 'EINGABEN
40 '-----------------------------------------------------------
50 PRINT"GEBEN SIE FOLGENDE WERTE EIN"
60 INPUT"NETTORECHNUNGSPREIS DES LIEFERANTEN IN DM";NEPREI
70 '.......................................................
80 INPUT"ABZUEGLICH RABATT IN %";RABATT
90 '.......................................................
100 INPUT"ABZUEGLICH SKONTO IN %";SKONTO
110 '......................................................
120 INPUT"ZUZUEGLICH BEZUGSKOSTEN IN DM";BZKOSTEN
130 '......................................................
140 INPUT"ZUZUEGLICH HANDELSGEMEINKOSTEN IN % ";HGKOSTEN
150 '......................................................
160 INPUT" GEWUENSCHTER GEWINN IN %";GEW
170 '......................................................
180 INPUT"ZUZUEGLICH MEHRWERTSTEUER IN %";MWST
190 '----------------------------------------------------------
200 '
210 'DOKUMENTATION DER EINGABEDATEN
220 '----------------------------------------------------------
230 LPRINT"EINGABEDATEN"
240 LPRINT"------------"
250 LPRINT
260 LPRINT"RABATT IN %";TAB(30);RABATT
270 LPRINT"SKONTO IN %";TAB(30);SKONTO
280 LPRINT"HANDELSGEMEINKOSTEN IN %";TAB(30);HGKOSTEN
290 LPRINT"GEWUENSCHTER GEWINN IN %";TAB(30);GEW
300 LPRINT"MEHRWERTSTEUER IN %";TAB(30);MWST
310 LPRINT"BEZUGSKOSTEN IN DM";TAB(30);
320 LPRINT USING"####.##";BZKOSTEN
330 '----------------------------------------------------------
340 '
350 'BEDEUTUNG DER VARIABLEN
360 '----------------------------------------------------------
370 'NEPREIS  NETTOPREIS             :
380 'EKPREIS  EINKAUFSPREIS          :
390 'ESPREIS  NETTOEINSTANDSPREIS    :
400 'NVKPREIS NETTOVERKAUFSPREIS     :
410 'BVKPREIS BRUTTOVERKAUFSPREIS    :
420 'BZKOSTEN BEZUGSKOSTEN           :
430 'HGKOSTEN HANDELSGEMEINKOSTEN    :
440 'SKOSTEN  SELBSTKOSTEN           :
450 'GEW      GEWINN                 :
460 'MWST     MEHRWERTSTEUER         :
470 '-------------------------------
480 '
```

```
490 'RECHNUNGEN
500 '-------------------------------------------------------------
510 RABATT=NEPREIS*RABATT/100
520 P1=NEPREIS-RABATT
530 '...............................
540 SKONTO=P1*SKONTO/100
550 EKPREIS=P1-SKONTO
560 '...............................
570 ESPREIS=EKPREIS+BZKOSTEN
580 '...............................
590 HGKOSTEN=ESPREIS*HGKOSTEN/100
600 SKOSTEN=ESPREIS+HGKOSTEN
610 '...............................
620 GEW=SKOSTEN*GEW/100
630 NVKPREIS=SKOSTEN+GEW
640 '...............................
650 MWST=NVKPREIS*MWST/100
660 BVKPREIS=NVKPREIS+MWST
670 '-------------------------------------------------------------
680 '
690 'AUSGABEN
700 '-------------------------------------------------------------
710 LPRINT
720 LPRINT
730 LPRINT"HANDELSKALKULATIONSWERTE"
740 LPRINT"------------------------"
750 LPRINT
760 LPRINT"NETTORECHNUNGSPREIS IN DM";TAB(30);
770 LPRINT USING"####.##";NEPREIS
780 LPRINT"  EINKAUFSPREIS IN DM";TAB(30);
790 LPRINT USING"####.##";EKPREIS
800 LPRINT"  NETTOEINSTANDSPREIS IN DM";TAB(30);
810 LPRINT USING"####.##";ESPREIS
820 LPRINT"  NETTOVERKAUFSPREIS IN DM";TAB(30);
830 LPRINT USING"####.##";NVKPREIS
840 LPRINT"BRUTTOVERKAUFSPREIS IN DM";TAB(30);
850 LPRINT USING"####.##";BVKPREIS
860 '
870 '++++ PROGRAMMENDE ++++++++++++++++++++++++++++++++
880 END
```

Ergebnisausdruck

```
EINGABEDATEN
------------

RABATT IN %                       10
SKONTO IN %                       2
HANDELSGEMEINKOSTEN IN %          20
GEWUENSCHTER GEWINN IN %          10
MEHRWERTSTEUER IN %               14
BEZUGSKOSTEN IN DM                120.00
```

```
HANDELSKALKULATIONSWERTE
------------------------

NETTORECHNUNGSPREIS IN DM     1600.00
  EINKAUFSPREIS IN DM         1411.20
  NETTOEINSTANDSPREIS IN DM   1531.20
  NETTOVERKAUFSPREIS IN DM    2021.18
BRUTTOVERKAUFSPREIS IN DM     2304.15
```

Erläuterungen zum Programm

Anw.-Nr.	Erläuterung
1∅	Kommentar zur Beschreibung der Aufgabe des Programms.
5∅ bis 18∅	Eingabe der Werte mit entsprechender Aufforderung auf dem Bildschirm.
21∅ bis 32∅	Dokumentation der Eingabedaten, d.h. Ausgabe der Eingabedaten nebst einem erläuternden Text auf einem Drucker. Damit die Daten tabellarisch geordnet ausgedruckt werden, wurde die Tabulatorfunktion TAB (3∅) benutzt, d.h. alle Daten werden ab Spalte 30 ausgedruckt. Der erläuternde Text steht davor. Als Listentrennzeichen wurde das Semikolon eingesetzt. Alle Eingabewerte sind Prozentzahlen, außer den Bezugskosten, die in DM angegeben werden. Zu deren Dokumentation wird die LPRINT USING-Anweisung benutzt (Anw.-Nr. 32∅), um das Format der Ausgabe vorher festlegen zu können (hier ####.##). Die Bezugskosten dürfen somit maximal 9999.99 DM betragen.
35∅ bis 47∅	Bedeutung der Variablen. Als Variablennamen wurden Kurzformen verwendet. Diese wurden hier, soweit nötig, mit dem vollen Namen erläutert.
49∅ bis 67∅	In diesem Programmabschnitt werden die einzelnen Rechnungen ausgeführt. Da viele Eingaben in Prozent erfolgten, müssen diese, um Preise angeben zu können, in DM umgerechnet werden. Dieses Verfahren soll am Rabatt näher erläutert werden (Anw.-Nr. 51∅ und 52∅): Um den Rabatt zum Nettorechnungspreis in DM ermitteln zu können, wenn der Rabatt in Prozent bekannt ist, muß folgende Rechnung ausgeführt werden: RABATT(DM)=NETTORECHNUNGSPREIS*RABATT(%)/1∅∅ Dieser Rabatt in DM ist vom Nettorechnungspreis ebenso wie das Skonto (Anw.-Nr. 54∅) abzuziehen, um den Einkaufspreis zu ermitteln. Entsprechendes gilt für die weiteren Berechnungen.
69∅ bis 85∅	Ausgabe der errechneten PREISE zusammen mit einem erläuternden Text auf dem Drucker. Die Werte werden tabellarisch ausgegeben (TAB(3∅)). Die DM-Beträge werden formatiert ausgegeben (LPRINT USING). Einkaufs-, Nettoeinstands- und Nettoverkaufspreise werden als Zwischengrößen zwischen Nettorechnungspreis und Bruttoverkaufspreis eingerückt ausgedruckt.

18.4 Computergrafik

Aufgabenstellung

Besitzer von Mikrocomputern sehen z.T. nicht nur die Nutzanwendung des Gerätes, sondern auch ein Mittel, die Freizeit kreativ zu gestalten, z.B. indem sie Computergrafiken fertigen. Es soll hier beispielhaft *ein* Weg gezeigt werden, wie man mit Hilfe eines Programmes über den Bildschirm bzw. über den Drucker eine Ente zeichnen kann.

Problemformulierung

Zur Erstellung einer Computergrafik muß sich der Programmierer zunächst ein Motiv wählen, das er gern darstellen möchte. Hier sei beispielhaft von einer Ente ausgegangen. Diese Ente wird z.B. auf kariertem Papier entworfen. Die Karos, die von den Linien berührt werden, werden mit Drucksymbolen gefüllt, die besonders zur Darstellung geeignet erscheinen. In dem Beispiel „Ente" wurde z.B. für die Konturen das Symbol „*" gewählt, für das Auge hingegen ein „O" (siehe Bild 18.1). Die Zeilen und Spalten des karierten Papiers werden durchnumeriert, um die Druckstellen der Symbole im Programm festlegen zu können.

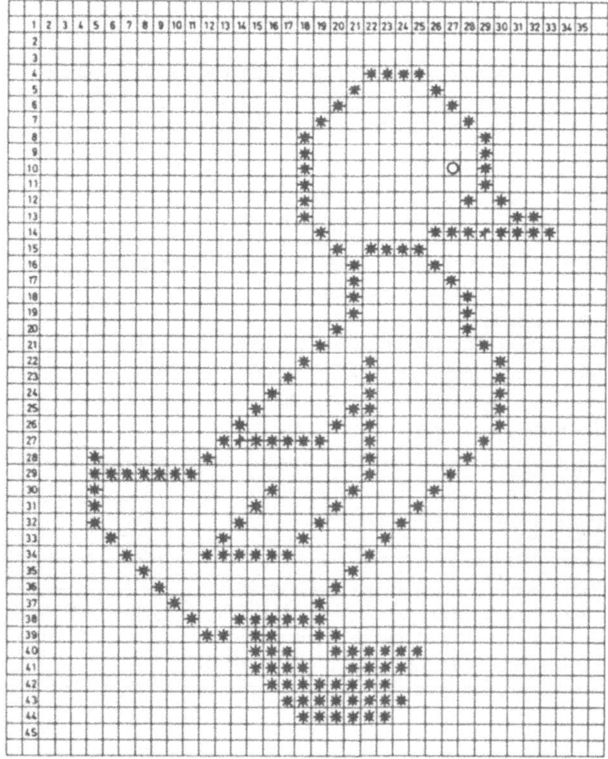

Bild 18.1

Programm

```
10 REM COMPUTERGRAFIK
20 PRINT
30 PRINT
40 PRINT TAB(22);"****"
50 PRINT TAB(21);"*    *"
60 PRINT TAB(20);"*      *"
70 PRINT TAB(19);"*        *"
80 PRINT TAB(18);"*          *"
90 PRINT TAB(18)"*          *"
100 PRINT TAB(18);"*        O *"
110 PRINT TAB(18);"*          *"
120 PRINT TAB(18);"*         * *"
130 PRINT TAB(18);"*            **"
140 PRINT TAB(19);"*      ********"
150 PRINT TAB(20);"* ****"
160 PRINT TAB(21);"*    *"
170 PRINT TAB(21);"*     *"
180 PRINT TAB(21);"*      *"
190 PRINT TAB(21);"*      *"
200 PRINT TAB(20);"*       *"
210 PRINT TAB(19);"*         *"
220 PRINT TAB(18);"*   *       *"
230 PRINT TAB(17);"*    *       *"
240 PRINT TAB(16);"*     *       *"
250 PRINT TAB(15);"*     **       *"
280 PRINT TAB(13);"*******  *      *"
290 PRINT TAB(5);"*      *         *     *"
300 PRINT TAB(5);"*******          *    *"
310 PRINT TAB(5);"*          *    *    *"
320 PRINT TAB(5);"*         *    *    *"
330 PRINT TAB(5);"*        *    *    *"
340 PRINT TAB(6);"*      *    *    *"
350 PRINT TAB(7);"*    ******    *"
360 PRINT TAB(8);"*            *"
370 PRINT TAB(9);"*          *"
380 PRINT TAB(10);"*        *"
390 PRINT TAB(11);"*  ******"
400 PRINT TAB(12);"** **  **"
410 PRINT TAB(15);"***  ******"
420 PRINT TAB(15);"****  ****"
430 PRINT TAB(16);"********"
440 PRINT TAB(17);"********"
450 PRINT TAB(18);"******"
460 END
```

Erläuterungen zum Programm

Das Programm besteht nur aus PRINT-Anweisungen, die die gewählten Symbole an der in der Zeichnung vorher festgelegten Stelle drucken sollen. Der Aufbau der PRINT-Anweisungen soll beispielhaft an der Druckzeile erläutert werden, die das „Auge" der Ente enthält (Anw.-Nr. 1ØØ). Aus Bild 18.1, Zeile 10 ist zu entnehmen, daß in Spalte 18 das Zeichen „*" in Spalte 27 das Zeichen „O" und in Spalte 29 das Zeichen „*" gedruckt werden soll. Mit Hilfe der Tabulatorfunktion TAB wird durch TAB (18) die gewünschte Spalte 18 eingenommen. Darauf folgt als Listentrennzeichen ein Semikolon und der zu druckende „Text", der hier aus den zu druckenden Sonder- und Leerzeichen besteht, d.h. der „Text" besteht hier aus folgenden Zeichen: Zunächst das Zeichen „*", dann 8 Leerzeichen, dann das Zeichen „O" für das Auge, wieder ein Leerzeichen und schließlich das Zeichen „*" (s. Bild 18.1). Entsprechend wurden auch die anderen PRINT-Anweisungen aufgebaut.

Auf die Angabe des *Ergebnisausdruckes* wurde hier verzichtet, da die ausgegebene Ente im Prinzip so aussieht, wie sie in Bild 18.1 dargestellt wurde. Sie ist im Ergebnisausdruck i.a. nur etwas „schlanker" als auf dem karierten Papier, da der Abstand zweier Zeichen und zweier Zeilen beim Drucker nicht gleich groß ist. Möchte man diese „Verzerrung" vermeiden, muß man beim Entwurf das Druckraster des Druckers zugrundelegen.

19 Steueranweisungen

In einem BASIC-Programm werden die Anweisungen in aufsteigender Reihenfolge der Anweisungsnummern geordnet ausgeführt (vgl. 8.1). Da die Anweisungsnummern bereits bei der Aufstellung des Programms vergeben werden, liegt die Bearbeitungsfolge der Anweisungen schon *vor* dem Programmablauf fest. Oft ist es jedoch wünschenswert, den Programmablauf z.B. in Abhängigkeit von berechneten oder eingegebenen Werten steuern zu können.

Man unterscheidet dabei folgende Steueranweisungen:

- **Sprunganweisungen**
- **Programmverzweigungsanweisungen**
- **Schleifenanweisungen**
- **Programmbeendungsanweisungen**

19.1 Die unbedingte Sprunganweisung

Die Ausführung der unbedingten Sprunganweisung GOTO führt zu einer unbedingten Programmverzweigung. Sie wird immer dann benutzt, wenn von einer Anweisung im Programm ohne jede einschränkende Bedingung zu einer anderen Anweisung im Programm gesprungen werden soll. Als Sprungziel wird die Anweisungsnummer dieser Anweisung angegeben. Nach erfolgtem Sprung wird das Programm *linear* weiter abgearbeitet, bis gegebenenfalls eine andere Steueranweisung die Reihenfolge ändert.

Die unbedingte Sprunganweisung hat die Form:

n_1 GOTO n_2

Hierbei ist:

- n_1 die Anweisungsnummer der unbedingten Sprunganweisung,
- GOTO das Schlüsselwort der unbedingten Sprunganweisung und
- n_2 die Anweisungsnummer des Sprungzieles der unbedingten Sprunganweisung.

Die unbedingte Sprunganweisung bewirkt, daß das Programm mit der Anweisung der Anweisungsnummer n_2 fortgesetzt wird.

Somit ergibt sich folgendes Fahrnetz für die unbedingte Sprunganweisung:

Beispiele für den Einsatz von unbedingten Sprunganweisungen:

Beispiel 19.1

Beispiel für einen Vorwärtssprung:

```
   :
┌← 5 GOTO 11
│  :
└→11 LET X = Y + Z
   :
```

In diesem Ausschnitt eines Programmbeispiels, in dem einige Anweisungen durch Punkte symbolisch dargestellt wurden, wird gezeigt, daß mit Hilfe der unbedingten Sprunganweisung ein Programmteil übersprungen werden kann. In dem dargestellten *Vorwärtssprung* werden nach dem Befehl GOTO 11 drei Anweisungen übersprungen. Das Programm wird dann mit der Anweisung der Anweisungsnummer 11, d.h. mit der Anweisung LET X = Y + Z, fortgesetzt.

Mit Hilfe der unbedingten Sprunganweisung kann ein Programmteil übersprungen werden.

Das Sprungziel kann jedoch auch vor der unbedingten Sprunganweisung liegen. Man spricht dann von einem *Rücksprung.*

Beispiel 19.2

Beispiel für einen Rücksprung:

```
   :
┌→ 5 LET X = Y + Z
│  :
└←25 GOTO 5
   :
```

Das Programmstück zwischen den beiden ausgeschriebenen Anweisungen wird immer wieder durchlaufen. Auf diese Weise kann eine *Programmschleife* gebildet werden.

Mit Hilfe eines Rücksprungs kann eine Programmschleife gebildet werden.

In diesem Beispiel wird die Programmschleife *endlos* lange durchlaufen. Um zu erreichen, daß eine Programmschleife nur endlich oft durchlaufen wird, muß in Abhängigkeit von einer Bedingung aus der Programmschleife herausgesprungen werden. Dies kann z.B. mit Hilfe von Programmverzweigungsanweisungen geschehen (vgl. Kap. 20.2).

Sprunganweisungen sollten in strukturierten Programmen nach Möglichkeit vermieden werden (vgl. Kap. 5.2.1).

Dies ist nicht immer möglich. Man sollte sich jedoch unbedingt darauf beschränken, Sprunganweisungen *nur in Ersatzdarstellungen* für die in BASIC nicht vorhandenen Strukturblöcke einzusetzen. Dann ist gewährleistet, daß nur unbedingt notwendige Sprunganweisungen eingesetzt werden und die Struktur überischtlich bleibt, da in BASIC-Ersatzdarstellungen für Strukturblöcke die erforderlichen Sprünge nicht über den Strukturblock hinausgehen.

Weil Sprunganweisungen nur eingesetzt werden sollten, wenn diese unbedingt erforderlich sind, soll hier auf die Besprechung anderer Sprunganweisungen, wie z.B. der ON GOTO-Anweisung, verzichtet werden.

20 Verzweigungsanweisungen

Eine BASIC-Verzweigungsanweisung soll in Programmen das bewirken, was ein Verzweigungsblock (vgl. 5.2.2) in Struktogrammen bewirkt, nämlich eine Verzweigung im Programm in Abhängigkeit von bestimmten Bedingungen.

Der Verzweigungsblock hatte folgendes Aussehen:

Verzweigungsbedingung B ja	nein
Anweisung 1 bzw. Anweisungsfolge 1 *(Operation 01)*	Anweisung 2 bzw. Anweisungsfolge 2 *(Operation 02)*

20.1 Die IF ... THEN ... ELSE-Anweisung

In der Umgangssprache würde man die *zweiseitige* Verzweigung in Abhängigkeit von einer Bedingung wie folgt formulieren:

Wenn die *Bedingung B* erfüllt ist, *dann* soll die *Operation 01* ausgeführt werden, *sonst* soll die *Operation 02* ausgeführt werden.

Da BASIC eine problemorientierte Programmiersprache ist, sollte die Verzweigungsanweisung in BASIC der Umgangssprache weitgehend folgen. BASIC wurde in den USA entwickelt. Daher ist die Umgangssprache englisch.

Die BASIC-Verzweigungsanweisung für den oben angegebenen zweiseitigen Verzweigungsblock (Alternativverzweigung) lautet:

IF B THEN 01 ELSE 02

Dabei bedeutet:

IF	wenn
THEN	dann
ELSE	sonst
B	Bedingung
01	Operation 1
02	Operation 2

Damit folgt die Formulierung der BASIC-Verzweigungsanweisung weitgehend der Formulierung der Umgangssprache, allerdings in englisch.

IF, THEN und ELSE sind die *Schlüsselworte* der zweiseitigen BASIC-Verzweigungsanweisung.

Die Bedingung B muß zu einer Booleschen Aussage führen, d.h. es muß sich bei der Bearbeitung der Bedingung B ergeben, ob sie erfüllt ist (Wahrheitswert wahr) oder ob sie nicht erfüllt ist (Wahrheitswert falsch). Die Bedingung muß somit entweder ein Boolescher Ausdruck (vgl. Kap. 14.2) oder ein Vergleichsausdruck (vgl. Kap. 14.4) sein. In Abhängigkeit von diesen Wahrheitswerten wird verzweigt. Der Wahrheitswert „wahr" führt zum Durchlaufen des Ja-Zweiges der Wahrheitswert „falsch" zum Durchlaufen des Nein-Zweiges.

Wenn die *Bedingung erfüllt* ist, wird somit die Operation 01 ausgeführt. Dies ist eine beliebige andere BASIC-Anweisung bzw. eine *Folge* von BASIC-Anweisungen. Bei einer Folge von Anweisungen sind diese, wenn sie in *einer* Zeile stehen, durch Doppelpunkte voneinander zu trennen.

Wenn die *Bedingung nicht erfüllt* ist, wird die Operation 02 ausgeführt. Dies kann eine beliebige andere BASIC-Anweisung bzw. eine Anweisungsfolge sein. Die Anweisungen der Anweisungsfolge sind, wenn sie in einer Zeile stehen, ebenfalls durch Doppelpunkte zu trennen.

Es ist ferner möglich, anstelle der eigentlich auszuführenden Anweisungen für die Operation 01 nur eine Anweisungsnummer anzugeben. Diese Anweisungsnummer kennzeichnet die Anweisung, die in dem jeweiligen Fall ausgeführt werden soll.

Wird anstelle der Anweisung, die auf das Schlüsselwort THEN folgt, eine Anweisungsnummer angegeben, kann das Schlüsselwort THEN vielfach auch durch das Schlüsselwort GOTO ersetzt werden.

Nach der Bearbeitung der Verzweigungsanweisung wird das Programm mit der nächsten Anweisung, die auf die Verzweigungsanweisung folgt, fortgesetzt.

Es ergibt sich folgendes Fahrnetz für die zweiseitige Verzweigungsanweisung:

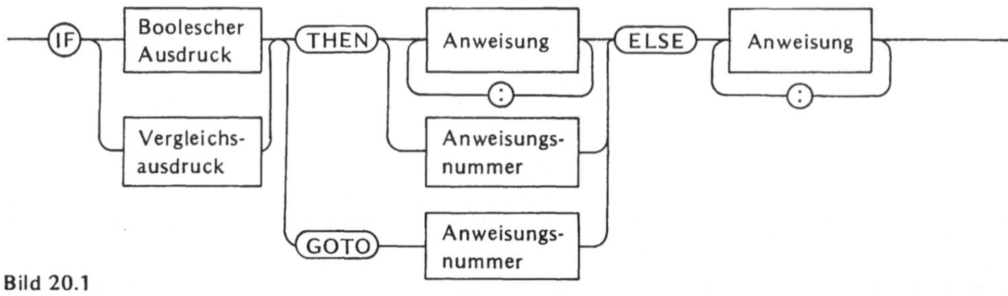

Bild 20.1

Beispiel 20.1

Es sollen folgende Strukturblöcke in eine zweiseitige BASIC-Verzweigungsanweisung umgesetzt werden:

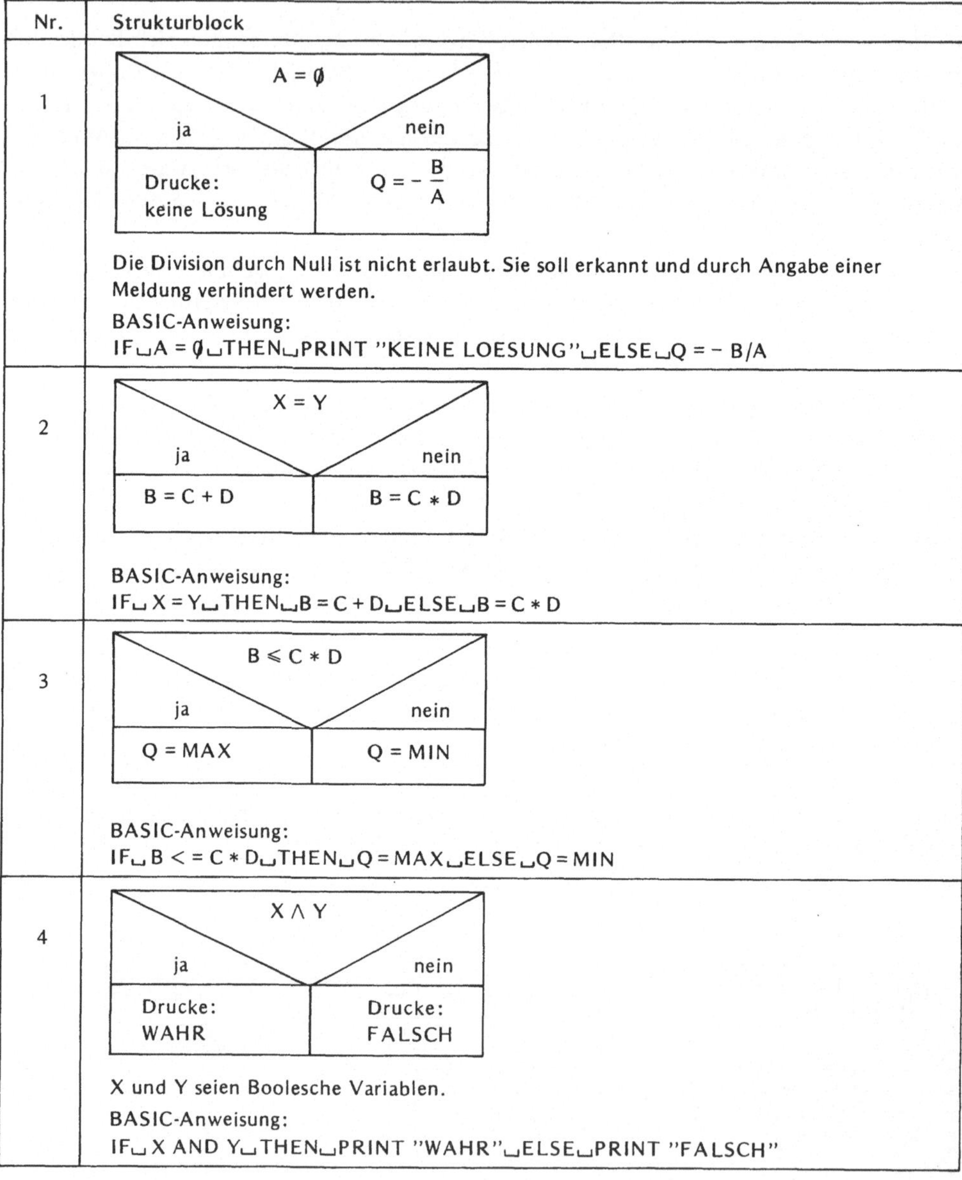

Nr.	Strukturblock
1	A = Ø; ja: Drucke: keine Lösung; nein: $Q = -\frac{B}{A}$ Die Division durch Null ist nicht erlaubt. Sie soll erkannt und durch Angabe einer Meldung verhindert werden. BASIC-Anweisung: IF␣A = Ø␣THEN␣PRINT "KEINE LOESUNG"␣ELSE␣Q = – B/A
2	X = Y; ja: B = C + D; nein: B = C * D BASIC-Anweisung: IF␣X = Y␣THEN␣B = C + D␣ELSE␣B = C * D
3	B ⩽ C * D; ja: Q = MAX; nein: Q = MIN BASIC-Anweisung: IF␣B < = C * D␣THEN␣Q = MAX␣ELSE␣Q = MIN
4	X ∧ Y; ja: Drucke: WAHR; nein: Drucke: FALSCH X und Y seien Boolesche Variablen. BASIC-Anweisung: IF␣X AND Y␣THEN␣PRINT "WAHR"␣ELSE␣PRINT "FALSCH"

Leider ist es so, daß viele BASIC-Versionen nicht über die zweiseitige IF ... THEN ... ELSE-Anweisung verfügen, sondern nur über die verkürzte einseitige IF ... THEN-Anweisung.

Aus diesem Grunde soll hier nicht näher auf die zweiseitige IF ... THEN ... ELSE-Anweisung eingegangen werden, sondern mehr auf die einseitige IF ... THEN-Anweisung (20.2), sowie der *Ersatzdarstellung* der zweiseitigen IF-THEN-ELSE-Anweisung mit Hilfe einseitiger IF-THEN-Anweisungen (20.3).

20.2 Die IF ... THEN-Anweisung

Die IF ... THEN-Anweisung kann als verkürzte Form der IF ... THEN ... ELSE-Anweisung angesehen werden. Sie ist die in *allen* BASIC-Varianten vorhandene übliche Verzweigungsanweisung.

Das Fahrnetz ergibt sich dafür wie folgt:

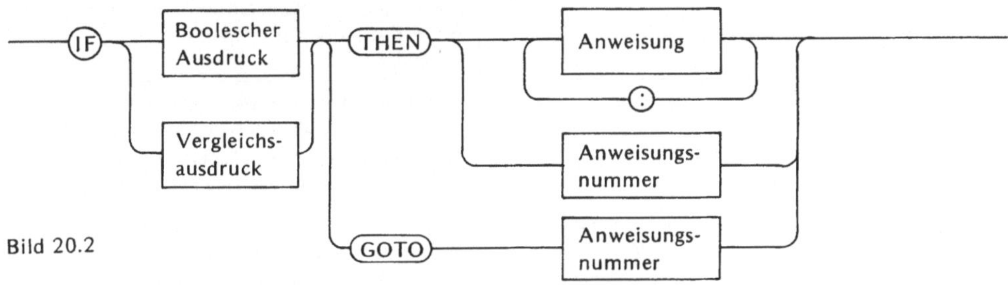

Bild 20.2

Ist der Boolesche Ausdruck bzw. der Vergleichsausdruck „wahr", wird die auf THEN folgende Anweisungs(folge) ausgeführt, bzw. die Anweisung ausgeführt, die die auf THEN folgende Anweisungsnummer angibt. Anschließend wird das Programm mit der nächsten Anweisung, die im Programm folgt, fortgesetzt.

Ist der Boolesche Ausdruck bzw. der Vergleichsausdruck „falsch", wird sofort zur nächsten im Programm folgenden Anweisung übergegangen.

Beispiel 20.2

Nr.	IF-THEN-Anweisung	Erläuterung
1	IF A < B THEN PRINT "A < B"	Wenn der Wert der numerischen Variablen A kleiner ist als der Wert der numerischen Variablen B, dann soll der Text "A < B" ausgedruckt werden. Im anderen Fall soll zur nächsten im Programm folgenden Anweisung übergegangen werden.
2	IF X < = Y THEN C = A + B	Wenn der Wert der numerischen Variablen X kleiner oder gleich dem Wert der numerischen Variablen Y ist, soll die arithmetische Zuordnungsanweisung C = A + B ausgeführt werden. Im anderen Fall soll zur nächsten im Programm folgenden Anweisung übergegangen werden.

3	IF U=V THEN INPUT A,B	Wenn der Wert der numerischen Variablen U gleich dem Wert der numerischen Variablen V ist, sollen Werte für die Variablen A und B mit Hilfe der INPUT-Anweisung eingegeben werden. Im anderen Fall soll zur nächsten im Programm folgenden Anweisung übergegangen werden.
4	IF K>L+5 THEN READ X,Y,Z	Wenn der Wert der numerischen Variablen K größer ist als der Wert des arithmetischen Ausdrucks L+5, sollen Werte mit Hilfe der READ-DATA-Anweisung eingegeben werden.
5	IF A$="ENDE" PRINT "ENDE"	Wenn der Wert der Textvariablen A$ den Wert der Textkonstanten "ENDE" annimmt, soll der Text "ENDE" ausgedruckt werden.
6	IF E THEN GET S	Wenn der Wert der *Booleschen* Variablen E den Wert „wahr" (−1) annimmt, soll ein Zeichen über die Tastatur eingegeben werden, das der Variablen S zugeordnet wird.
7	IF I<1 AND I>−1 THEN 1Ø	Wenn der Wert des Booleschen Ausdrucks I<1 AND I>−1 „wahr" ist, d.h. wenn I zwischen ± 1 liegt, wird zur Anweisung mit der Anweisungsnummer 1Ø gesprungen.
8	IF TAG>31 OR TAG<1 GOTO 1ØØ	Wenn die numerische Variable TAG größer als 31 oder kleiner als 1 ist, soll zur Anweisung mit der Anweisungsnummer 1ØØ gesprungen werden.
9	IF A<>B THEN PRINT X+Y: GOTO 2ØØ	Wenn die Werte der beiden numerischen Variablen A und B nicht gleich sind, soll zunächst der arithmetische Ausdruck X+Y errechnet und ausgedruckt werden. Anschließend soll zur Anweisung mit der Anweisungsnummer 2ØØ gesprungen werden, d.h. es sollen zwei Anweisungen nacheinander ausgeführt werden. Sie sind in der Anweisung durch Doppelpunkte getrennt.

Bei einem Vergleich auf *Gleichheit* von Zahlenwerten (Vergleichsoperator =) kann es zu Schwierigkeiten kommen, wenn von der Mathematik her z.B. ganzzahlige Werte erwartet werden, diese aber durch die interne Darstellung der Werte im Mikrocomputer in Form von Festpunkt-bzw. Gleitpunktzahlen mit begrenzter Anzahl von Speicherzellen nicht absolut genau dem ganzzahligen Wert entsprechen, sondern nur *näherungsweise* (Binärdarstellung des Zahlenwertes aus Mantisse und Exponent, die dem ganzzahligen Wert am nächsten kommt). Durch die nur näherungsweise Darstellung von Werten infolge z.B. der begrenzten Anzahl von Speicherzellen und der unterschiedlichen Darstellung der Werte im Speicher wird bei einem Vergleich die Gleichheit selten exakt erfüllt sein.

Beispiel 20.3

Gegeben sei folgendes BASIC-Programm:

```
1Ø X=1/1Ø*1Ø
2Ø IF␣X=1 THEN PRINT "WAHR": GOTO 4Ø
3Ø PRINT "FALSCH"
4Ø END
```

Nach dem Starten des Progrmmes erscheint die Ausgabe "FALSCH", obwohl mathematisch gesehen die Rechnung X = 1/1Ø * 1Ø den Wert 1 ergibt und die Ausgabe "WAHR" auf dem Sichtschirm ausgegeben werden müßte.

> **Man sollte sich angewöhnen, in Vergleichsausdrücken stets Zahlenbereiche zu vergleichen.**

Beispiel 20.4

Auf folgende Weise läßt sich das Programm des Beispiels 20.3 der Aufgabe entsprechend verbessern:

Man subtrahiert vom errechneten Wert den erwarteten Wert, so daß das Ergebnis theoretisch Null ergeben müßte. Durch die geringfügigen Ungenauigkeiten liegt der tatsächliche Wert in der Speicherdarstellung des Mikrocomputers jedoch in der *Nähe* des Nullpunktes. Um außerdem unabhängig vom Vorzeichen des sich aus der Differenz ergebenden Wertes zu sein, wird der *Absolutwert* von der Differenz ermittelt. Dieser Wert muß nun mit einem vorzugebenden *Grenzwert* verglichen werden, der in der Nähe von Null liegt. Liegt das Ergebnis innerhalb dieser Grenzen, soll der Wahrheitswert "WAHR" ausgegeben werden, ansonsten der Wahrheitswert "FALSCH".

Diesen Weg zeigt folgendes Programm:

```
1Ø X=1/1Ø*1Ø
2Ø IF ABS(X-1)<1.Ø E-6 THEN PRINT "WAHR": GOTO 4Ø
3Ø PRINT "FALSCH"
4Ø END
```

Wenn sich die Abweichung somit innerhalb der Grenzen von $\pm 10^{-6}$ ($\pm$ 0,000 001) bewegt, wird angenommen, daß es sich um eine durch Rechenungenauigkeiten verfälschte Null handelt und es wird der Text "WAHR" ausgedruckt.

Die IF ... THEN-Anweisung ist im Vergleich zur IF ... THEN ... ELSE-Anweisung eine einseitige Verzweigungsanweisung. Die *gleichzeitige* Angabe einer Alternative ist nicht möglich. Dies läßt sich wie folgt verdeutlichen:

Die einseitige Programmverzweigungsanweisung hat die allgemeine Form:

```
:
IF Bedingung THEN Anweisung 1
Anweisung 2
:
```

Dies läßt sich im Struktogramm wie folgt darstellen:

Bedingung ja	nein
Anweisung 1	./.
Anweisung 2	

Der Zweig der Alternative (Nein-Zweig, d.h. die Bedingung ist nicht erfüllt) enthält im Struktogramm keinerlei Anweisung, d.h. der Alternativzweig ist leer (sog. "leere" Anweisung). Es existiert nur in *einem* Zweig der Verzweigung eine ausführbare Anweisung.

Aus dem Struktogramm wird somit deutlich, was mit einer „einseitigen" Verzweigung gemeint ist.

Möchte man eine zweiseitige BASIC-Verzweigungsanweisung realisieren, ist jedoch nur eine einseitige BASIC-Verzweigungsanweisung in der BASIC-Version vorhanden, so muß diese mit Hilfe einer Ersatzdarstellung realisiert werden.

Auf die Realisierung wird im folgenden Abschnitt näher eingegangen.

20.3 Ersatzdarstellung zweiseitiger Verzweigungsanweisungen mit Hilfe einseitiger Verzweigungsanweisungen

Es soll folgender zweiseitiger Verzweigungsblock durch einen Block ersetzt werden, der nur eine einseitige BASIC-Verzweigungsanweisung enthält:

Verzweigungsblock mit folgendem Block (Anweisung 3):

Verzweigungs-bed. ja	nein
Anweisung 1 bzw. Anweisungs- *folge* 1	Anweisung 2 bzw. Anweisungs- *folge* 2
Anweisung 3	

Strukturblockersatzdarstellung:

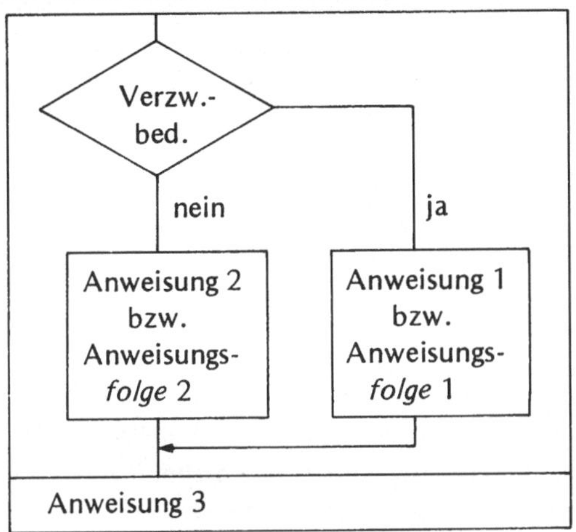

20.3.1 Erste Möglichkeit einer BASIC-Ersatzdarstellung

```
     IF Verzweigungsbedingung THEN Anweisungs(folge) 1: GOTO n1
     Anweisungs(folge) 2
n1   Anweisung 3
```

Erläuterung:

Wenn die *Verzweigungsbedingung* erfüllt ist, wird die *Anweisungs(folge) 1* bearbeitet.

Ist die Verzweigungsbedingung nicht erfüllt, soll die Anweisungs(folge) 2 bearbeitet werden. Die Anweisungs(folge) 2 muß daher direkt auf die einseitige Verzweigungsanweisung folgen.

Da nach Maßgabe des Struktogrammes beide Zweige mit der Anweisung 3 im Programm fortgesetzt werden sollen, muß diese direkt auf die Anweisungs(folge) 2 folgen. Nach der letzten Anweisung der Anweisungs(folge) 1 muß hingegen mit Hilfe einer Sprunganweisung die Anweisung 3 direkt angesprungen werden (GOTO n1) da sonst außerdem noch die Anweisungs(folge) 2 infolge des linearen Programmablaufes durchlaufen würde.

Nachteil:

Wenn die Anweisungs(folge) 1 aus mehreren Anweisungen besteht, zu der außerdem die notwendige Sprunganweisung GOTO n1 hinzukommt, wird die Anweisungsfolge für eine Zeile eventuell *zu lang* bzw. *zu unübersichtlich.* Außerdem kann es eventuell in einigen BASIC-Versionen nicht erlaubt sein, *mehrere* Anweisungen auf das Schlüsselwort THEN folgen zu lassen.

Für diese Fälle muß eine andere Möglichkeit einer BASIC-Ersatzdarstellung gefunden werden. Den Weg zeigen die folgenden Abschnitte.

20.3.2 Zweite Möglichkeit einer BASIC-Ersatzdarstellung

Für den Fall, daß die Anweisungen eine Anweisungsfolge, die auf das Schlüsselwort THEN folgen, in separaten Zeilen stehen sollen, wird die BASIC-Ersatzdarstellung etwas aufwendiger.

Eine Möglichkeit zeigt folgende allgemeine BASIC-Ersatzdarstellung:

```
     IF Verzweigungsbedingung THEN n1
     Anweisungsfolge 2
          :
     GOTO n2
n1   Anweisungsfolge 1
          :
n2   Anweisung 3
```

Die Anweisungsnummer n1 steht dabei vor der ersten Anweisung der Anweisungsfolge 1. Nach dem Durchlauf der Anweisungsfolge 1 wird direkt zur Anweisung 3 übergegangen. Die Alternative (Anweisungsfolge 2) folgt auf die einseitige Verzweigungsbedingung. Sie wird abgeschlossen durch einen Sprung GOTO n2 zur Anweisung 3, damit die Anweisungsfolge 1 nicht ebenfalls durchlaufen wird.

Nachteil:

Von der Reihenfolge der beiden Anweisungsfolgen her wäre es sinnvoller, wenn auch in der BASIC-Ersatzdarstellung zunächst die Anweisungsfolge 1 bearbeitet würde, da sie normalerweise auf das Schlüsselwort THEN folgt. Hier ist jedoch die Reihenfolge der Anweisungsfolgen genau umgekehrt. Dies läßt sich jedoch leicht ändern, indem der Boolesche Wert in der Verzweigungsbedingung mit Hilfe des Booleschen Operators NOT komplementiert wird, d.h. in das Gegenteil umgewandelt wird. Dann müssen ebenfalls zwangsläufig die Inhalte der beiden Zweige der Verzweigung vertauscht werden. Diesen Weg zeigt die folgende allgemeine Darstellung.

20.3.3 Dritte Möglichkeit einer BASIC-Ersatzdarstellung

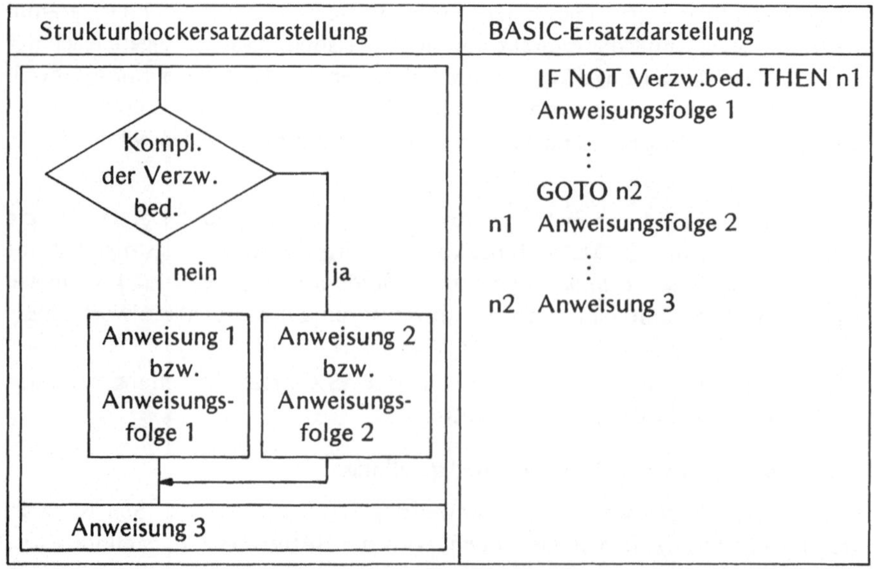

Wie man aus der Strukturblockersatzdarstellung erkennt, steht im Verzweigungssinnbild nun das *Komplement* der Verzweigungsbedingung. Da die Ja/Nein-Verzweigungen in der gleichen Lage wie vorher sind (Strukturblockersatzdarstellung am Anfang des Kap. 20.3), müssen die Anweisungsfolgen infolge der Komplementierung in den Zweigen vertauscht sein. Daraus ergibt sich zwangsläufig die angegeben BASIC-Ersatzdarstellung. Sie zeigt, daß die Anweisungsfolgen in der richtigen logischen Reihenfolge aufeinanderfolgen (erst der THEN-Zweig, dann der ELSE-Zweig).

20.3.4 Verbesserte Strukturierung der 3. Möglichkeit einer BASIC-Ersatzdarstellung

Man kann die beiden Alternativen, die durch die Verzweigung entstehen, durch zusätzliche *Kommentare* und *Einrückungen* optisch besser im Programm hervorheben.

Dadurch wird die Struktur des Struktogrammes in der BASIC-Ersatzdarstellung so gut wie möglich nachgebildet.

Die BASIC-Ersatzdarstellung für zweiseitige Verzweigungen, realisiert mit einseitigen IF ... THEN-Verzweigungsanweisungen, hat dann folgende allgemeine Form:

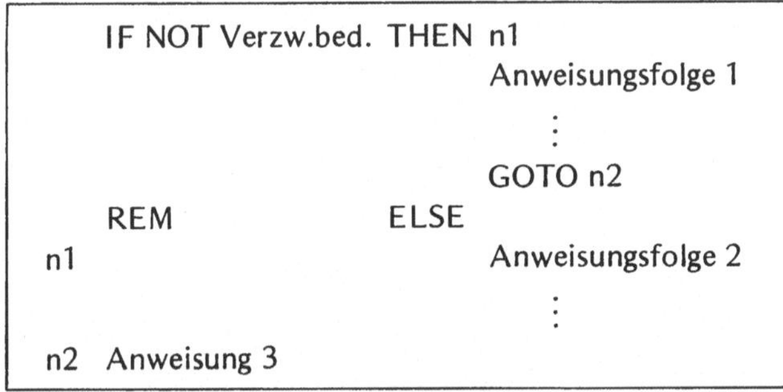

```
       IF NOT Verzw.bed. THEN n1
                              Anweisungsfolge 1
                                 :
                              GOTO n2
       REM              ELSE
   n1                         Anweisungsfolge 2
                                 :
   n2  Anweisung 3
```

Durch das *Einrücken der beiden Anweisungsfolgen* und das Einschieben einer Kommentarzeile mit dem Kommentar ELSE werden die beiden alternativen Anweisungsfolgen 1 und 2 optisch deutlich im Programm hervorgehoben und gegeneinander abgesetzt. Das Ende des Verzweigungsblocks wird im Programm ebenfalls optisch dadurch hervorgehoben, indem die Anweisung 3 *nicht* eingerückt wird.

Das Einrücken der beiden alternativen Anweisungsfolgen ist natürlich nur sinnvoll, wenn der BASIC-Compiler bzw. Interpreter die eingegebenen Leerstellen zum Einrücken nicht unterdrückt. Dies ist leider bei einigen BASIC-Versionen der Fall, um Speicherplatz zu sparen. (*Komprimiertes Speichern* eingegebener Programme.)

In diesem Fall könnte man die beiden Alternativen z.B. durch Einfügen von Leerzeilen bzw. Strichelungen (mit Hilfe von REM) im Programm optisch voneinander abheben.

Falls das Schlüsselwort REM in der BASIC-Ersatzdarstellung für den Kommentar ELSE stört, kann es durch die zugehörige Kurzschreibweise für REM, dem Hochkomma ('), ersetzt werden (vgl. 8.3). Dies fällt optisch nicht so auf.

Diese BASIC-Ersatzdarstellung ist bei *verschachtelten* IF ... THEN-Anweisungen übersichtlicher als eine Verschachtelung von IF ... THEN ... ELSE-Anweisungen (vgl. Kap. 20.4) und sollte daher auch in diesen Fällen angewendet werden.

Im übrigen kann die Komplementierung der Bedingung bei Vergleichen auch ohne den Booleschen Operator NOT erfolgen, indem einfach das Komplement des Vergleichsoperators gewählt wird. Dies zeigt folgende Tabelle:

Vergleichsoperator	Komplement
<	>=
<=	>
=	<>
>=	<
>	<=
<>	=

Für zweiseitige Verzweigungsanweisungen ist die letzte angegebene BASIC-Ersatzdarstellung für die strukturierte Programmierung *universell* einsetzbar.

Nur für den Fall, in dem auf den THEN-Zweig keine Anweisungs*folge*, sondern nur *eine* Anweisung folgt, ist die 1. Möglichkeit (Kap. 20.3.1) günstiger. Eine durch Kommentare „verbesserte“ BASIC-Ersatzdarstellung der ersten Möglichkeit zeigt in allgemeiner Form folgende Darstellung:

```
     IF Verzweigungsbedingung  THEN  Anweisung 1: GOTO n1
     REM                       ELSE
                                     Anweisungs(folge) 2
n1   Anweisung 3
```

Beispiel 20.5

Es sollen die ersten beiden Beispiele des Beispiels 20.1 mit Hilfe der ersten Möglichkeit einer BASIC-Ersatzdarstellung angegeben werden.

Nr.	Strukturblock	BASIC-Ersatzdarstellung
1	A = Ø ja / nein Drucke: keine Lösung / Q = − B/A	Die Division durch Null ist nicht erlaubt. Sie soll erkannt und durch Ausgabe einer Meldung verhindert werden. 1Ø IF A = Ø THEN PRINT "KEINE LOESUNG": GOTO 4Ø 2Ø REM ELSE 3Ø Q = − B/A 4Ø ...
2	X = Y ja / nein B = C + D / B = C * D	1Ø IF X = Y THEN B = C + D: GOTO 4Ø 2Ø REM ELSE 3Ø B = C * D 4Ø ...

Beispiel 20.6

Es sollen die letzten beiden Beispiele des Beispiels 20.1 mit Hilfe der universellen BASIC-Ersatzdarstellung angegeben werden.

Nr.	Strukturblock	BASIC-Ersatzdarstellung
3	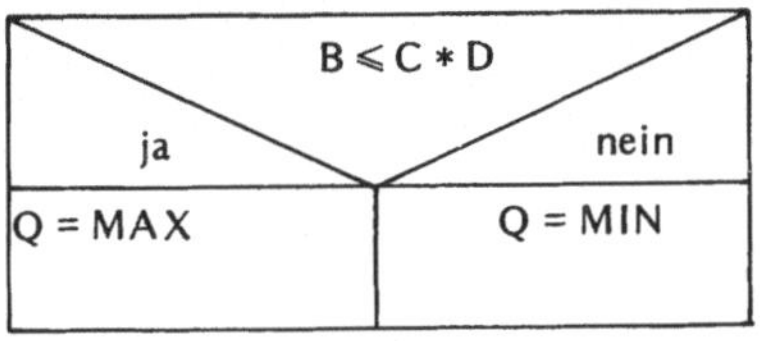 B ≤ C * D ja / nein Q = MAX | Q = MIN	10 IF NOT (B<=C*D) THEN 50 20 Q=MAX 30 GOTO 60 40 ' ELSE 50 Q=MIN 60 ...
4	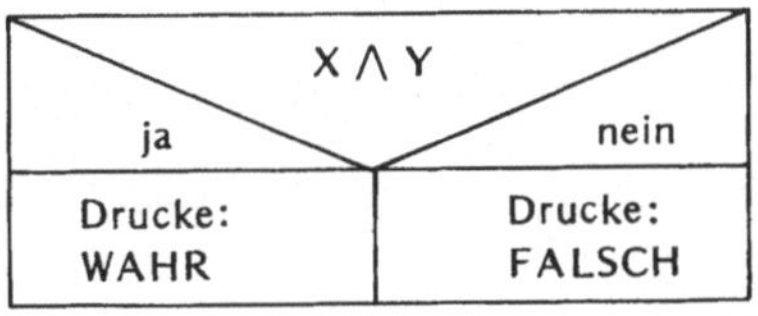 X ∧ Y ja / nein Drucke: WAHR | Drucke: FALSCH	10 IF NOT(X AND Y) THEN 50 20 PRINT"WAHR" 30 GOTO 60 40 ' ELSE 50 PRINT"FALSCH" 60 END

Beispiel 20.7

Was bewirken folgende BASIC-Programme?

Nr.	BASIC-Programm
1	10 PRINT "BEENDE DAS PROGRAMM MIT E!" 20 GET E$ 30 IF E$ = "E" THEN 60 40 REM ELSE 50 GOTO 10 60 END *Erläuterung* Es wird auf jede Tastenbedienung solange der Text "BEENDE DAS PROGRAMM MIT E!" auf dem Bildschirm ausgegeben, solange nicht die Taste E gedrückt wird. Nur das Drücken der Taste E führt zum Abbruch des Programms (Meldung 'READY', 'OK' oder ähnlich) infolge des Sprunges zur Anweisung mit der Anweisungsnummer 60. Ansonsten wird durch den Rücksprung (Anw.-Nr. 50 mit der Anweisung GOTO 10) eine Programmschleife gebildet, die erneut zum Drücken der Taste E auffordert, falls das Programm beendet werden soll.
2	10 INPUT"GEBEN SIE 2 TEXTE EIN";A$,B$ 20 IF A$<B$ THEN PRINT A$;" STEHT ALPHABETISCH VOR ";B$:GOTO 50 30 ' ELSE 40 PRINT B$;" STEHT ALPHABETISCH VOR ";A$ 50 END *Erläuterung:* In diesem Beispiel müssen zwei Textkonstanten für die Textvariablen A$ und B$ (Anw.-Nr. 10) eingegeben werden. Das Programm prüft, welcher der beiden Texte alphabetisch vor dem anderen Text steht und gibt einen entsprechenden Hinweis aus. Es ordnet somit zwei beliebig eingegebene Texte alphabetisch (die Gleichheit von Texten wird hier nicht berücksichtigt). Das Schlüsselwort REM zur Kennzeichnung der Alternative (ELSE) wurde durch die Kurzform ' ersetzt (vgl. Kap. 8.3).

20.4 Verschachtelungen von Verzweigungsanweisungen

BASIC erlaubt die Verschachtelung von Verzweigungsanweisungen.

Dies bedeutet, daß jeder Zweig einer Verzweigung wieder Verzweigungsanweisungen enthalten darf (siehe Beispiel 20.8.1).

Beispiel 20.8.1

```
10 X$=INPUT$(1)
20 IF X$="" THEN 10
30 '         ELSE
40                IF X$="J" THEN PRINT "JA":GOTO 10
50 '                         ELSE
60                                IF X$="N" THEN PRINT "NEIN":GOTO 10
70 '                                         ELSE
80                                                PRINT "ENDE":GOTO 90
90 END
```

Erläuterung:

Die Anweisung mit der Anweisungsnummer 1Ø X$ = INPUT$(1) entspricht der Anweisung GET X$ in einer anderen BASIC-Version.

Die Variable X$ steht stellvertretend für ein Zeichen, das mit dem nächstem Drücken einer Taste eingegeben wird (Anw.-Nr. 1Ø). Solange kein Zeichen eingegeben wird ("" "), wird mit Hilfe einer Verzweigungsanweisung (THEN-Zweig) eine Warteschleife aufgebaut. Sie wird solange durchlaufen, bis eine beliebige Taste gedrückt wird (Anw.-Nr. 2Ø). Wird jedoch z.B. die Taste J gedrückt, wird im ELSE-Zweig (Alternative) der Text "JA" ausgegeben und anschließend wieder zum Anfang des Programms verzweigt (Anw.-Nr. 4Ø). Wird hingegen die Taste N gedrückt, wird der Text "NEIN" ausgegeben und anschließend wieder zum Anfang des Programms gesprungen (Anw.-Nr. 6Ø). Wird eine beliebige andere Taste gedrückt, wird der Text "ENDE" ausgegeben und das Programm beendet.

Die Schlüsselworte REM für die Kommentare ELSE der möglichen Alternativen wurden hier stets durch die Kurzform ' ersetzt (vgl. Kap. 8.3).

Die Zahl der Verschachtelungen, die aufeinander folgen dürfen, wird nur durch die Länge einer Programmzeile begrenzt.

Beispiel 20.8.2

Das folgende Struktogramm soll in BASIC codiert werden:

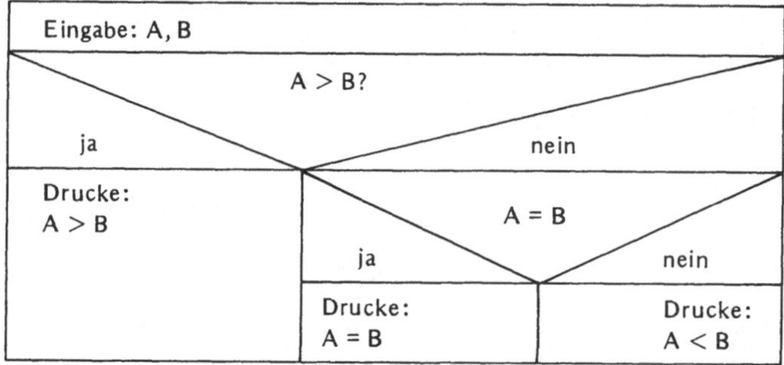

Es wird somit in Abhängigkeit von den Eingabedaten für die Variablen A und B das Größenverhältnis der Werte zueinander ausgegeben.

Das BASIC-Programm mit einer IF ... THEN ... ELSE-Anweisung lautet:

```
10 INPUT"GEBEN SIE 2 ZAHLENWERTE EIN";A,B
20 IF A>B THEN PRINT"A>B" ELSE IF A=B THEN PRINT"A=B" ELSE PRINT "A<B"
30 END
```

Dieses Beispiel zeigt, daß bei Verschachtelungen die IF ... THEN ... ELSE-Anweisung die Struktur des Struktogrammes nicht übersichtlich darstellt. Besser erscheint dem Autor eine Ersatzdarstellung.

Das BASIC-Programm mit einer Ersatzdarstellung für zweiseitige Verzweigungen lautet:

```
10 INPUT"GEBEN SIE 2 ZAHLENWERTE EIN";A,B
20 IF A>B THEN PRINT"A>B":GOTO 60
30 '        ELSE
35              IF A=B THEN PRINT"A=B":GOTO 60
40 '                    ELSE
50                          PRINT"A<B"
60 END
```

Beispiel 20.9

Geben Sie das Struktogramm zu folgendem Programm an:

```
1Ø INPUT "GEBEN SIE 3 ZAHLENWERTE EIN"; A, B, C
2Ø IF A = B THEN IF B = C THEN PRINT "A = C" ELSE PRINT "A < > C"
3Ø END
```

Stellt man für dieses Programm das Struktogramm auf, so ergibt dies:

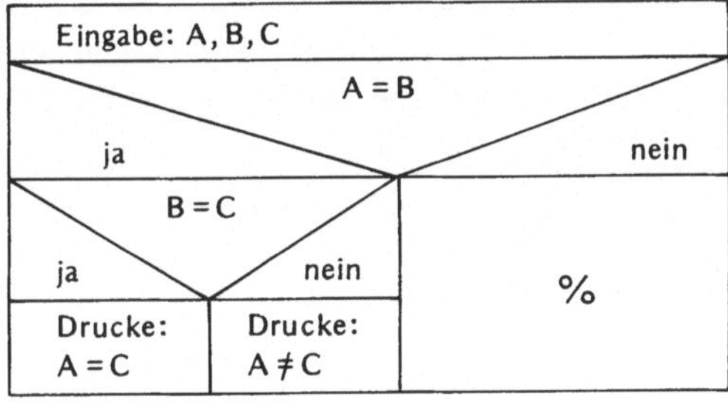

20.5 Mehrfachverzweigungen

Es kann beim Programmieren vorkommen, daß für einen Sprung mehrere Sprungziele vorgesehen werden sollen und daß erst eine Rechnung oder eine Eingabe während des Programmablaufs angibt, zu welchem Sprungziel gesprungen werden soll. Es liegt somit eine Mehrfachverzweigung vor.

Eine BASIC-Mehrfachverzweigungs*anweisung* soll möglichst direkt den Mehrfachverzweigungs*block* eines Struktogramms codieren.

Der Mehrfachverzweigungsblock hat folgendes Aussehen (vgl. Kap. 5.2.2):

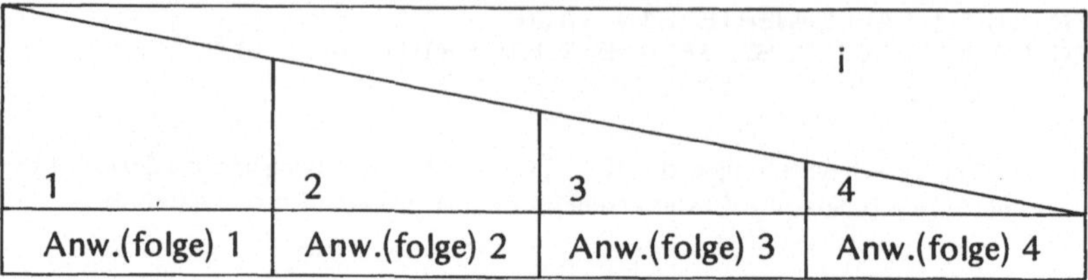

20.5.1 Mehrfachverzweigung mit Hilfe der ON ... GOTO-Anweisung

> Die ON ... GOTO-Anweisung hat die Form:
>
> n ON a GOTO $n_1, n_2, \ldots, n_m$

Dabei ist:

- n die Anweisungsnummer der Mehrfachverzweigungsanweisung,
- ON zusammen mit GOTO das Schlüsselwort der Mehrfachverzweigungsanweisung,
- a der arithmetische Ausdruck, aus dem errechnet wird, zu welchem Sprungziel gesprungen werden soll und
- n_i für $i = 1, 2, \ldots, m$ die Anweisungsnummern von ausführbaren Anweisungen, die als Sprungziele möglich sind.

> **Die ON ... GOTO-Anweisung bewirkt, daß in Abhängigkeit vom Wert i des arithmetischen Ausdrucks a zu der Anweisung mit der Anweisungsnummer n_i gesprungen wird.**

Nimmt z.B. der arithmetische Ausdruck a den Wert 1 an, wird zur ersten angegebenen Anweisungsnummer der Liste verzweigt. Nimmt der arithmetische Ausdruck den Wert 2 an, so wird zur zweiten Anweisungsnummer der Liste verzweigt usw.

Beispiel 20.10

Beispiel für eine Mehrfachverzweigung mit Hilfe der ON ... GOTO-Anweisung:

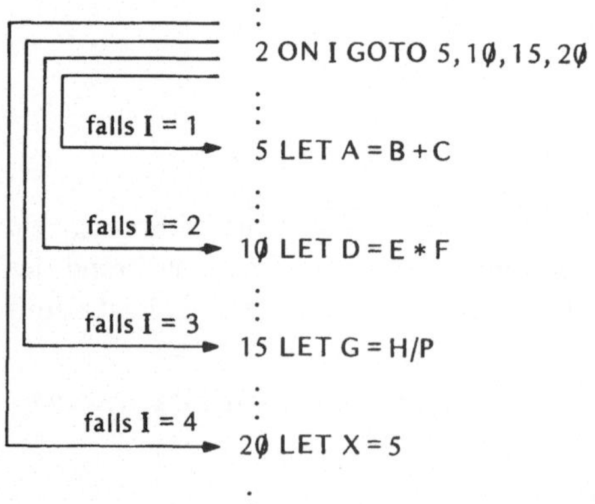

Der arithmetische Ausdruck a ist in diesem Beispiel allein die Variable I, der vorher durch Rechnung bzw. Eingabe ein Wert zugeordnet worden sein muß.

Wenn sich für den arithmetischen Ausdruck keine ganze Zahl ergibt, wird bei den meisten BASIC-Versionen nur der ganzzahlige Teil berücksichtigt.

Der Dezimalteil wird somit vor der Durchführung der ON ... GOTO-Anweisung ohne Rundung abgeschnitten. (In manchen BASIC-Versionen wird hingegen der gerundete Wert ausgewertet.)

Ergibt sich für den arithmetischen Ausdruck eine ganze Zahl, die größer als die Zahl der Sprungziele (Anweisungsnummern) ist, so wird die Anweisung bearbeitet, die direkt auf die ON ... GOTO-Anweisung folgt.
Dies gilt auch, wenn sich der Wert Null bzw. ein negativer Wert ergibt.

Die ON ... GOTO-Anweisung läßt sich mit Hilfe eines Fahrnetzes wie folgt darstellen:

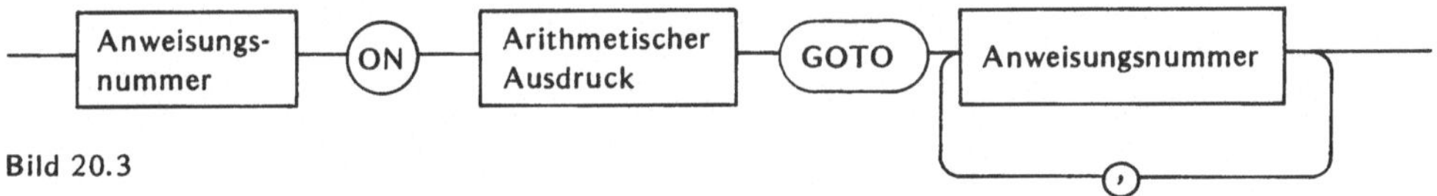

Bild 20.3

Beispiel 20.12

```
10 REM *** VORZEICHEN EINER ZAHL ***
20 INPUT"ZAHL EINGEBEN";A
30 ON SGN(A)+2 GOTO 40,50,60
40                      PRINT"NEGATIVE ZAHL":GOTO 70
50                      PRINT"NULL":GOTO 70
60                      PRINT"POSITIVE ZAHL"
70 END
```

Die Mehrfachverzweigungsanweisung hat im Programm die Anweisungsnummer 3Ø. Das Sprungziele wird in Abhängigkeit des arithmetischen Ausdrucks SGN (A) + 2 bestimmt.

Die Signum-Standardfunktion SGN(X) (vgl. Kap. 13.1) ordnet negativen Zahlen von X den Zahlenwert -1, dem Zahlenwert X = Ø den Zahlenwert Ø und positiven Zahlen von X den Wert + 1 zu.

Durch die Addition von 2 ergibt sich:

für negative Zahlen von X der Wert 1
für X = Ø der Wert 2
für positive Zahlen von X der Wert 3

In Abhängigkeit von diesen Werten, die sich für den arithmetischen Ausdruck SGN(A)+2 ergeben, erfolgt eine Mehrfachverzweigung wie folgt:

Wert 1: Sprung zur Anweisung mit der Anweisungsnummer 4Ø (Ausgabe: negative Zahl).
Wert 2: Sprung zur Anweisung mit der Anweisungsnummer 5Ø (Ausgabe: Null).
Wert 3: Sprung zur Anweisung mit der Anweisungsnummer 6Ø (Ausgabe: positive Zahl).

20.5.2 Mehrfachverzweigung mit Hilfe einer BASIC-Ersatzdarstellung

Die Mehrfachverzweigungsanweisung ON ... GOTO verzweigt in Abhängigkeit vom Wert eines *arithmetischen* Ausdrucks.

Für eine Mehrfachverzweigung in Abhängigkeit des Wertes von Booleschen Ausdrücken bzw. von Textausdrücken ist die ON ... GOTO-Anweisung nicht vorgesehen.

Es gibt auch keine entsprechende andere Mehrfachverzweigung für diese Fälle.

Ist dennoch eine Mehrfachverzweigung für diese Fälle sinnvoll bzw. erforderlich, so gibt es zwei Möglichkeiten, dieses Ziel zu erreichen:

- Umsetzen der Booleschen Ausdrücke bzw. der Textausdrücke in numerische Werte und Anpassen dieser Werte an den arithmetischen Ausdruck der ON ... GOTO-Anweisung.
- BASIC-Ersatzdarstellung mit Hilfe der einseitigen IF ... THEN-Anweisung.

Dieser letzte Weg soll näher betrachtet werden, da er auch beschritten werden kann, wenn die BASIC-Version keine ON-GOTO-Anweisung und keine zweiseitige Verzweigungsanweisung aufweist.

Der Mehrfachverzweigungsblock möge folgendes Aussehen haben:

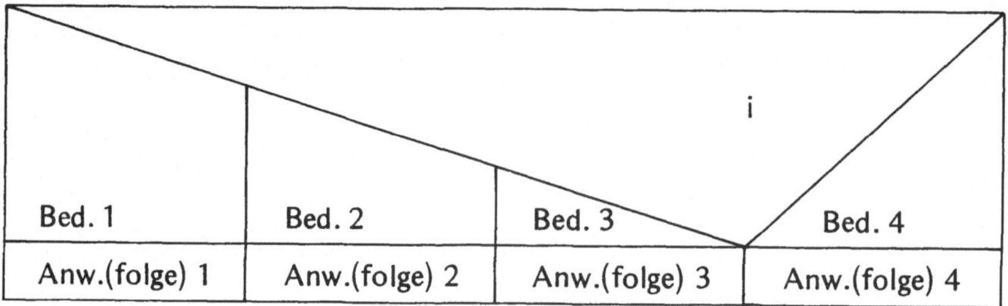

Die Ersatzdarstellung des Mehrfachverzweigungsblockes ergibt sich dann zu:

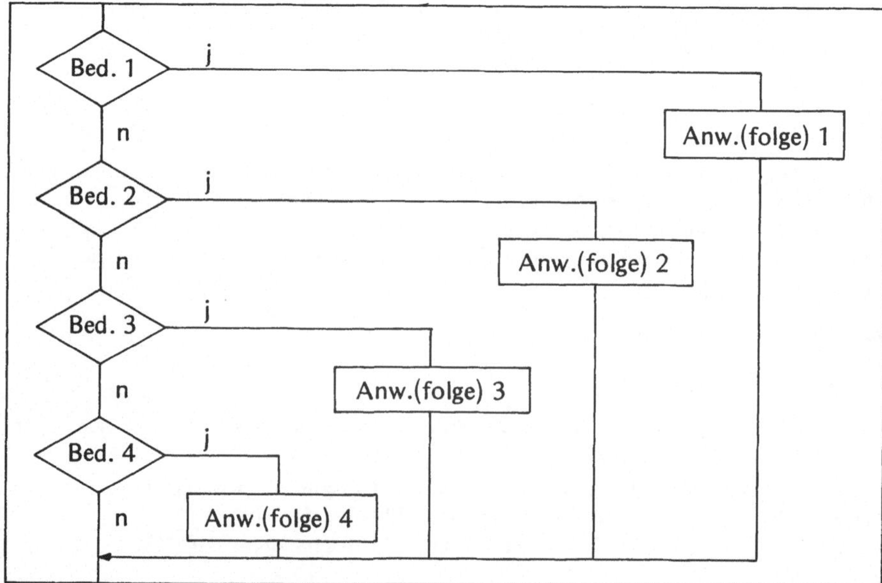

Die BASIC-Ersatzdarstellung ergibt sich daraus allgemein für n-Zweige zu:

```
n1  IF Bed. 1 THEN Anw.(folge) 1: GOTO m
n2  IF Bed. 2 THEN Anw.(folge) 2: GOTO m
        :
nn  IF Bed. n THEN Anw.(folge) n
nm  ...
```

Beispiel 20.13

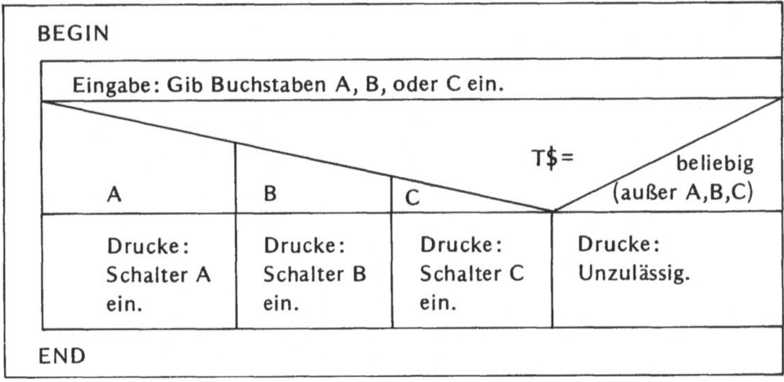

Das zugehörige BASIC-Programm in der Ersatzdarstellung lautet:

```
10 INPUT"GIB BUCHSTABEN A,B ODER C EIN";T$
20         IF T$="A" THEN PRINT"SCHALTER A EIN":GOTO 60
30                 IF T$="B" THEN PRINT"SCHALTER B EIN":GOTO 60
40                         IF T$="C" THEN PRINT"SCHALTER C EIN":GOTO 60
50                                PRINT"UNZULAESSIG"
60 END
```

Die vier im Struktogramm nebeneinanderstehenden Alternativen werden im Programm durch entsprechende Einrückungen optisch hervorgehoben.

Der Nachteil dieser Ersatzdarstellung liegt darin, daß die Anweisungsfolgen dabei nicht zu lang sein dürfen, da sonst die Zeilenlänge überschritten wird und außerdem leicht die Übersichtlichkeit verloren geht und damit die strukturierte Darstellung leidet. Bei längeren Anweisungsfolgen sollte man folgende Ersatzdarstellung wählen:

Allgemeine Struktur:

```
n1    IF Bed. 1 THEN Anweisungsnummer n11 : ' Fall 1
n2    IF Bed. 2 THEN Anweisungsnummer n22 : ' Fall 2
 :
nn    IF Bed. n THEN Anweisungsnummer nnn : ' Fall n
- - - - - - - - - - - - - - - - - - - - - - - - - - - -
n11   ' Fall 1
      ______ }
        :    }   Anweisungsfolge 1
      ______ }
      GOTO Anweisungsnummer ne
- - - - - - - - - - - - - - - - - - - - - - - - - - - -
n22   ' Fall 2
      ______ }
        :    }   Anweisungsfolge 2
      ______ }
      GOTO Anweisungsnummer ne
- - - - - - - - - - - - - - - - - - - - - - - - - - - -
      ______
      ______
        :
      ______
- - - - - - - - - - - - - - - - - - - - - - - - - - - -
nnn   ' Fall n
      ______ }
        :    }   Anweisungsfolge n
      ______ }
--------------------------------------------------------
ne    ______  (Anfang des nächsten Strukturblockes)
```

Die ganzen Verzweigungsalternativen werden bei dieser Ersatzdarstellung am Anfang zusammengestellt. Was im einzelnen zu tun ist wird jedoch hier noch nicht direkt angegeben, sondern es wird nur mit Hilfe einer Anweisungsnummer nach dem Schlüsselwort THEN darauf hingewiesen, wo dies geschieht. Ein durch Doppelpunkte davon getrennter Kommentar macht das Programm lesbarer (Angabe des Falles).

Anschließend folgen die programmierten Verzweigungsalternativen (Fälle), an deren Anfang ein Kommentar darauf hinweist, um welchen Fall es sich handelt. Am Ende eines jeden Falles wird zum Anfang des folgenden Strukturblockes verzweigt (Anw.-Nr. n_e). Eine optische Trennung der Fälle durch entsprechende Kommentarzeilen, die z.B. aus einer Folge von Strichen bestehen, erscheint außerdem sinnvoll.

Ein ausführliches Beispiel für eine derartige Mehrfachverzweigungsanweisung finden Sie in Kapitel 20.8.3.

20.6 Zusammenfassung

Eine BASIC-*Verzweigungsanweisung* soll eine Verzweigung im Programm in Abhängigkeit von bestimmten Bedingungen bewirken.

Das Fahrnetz für eine BASIC-Verzweigungsanweisung ist:

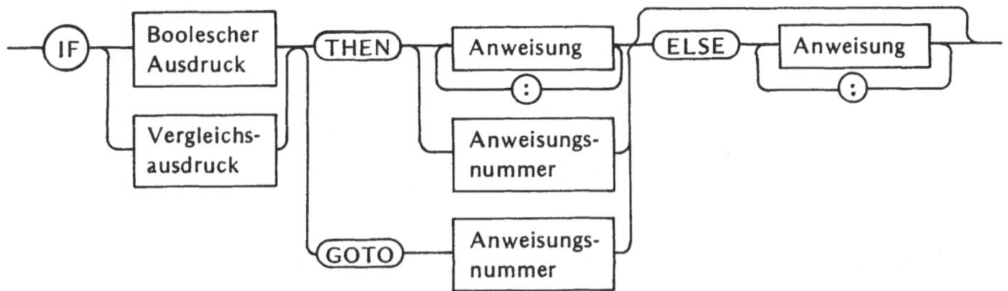

Ist der Boolesche Ausdruck bzw. der Vergleichsausdruck „wahr", wird die auf THEN folgende Anweisung(sfolge) ausgeführt bzw. die Anweisung, die die auf THEN folgende Anweisungsnummer angibt.

Bei der Verwendung von Vergleichsausdrücken sollte man stets Zahlen*bereiche* vergleichen.

Das Schlüsselwort THEN kann in bestimmten Fällen durch GOTO ersetzt werden.

Folgt nicht das Schlüsselwort ELSE, so wird nach der Bearbeitung der Verzweigungsanweisung das Programm mit der nächsten Anweisung im Programm fortgesetzt. Ansonsten wird die Alternative (ELSE) bearbeitet und anschließend ebenfalls das Programm mit der nächsten im Programm folgenden Anweisung fortgesetzt.

Viele BASIC-Versionen verfügen nicht über die zweiseitige IF ... THEN ... ELSE-Anweisung, sondern nur über die verkürzte einseitige IF ... THEN-Anweisung, d.h. das Schlüsselwort ELSE und alles darauffolgende entfällt.

Möchte man eine zweiseitige Verzweigungsanweisung in BASIC mit Hilfe der stets verfügbaren einseitigen Verzweigungsanweisung aufbauen, sollte man für einzelne Anweisungen in den Alternativen folgende BASIC-*Ersatzdarstellung* verwenden:

```
     IF Verzweigungsbedingung THEN Anweisung 1: GOTO n1
     REM                      ELSE
                                   Anweisung 2
n1   Anweisung 3
```

Sind in den Alternativen Anweisungs*folgen* zu berücksichtigen, empfiehlt sich folgende Ersatzdarstellung:

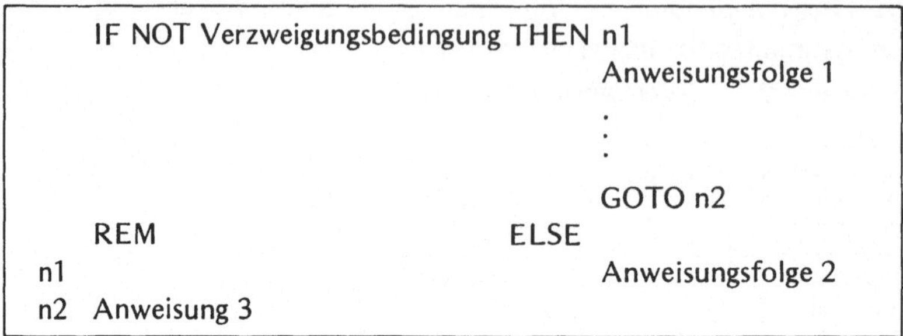

```
        IF NOT Verzweigungsbedingung THEN n1
                                          Anweisungsfolge 1
                                          .
                                          .
                                          .
                                          GOTO n2
        REM                          ELSE
    n1                                    Anweisungsfolge 2
    n2  Anweisung 3
```

BASIC erlaubt eine Verschachtelung von Verzweigungsanweisungen.

Die Zahl der Verschachtelungen, die aufeinander folgen dürfen, wird nur durch die Länge der Zeile begrenzt, die für eine BASIC-Anweisung vorgesehen ist.

Entsprechendes gilt für die Ersatzdarstellung.

Das Fahrnetz für eine Mehrfachverzweigung mit Hilfe der ON ... GOTO-Anweisung ist:

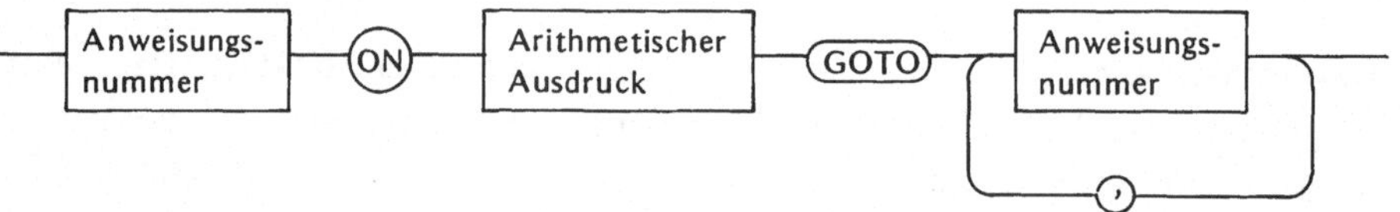

Die ON ...GOTO-Anweisung bewirkt, daß in Abhängigkeit vom Wert i des arithmetischen Ausdruckes zu der i-ten Anweisungsnummer verzweigt wird, die auf das Schlüsselwort GOTO folgt.

Wenn sich für den arithmetischen Ausdruck keine ganze Zahl ergibt, wird i.a. nur der ganzzahlige Teil berücksichtigt, teilweise auch der gerundete ganzzahlige Teil.

Ergibt sich für den arithmetischen Ausdruck eine ganze Zahl, die größer als die Zahl der Sprungziele ist, so wird das Programm mit der nächsten Anweisung fortgesetzt, die direkt auf die ON ... GOTO-Anweisung folgt. Dies gilt auch, wenn sich für den arithmetischen Ausdruck der Wert Null bzw. ein negativer Wert ergibt.

Für die Mehrfachverzweigung von Booleschen Ausdrücken bzw. Textausdrücken ist die ON ... GOTO-Anweisung nicht vorgesehen.

Für diese Fälle gibt es zwei Ersatzmöglichkeiten:

- Umsetzen der Booleschen Ausdrücke bzw. der Textausdrücke in numerische Werte und Anpassen dieser Werte an den arithmetischen Ausdruck der ON ... GOTO-Anweisung.
- BASIC-Ersatzdarstellung mit Hilfe der IF ... THEN-Anweisung (Kap. 20.5.2).

20.7 Übungsaufgaben

Die Lösungen der Übungsaufgaben befinden sich in Kap. 24.

Aufgabe 20.1

Was bewirken folgende BASIC-Programmteile?

Nr.		Erläuterung
1	1Ø PRINT "GIB WERT <= 1Ø EIN" 2Ø INPUT X 3Ø IF X>1Ø PRINT "EINGABEWERT>1Ø": GOTO 1Ø 4Ø ...	
2	1Ø INPUT "EINGABE JA ODER NEIN"; A$ 2Ø IF A$="JA" THEN 1ØØØ 3Ø ...	
3	1Ø INPUT "EINGABE JA ODER NEIN"; A$ 2Ø IF A$ = "JA" THEN 1ØØØ ELSE 2ØØØ 3Ø ...	
4	1Ø IF NOT (A<B) THEN 5Ø 2Ø PRINT "A KLEINER B" 3Ø GOTO 6Ø 4Ø REM ELSE 5Ø PRINT "A GROESSER GLEICH B" 6Ø ...	
5	1Ø IF X<1 THEN C=A+B: PRINT C ELSE 1ØØ	

Aufgabe 20.2

Man schreibe die Programmverzweigungsanweisungen, die folgendes bewirken:

Nr.	Aufgabe	Programmverzweigungsanweisung
1	Falls $x \leqslant 50$, springe zur Anweisungsnummer 1Ø.	
2	Falls $a = b$, springe zur Anweisungsnummer 35.	
3	Falls $e = f + g$, springe zur Anweisungsnummer 22.	
4	Falls $7z - 15 > x$, springe zur Anweisnugsnummer 17.	
5	Falls $a1 + a2 + a3 \neq a1 \cdot a2$, springe zur Anweisungsnummer 2ØØ.	

Die Anweisungsnummer der Programmverzweigungsanweisung selbst sei frei wählbar.

Aufgabe 20.3

Schreiben Sie mit Hilfe von zweiseitigen Programmverzweigungsanweisungen den entsprechenden Programmabschnitt für folgende Aufgaben:

a) Wenn die Differenz von X und Y kleiner als Null ist, soll Z von der Differenz subtrahiert werden. Dies soll die neue Differenz D sein. Falls X − Y größer oder gleich Null ist, soll Z zur Differenz addiert werden. Das Ergebnis soll in diesem Fall die neue Differenz sein.

b) Wenn das Produkt von A und B ungleich Null ist, soll das Produkt durch C geteilt werden. Andernfalls soll zu dem Produkt D addiert werden.

Aufgabe 20.4

Welche der folgenden Verzweigungsanweisungen sind fehlerhaft? Begründen Sie Ihre Antwort!

Nr.	Verzweigungsanweisung	falsch	richtig	Begründung
1	1Ø IF A<>B$ THEN 5Ø	○	○	
2	2Ø B$ <= "ENDE" THEN 6Ø	○	○	
3	3Ø IF Q1$ # "MEYER" THEN 7Ø	○	○	
4	4Ø IF M$ >= "MONTAG THEN 8Ø	○	○	
5	5Ø IF A$ = B$ + C$ THEN 9Ø	○	○	

Aufgabe 20.5

Geben Sie die BASIC-Anweisungen für folgende Aufgabenstellung an:

Wenn die Texte, die der Textvariablen E$ zugeordnet werden, alphabetisch vor der Textkonstanten "ENDE" stehen, soll zur Anweisung mit der Anweisungsnummer 1ØØ verzweigt werden. Im anderen Fall soll zur Anweisung mit der Anweisungsnummer 2ØØ gesprungen werden.

Aufgabe 20.6

Was bewirkt folgendes Programm?

```
1Ø GET G$
2Ø IF G$ = "A"  THEN PRINT "TASTE A GEDRÜCKT":GOTO 1Ø
3Ø REM          ELSE
4Ø                     IF G$="B" THEN PRINT TASTE B GEDRÜCKT":GOTO 1Ø
5Ø REM                              ELSE
6Ø                                       GOTO 1Ø
7Ø END
```

Aufgabe 20.7

Codieren Sie folgendes Struktogramm in BASIC:

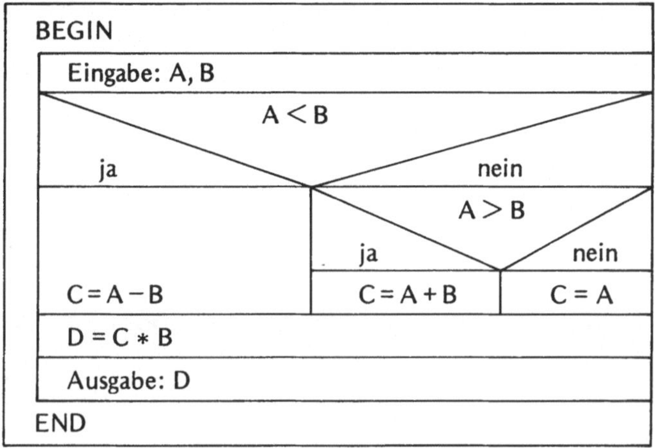

Aufgabe 20.8

Gegeben sei folgende Anweisung:

5 ON A + B GOTO 1Ø, 15, 2Ø, 25, 3Ø

Den Variablen A und B mögen folgende Werte zugeordnet sein:

A = 1,3; B = 2,6
A = 1,5; B = 2,6

Zu welchen Anweisungsnummern wird verzweigt?

Aufgabe 20.9

Welcher Wahrheitswert wird bei den folgenden Programmen ausgegeben, wenn folgende Eingabewerte vorgegeben sind?

Nr.	Programmbeispiel	Eingabewerte
1	1Ø INPUT A, B, C 2Ø Z = A >= Ø OR B <> C 3Ø PRINT Z 4Ø END	? Ø, 1Ø, 1Ø
2	1Ø INPUT G, H, I 2Ø Y = G AND H OR NOT I 3Ø PRINT Y 4Ø END	? −1, Ø, −1

20.8 Vollständig programmierte Beispiele

20.8.1 Bestimmung der größten von drei Zahlen

Aufgabenstellung

Es soll die größte von drei beliebig in einem Mikrocomputer eingegebenen Zahlen ausgedruckt werden.

Struktogramm

Struktogramme zu diesem Problem wurden schon in Kap. 5 angegeben. Das folgende Programm soll sich an das Struktogramm in Bild 5.6 orientieren.

Programmausdruck:

```
10 '***** BESTIMMUNG DER GROESSTEN VON DREI ZAHLEN *****
20 '
30 '-----------------------------------------------------
40 'EINGABE
50 '-------
60 INPUT"BITTE GEBEN SIE DREI ZAHLEN EIN";A,B,C
70 '
80 '-----------------------------------------------------
90 'ALGORITHMUS
100 '-----------
110 IF A>B THEN IF A>C THEN MAX=A:GOTO 200
120 '       ELSE
130                IF B>C THEN MAX=B:GOTO 200
140 '                      ELSE
150                             MAX=C:GOTO 200
160 '
170 '----------------------------------------------------
180 'AUSGABE
190 '-------
200 LPRINT"DIE GROESSTE DER DREI ZAHLEN";A;B;C;"IST";MAX
210 '
220 '***** PROGRAMMENDE ********************************
```

Ergebnisausdrucke:

```
DIE GROESSTE DER DREI ZAHLEN 1  2  3 IST 3
DIE GROESSTE DER DREI ZAHLEN 2  3  1 IST 3
DIE GROESSTE DER DREI ZAHLEN 3  1  2 IST 3
DIE GROESSTE DER DREI ZAHLEN 1  3  2 IST 3
DIE GROESSTE DER DREI ZAHLEN 3  2  1 IST 3
DIE GROESSTE DER DREI ZAHLEN 2  1  3 IST 3
```

Erläuterungen zum Programm

Anw.-Nr.	Erläuterung
1Ø	Kommentar, der die Aufgabe des Programms angibt.
3Ø, 8Ø, 17Ø	Kommentare in Form von gestrichelten Linien, die die drei wichtigen Teile des Programms voneinander abheben (Eingabe, Algorithmus, Ausgabe).
6Ø	Eingabeanweisung für drei Zahlenwerte, die den Variablen A, B und C zugeordnet werden. Der Anwender wird dazu über einen entsprechenden Bildschirmtext aufgefordert.
11Ø	Wenn A > B und A > C ist, dann ist A die größte Zahl, die der Variablen MAX zugeordnet wird. Damit nicht noch die folgenden Anweisungen des Programms durchlaufen werden, wird anschließend direkt zur Anweisung mit der Anw.-Nr. 2ØØ gesprungen (Ausgabe).
12Ø	Kommentar der die Alternative zu A > B ankündigt (Nein-Zweig).
13Ø bis 15Ø	Wenn A nicht größer als B ist, muß nur noch entschieden werden, ob B > C ist oder nicht, um die größte Zahl angeben zu können. Dies geschieht mit Hilfe dieser Anweisungen.
2ØØ	Ausgabe der Eingabewerte zusammen mit der größten gefundenen Zahl und einem erläuternden Text.

20.8.2 Lösung der quadratischen Gleichung

Aufgabenstellung

Die Aufgabenstellung wurde auch schon in Kap. 5 (Beispiel 5.3) besprochen. Es sei hier darauf verwiesen.

Struktogramm

Die zugehörigen Struktogramme sind ebenfalls in Kap. 5 (Bild 5.8, 5.9 und 5.10) zu finden.

Programmausdruck:

```
10 '***** LOESUNG DER QUADRATISCHEN GLEICHUNG ************************
20 '
30 '------------------------------------------------------------------
40 'EINGABE
50 '-------
60 INPUT"GEBEN SIE DREI WERTE FUER DIE VARIABLEN A,B UND C EIN";A,B,C
70 '
80 '------------------------------------------------------------------
90 'AUSGABETEXT
100 '-----------
110 LPRINT"DIE LOESUNG DER QUADRATISCHEN GLEICHUNG"
120 LPRINT "       ";A;"X^2 + ";B;"X + ";C;" =0"
130 LPRINT " IST  ";
140 '------------------------------------------------------------------
150 'ALGORITHMUS
160 '-----------
170 IF A=0 THEN GOTO 220:'LOESUNG DER LINEAREN GLEICHUNG
180 '       ELSE
190              GOTO 320:'LOESUNG DER QUADRATISCHEN GLEICHUNG
200 '.............................................................
```

```
210 '
220 'LOESUNG DER LINEAREN GLEICHUNG
230  IF B=0 THEN LPRINT"DIVISION DURCH NULL IST VERBOTEN":END
240 '        ELSE
250               IF C=0 THEN LPRINT"X=0":END
260 '                    ELSE
270                           X=-C/B
280                           LPRINT"X=";X
290 END
300 '..............................................................
310 '
320 'LOESUNG DER QUADRATISCHEN GLEICHUNG
330 '.................................
340 P=-B/2/A
350 Q=P^2-C/A
360 IF Q>0 THEN 420:'ZWEI REELLE LOESUNGEN
370 '        ELSE
380               IF Q=0 THEN 500:'EINE REELLE LOESUNG
390 '                    ELSE
400                            GOTO 560 :'KOMPLEXE LOESUNG
410 '. . . . . . . . . . . . . . . . . . . . . . . . . . . . .
420 'ZWEI REELLE LOESUNGEN
430 '
440 W=SQR(Q)
450 X1=P+W
460 X2=P-W
470 LPRINT"X1=";X1,"X2=";X2
480 END
490 '. . . . . . . . . . . . . . . . . . . . . . . . . . . . .
500 'EINE REELLE LOESUNG
510 '
520 X=P
530 LPRINT"X=";X
540 END
550 '. . . . . . . . . . . . . . . . . . . . . . . . . . . . .
560 'KOMPLEXE LOESUNG
570 '
580 Q=C/A-P^2
590 W=SQR(Q)
600 LPRINT"X1=";P;"+I";W,"X1=";P;"-I";W
610 '
620 '***** PROGRAMMENDE ******************************************
630 END
```

Ergebnisausdruck:

```
DIE LOESUNG DER QUADRATISCHEN GLEICHUNG
      1 X^2 +  6 X +  9  =0
 IST  X=-3
DIE LOESUNG DER QUADRATISCHEN GLEICHUNG
      1 X^2 +  7 X +  9  =0
 IST  X1=-1.69722          X2=-5.30278
DIE LOESUNG DER QUADRATISCHEN GLEICHUNG
      1 X^2 +  5 X +  9  =0
 IST  X1=-2.5 +I 1.65831    X1=-2.5 -I 1.65831
```

Erläuterungen zum Programm

Anw.-Nr.	Erläuterung
1Ø	Kommentar, der die Aufgabe des Programms angibt.
4Ø bis 6Ø	Eingabeteil für die Eingabe der Werte, die den Variablen a, b und c zugeordnet werden. Der Benutzer des Programms wird dazu über einen entsprechenden Text auf dem Bildschirm aufgefordert.
9Ø bis 13Ø	Ausgabe des Textes auf dem Drucker, der für *alle* Lösungen gleich ist. Dazu gehört die Ausgabe der eingegebenen Werte in Form einer Formel (Anw.-Nr. 12Ø). Die Potenz in der Formel läßt sich i.a. leider nicht durch „Höherstellen“ realisieren. Daher wurde die Symbolik „∧ 2“ verwendet.
15Ø bis 19Ø	Realsierung des Verzweigungsblockes im Struktogramm von Bild 5.8. Es wurde hier die BASIC-Ersatzdarstellung für eine IF ... THEN ... ELSE-Anweisung verwendet. Die in den beiden Zweigen auszuführenden Anweisungen sind symbolisiert durch Sprunganweisungen zu den Programmteilen, die in der Grobstruktur des Struktogramms genannt wurden. Um dies deutlich zu machen, folgt den Sprunganweisungen ein Kommentar, der angibt, was bei dem genannten Sprungziel gemacht wird.
22Ø bis 29Ø	Für den Fall, daß A = Ø ist, muß ein lineares Gleichungssystem gelöst werden, bei dem es wieder einige Alternativen gibt (vgl. Kap. 5, Struktogramm Bild 5.9). Auch hier wurde die BASIC-Ersatzdarstellung von IF ... THEN ... ELSE-Anweisungen benutzt. Die einzelnen Zweige wurden durch END-Anweisungen abgeschlossen, damit der Programmdurchlauf auch wirklich abgeschlossen wird und keine der folgenden Anweisungen des Programms mehr durchlaufen werden.
32Ø bis 4ØØ	Wenn A ≠ Ø ist, muß die quadratische Gleichung gelöst werden. Die Alternativen dieses Falles ergeben sich, wie aus dem Struktogramm 5.10 (Kap. 5) hervorgeht, in Abhängigkeit vom Wert Q, der somit zunächst bestimmt werden muß (Anw.-Nr. 35Ø). Die Anweisungen mit den Anweisungsnummern 36Ø bis 4ØØ zeigen die drei Möglichkeiten. Sie werden auch hier nicht direkt bearbeitet, sondern sind nur in Form von Sprungzielen an dieser Stelle existent. Ein folgender Kommentar gibt an, was bei diesen Sprungzielen bearbeitet wird.
42Ø bis 48Ø	Diese Anweisungen stellen den Algorithmus dar, mit dem die *beiden* reellen Lösungen x1 und x2 ermittelt und auf einen Drucker ausgegeben werden können.
5ØØ bis 54Ø	Diese Anweisungen stellen den Fall dar, in dem nur *eine* reelle Lösung vorhanden ist. Dies ist nur dann der Fall, wenn Q = Ø ist (Anw.-Nr. 38Ø). Hier ist jedoch große Vorsicht geboten. Durch *interne* Rechenungenauigkeiten kann es dazu kommen, daß keine „echte“ Null für Q errechnet wird, sondern nur ein Wert, der *sehr* nahe bei Null liegt. In solchen Fällen wird je nach Vorzeichen dieses Wertes einer der beiden *anderen* Fälle behandelt. Um dies zu vermeiden, müßte man einen *Bereich* um Null festlegen, der als Null gelten soll (vgl. Kap. 20.2, Beispiele 20.3 und 20.4).
56Ø bis 6ØØ	Diese Anweisungen stellen den Algorithmus dar, mit dem man die beiden komplexen Lösungen X1 und X2 ermittelt und auf dem Drucker ausgibt. Man ermittelt dazu getrennt den Realteil (Anw.-Nr. 34Ø) und den Imaginärteil (Anw.-Nr. 59Ø) und fügt beide mit Hilfe von Texten auf dem Ausdruck zu einer komplexen Zahl zusammen (Anw.-Nr. 6ØØ).

20.8.3 Wechselkursberechnung

Aufgabenstellung

Das Wechseln von ausländischen Devisen in DM soll bei einer Bank auf Datenverarbeitung umgestellt werden. Dazu ist ein Programm zu schreiben. Zur schnellen Abwicklung am Schalter wird auf dem Bildschirm ein sog. Menü ausgegeben, d.h. eine Liste der ausländischen Währungen mit zugeordneten Kenn-Nummern. Der Angestellte wählt über die Eingabetastatur die gewünschte Währung aus. Anschließend soll er aufgefordert werden, den ausländischen Währungsbetrag, der in DM zu wechseln ist, über die Tastatur einzugeben. Das Ergebnis soll zur Dokumentation auf einem Drucker ausgegeben werden.

Hier soll beispielhaft nur mit folgenden 6 ausländischen Währungen gearbeitet werden:

Kenn-Nr.	Währung	DM-Kurs
1	1 Am.Dollar	2,586
2	1 Engl.Pfund	3,724
3	1 Schw.Franken	1,204
4	1 Franz.Franken	0,325
5	1 Öst.Schilling	0,142
6	1 Holl.Gulden	0,866

Die angegebenen DM-Kurse hatten am 2.4.1984 Gültigkeit. Sie sind *vor* Geschäftsbeginn jeweils den neuen Gegebenheiten anzupassen.

Struktogramm:

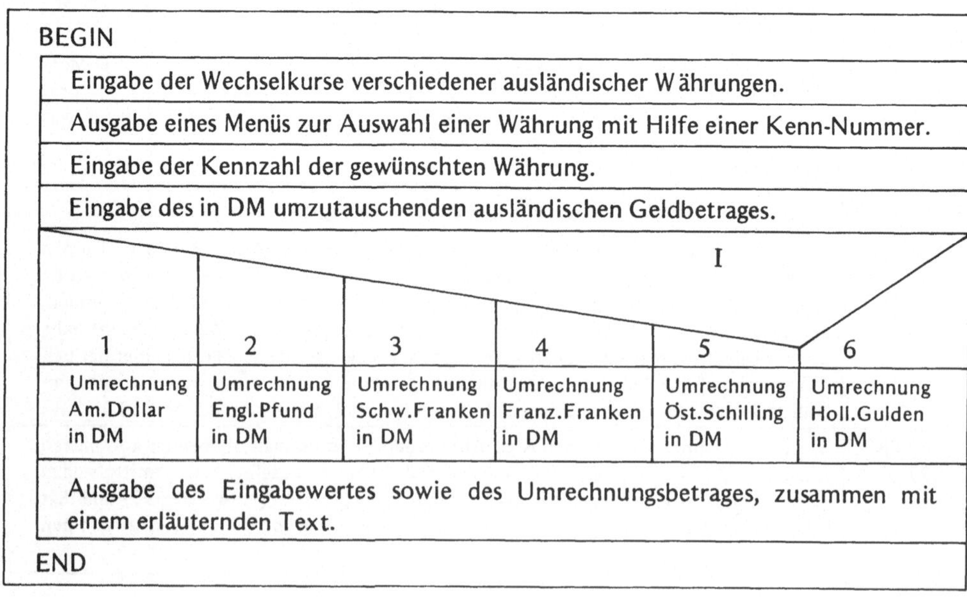

Programmausdruck:

```
10 '***** WECHSELKURSBERECHNUNG *******************************************
20 '
30 '-----------------------------------------------------------------------
40 'EINGABE DER WECHSELKURSE
50 '------------------------
60 READ AMDOL,ENGPF,SCHWF,FRANF,OESTS,HOLLG
70 '
80 'ERLAEUTERUNG DER VARIABLEN
90 '.........................
100 'AMDOL=AMERIKAN.DOLLAR
110 'ENGPF=ENGL.PFUND
120 'SCHWF=SCHWEIZER FRANKEN
130 'FRANF=FRANZ.FRANKEN
140 'OESTS=OESTEREICH.SCHILLING
150 'HOLLG=HOLLAEND.GULDEN
160 '-----------------------------------------------------------------------
170 '
180 'MENUE ZUR AUSWAHL DER WAEHRUNG
190 '------------------------------
200 PRINT"1  AM.DOLLAR"
210 PRINT"2  ENGL.PFUND"
220 PRINT"3  SCHW.FRANKEN"
230 PRINT"4  FRANZ.FRANKEN"
240 PRINT"5  OEST.SCHILLING"
250 PRINT"6  HOLL.GULDEN"
260 '
270 INPUT"GEBEN SIE DIE KENNZAHL DER GEWUENSCHTEN WAEHRUNG EIN";I
280 '
290 '------------------------------------------------------------------
300 'EINGABE DES AUSLAENDISCHEN GELDBETRAGES
310 '---------------------------------------
320 '
330 INPUT"GEBEN SIE DEN UMZUTAUSCHENDEN AUSL.GELDBETRAG EIN";B
340 '
350 '-----------------------------------------------------------------------
360 'BERECHNUNGEN
370 '------------
380 IF I=1 THEN DM=B*AMDOL:LPRINT B,"AM.DOLLAR":LPRINT DM,"DM":GOTO 500
390 IF I=2 THEN DM=B*ENGPF:LPRINT B,"ENGL.PFUND":LPRINT DM,"DM":GOTO 500
400 IF I=3 THEN DM=B*SCHWF:LPRINT B,"SCHW.FRANKEN":LPRINT DM,"DM":GOTO 500
410 IF I=4 THEN DM=B*FRANF:LPRINT B,"FRANZ.FRANKEN":LPRINT DM,"DM":GOTO 500
420 IF I=5 THEN DM=B*OESTS:LPRINT B,"OEST.SCHILLING":LPRINT DM,"DM":GOTO 500
430 IF I=6 THEN DM=B*HOLLG:LPRINT B;"HOLL.GULDEN":LPRINT DM,"DM":GOTO 500
440 '
450 '-----------------------------------------------------------------------
460 'EINGABEDATEN
470 '------------
480 DATA 2.586,3.724,1.204,0.325,0.142,0.866
490 '
500 '***** PROGRAMMENDE ****************************************************
510 END
```

Ergebnisausdruck:

```
200            ENGL.PFUND
744.8          DM


7              OEST.SCHILLING
.994           DM
```

Erläuterungen zum Programm

Anw.-Nr.	Erläuterung
1Ø	Kommentar, der die Aufgabe des Programms angibt.
6Ø	Eingabe der Wechselkurse von 6 verschiedenen ausländischen Währungen mit Hilfe der READ-DATA-Anweisung. Dies hat den Vorteil, daß bei Kursänderungen nur die DATA-Anweisung zu ändern ist. Eine *ständige* Eingabe der Wechselkurse entfällt somit.
8Ø bis 15Ø	Erläuterungen der verwendeten Abkürzungen für die Variablennamen der ausländischen Währungen in Form von Kommentaren. Dies soll die Lesbarkeit der Programme verbessern (Selbstdokumentation von Programmen).
18Ø bis 27Ø	Ausgabe des Menüs auf dem Bildschirm zur Auswahl einer Währung mit Hilfe von Kenn-Nummern (Anw.-Nr. 27Ø).
3ØØ bis 33Ø	Eingabe des in DM umzutauschenden ausländischen Geldbetrages. Der Benutzer des Mikrocomputers wird über einen entsprechenden Text dazu aufgefordert.
36Ø bis 43Ø	Wie das Struktogramm zeigt, erfolgen die einzelnen Umrechnungen getrennt. Sie werden mit Hilfe der eingegebenen Kenn-Nummer (Anw.-Nr. 27Ø) ausgewählt. Es handelt sich somit um eine Mehrfachverzweigung, die mit Hilfe der ON ... GOTO-Anweisung realisiert werden kann, falls die BASIC-Version diese enthält. In diesem Beispiel wurde jedoch von einer *immer* möglichen BASIC-Ersatzdarstellung ausgegangen. Der THEN-Zweig enthält vier Anweisungen, die durch Doppelpunkte getrennt sind: • Die eigentliche Umrechnung. • Die Ausgabe des ausländischen Geldbetrages mit Angabe der Währung. • Die Ausgabe des Umrechnungsbetrages in DM. • Ein Sprung zum Ende des Programms (eine END-Anweisung an dieser Stelle wäre ebenfalls möglich gewesen).
46Ø bis 48Ø	Kurse in einer DATA-Anweisung. Diese Werte sind, falls nötig, vor Nutzung des Programms den tatsächlichen Werten anzupassen.

Mögliche Verbesserungen des Programms:

Damit Fehleingaben bei der Menüauswahl nicht zu einem Programmabbruch bzw. zu fehlerhaften Ausgaben führen, wäre es sinnvoll, im Programm zu prüfen, ob ein Wert für I eingegeben wurde, der größer als 6 bzw. kleiner als Ø ist. In diesem Fall müßte der Benutzer zu einer erneuten Eingabe aufgefordert werden.

Die Ausgabe der Geldbeträge könnte durch Verwendung einer LPRINT-USING-Anweisung im Ausgabeformat verbessert werden (Unschön ist z.B. in dem beispielhaften Ergebnisausdruck die Ausgabe von nur *einer* bzw. *drei* Stellen für die Pfennige nach dem Komma. (Besser wäre z.B. eine formatierte zweistellige Ausgabe nach dem Komma.) Hier wurde die einfache LPRINT-Anweisung verwendet, da nicht alle BASIC-Versionen die LPRINT-USING-Anweisung aufweisen.

21 Schleifenanweisungen

21.1 Allgemeines

In Struktogrammen können folgende Wiederholungsblöcke auftreten (vgl. Kap. 5.2.2):

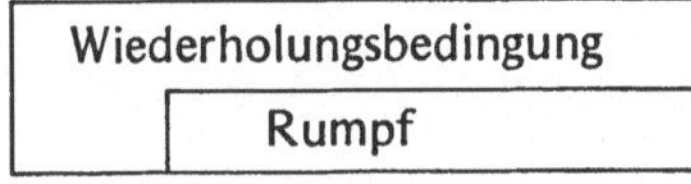

Wiederholungsblock, bei dem die Wiederholungsbedingung am *Anfang* der zu wiederholenden Anweisungen (Rumpf) steht.

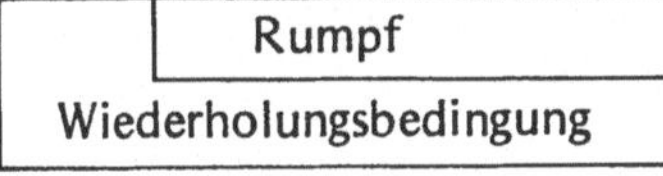

Wiederholungsblock, bei dem die Wiederholungsbedingung am *Ende* der zu wiederholenden Anweisungen (Rumpf) steht.

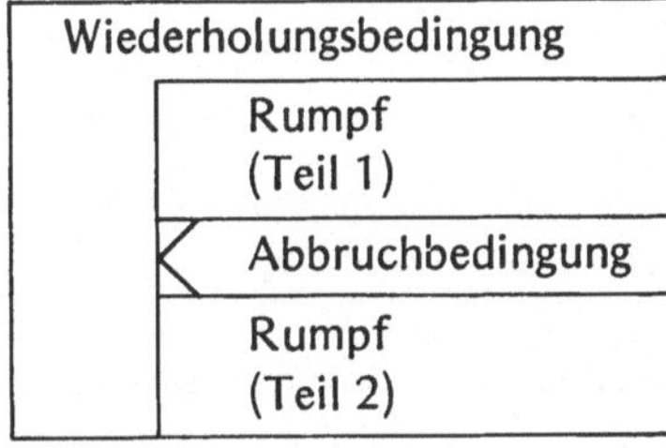

Wiederholungsblock, bei dem, unabhängig von der Wiederholungsbedingung, beim Auftreten einer bestimmten Bedingung ein Abbruch der Wiederholung erfolgt (Abbruchbedingung). Die Wiederholungsbedingung kann am Anfang oder Ende des Wiederholungsblockes stehen.

Für eine strukturierte BASIC-Programmierung sollten diese unterschiedlichen Strukturblöcke möglichst auch in Form von BASIC-Schleifenanweisungen zur Verfügung stehen.

Diese BASIC-Schleifenanweisungen müssen bewirken, daß in Abhängigkeit bestimmter Wiederholungsbedingungen eine Folge von Anweisungen mehrfach durchlaufen wird.

Leider gibt es nicht für alle oben angegebenen Schleifen-Strukturblocktypen entsprechende spezielle BASIC-Schleifenanweisungen.

In diesen Fällen muß man sich mit Ersatzdarstellungen behelfen.

Wenn keine speziellen BASIC-Schleifenanweisungen für bestimmte Schleifenstrukturblocktypen vorhanden sind, müssen diese somit ersatzweise durch andere elementare BASIC-Anweisungen dargestellt werden. Dies ist in jedem Fall mit den in jeder BASIC-Version vorhandenen Sprung- und Verzweigungsanweisungen möglich (vgl. Kap. 19, 20.2, 20.3).

21.2 Schleifenanweisung mit der Wiederholungsbedingung am Schleifenanfang

Prinzipiell ist bei diesen Schleifenanweisungen noch weiter zu unterscheiden, ob

- die Zahl der Schleifendurchläufe von vornherein *bekannt* ist oder ob
- die Zahl der Schleifendurchläufe *unbekannt* ist.

Diese beiden Fälle müssen bei der Umsetzung von Wiederholungsblöcken in BASIC-Anweisungen ebenfalls berücksichtigt werden. Ist die Zahl der Schleifendurchläufe von vornherein bekannt, spricht man von sog. *Zählschleifen*. Sie sollen im Folgenden näher betrachtet werden.

21.2.1 Die FOR-Zählschleifenanweisung

Die FOR-Zählschleifanweisung wird vorteilhaft verwendet, wenn die Anzahl der Schleifendurchläufe vor Ausführung des Programms bekannt ist.

Die Zählschleifenanweisung besteht aus folgendem Anweisungspaar:

n_1 FOR v = a_1 TO a_2 STEP a_3
⋮ } Anweisungsfolge
n_2 NEXT v

Hierbei sind:

- n_1 und n_2 die Anweisungsnummern des Anweisungspaares der Zählschleifenanweisung.
- FOR, TO, STEP und NEXT die Schlüsselworte der Zählschleifenanweisung.
- a_1, a_2, a_3 arithmetische Ausdrücke.
  Ein arithmetischer Ausdruck ist im einfachsten Falle eine numerische Konstante bzw. eine numerische Variable (vgl. Kap. 14.1).
- v eine numerische Variable (sog. Zählvariable bzw. Laufvariable).

Die FOR-Zählschleifenanweisung hat folgende Arbeitsweise:

Am Anfang wird die Laufvariable V auf den *Anfangswert* gesetzt.

Der Anfangswert wird durch den arithmetischen Ausdruck a_1 bestimmt.

Anschließend werden die auf die FOR-Anweisung folgenden Anweisungen ausgeführt, bis die NEXT-Anweisung erreicht ist.

Nun wird der numerische Wert der Laufvariablen V um den Wert der *Schrittweite* (arithmetischer Ausdruck a_3) erhöht und das Ergebnis mit dem *Endwert* (arithmetischer Ausdruck a_2) verglichen.

Ist der Wert der Laufvariablen inzwischen *größer* als der Endwert, wird zur nächsten, auf die NEXT-Anweisung folgende Anweisung übergegangen (Schleifenende).

Ist der Wert der Laufvariablen *kleiner oder gleich* dem Endwert, werden die auf FOR folgenden Anweisungen erneut durchlaufen.

Ist die *Schrittweite negativ*, wird sinngemäß verfahren. Der Anfangswert muß dann größer als der Endwert sein. Vom Anfangswert wird die Schrittweite solange abgezogen, bis der Wert der Schleifenvariablen kleiner als der angegebene Endwert ist.

Aus der Arbeitsweise resultieren folgende Regeln:

- Die Schleife beginnt mit der FOR-Anweisung und endet mit der NEXT-Anweisung.
- Zwischen den Anweisungen FOR und NEXT sind die Anweisungen anzuordnen, die in der Schleife mehrfach durchlaufen werden sollen. Die Anzahl der BASIC-Anweisungen zwischen der FOR- und der NEXT-Anweisung ist unbegrenzt.
- Die numerische Variable v ist eine sog. *Laufvariable.* Sie durchläuft von einem Anfangswert bis zu einem Endwert alle Werte mit einer vorgegebenen Schrittweite.

  Der *Anfangswert* (untere Grenze des Laufbereiches) wird durch den arithmetischen Ausdruck a_1 festgelegt.

  Der *Endwert* (obere Grenze des Laufbereiches) wird durch den arithmetischen Ausdruck a_2 festgelegt.

  Die *Schrittweite* (*Inkrement*) wird durch den arithmetischen Ausdruck a_3 festgelegt.

  Die arithmetischen Ausdrücke a_1, a_2 und a_3 können beliebige numerische Werte annehmen. Dabei ist jedoch folgendes zu berücksichtigen:

  Wenn der Wert des arithmetischen Ausdrucks *a_3 positiv* ist, muß der Wert von a_2 größer sein als der von a_1. Ist dies nicht der Fall, wird die Schleife nicht durchlaufen und das Programm fährt mit der auf NEXT folgenden Anweisung fort, d.h. die gesamte Schleife wird übersprungen.

  Wenn der Wert des arithmetischen Ausdrucks *a_3 negativ* ist, muß hingegen der Wert von a_1 größer als der von a_2 sein. Ist dies nicht der Fall, wird die gesamte Schleife übersprungen.

  Der arithmetische Ausdruck a_3, der die Schrittweite angibt, *kann* entfallen, wenn $a_3 = 1$ ist. Dies vereinfacht die Formulierung der Programmschleife.

  Der Wert der Laufvariablen v, sowie die Werte der arithmetischen Ausdrücke a_1, a_2 und a_3 dürfen nicht durch Anweisungen innerhalb des Laufbereiches (Rumpf) verändert werden.

  Innerhalb einer Schleife ist es z.B. verboten, die Laufvariable v durch eine Anweisung wie z.B. V = V + 1 zu verändern.

- Die numerische Variable hinter der NEXT-Anweisung muß i.a. die gleiche sein, die die zugehörige FOR-Anweisung als Laufvariable benutzt. Diese beiden Anweisungen mit der gleichen Laufvariablen bilden somit den äußeren Rahmen für die Programmschleife.

  Ist nur *eine* FOR-Schleife vorhanden, *kann* in vielen BASIC-Versionen die Laufvariable hinter NEXT entfallen.

  Bei *geschachtelten* FOR-Schleifen kann vielfach anstelle *mehrerer aufeinanderfolgender* NEXT-Anweisungen *eine* NEXT-Anweisung benutzt werden, in der die Laufvariablen in einer *Laufvariablenliste* in der entsprechenden Reihenfolge aufeinanderfolgen.

- Aus dem Schleifenbereich darf zwar herausgesprungen werden (Abbruchbedingung), aber nicht hinein.

  Die Laufvariable hat dann außerhalb der Schleifenanweisung den Wert, den sie unmittelbar vor Ausführung des Sprunges hatte. Dieser Wert ist dann auch außerhalb der Schleife verfügbar.

- Die Anzahl der Schleifendurchläufe ergibt sich aus folgender Formel:

$$\text{Zahl der Schleifendurchläufe} = \frac{\text{Endwert} - \text{Anfangswert}}{\text{Schrittweite}} + 1$$

Die Addition von +1 zeigt an, daß der Rumpf der Schleife *mindestens* einmal durchlaufen wird.

Das Fahrnetz der FOR-Anweisung ergibt sich zu:

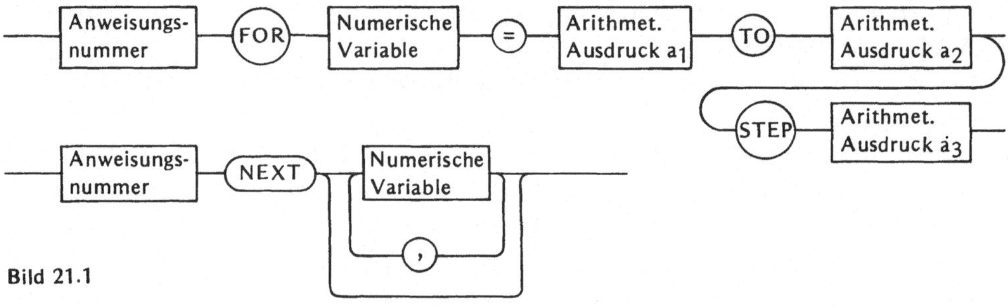

Bild 21.1

Um die Anweisungen, die in der Schleife mehrfach durchlaufen werden sollen, deutlicher hervorzuheben, sollte man diese um einige Positionen nach rechts verschoben eingeben (einrücken). Auf diese Weise erhält man eine äußerlich ähnliche Struktur wie im Wiederholungsblock (Rumpf).

Der Rumpf im Wiederholungsblock entspricht den eingerückten Anweisungen.

Außerdem erkennt man deutlich den Anfang und das Ende der Programmschleife.

Das bewußte Einrücken von Anweisungen gehört zur strukturierten Schreibweise von strukturierten Programmen.

Programmbeispiel 21.1

Nr.	Programm	Erläuterung
21.1.1	1Ø FOR I = 2 TO 8 STEP 2 2Ø PRINT I; 3Ø NEXT I 4Ø END Ausgabe: ␣2␣␣4␣␣6␣␣8	Die Laufvariable I nimmt zunächst den Anfangswert I = 2 an. Anschließend wird dieser Wert ausgedruckt. Wird die NEXT-Anweisung erreicht, wird I um die Schrittweite 2 auf 4 erhöht, geprüft ob dieser Wert den Endwert 8 überschreitet. Falls nicht, wird der Wert ausgedruckt, usw. Es werden auf diese Weise die ganzen geraden Zahlen von 2 bis 8 ausgedruckt.
21.1.2	1Ø FOR I = 2 TO 8 2Ø PRINT I; 3Ø NEXT I 4Ø END Ausgabe: ␣2␣␣3␣␣4␣␣5␣␣6␣␣7␣␣8	Die Anweisung mit der Anweisungsnummer 1Ø wurde so abgeändert, daß die Angabe der Schrittweite fehlt. Dadurch wird automatisch die Schrittweite 1 angenommen. Es werden auf diese Weise die ganzen Zahlen von 2 bis 8 ausgedruckt.

21.1.3	1Ø FOR I = 2 TO 8 STEP 1.7 2Ø PRINT I; 3Ø NEXT I 4Ø END Ausgabe: ␣2␣␣3.7␣␣5.4␣␣7.1	Die Anweisung mit der Anweisungsnummer 1Ø wurde so abgeändert, daß die Schrittweite keine ganze Zahl ist und außerdem der Endwert bei der Summierung nicht exakt erreicht wird. Der Schleifendurchlauf wird dann abgebrochen, wenn die Laufvariable einen Wert annimmt, der größer als 8 ist.
21.1.4	1Ø FOR I = 8 TO 2 STEP – 2 2Ø PRINT I; 3Ø NEXT I 4Ø END Ausgabe: ␣8␣␣6␣␣4␣␣2	Die Anweisung mit der Anweisungsnummer 1Ø wurde so abgeändert, daß die Schrittweite negativ ist, d.h. es wird „rückwärts" gezählt. Aus diesem Grunde sind auch die Anfangs- und Endwerte zu vertauschen.
21.1.5	1Ø FOR I = 8 TO 2 STEP 2 2Ø PRINT I; 3Ø NEXT I 4Ø END Ausgabe: ␣8	Die Laufvariable nimmt nach Annahme des Anfangswertes I = 8 den Wert I = 8 + 2 = 1Ø an. Da der Wert der Laufvariablen größer als der Anfangswert ist, wird der Schleifendurchlauf nach dem ersten Durchlauf abgebrochen.

Beispiel 21.2

Es soll die Summe der ganzen, geradzahligen Zahlen von 2 bis 2Ø ermittelt werden.

Struktogramm:

```
BEGIN
    Summe = Ø
    Wiederhole: I = 2 bis 20 mit Schrittweite 2
        Summe = Summe + I
    Drucke: Summe
END
```

Die Variable "Summe" soll die jeweiligen Summenwerte in den jeweiligen Schleifendurchläufen aufnehmen. Der Wert dieser Variablen wird am Anfang Null gesetzt, damit Werte, die vorher möglicherweise in der Speicherzelle standen, das Ergebnis nicht verfälschen können (Summe = Ø).

Der Wiederholungsblock legt als Anfangswert für die Laufvariable I die ganze geradzahlige Zahl 2 fest. Der Endwert soll laut Aufgabenstellung 2Ø sein. Die Schrittweite für *ganze geradzahlige* Zahlen ist 2. Im Rumpf des Wiederholungsblockes steht die zu wiederholende Anweisung

Summe = Summe + I.

Die Gesamtsumme ergibt sich aus der Rechenvorschrift im Struktogramm in 10 Schleifendurchläufen wie folgt:

	Summe	I	Summe + I
Anfangswert vor dem 1. Schleifendurchlauf	Ø		
1. Schleifendurchlauf	Ø	2	2
2. Schleifendurchlauf	2	4	6
3. Schleifendurchlauf	6	6	12
4. Schleifendurchlauf	12	8	20
5. Schleifendurchlauf	20	10	30
6. Schleifendurchlauf	30	12	42
7. Schleifendurchlauf	42	14	56
8. Schleifendurchlauf	56	16	72
9. Schleifendurchlauf	72	18	90
10. Schleifendurchlauf	90	20	110

Der Endwert 110 soll auf dem Bildschirm ausgegeben werden.

Das zugehörige BASIC-Programm lautet:

Programm:

```
10 '+++++ ADDITION DER GANZEN GERADEN ZAHLEN VON 2 BIS 20 ++++++++++
20 '
30 '-------------------------------------------------------------------
40 SUMME=0              :'ANFANGSWERT
50 '-------------------------------------------------------------------
60 '
70 'BERECHNUNG
80 '----------
90  FOR I=2 TO 20 STEP 2
100     SUMME=SUMME+I
110 NEXT I
120 '
130 '-------------------------------------------------------------------
140 '
150 'AUSGABE
160 '-------
170 PRINT"DIE SUMME DER GANZEN GERADEN ZAHLEN VON 2 BIS 20 IST";SUMME
180 '
190 '-------------------------------------------------------------------
200 END
210 '+++++ PROGRAMMENDE ++++++++++++++++++++++++++++++++++++++++++++++
```

Ergebnisausdruck:

```
DIE SUMME DER GANZEN GERADEN ZAHLEN VON 2 BIS 20 IST 110
```

Es können beliebig viele FOR-Schleifen aufeinanderfolgen.

Ist eine Schleife beendet und es beginnt eine neue, kann die Laufvariable der vorhergehenden Schleife erneut benutzt werden.

Dies gilt jedoch nicht, wenn die Schleifen ineinander *verschachtelt* sind (vgl. Kap. 21.5).

Beispiel 21.3 zeigt mehrere aufeinanderfolgende Schleifen, in denen die gleiche Laufvariable in verschiedenen Schleifen benutzt wird.

Beispiel 21.3

Es soll auf dem Bildschirm *und* mit Hilfe des Druckers auf einer Seite ein Rahmen, bestehend aus Sternen, wie folgt ausgedruckt werden:

Es sollen zunächst 5 Leerzeilen ausgegeben werden. In Zeilt 6 sollen ab Spalte 5 bis einschließlich Spalte 30 lauter Sterne gedruckt werden. Von Zeile 7 bis Zeile 12 sollen *nur* in den Spalten 5 und 30 Sterne gedruckt werden. In Spalte 13 sollen hingegen wieder ab Spalte 5 bis Spalte 30 lauter Sterne gedruckt werden.

Auf diese Weise entsteht folgender Rahmen (Bild 21.2):

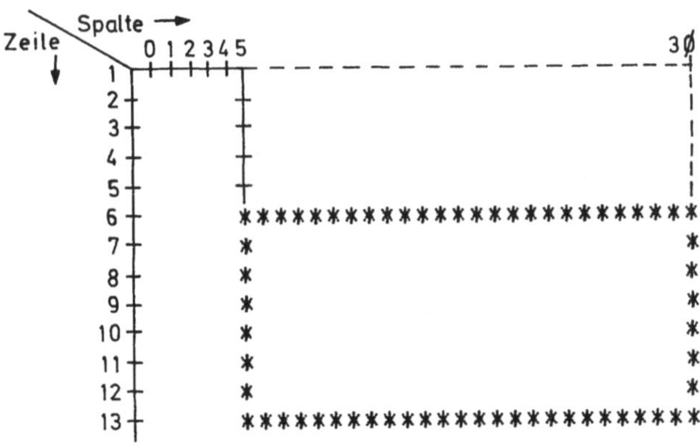

Bild 21.2 Rahmen

Struktogramm:

Die Variable Z möge für *Z*eile, die Variable S für *S*palte stehen.

```
BEGIN
  Wiederhole: Z = 1, 2, ... , 5
    Drucke Leerzeile
  Wiederhole: S = 5, 6, ... , 30
    Drucke *
  Wiederhole: Z = 7, 8, ... , 12
    Drucke in Spalte 5 ein *
    Drucke in Spalte 30 ein *
  Wiederhole: S = 5, 6, ... , 30
    Drucke *
END
```

Programm:

```
10 '+++++ PROGRAMM ZUR AUSGABE EINES RAHMENS +++++
20 '
30 '----------------------------------------------
40 '
50 'AUSGABE VON 5 LEERZEILEN
60 '------------------------
70 FOR Z=1 TO 5
80     PRINT
90     LPRINT
100 NEXT Z
110 '
120 '-----------------------------------------------
130 '
140 'OBERER TEIL DES RAHMENS
150 '-----------------------
160 FOR S=5 TO 30
170     PRINT TAB(S);"*";
180     LPRINT TAB(S);"*";
190 NEXT S
200 '
210 '----------------------------------------------
220 '
230 'SEITENTEILE DES RAHMENS
240 '-----------------------
250 FOR Z=7 TO 12
260     PRINT TAB(5);"*";TAB(30);"*"
270     LPRINT TAB(5);"*";TAB(30);"*"
280 NEXT Z
290 '
300 '---------------------------------------------
310 '
320 'UNTERER TEIL DES RAHMENS
330 '------------------------
340 FOR S=5 TO 30
350     PRINT TAB(S);"*";
360    LPRINT TAB(S);"*";
370 NEXT S
380 END
390 '+++++ PROGRAMMENDE +++++++++++++++++++++++++
```

Ergebnisausdruck:

```
**************************
*                        *
*                        *
*                        *
*                        *
*                        *
*                        *
**************************
```

Es können auch Textstandardfunktionen in der FOR-Schleifenanweisung auftreten, sofern sie numerische Werte liefern, wie z.B. LEN und dgl.

Beispiel 21.4

Gegeben sei folgende Programmschleife:

```
1Ø A$ = "HUSTEN"
2Ø FOR I = 1 TO LEN(A$)
3Ø    PRINT LEFT$ (A$,I)
4Ø NEXT I
5Ø END
```

Läßt man das Programm ablaufen, ergibt sich folgender Ausdruck:

Ausdruck	Erläuterung
H HU HUS HUST HUSTE HUSTEN	Mit Hilfe der Programmschleife (Anweisungs.;Nr. 2Ø bis 4Ø) werden nacheinander die linksstehenden Zeichen des Textes HUSTEN, beginnend mit dem ersten linken Zeichen, ausgedruckt, bis das letzte Zeichen erreicht ist. Die maximale Zeichenlänge wird in der Schleife durch LEN (A$) bestimmt.

Beispie 21.5

Gegeben sei folgende Programmschleife:

```
1Ø A$ = "TIGER"
2Ø FOR I = 1 TO LEN (A$)
3Ø    PRINT MID$(A$,I,1),
4Ø    PRINT MID$(A$,I,2),
5Ø    PRINT MID$(A$,I)
6Ø NEXT I
7Ø END
```

Läßt man das Programm ablaufen, erhält man folgenden Ausdruck:

Ausdruck			Erläuterung
Ausgabe-Feld 1	Ausgabe-Feld 2	Ausgabe-Feld 3	In einer Programmschleife werden mit Hilfe von 3 Druckanweisungen für jeden Schleifendurchlauf aus einem ursprünglichen Text drei neue Texte im Standardspaltenformat ausgegeben. Die MID$-Standardfunktion bestimmt das Aussehen der neuen Texte. Die Anfangsbuchstaben sind in jeder Zeile gleich, die folgende Zahl der Zeichen jedoch nicht.
T I G E R	TI IG GE ER R	TIGER IGER GER ER R	

Beispiel 21.6

Es sollen alle großen Buchstaben von A bis Z in alphabetischer Reihenfolge neben ihren ASCII-Dezimaläquivalenten ausgegeben werden.

Lösungsweg:

Die Dezimaläquivalente der großen Buchstaben von A bis Z liegen im ASCII-Code im Bereich der ganzen Zahlen von 65 bis 90 (vgl. Anhang A5). In einer Programmschleife wird somit der Laufindex, beginnend bei der Zahl 65 bis zur Zahl 90 mit der Schrittweite 1 verändert.

Der jeweilige Wert des Laufindexes stellt das Dezimaläquivalent des ASCII-Codes dar und wird mit Hilfe der Standardfunktion CHR$ in ein ASCII-Zeichen umgewandelt und ausgedruckt.

Programm:

```
1Ø FOR I = 65 TO 9Ø
2Ø    PRINT I;
3Ø    PRINT CHR$(I),
4Ø NEXT I
5Ø END
```

Weist der Bildschirm 4 Ausgabefelder auf, ergibt sich folgende Ausgabe:

Bildschirmausgabe:

Ausgabe-feld 1	Ausgabe feld 2	Ausgabe feld 3	Ausgabe-feld 4
65 A	66 B	67 C	68 D
69 E	70 F	71 G	72 H
73 I	74 J	75 K	76 L
77 M	78 N	79 O	80 P
81 Q	82 R	83 S	84 T
85 U	86 V	87 W	88 X
89 Y	90 Z		

Die Feldgrenzen sowie die Überschriften über den Feldern erscheinen nicht auf dem Bildschirm. Sie dienen hier nur dem Überblick in der Darstellung.

Auf ähnliche Weise kann man sich eine Liste aller ASCII-Zeichen mit ihren Dezimaläquivalenten ausdrucken lassen. Nur die Dezimaläquivalente Ø—31 lassen sich nicht auf dem Bildschirm ausgeben, da diese Codes keine Text-Zeichen darstellen, sondern *Steuerzeichen* (z.B. zur Steuerung der Bildschirmausgabe). Gibt man die BASIC-Druckanweisung für solche Steuerzeichen, so wird die Funktion des Steuerzeichens ausgeführt.

Weder die Schleifenvariable v, noch die Grenzen bzw. die Schrittweite dürfen in einer FOR-Schleifenanweisung aus Textausdrücken (Textkonstanten, Textvariablen) bestehen.

Beispiel 21.7

Beispiele für falsche Schleifenanweisungen:

Nr.	Schleifenanweisung	Erläuterung
1	1Ø FOR N$ = 2 TO 2Ø STEP 2 : 1ØØ NEXT N$	Die Laufvariable v darf keine Textvariable sein (N$ ist falsch).
2	5Ø FOR I = "A"TO"Z" : 15Ø NEXT I	Die Grenzen des Laufbereiches dürfen keine Textkonstanten und auch keine Textvariablen sein (A und Z sind falsch).

Dies bedeutet jedoch nicht, daß überhaupt keine Schleifen mit Texten zur Bestimmung der Anzahl der Schleifendurchläufe möglich sind. Schleifen können auch mit Hilfe von Verzweigungsanweisungen in Verbindung mit Sprunganweisungen gebildet werden (vgl. Kap. 19, 20.2).

Mit Hilfe von Schleifen kann man den Wertebereich von Indizes schnell und einfach programmgesteuert durchlaufen lassen.

Dies zeigt folgendes Beispiel:

Beispiel 21.8

Gegeben sei folgendes Programm:

```
1Ø  LET N$ (1,3) = "ROT"
2Ø  LET N$ (2,3) = "GRUEN"
3Ø  LET N$ (3,3) = "BLAU"
4Ø  FOR I = 1 TO 3
5Ø      PRINT TAB (5); N$ (I,3)
6Ø  NEXT I
7Ø  END
```

Bei Ablauf des Programms ergibt sich folgender Ausdruck:

Spaltenposition

Ø 5			
ROT			
GRUEN			
BLAU			

21.2.2 Die WHILE-Schleifenanweisung

Die WHILE-Schleifenanweisung wird i.a. verwendet, wenn die Anzahl der Schleifendurchläufe vor Ausführung des Programms nicht bekannt ist.

Die Zahl der Schleifendurchläufe hängt allein von der Wiederholungsbedingung ab. Die Wiederholungsbedingung stellt in WHILE-Schleifenanweisungen entweder einen Booleschen Ausdruck oder einen Vergleichsausdruck dar. Beide führen im Ergebnis zu einem Wahrheitswert (vgl. Kap. 14.2, 14.4). Solange der Wahrheitswert der Wiederholungsbedingung „wahr" ist, wird die Schleife durchlaufen.

Die Arbeitsweise der WHILE-Schleifenanweisung soll nach Angabe der allgemeinen Form noch detaillierter beschrieben werden.

Die WHILE-Schleifenanweisung besteht aus folgendem Anweisungspaar:

```
n1  WHILE  Wiederholungsbedingung
 :         } Anweisungsfolge
n2  WEND
```

Hierbei sind:

- n_1 und n_2 die Anweisungsnummern des Anweisungspaares.
- WHILE und WEND die Schlüsselworte des Anweisungspaares.
  Die WHILE-Schleife beginnt somit mit der WHILE-Anweisung und endet mit der WEND-Anweisung.

Zwischen den WHILE und WEND-Anweisungen sind *die* Anweisungen anzuordnen, die in der Schleife mehrfach durchlaufen werden sollen. Man sollte sie gegenüber den Schlüsselworten einrücken, um die Struktur des Schleifenstrukturblockes (Rumpf) nachzubilden.

Die Arbeitsweise der WHILE-Schleifenanweisung ist folgende:

- **Ist die Wiederholungsbedingung erfüllt, werden alle auf WHILE folgenden Anweisungen ausgeführt, bis das Schlüsselwort WEND (Schleifenende <u>W</u>HILE <u>END</u>) auftritt.**

Das Auftreten des Schlüsselwortes WEND führt zu einem Rücksprung zum Anfang der WHILE-Anweisung. Es wird erneut der Wahrheitswert der Wiederholungsbedingung auf seinen Wahrheitsgehalt hin überprüft.

- Ist der Wahrheitswert der Wiederholungsbedingung immer noch „wahr", werden wieder alle auf WHILE folgenden Anweisungen ausgeführt, bis das Schlüsselwort WEND auftritt usw.
- Ist der Wahrheitswert der Wiederholungsbedingung jedoch „falsch", d.h. die Bedingung ist nicht erfüllt, wird die nächste auf WEND folgende Anweisung ausgeführt.

- **Ist der Wahrheitswert der Wiederholungsbedingung von vornherein „falsch", wird sofort die nächste auf WEND folgende Anweisung ausgeführt. Die Schleife wird somit „übersprungen".**

Das Fahrnetz der WHILE-Schleifenanweisung ergibt sich somit zu:

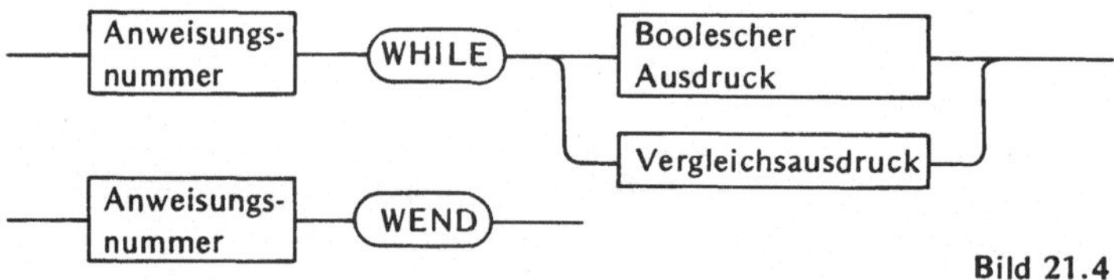

Bild 21.4

WHILE-Schleifenanweisungen dürfen auch verschachtelt sein.

Die Verschachtelungstiefe ist teilweise begrenzt (siehe Anwenderhandbuch).

Anders als bei der FOR-Schleifenanweisung ist bei der Verschachtelung von WHILE-Schleifenanweisung der Schleifenbereich äußerlich nicht mit Hilfe von zugeordneten Laufvariablen wie bei der FOR-NEXT-Schleifenanweisung zu erkennen. Es gilt daher bei einer Verschachtelung von WHILE-Schleifen folgende Regel:

Das erste WEND in einem Programm gehört zum letzten WHILE eines Programmes, das zweite WEND zum vorletzten WHILE usw.

Auf diese Weise ist geregelt, von „wo bis wo" die jeweilige WHILE-Schleife „geht".

Beispiel 21.9

Zwei positive Zahlen werden vorgegeben. Es soll folgendes berechnet werden:

- Wie häufig ist die zweite Zahl in der ersten Zahl enthalten und
- wie groß ist der Rest.

Lösungsweg:

Es wird die zweite Zahl (stellvertretende Variable B) solange von der ersten Zahl (stellvertretende Variable A) subtrahiert, wie der Wert der ersten Zahl (A) größer oder gleich dem Wert der zweiten Zahl (B) ist. Die Anzahl der durchgeführten Subtraktionen gibt dann an, wie häufig die zweite Zahl in der ersten Zahl enthalten ist. Der Wert, der übrig bleibt, falls keine weitere Subtraktion mehr auszuführen ist, ist der sog. Rest.

Struktogramm:

```
BEGIN
  Eingabe: A, B
  I = 0
  D = A
  Wiederhole, solange D ≥ B
      D = D – B
      I = I + 1
  Drucke: A : B = I REST D
END
```

Die Variable D gibt die jeweilige Differenz an. Am Anfang ist D = A. I gibt die Anzahl der möglichen Differenzbildungen an.

Programm:

```
10 '+++++ GANZZAHLDIVISION MIT REST +++++++++++++++
20 '
30 '-----------------------------------------------
40 '
50 'EINGABE DER WERTE
60 '-----------------
70 INPUT"GEBEN SIE ZWEI POSITIVE WERTE EIN";A,B
80 '
90 '-----------------------------------------------
100 '
110 'ANFANGSWERTE SETZEN
120 '-------------------
130 I=0
140 D=A
150 '
160 '-----------------------------------------------
170 '
180 'BERECHNUNGEN
190 '------------
200 WHILE D>=B
210          D=D-B
220          I=I+1
230 WEND
240 '
250 '-----------------------------------------------
260 '
270 'AUSGABE
280 '-------
290 PRINT A;"DIVIDIERT DURCH";B;"ERGIBT";I;"REST";D
300 END
310 '+++++ PROGRAMMENDE ++++++++++++++++++++++++++++
```

Ergebnisausdruck:

```
14 DIVIDIERT DURCH 3 ERGIBT 4 REST 2
1.2 DIVIDIERT DURCH .12 ERGIBT 10 REST 0
```

Wenn die Wiederholungsbedingung aus einem Vergleichsausdruck besteht, so können die zu vergleichenden Ausdrücke auch Textausdrücke sein.

Textausdrücke sind in den einfachsten Fällen Textkonstanten und Textvariablen.

Auf diese Weise kann man die Zahl der Schleifendurchläufe von Textausdrücken abhängig machen.

Beispiel 21.10

Bilden Sie eine Programmschleife, bei der beliebige Texte nacheinander eingegeben und zu einem Gesamttext verkettet werden können, bis der Text „ENDE" eingegeben wird.

Programm (Version 1):

```
1Ø WHILE  E$ <> "ENDE"
2Ø        INPUT E$
3Ø        N$ = N$ + E$
4Ø        PRINT N$
5Ø WEND
6Ø END
```

Die Anweisungen mit den Anweisungsnummern 2Ø, 3Ø und 4Ø werden solange durchlaufen, wie der Wert der Textvariablen E$ „ungleich" dem Text „ENDE" ist.

Der Textvariablen E$ wird ihr Wert über eine Eingabe von der Tastatur mit Hilfe der Eingabeanweisung INPUT zugewiesen (Anweisungsnummer 2Ø).

Die eigentliche Textverkettung findet in der Anweisung mit der Anweisungsnummer 3Ø statt. Wie die Anweisung zeigt, wird der neue Gesamttext aus dem Text gebildet, der unter dem Variablennamen N$ und E$ abgespeichert ist. Der Textvariablen N$ wird am Anfang i.a. *automatisch* vom Computer ein sog. „Nulltext", d.h. ein Text, der aus keinerlei Zeichen besteht, zugeordnet. Aus diesem Grunde wurde kein Anfangswert für E$ gesetzt (z.B. E$ = " ").

Im ersten Schleifendurchlauf wird mit Hilfe der Ausgabeanweisung (Anweisungsnummer 4Ø) der gerade eingegebene Text ausgegeben.

Anschließend wird die Anweisung WEND erreicht und ein neuer Schleifendurchlauf beginnt.

Die Programmschleife wird solange durchlaufen, bis der Text "ENDE" eingegeben wird.

Ein- und Ausgabebeispiel:

Eingabe	Ausgabe	Zeitlicher Ablauf
? OBER (RETURN)	OBER	↓
? POST (RETURN)	OBERPOST	
? BEAMTER (RETURN)	OBERPOSTBEAMTER	
? ENDE (RETURN)	OBERPOSTBEAMTERENDE	
	READY	

Man erkennt, daß die Eingabe des letzten Textes ("ENDE") ebenfalls zum vorhergehenden Text zugefügt wurde, obwohl dies i.a. nicht das Ziel ist.

Dies liegt daran, daß der Text erst eingegeben wird, wenn die Schleifenbedingung am *Anfang* des Programmes schon durchlaufen ist. Zu diesem Zeitpunkt enthält die Variable E$ noch den Text der vorhergehenden Eingabe und somit erfolgt ein neuer Schleifendurchlauf. Der Text „ENDE" wird eingegeben und zum vorhergehenden Text zugefügt. Erst anschließend wird die Schleife abgebrochen.

Man könnte nun auf die Idee kommen, die Eingabeanweisung vor die WHILE-Anweisung zu stellen, damit *nach* der Eingabe des Textes "ENDE" die Schleife sofort abgebrochen wird. Das folgende Programm zeigt die Änderung.

Programm (Version 2):

```
10 INPUT E$
20 WHILE  E$ < > "ENDE"
30          N$ = N$ + E$
40          PRINT N$
50 WEND
60 END
```

Dieses Programm führt jedoch zu einer *Endlosschleife*. Der erste eingegebene Text wird immer wieder neu verkettet. Es besteht keine Möglichkeit, den Inhalt der Variablen E$ zu ändern, denn die Eingabeanweisung wird nach dem 1. Schleifendurchlauf nie wieder durchlaufen.

Um dennoch zum gewünschten Ziel zu kommen, müßte die Eingabeanweisung auf die Verkettung N$ + E$ und deren Ausgabe PRINT N$ folgen, denn dann würde durch die anschließende Schleifenbedingung die neue Eingabe überprüft, ob sie den Text "ENDE" enthält. Diese Version zeigt folgendes Programm:

Programm (Version 3):

```
10 WHILE  E$ < > "ENDE"
20          N$ = N$ + E$
30          PRINT N$
40          INPUT E$
50 WEND
60 END
```

Man erkennt an diesen Beispielen, daß beim Programmieren von Schleifen auch auf „Kleinigkeiten" sehr aufgepaßt werden muß.

21.2.3 Ersatzdarstellung für die WHILE-Schleifenanweisung

Die WHILE-Schleifenanweisung ist z.Z. nur in wenigen BASIC-Versionen vorhanden. Daher soll an dieser Stelle eine Ersatzdarstellung angegeben werden, die mit Anweisungen arbeitet, die in allen BASIC-Versionen vorhanden sind.

Wichtig dabei ist, daß der Schleifenstrukturblock in Funktion und Form nachgebildet wird.

```
+---------------------------+
| Wiederholungsbedingung B  |
|     +---------------------+
|     | Rumpf               |
|     | (Anweisungsfolge A) |
+-----+---------------------+
```

Prinzipiell gibt es folgende beiden Möglichkeiten:

1. Möglichkeit:

Mit Hilfe von Sprung- und Verzweigungsanweisungen, die in allen BASIC-Versionen vorhanden sind, lassen sich Schleifen aufbauen (vgl. Kap. 19, 20.2). Mit ihnen läßt sich ein Schleifenstrukturblock ersetzen. Den internen Ablauf innerhalb des Schleifenstrukturblockes mit Hilfe von Sprung- und Verzweigungsanweisungen zeigt folgendes Bild (Bild 21.5):

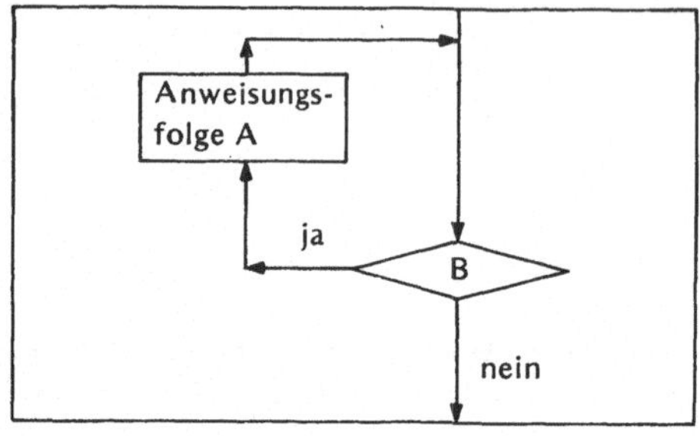

Bild 21.5

Der Ablauf in diesem Ersatz-Block soll nun etwas detaillierter besprochen werden:

- Wenn die Bedingung B erfüllt ist, wird die Anweisungsfolge A durchlaufen und erneut geprüft, ob die Bedingung B erfüllt ist. Ist dies der Fall, wird die Anweisungsfolge erneut durchlaufen usw.

  Wenn die Bedingung nicht mehr erfüllt ist, wird der Schleifendurchlauf abgebrochen und zum nächsten Block übergegangen.
- Wenn die Bedingung B gleich am Anfang nicht erfüllt ist, wird sofort zum Anfang des nächsten Blockes übergegangen.

Dies ist somit exakt die Funktion, die die WHILE-Schleifenanweisung beinhaltet. Dieser Ablauf muß nun wie folgt in elementare BASIC-Anweisungen umgesetzt werden:

BASIC-Ersatzdarstellung einer WHILE-Schleifenanweisung (Version 1):

n_1	IF B GOTO n_3		Schleifenbereich
n_2	GOTO n_m		
n_3	Anweisung 1	Rumpf (Anweisungsfolge A)	
n_4	Anweisung 2		
⋮			
n_i	Anweisung $i-2$		
n_k	GOTO n_1		
n_m	...		

- $n_1, n_2, \ldots, n_i, n_k, n_m$ sind Anweisungsnummern.

Wenn die *Bedingung B erfüllt* ist, wird zur Anweisung mit der Anweisungsnummer n_3 verzweigt, die Anweisungsfolge A mit der „Anweisung 1" bis zur „Anweisung $i-2$" durchlaufen und wieder zur Verzweigungsanweisung mit der Bedingung B zurückgesprungen.

Ist die *Bedingung B nicht erfüllt*, wird die darauffolgende Sprunganweisung ausgeführt, die zu einer Anweisung mit der Anweisungsnummer n_m führt, die unmittelbar auf die eigentliche Programmschleife folgt (Anfang des nächsten Blockes). Dies ist auch der Fall, wenn die Bedingung gleich am Anfang nicht erfüllt ist. Ansonsten wird die Anweisungsfolge noch einmal durchlaufen usw.

Der Nachteil dieser Ersatzdarstellung besteht darin, daß sie wegen der drei Sprunganweisungen GOTO n_3, GOTO n_m und GOTO n_1 etwas unübersichtlich ist.

Daher wird nach einer Möglichkeit gesucht, die weniger Sprunganweisungen enthält und somit übersichtlicher wird.

BASIC-Ersatzdarstellung einer WHILE-Schleifenanweisung (Version 2):

Die Anzahl der Sprunganweisungen kann verringert werden, wenn man nicht in Abhängigkeit von der Bedingung B verzweigt, sondern in Abhängigkeit vom *Komplement* der Bedingung B, d.h. in Abhängigkeit vom *Gegenteil* des Booleschen Wertes der Bedingung B. Dies wird symbolisch durch einen Querstrich über der Bedingung B ($\overline{B}$) angezeigt. In diesem Fall ergibt sich folgender interner Ablauf im Ersatzschleifenstrukturblock:

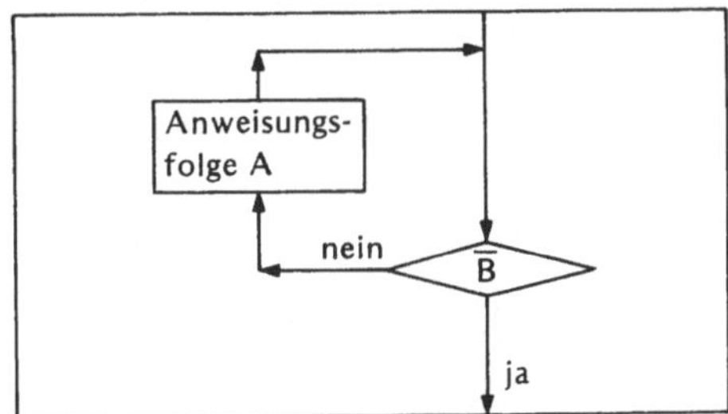

Durch die Abfrage nach dem entgegengesetzten Wahrheitswert der Bedingung B ergibt sich ein Austausch der Wahrheitswerte bei der Verzweigung (ja/nein). Ansonsten ändert sich am internen Ersatzschleifenstrukturblock nichts gegenüber der 1. Version.

Die Umsetzung in elementare BASIC-Anweisungen führt zu folgender Anweisungsfolge:

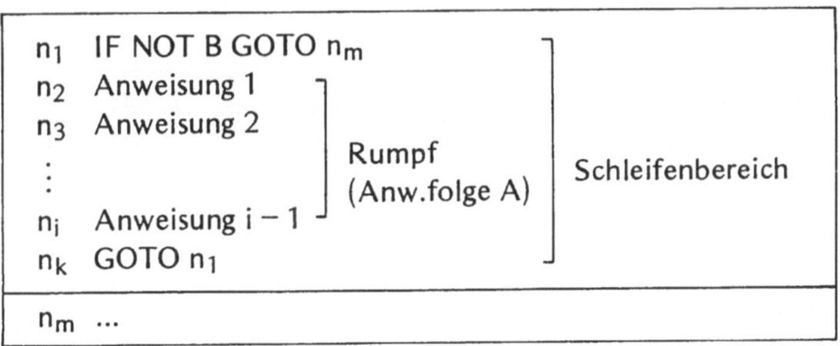

- Wenn die *Bedingung nicht erfüllt* ist, wird sofort zur Anweisung mit der Anweisungsnummer n_m gesprungen, die direkt auf die Schleife folgt.
- Wenn die *Bedingung erfüllt* ist, wird das Programm hingegen mit der auf die Verzweigungsanweisung folgenden Anweisung fortgesetzt. Dies ist die erste Anweisung der Anweisungsfolge A die von der Anweisung 1 bis zur Anweisung $i - 1$ reicht. Nach Bearbeitung dieser letzten Anweisung der Anweisungsfolge wird zur Verzweigungsanweisung zurückgesprungen und aufgrund des Wahrheitsgehaltes des Booleschen Wertes der Bedingung $\overline{B}$ erneut entschieden, ob die Schleife noch einmal durchlaufen wird oder nicht.

Die angegebene Ersatzdarstellung ist somit logisch korrekt, enthält jedoch gegenüber der 1. Version nur noch *zwei* Sprunganweisungen. Dadurch wird diese Ersatzdarstellung übersichtlicher und kürzer als die erste Version.

Mit Hilfe von *Kommenaren* und *Einrückungen* läßt sich die Struktur noch weiter verbessern, wie die folgende Anweisungsfolge zeigt.

BASIC-Ersatzdarstellung einer WHILE-Schleifenanweisung (Version 3):

n_1	**REM WHILE**		
n_2		**IF NOT Bedingung**	**GOTO n_m**
n_3			**Anweisung 1**
n_4			**Anweisung 2**
⋮			⋮
n_i			**Anweisung i − 2**
n_k			**GOTO n_1**
n_m	**REM WEND**		

Die Kommentare WHILE und WEND begrenzen somit optisch die Schleife. Das Einrücken der Anweisungen soll das Bild des eingerückten Rumpfes im zugehörigen Strukturblock wiederspiegeln.

Diese Ersatzdarstellung soll im Folgenden für Programmschleifen benutzt werden, wenn die Wiederholungsbedingung am Anfang der zu wiederholenden Anweisungen steht.

Die Anweisungsnummer n_m des Schleifen<u>endes</u> ergibt sich bei einem Abstand der Anweisungsnummern von 1Ø aus der bekannten Anweisungsnummer n_1 (Schleifen<u>anfang</u>) bei i Anweisungen in der Schleife zu

$$n_m = n_1 + 1\emptyset * i + 3\emptyset$$

Besteht die Bedingung aus einem Vergleichsausdruck, der stets zu einem Booleschen Wert führt (vgl. Kap. 14.4), so kann man das Komplement nicht nur mit Hilfe der NOT-Funktion erhalten, sondern auch einfach dadurch, daß man gleich das Gegenteil des eigentlichen Vergleichsoperators wählt, wie es folgende Tabelle zeigt:

Vergleichsoperator	Komplement
<	>=
<=	>
=	<>
>=	<
>	<=
<>	=

Beispiel 21.11

Das Beispiel 21.9 soll nun mit Hilfe der angegebenen Ersatzdarstellung in BASIC programmiert werden. Das Programm lautet dann.

Programm:

```
10 '+++++ GANZZAHLDIVISION MIT REST +++++++++++++++
20 '
30 '-----------------------------------------------
40 '
50 'EINGABE DER WERTE
60 '----------------
70 INPUT"GEBEN SIE ZWEI POSITIVE WERTE EIN";A,B
80 '
90 '-----------------------------------------------
100 '
110 'ANFANGSWERTE SETZEN
120 '-------------------
130 I=0
140 D=A
150 '
160 '-----------------------------------------------
170 '
180 'BERECHNUNGEN
190 '------------
200 'WHILE
210         IF NOT( D>=B ) GOTO 250
220         D=D-B
230         I=I+1
240         GOTO 200
250 'WEND
260 '
270 '-----------------------------------------------
280 '
290 'AUSGABE
300 '-------
310 PRINT A;"DIVIDIERT DURCH";B;"ERGIBT";I;"REST";D
320 END
330 '+++++ PROGRAMMENDE ++++++++++++++++++++++++++++
```

Ergebnisausdrucke:

```
14 DIVIDIERT DURCH 4 ERGIBT 3 REST 2
1.2 DIVIDIERT DURCH .12 ERGIBT 10 REST 0
```

Wie dieses Beispiel zeigt, ergeben sich die gleichen Ergebnisse wie in Beispiel 21.9.

21.3 Schleifen mit der Wiederholungsbedingung am Schleifenende

In den meisten Fällen genügt es, wenn man die FOR- bzw. WHILE-Schleifenanweisung zur BASIC-Programmierung zur Verfügung hat. In beiden Fällen steht die Wiederholungsbedingung am Schleifenanfang. Der Unterschied besteht nur darin, daß in dem einen Fall die Zahl der Schleifendurchläufe von vornherein bekannt ist, im anderen nicht.

In manchen Fällen kann es jedoch sinnvoll sein, wenn die Wiederholungsbedingung am Schleifenende steht.

Dies führt dazu, daß die Anweisungsfolge, die zur Programmschleife gehört (der sog. Rumpf), mindestens einmal durchlaufen wird.

Die Zahl der Schleifendurchläufe soll auch hier nicht von vornherein bekannt sein, sondern von einer Wiederholungsbedingung B abhängen, die stets zu einem Booleschen Wert führt, d.h. zu einer Aussage, ob die Bedingung B erfüllt ist (true, wahr, ja) oder nicht (false, falsch, nein).

Der entsprechende Schleifenstrukturblock für Struktogramme ist bekannt (vgl. Kap. 5.2.2).

Rumpf
(Anweisungsfolge A)
Wiederholungsbedingung B

Eine BASIC-Schleifenanweisung, die diesen Strukturblocktyp direkt mit Hilfe von Schlüsselworten nachbildet, ist bislang in *keiner* BASIC-Version vorhanden.

Daher soll eine Ersatzdarstellung angegeben werden, die diesen Schleifenstrukturblock in seiner Funktion so nachbildet, daß er für alle BASIC-Versionen einsetzbar ist.

Der interne Schleifenablauf innerhalb des Ersatz-Schleifenstrukturblockes läßt sich wie folgt darstellen:

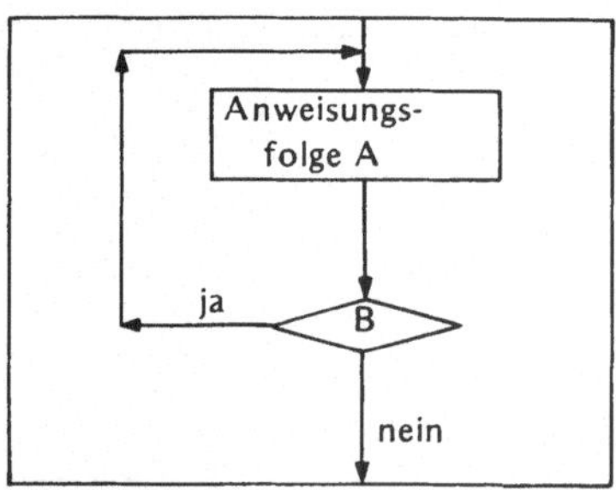

Die Anweisungsfolge A wird durchlaufen. Anschließend folgt die Wiederholungsbedingung B.

- Wenn die *Bedingung B erfüllt* ist, wird die Anweisungsfolge noch einmal durchlaufen und anschließend erneut geprüft, ob die Bedingung erfüllt ist. Ist dies der Fall, wird die Anweisungsfolge erneut durchlaufen usw.

  Wenn die Bedingung jedoch nicht mehr erfüllt ist, wird der Schleifendurchlauf abgebrochen und zum nächsten Block übergegangen.

- Wenn die *Bedingung B* gleich am Anfang *nicht erfüllt* ist, wird nach Durchlaufen der Anweisungsfolge A sofort zum nächsten Block übergegangen.

Dieser interne Schleifenablauf muß nun in elementare-BASIC-Anweisungen umgesetzt werden.

BASIC-Ersatzdarstellung (Version 1):

```
n1  Anweisung 1 ┐                           ┐
n2  Anweisung 2 │ Anweisungs-               │
 :      :       │ folge A                   │ Schleifenbereich
ni  Anweisung i ┘ (Rumpf)                   │
nk  IF Bedingung B GOTO n1                  ┘
```

Mit Hilfe von *Kommentaren* und *Einrückungen* der Anweisungen der Anweisungsfolge läßt sich die BASIC-Programmschleife hinsichtlich ihrer Struktur wie folgt noch weiter verbessern.

BASIC-Ersatzdarstellung (Version 2):

```
n1  REM REPEAT
n2                    Anweisung 1     ┐
n3                    Anweisung 2     │  Anw.
 :                       :            │  folge A
ni                    Anweisung i - 1 ┘  (Rumpf)
nk     IF Bedingung B GOTO n1
nm  REM REND
```

bzw. BASIC-Ersatzdarstellung (Version 3)

```
n1  REM REPEAT
n2                    Anweisung 1     ┐
n3                    Anweisung 2     │  Anw.
 :                       :            │  folge A
ni                    Anweisung i - 1 ┘  (Rumpf)
nk  REM UNTIL
nm     IF Bedingung B GOTO n1
nn  REM REND
```

Der Kommentar REPEAT soll den Schleifenanfang für diesen Schleifentyp kennzeichnen (Schleifenbedingung am Schleifenende). Der Kommentar REND (*R*EPEAT *END*) kennzeichnet das Schleifenende der REPEAT-Anweisung.

Der Rumpf der Schleife, die Anweisungsfolge A, ist eingerückt und somit deutlich sichtbar. Die Wiederholungsbedingung der Schleife ist ebenfalls gegenüber Kommentar und Anweisungsfolge durch Einrückung hervorgehoben.

Version 3 unterscheidet sich von Version 2 nur durch einen zusätzlichen Kommentar UNTIL (engl. Wort für deutsch: bis), der die Schleifenbedingung noch deutlicher hervorhebt, indem er angibt, das "bis" (engl. until) hierher alle Anweisungen zu „wiederholen" (engl. repeat) sind.

Diese Ersatzdarstellungen sollen im Folgenden für Programmschleifen benutzt werden, wenn die Wiederholungsbedingung am Ende der zu wiederholenden Anweisungen steht.

Schleifen dieser Art können auch ineinander geschachtelt werden.

Es sollte jedoch auf jeden Fall auf eine grundlegende Regel der strukturierten Programmierung geachtet werden:

Die innere Schleife muß stets vollständig in der äußeren Schleife liegen.

Selbstverständlich ist auch eine Schachtelung mit anderen Schleifenanweisungen (FOR, WHILE) möglich.

Beispiel 21.12

Aufgabenstellung:

Ein Anfangskapital K wird am Ende eines Jahres jeweils mit P Prozent verzinst. Wie viele Jahre werden benötigt, bis sich das Anfangskapital mindestens verdoppelt hat. Die Anzahl der Jahre und das angesammelte Kapital soll ausgegeben werden.

Problemlösung:

Das Anfangskapital wird in einer Programmschleife solange um die Zinsen erhöht, *bis* der Geldbetrag größer oder gleich dem doppelten Anfangskapital ist. Die Zahl der Schleifendurchläufe wird gezählt. Dies sind die erforderlichen Jahre, um das Anfangskapital mindestens zu verdoppeln.

Struktogramm:

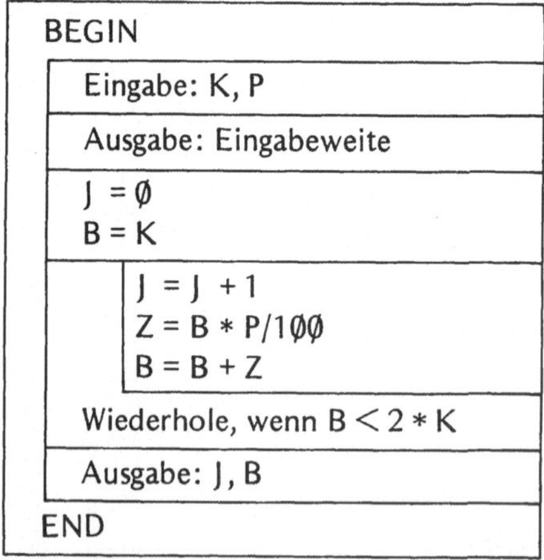

Der *Jahreszähler J* wird zunächst auf Null gesetzt. In der Schleife wird er jeweils bei jedem Schleifendurchlauf um 1 erhöht. Das Anfangskapital K wird der Variablen B zugeordnet (B = K).

Der Wert der Variablen B wird in der Schleife jeweils um die Jahreszinsen erhöht (B = B + Z). Solange der Wert, den die Variable B annimmt, kleiner als das doppelte Anfangskapital ist, wird die Schleife erneut durchlaufen. Somit ist die Wiederholungsbedingung B < 2 * K.

Programm:

```
10 '+++++ KAPITALVERZINSUNG ++++++++++++++++++++++++++++++
20 '
30 '--------------------------------------------------------
40 '
50 'EINGABE DER WERTE
60 '-----------------
70 INPUT "GEBEN SIE DAS ANFANGSKAPITAL EIN";K
80 INPUT "GEBEN SIE DEN PROZENTSATZ EIN";P
90 '
100 '-------------------------------------------------------
110 '
120 'AUSGABE DER EINGABEWERTE
130 '------------------------
140 PRINT"ANFANGSKAPITAL=";K,"PROZENTSATZ=";P
150 LPRINT"ANFANGSKAPITAL=";K;"PROZENTSATZ=";P
160 '
170 '-------------------------------------------------------
180 '
190 'ANFANGSWERTE
200 '------------
210 J=0
220 B=K
230 '
240 '-------------------------------------------------------
250 '
260 'BERECHNUNG
270 '----------
280 REM REPEAT
290           J=J+1
300           Z=B*P/100
310           B=B+Z
320     IF B<2*K GOTO 280
330 REM REND
340 '
350 '------------------------------------------------------
360 '
370 'AUSGABE DER BERECHNETEN WERTE AUF DEM BILDSCHIRM
380 '--------------------------------------------------
390 PRINT
400 PRINT J;"JAHRE SIND NöTIG,UM DAS ANFANGS-"
410 PRINT "KAPITAL AUF";B;"INFOLGE DER ZINSEN ZU ERHöHEN"
420 '
430 '------------------------------------------------------
440 '
450 'AUSGABE DER BERECHNETEN WERTE AUF DEM DRUCKER
455 '
460 LPRINT
470 LPRINT J;"JAHRE SIND NOETIG,UM DAS ANFANGSKAPITAL"
480 LPRINT "AUF";B;"INFOLGE DER ZINSEN ZU ERHOEHEN"
490 END
500 '+++++ PROGRAMMENDE +++++++++++++++++++++++++++++++++++
```

Ergebnisausdruck:

```
ANFANGSKAPITAL= 2000 PROZENTSATZ= 6

 12 JAHRE SIND NOETIG,UM DAS ANFANGSKAPITAL
AUF 4024.39 INFOLGE DER ZINSEN ZU ERHOEHEN
```

21.4 Schleifen mit Abbruchbedingung

Programmschleifen mit Abbruchbedingung sind normale Programmschleifen, die *zusätzlich* eine oder mehrere Abbruchbedingungen enthalten.

Wenn die Abbruchbedingung erfüllt ist, wird der Schleifendurchlauf unabhängig von der Wiederholungsbedingung in der Schleife während des Schleifendurchlaufes abgebrochen.

In Struktogrammen wird dies wie folgt dargestellt:

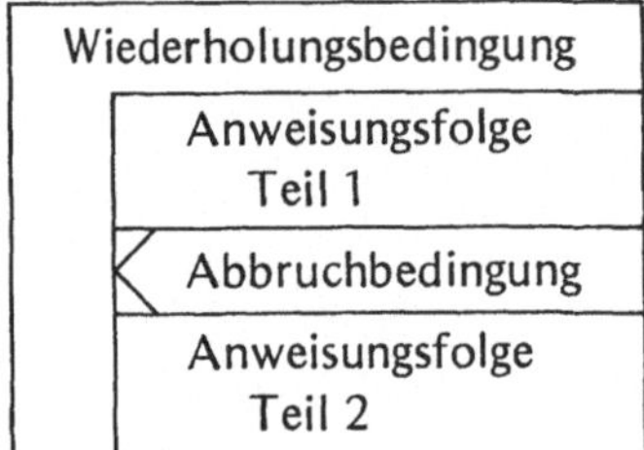

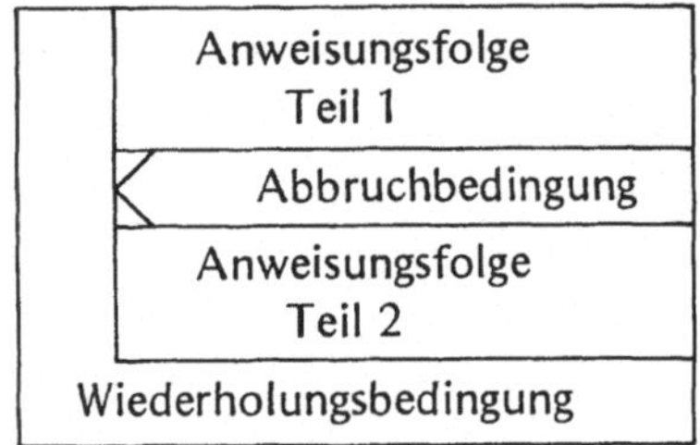

Die Abbruchbedingung wird mit Hilfe einer IF ... THEN bzw. IF ... GOTO-Anweisung formuliert.

Sie wird z.B. wie folgt in die bekannten Schleifenanweisungen eingebunden:

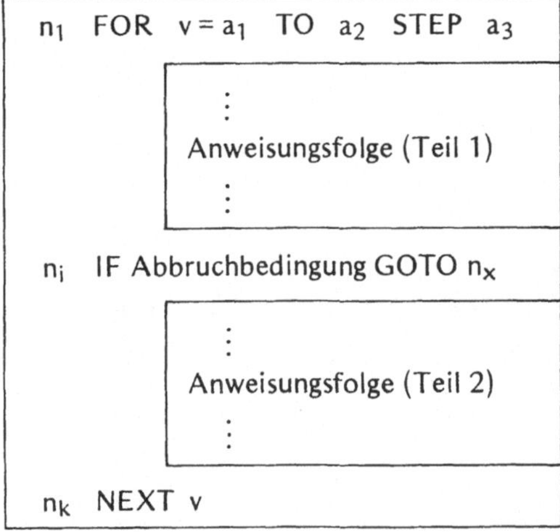

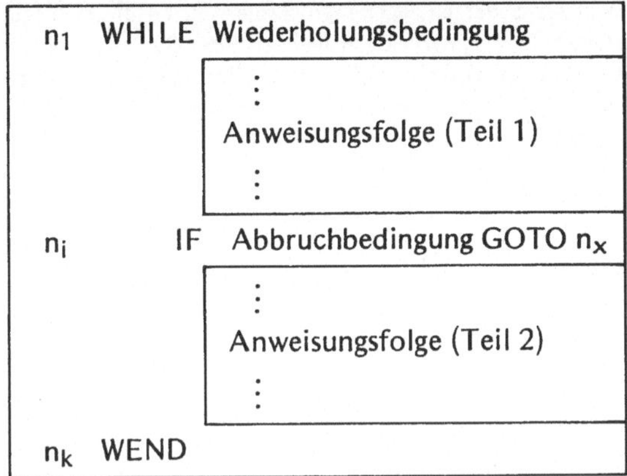

Entsprechendes gilt für die WHILE-Schleifenanweisung-Ersatzdarstellung sowie für die Schleifen, bei denen sich die Wiederholungsbedingung am Ende der Schleife befindet (REPEAT).

Beispiel 21.13

Es soll der Mittelwert aus einer *beliebigen* Anzahl von eingegebenen *positiven* Zahlen ermittelt werden. Eingegebene negative Zahlen sollen bei der Mittelwertbildung nicht berücksichtigt werden. Die Mittelwertbildung soll beendet werden, wenn der Wert Null eingegeben wird.

Struktogramm:

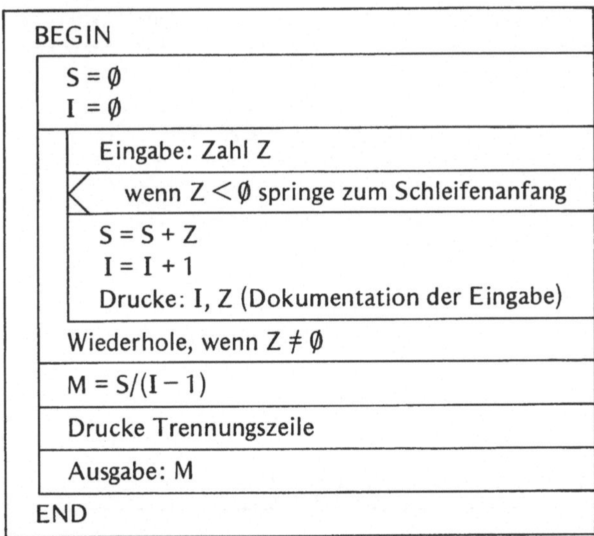

Hierbei stehen folgende Variablen stellvertretend für:

S Summe
I Schleifenzähler
Z Zahl
M Mittelwert

Wichtig ist bei der Mittelwertbildung, daß die *Summe S* der eingegebenen Zahlen durch die richtige Anzahl der eingegebenen Zahlen dividiert wird. Hierbei ist zu berücksichtigen, daß der Schleifenzähler I auch bei Eingabe der Zahl Ø erhöht wird, ohne daß der Wert bei der Mittelwertbildung berücksichtigt werden darf. Der Schleifenzählerstand ist somit um 1 zu reduzieren. Der Wert Ø erhöht die Gesamtsumme nicht, so daß der Mittelwert wie angegeben gebildet werden kann ($M = S/(I-1)$).

Programm:

```
10 '+++++ MITTELWERTBERECHNUNG ++++++++++++++++++++++++
20 '
30 '-----------------------------------------------------
40 '
50 'ANFANGSWERTE
60 '------------
70  S=0
80  I=0
90 '
100 '----------------------------------------------------
110 '
120 'TABELLENUEBERSCHRIFT DRUCKEN
130 '---------------------------
140  LPRINT"NR   WERT"
150   LPRINT"---------"
160 '
170 '----------------------------------------------------
180 '
185 'SCHLEIFE ZUR BERECHNUNG DER SUMME DER EINGABEWERTE
186 '----------------------------------------------------
190 REM REPEAT
200 '         .................................
210 '         :AUFFORDERUNG ZUR EINGABE EINER ZAHL
220 '         :---------------------------------
230           :PRINT"GEBEN SIE EINEN WERT EIN"
240           :PRINT"BEI EINGABEENDE GEBEN SIE"
250           :PRINT"  ' W E R T = 0 '  EIN"
260           :INPUT Z
270 '    /====================================
280        IF Z<0 GOTO 190      :ABBRUCHBEDINGUNG
290 '/=========================================
300            :S=S+Z          :'SUMMATION
310            :I=I+1          :'SCHLEIFENZAEHLER
315 '          :
316 '          :TABELLARISCHE AUSGABE DER EIGABEWERTE
317 '          :-------------------------------------
320            :LPRINT I;TAB(5);Z
325 '
330       IF Z<>0 GOTO 190
340 REM REND
345 '
346 '----------------------------------------------------
347 '
```

```
348 'BERECHNUNG DES MITTELWERTES
349 '---------------------------
350 M=S/(I-1)
355 '
356 '-------------------------------------------------------
357 '
358 'AUSGABE DES BERECHNETEN MITTELWERTES
359 '------------------------------------
360 PRINT
370 LPRINT"---------------"
380 PRINT"MITTELWERT=";M
390 LPRINT"MITTELWERT=";M
400 END
410 '+++++ PROGRAMMENDE +++++++++++++++++++++++++++++++++
```

Ergebnisausdruck:

```
NR   WERT
---------
 1   1.2
 2   3.4
 3   5.6
 4   7.8
 5   0
---------------
MITTELWERT= 4.5
```

21.5 Schleifenschachtelung

Im Rumpf eines Wiederholungsblockes dürfen weitere Wiederholungsblöcke enthalten sein. Sie müssen dabei vollständig ineinander enthalten sein, d.h. sie dürfen sich nicht überschneiden.

Die innere Schleife muß vollständig in der äußeren Schleife liegen.

Diese Art der Schleifenschachtelung ist bei allen Schleifentypen erlaubt. Sie dürfen auch von unterschiedlichem Typ sein.

Die Zahl der Schleifen, die ineinander verschachtelt werden können, ist i.a. nicht direkt begrenzt. Indirekt wird sie jedoch begrenzt, da die Speicherung der Rücksprungadressen einer jeden Verschachtelungsebene Speicherplatz erfordert. Die Zahl der Schleifen, die ineinander verschachtelt werden können, werden dann durch die verfügbare Speicherkapazität des Mikrocomputers begrenzt.

Ist die Schachtelungstiefe durch eine vorgegebene Speicherkapazität begrenzt, so ist dies dem Herstellerhandbuch zu entnehmen.

Man kann i.a. mit einer Standardschachtelungstiefe von mindestens 10 rechnen, die jedoch meist noch erweitert werden kann.

Bei der Schachtelung von FOR-Schleifen ist folgendes zu beachten:

Jede Schleife muß bei einer Schleifenschachtelung von FOR-Schleifen eine andere Laufvariable aufweisen.

Da sich die Schleifen nicht überschneiden dürfen, muß darauf geachtet werden, daß die NEXT-Anweisung der inneren Schleife stets *vor* der NEXT-Anweisung der äußeren Schleife steht. Den Zusammenhang der zugehörigen Schleifen stellen die Laufvariablen in der FOR- und NEXT-Anweisung her.

Schleifenenden dürfen zusammenfallen.

Die Schleifen überschneiden sich gerade noch nicht. In diesem Fall genügt *eine* NEXT-Anweisung. Auf das Schlüsselwort NEXT muß dann jedoch die Liste der Laufvariablen folgen und zwar in der Reihenfolge:

Innere Schleifenvariable vor äußerer Schleifenvariable.

Beispiel 21.14

Beispiel einer Schleifenschachtelung:

```
 10  FOR I = 1 TO 200 STEP 2      }
  :                               }
 50  FOR N = 1 TO 10  }           } äußerer
  :                   } innerer   } Schleifen-
  :                   } Schleifen-} bereich
100  NEXT N           } bereich   }
110  NEXT I                       }
```

Beispiel 21.15

Die NEXT-Anweisungen des vorangegangenen Beispiels lassen sich wie folgt zusammenfassen:

```
 10  FOR I = 1 TO 200 STEP 2            }
  :                                     }
 50  FOR N = 1 TO 10  }                 } äußerer
  :                   } innerer         } Schleifenbereich
  :                   } Schleifenbereich}
100  NEXT N,I         }                 }
```

Beispiel 21.16

Folgende Schleifenschachtelung wäre wegen der Überschneidungen der Laufbereiche nicht erlaubt:

```
 10  FOR I = 1 TO 200 STEP 2                   }
  :                                            }
 50  FOR N = 1 TO 10  }                        } Schleifenbereich
  :                   } Schleifenbereich der   } der Laufvariablen I
  :                   } Laufvariablen N        }
100  NEXT I           }                        }
110  NEXT N           }
```

Beispiel 21.17

Es soll ein Programm geschrieben werden, das in einer äußeren Schleife 2 mal den Text „Äußere Schleife Nr." ausdruckt und in einer inneren Schleife jeweils 2 mal den Text „Innere Schleife Nr." ausdruckt (vgl. Ergebnisausdruck).

Struktogramm:

BEGIN
Wiederhole: I = 1 bis 2 mit der Schrittweite 1
Drucke: „Äußere Schleife“ I
Wiederhole: J = 1 bis 2 mit der Schrittweite 1
Drucke um 5 Stellen nach rechts versetzt den Text: „Innere Schleife“ I, J
END

Programm:

```
10 ' ..................................................
20 FOR I=1 TO 2
30 '   ...............................................
40     :PRINT"AEUSSERE SCHLEIFE";I
50     :LPRINT"AEUSSERE SCHLEIFE";I
60 '   ...............................................
70     :      FOR J=1 TO 2
80 '   :         .....................................
90     :         :PRINT TAB(5);"INNERE SCHLEIFE";I;".";J
100    :         :LPRINT TAB(5);"INNERE SCHLEIFE";I;".";J
110 '  :         :....................................
120    :      NEXT J
130 '  :..............................................
140 NEXT I
150 '.................................................
160 END
```

Ergebnisausdruck:

```
AEUSSERE SCHLEIFE 1
    INNERE SCHLEIFE 1 . 1
    INNERE SCHLEIFE 1 . 2
AEUSSERE SCHLEIFE 2
    INNERE SCHLEIFE 2 . 1
    INNERE SCHLEIFE 2 . 2
```

21.6 Zusammenfassung

In Struktogrammen können folgende Wiederholungsblöcke auftreten:
- Wiederholungsblock mit Wiederholungsbedingung am Anfang und
- Wiederholungsblock mit Wiederholungsbedingung am Ende

der zu wiederholenden Anweisungen.

Ferner ist zu unterscheiden, ob die Zahl der Schleifendurchläufe von vornherein bekannt ist oder nicht.

Innerhalb der zu wiederholenden Anweisungen können außerdem Abbruchbedingungen enthalten sein.

Für eine strukturierte BASIC-Programmierung sollten diese unterschiedlichen Strukturblöcke auch in Form von BASIC-Schleifenanweisungen zur Verfügung stehen.

Leider gibt es nicht für alle Strukturblocktypen entsprechende spezielle BASIC-Schleifenanweisungen.

In diesen Fällen muß man sich mit Ersatzdarstellungen behelfen.

21.6.1 Die FOR-Zählschleifenanweisung

Die FOR-Zählschleifenanweisung wird vorteilhaft verwendet, wenn die Anzahl der Schleifendurchläufe vor Ausführung des Programmes bekannt ist. Die FOR-Zählschleifenanweisung besteht aus folgendem Anweisungspaar:

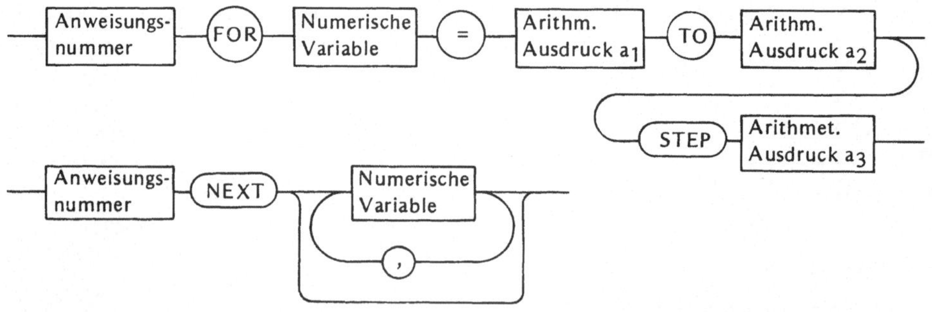

Die FOR-Zählschleifenanweisung beginnt mit der FOR-Anweisung und endet mit der NEXT-Anweisung.

Zwischen der FOR- und NEXT-Anweisung sind die Anweisungen eingerückt anzuordnen, die in der Schleife mehrfach durchlaufen werden sollen.

Die numerische Variable ist die sog. Laufvariable. Sie durchläuft von einem Anfangswert (a_1) bis zu einem Endwert (a_2) alle Werte mit einer vorgegebenen Schrittweite (a_3).

Die numerische Variable hinter NEXT ist i.a. die gleiche, die in der zugehörigen FOR-Anweisung benutzt wird.

Aus dem Schleifenbereich darf herausgesprungen werden (Abbruchbedingungen), aber nicht hinein.

Es können beliebig viele FOR-Schleifen aufeinanderfolgen.

FOR-Schleifen können auch verschachtelt werden (vgl. Schleifenschachtelung).

Es können auch Textstandardfunktionen in der FOR-Schleifenanweisung auftreten, *sofern* sie numerische Werte liefern, wie z.B. LEN u.dgl.

Mit Hilfe von FOR-Schleifen kann man den Wertebereich von Indizes schnell und einfach programmgesteuert durchlaufen lassen.

21.6.2 Die WHILE-Schleifenanweisung

Die WHILE-Schleifenanweisung wird i.a. verwendet, wenn die Anzahl der Schleifendurchläufe vor Ausführung des Programms *nicht* bekannt ist.

Die Zahl der Schleifendurchläufe hängt allein von der Wiederholungsbedingung ab.

Die Wiederholungsbedingung stellt in WHILE-Schleifenanweisungen entweder einen Booleschen Ausdruck oder einen Vergleichsausdruck dar. Beide führen im Ergebnis zu einem Wahrheitswert.

Solange der Wahrheitswert „wahr" ist, wird die Schleife durchlaufen.

Die WHILE-Schleifenanweisung besteht aus folgendem Anweisungspaar:

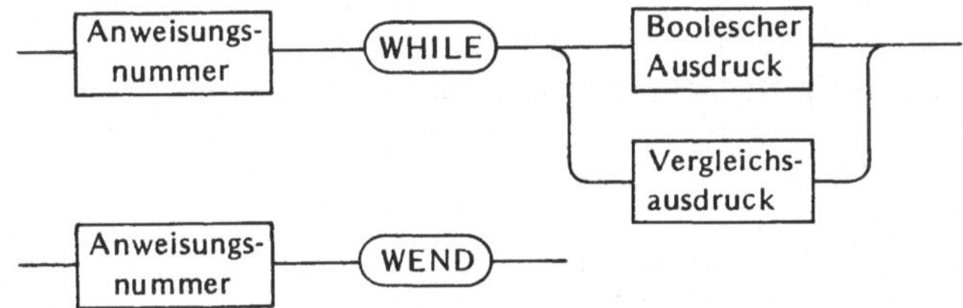

Die WHILE-Schleife beginnt mit der WHILE-Anweisung und endet mit der WEND-Anweisung.

Zwischen WHILE und WEND sind die Anweisungen eingerückt anzuordnen, die in der Schleife mehrfach durchlaufen werden sollen.

WHILE-Schleifen dürfen auch verschachtelt sein (vgl. Kap. 21.5). Wenn die Wiederholungsbedingung aus einem Vergleichsausdruck besteht, so können die zu vergleichenden Ausdrücke auch Textausdrücke sein.

21.6.3 Ersatzdarstellung für die WHILE-Schleifenanweisung

Die WHILE-Schleifenanweisung ist z.Z. noch in wenigen BASIC-Versionen vorhanden (implementiert).

Eine Ersatzdarstellung muß die WHILE-Schleifenanweisung bzw. den zugehörigen Schleifenstrukturblock in Funktion und Form nachbilden. Dazu sollen jedoch elementare BASIC-Anweisungen benutzt werden, die in jeder BASIC-Version vorhanden sind.

Die Ersatzdarstellung der WHILE-Schleifenanweisung ist:

```
n1  REM WHILE
n2              IF NOT Wiederholungsbedingung GOTO nm
n3                     Anweisung 1      ⎫
n4                     Anweisung 2      ⎪
 :                         :            ⎬ Schleifenbereich
ni                     Anweisung i − 2  ⎭
nk                     GOTO n1
nm  REM WEND
```

Die Wiederholungsbedingung kann ein Boolescher Ausdruck oder ein Vergleichsausdruck sein.

21.6.4 Schleifenanweisung mit Wiederholungsbedingung am Schleifenende

In manchen Fällen kann es sinnvoll sein, wenn die Wiederholungsbedingung am Schleifenende steht.

Eine BASIC-Schleifenanweisung, die diesen Strukturblock direkt mit zugeordneten BASIC-Schlüsselworten nachbildet, ist in kaum einer BASIC-Version vorhanden. Daher ist i.a. immer eine Ersatzdarstellung erforderlich. Sie lautet:

```
n1  REM REPEAT
n2             Anweisung 1      ⎤
n3             Anweisung 2      ⎥ Anweisungsfolge
 :                 :            ⎥    (Rumpf)
ni             Anweisung i − 1  ⎦
nk        IF Wiederholungsbedingung GOTO n1
nm  REM REND
```

Die Wiederholungsbedingung kann ein Boolescher Ausdruck oder ein Vergleichsausdruck sein.

21.6.5 Schleifen mit Abbruchbedingung

Programmschleifen mit Abbruchbedingungen sind normale Programmschleifen, die zusätzlich eine oder mehrere Abbruchbedingungen enthalten.

Wenn die Abbruchbedingung erfüllt ist, wird unabhängig von der Wiederholungsbedingung der Schleifendurchlauf abgebrochen.

Eine Abbruchbedingung wird mit Hilfe einer IF ... THEN bzw. IF ... GOTO-Anweisung formuliert.

21.6.6 Schleifenschachtelung

Eine Schleifenschachtelung ist für alle Schleifentypen erlaubt. Sie dürfen auch von unterschiedlichem Typ sein.

Die jeweils innere Schleife muß vollständig in der äußeren Schleife liegen.

Schleifenenden dürfen zusammenfallen.

21.7 Übungsaufgaben

Aufgabe 21.1

Welche Werte werden bei folgenden Schleifendurchläufen ausgegeben?

Nr.	Programmschleife	Ausgabewerte
1	1Ø␣X = 1Ø 2Ø␣FOR␣I = 1␣TO␣X␣STEP␣2 3Ø␣␣␣␣PRINT␣I; 4Ø␣NEXT␣I	
2	1Ø␣X = 5 2Ø␣FOR␣X = 1␣TO␣X + 5␣STEP␣2 3Ø␣␣␣␣␣PRINT␣X; 4Ø␣NEXT␣X	
3	1Ø␣X = 1Ø 2Ø␣FOR␣I = 20␣TO␣X 3Ø␣␣␣␣␣␣PRINT␣I; 4Ø␣NEXT␣I	

Aufgabe 21.2

Geben Sie den Ausdruck an, der bei Ablauf des folgenden Programmes ausgegeben wird.

Programm
1Ø A$ = "RECHTS" 2Ø FOR I = 1 TO LEN (A$) 3Ø   PRINT RIGHT$ (A$, I) 4Ø NEXT I 5Ø END

Aufgabe 21.3

Was wird vom Computer bei der Bearbeitung des folgenden Programmes ausgedruckt? (Annahme: 4 Felder zu je 10 Druckstellen pro Druckzeile.)

```
 1Ø F$ (1,1) = "ROT"
 2Ø F$ (1,2) = "GELB"
 3Ø F$ (1,3) = "GRUEN"
 4Ø F$ (2,1) = "VW"
 5Ø F$ (2,2) = "OPEL"
 6Ø F$ (2,3) = "FORD"
 7Ø FOR I = 1 TO 3
 8Ø       PRINT F$ (1, I),
 9Ø NEXT I
1ØØ FOR K = 1 TO 2
11Ø       PRINT F$ (K, 2),
12Ø NEXT K
13Ø END
```

Aufgabe 21.4

Was wird vom Computer bei der Bearbeitung des folgenden Programmes ausgedruckt?

```
 1Ø␣FOR␣K=1␣TO␣3
 2Ø        FOR␣I=1␣TO␣2
 3Ø              READ␣N$(K,I)
 4Ø        NEXT␣I
 5Ø␣NEXT K
 6Ø␣FOR␣K=1␣TO␣3
 7Ø␣       FOR␣I=1␣TO␣2
 8Ø              PRINT␣N$(K,I)
 9Ø        NEXT␣I
1ØØ␣NEXT␣K
11Ø␣DATA␣KLAUS, MEIER, PETER
12Ø␣DATA␣SCHULZE, MAX, SCHREIBER
13Ø␣END
```

Aufgabe 21.5

Ist die folgende Schleifenanweisung zulässig?

```
 :
 5Ø␣FOR␣I+1␣TO␣I+1Ø
 :
1ØØ␣NEXT I
 :
```

Aufgabe 21.6

Verbessern Sie die Fehler des folgenden Programms:

```
1Ø FOR I=1 TO 3
2Ø FOR K=2 TO 5
3Ø PRINT I*K
4Ø NEXT K
5Ø FOR L=1 TO 4
6Ø PRINT L+I
7Ø NEXT I
8Ø NEXT L
9Ø END
```

Aufgabe 21.7

Was bewirkt folgendes Programm?

```
10␣P = 1
20␣I = 1
30␣REM␣REPEAT
40                P=P*I
50                I=I+1
60        IF␣I<=20␣GOTO␣30
70␣REM␣REND
80␣PRINT␣"PRODUKT=";P
90␣END
```

Aufgabe 21.8

Ist die folgende Schleifenanweisung korrekt?

```
50 WHILE  A<B
          SUM=SUM+I
```

21.8 Vollständig programmierte Beispiele

21.8.1 Grafische Ausgabe einer Sinuskurve

Aufgabenstellung:

Mit Hilfe eines Druckers soll eine Sinuskurve zusammen mit einem Achsenkreuz ausgedruckt werden.

Problemformulierung:

Das Ausdrucken von Funktionsverläufen ist eine in der Praxis häufig vorkommende Aufgabe. Ein Ansatz zur Lösung dieses Problems wurde schon angegeben (vgl. Kap. 16.2.3 Übungsaufgabe 16.20(3)). Hier soll erschwerend hinzukommen, daß ein Koordinatenkreuz zusätzlich zum Kurvenverlauf mit ausgedruckt werden soll. Es soll ein relativ *flexibles* Verfahren gewählt werden, das im Folgenden genau beschrieben wird:

Es empfiehlt sich, für die Veränderung der Werte der unabhängigen Variablen der Sinusfunktion die Zeilenfortschaltung beim Drucken vorzusehen. Die unabhängige Variable der Sinusfunktion $y = \sin\alpha$ ist in diesem Beispiel der Winkel α in Grad.

Innerhalb der einzelnen Zeilen (im folgenden Zeilenvektor genannt) wird entsprechend dem Wert der abhängigen Variablen (hier die Variable y) ein alphanumerisches Zeichen in den Zeilenvektor eingetragen. Dies ist der Punkt der Kurve.

Außerdem wird für das Koordinatenkreuz im Zeilenvektor an der entsprechenden Stelle ein geeignetes alphanumerisches Zeichen eingetragen.

Anschließend wird der Zeilenvektor ausgedruckt.

Bevor eine neue Zeile mit neuen Werten bearbeitet wird, müssen selbstverständlich die alten Werte des Zeilenvektors gelöscht werden.

Die grafische Darstellung ist somit entgegen der sonst üblichen grafischen Darstellung um 90° gedreht. Dies macht jedoch nichts, da das Papier zum Betrachten ebenfalls um 90° gedreht werden kann, so daß dann die gewohnte Form vorliegt.

Nähere Einzelheiten zeigt das folgende Struktogramm sowie das zugehörige Programm.

Struktogramm:

BEGIN

- Zeilenvektor dimensionieren.
- Für die Ordinate des Achsenkreuzes wird der erste Zeilenvektor mit Punkten gefüllt.
- In diesem Zeilenvektor wird anschließend der erste Kurvenpunkt eingetragen (*).
- Drucken des ersten Zeilenvektors.
- Löschen des ersten Zeilenvektors.
- Wiederhole für den Winkel α von 10 bis 360 Grad mit der Schrittweite von 10 Grad:
  - Umrechnung von Grad ins Bogenmaß.
  - Ermittlung der Position des Kurvenpunktes im Zeilenvektor (aus der mathematischen Funktion).
  - Setzen des Kurvenpunktes in Form eines *-Zeichens an der ermittelten Position im Zeilenvektor.
  - Setzen eines Punktes für die Abszisse an der gewünschten Position im Zeilenvektor.
  - Drucken des Zeilenvektors.
  - Löschen des Kurvenpunktes.

END

Programmausdruck:

```
10 '***** SINUSKURVE ****************************************
20 '
30 'ZEILENVEKTOR DIMENSIONIEREN
40 '............................
50 DIM Z$(50)
60 '
70 '-------------------------------------------------------------
80 '1.ZEILE MIT PUNKTEN FUELLEN (ORDINATE DES ACHSENKREUZES)
90 '.........................................................
100 FOR I=0 TO 50
110    Z$(I)="."
120 NEXT I
130 '
140 '-----------------------------------------------------------
150 'SETZEN DES 1.KURVENPUNKTES
160 '..........................
170 Z$(25)="*"
180 FOR I=0 TO 50
190      LPRINT Z$(I);
200 NEXT I
210 LPRINT
220 '
230 '------------------------------------------------------------
240 'ZEILENVEKTOR LOESCHEN
250 '.....................
260 FOR I=0 TO 50
270      Z$(I)=" "
280 NEXT I
290 '
300 '------------------------------------------------------------
310 'SETZEN WEITERER KURVENPUNKTE
320 '...........................
330 FOR G=10 TO 360 STEP 10       :'GRAD
340      B=G*3.14/180             :'BOGENMASS
350      I=INT(SIN(B)*25+25)      :'POSITION DES PUNKTES
360      Z$(I)="*"                :'SETZEN DES PUNKTES
370      Z$(25)="."               :'SETZEN DES ABZISSENPUNKTES
380      FOR I=0 TO 50
390          LPRINT Z$(I);        :'DRUCKEN DES ZEILENVEKTORS
400          Z$(I)=" "            'LOESCHEN DES ZEILENVEKTORS
410      NEXT I
420      LPRINT
430 NEXT G
440 '
450 '***** PROGRAMMENDE ***************************************
460 END
```

Ergebnisaudruck

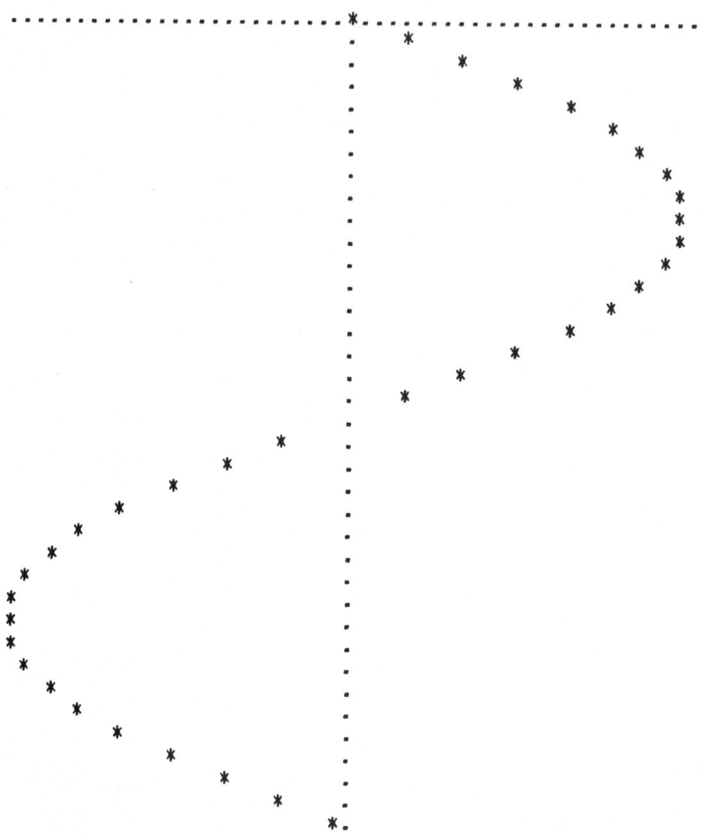

Erläuterungen zum Programm:

Anw.-Nr.	Erläuterung
1∅	Kommentar, der die Aufgabe des Programms erläutert.
3∅ bis 5∅	Die Druckzeile wird als eindimensionales Feld aufgefaßt (daher Zeilenvektor, vgl. Kap. 11.3.3), das mit beliebigen alphanumerischen Zeichen gefüllt werden kann. Aus diesen Gründen wurde die Textvariable Z$ gewählt (Z = Zeile, $ für Text). Das Feld soll aus 51 Komponenten (Index ∅ bis 5∅) bestehen (je 25 Feldelemente für die positiven bzw. negativen Werte der Sinusfunktion sowie eine Komponente für die Achse in der Mitte zwischen den positiven und negativen Werten).
1∅∅ bis 12∅	Schleife, um alle Komponenten des Zeilenvektors mit dem alphanumerischen Zeichen . (Punkt) zu füllen. Dies soll die Ordinate des Achsenkreuzes darstellen.
17∅	Setzen des ersten Kurvenpunktes in Form eines *-Zeichens in die *Mitte* des mit Punkten gefüllten Zeilenvektors (Z$ (25)), da diese Lage von der Sinusfunktion allgemein bekannt ist. Somit wird der dort vorher vorhandene Punkt durch einen STERN überschrieben.

18Ø bis 2ØØ	Schleife, um den ersten Zeilenvektor zu drucken, d.h. die Ordinate des Achsenkreuzes wird mit dem ersten Kurvenpunkt ausgegeben. Da infolge der Schleife die Zeile Spalte für Spalte gedruckt wird, muß LRPINT mit einem Semikolon abgeschlossen werden (Anw.-Nr. 19Ø).
21Ø	Damit die folgenden Ausgaben nicht mehr infolge des vorhergehenden Semikolons in der gleichen Zeile ausgegeben werden, wird die Druckzeile mit einem LRPINT ohne Semikolon abgeschlossen.
26Ø bis 28Ø	Schleife, um den ersten Zeilenvektor vollständig zu löschen, d.h. mit Leerzeichen (Blanks) zu füllen. Dieses löschende Leerzeichen steht „unsichtbar" zwischen den beiden Anführungszeichen (symbolisch "␣") der Anweisung mit der Anweisungsnummer 27Ø.
33Ø bis 43Ø	Schleife zum Setzen weiterer Kurvenpunkte für die Winkel 1Ø bis 36Ø° mit der Schrittweite von 1Ø Grad.
34Ø	Umrechnung der Winkel vom Grad- ins Bogenmaß.
35Ø	Festlegen der Position des Kurvenpunktes im Zeilenvektor. Da der Sinus nur Werte zwischen +1 und −1 einnehmen kann, wird er zur grafischen Darstellung mit dem *Vergrößerungsmaßstab* 25 versehen, so daß jetzt Werte zwischen +25 und −25 eingenommen werden. Zur Festlegung des *Mittelwertes*, um den der Sinus schwankt, wird der Wert 25 hinzuaddiert. Da nur ganzzahlige Indizes im Zeilenvektor möglich sind, wird der Variablen I vom Ergebnis nur der ganzzahlige Wert zugeordnet.
36Ø	Setzen des *-Symbols für den Kurvenpunkt im Zeilenvektor an der vorher berechneten Position I.
37Ø	Setzen des .-Symbols für die Abszisse des Koordinatenkreuzes in die Mitte des Zeilenvektors (Z$ (25)).
38Ø bis 41Ø	Schleife zum spaltenweisen Drucken des Zeilenvektors (Anw.-Nr. 39Ø) mit anschließendem Löschen (Anw.-Nr. 4ØØ) durch Setzen eines Leerzeichens. Damit die Zeichen des Zeilenvektors nebeneinander in der Zeile gedruckt werden, wird LPRINT mit einem Semikolon abgeschlossen (Anw.-Nr. 39Ø).
42Ø	Um die vorhergehende Zeile ohne Semikolon abzuschließen, wird am Ende der Schleife LPRINT gegeben. Dies bewirkt, daß die nächste Ausgabe mit LPRINT in einer neuen Zeile beginnt.

21.8.2 Multiplikationstabelle

Aufgabenstellung:

Es soll eine Multiplikationstabelle für den ganzzahligen Wertebereich von 1 bis einschließlich 1Ø ausgedruckt werden.

Problemformulierung:

Im Schnittpunkt der zwei Zahlen, die in einer Zeile und einer Spalte stehen, soll das Produkt der beiden Zahlen stehen. Wird dies für alle Zeilen und Spalten gemacht, entsteht eine Multiplikationstabelle.

Die Spalten und Zeilen sollen dazu entsprechend durchnumeriert werden.

Außerdem soll die Tabelle eine Überschrift erhalten.

Struktogramm:

BEGIN

- Drucken der Tabellenüberschrift.
- Drucken der ersten Tabellenzeile mit den Werten von 1 bis 1Ø.
- Wiederhole für die *Zeilenwerte* von 1 bis 1Ø:
  - Drucke den Zeilenwert mit einem Trennungszeichen zu den eigentlichen Tabellenwerten.
  - Wiederhole für die *Spaltenwerte* von 1 bis 1Ø:
    - Multipliziere *Zeilenwert* mit *Spaltenwert.*
    - Drucke das Ergebnis in die zugehörige Spalte.

END

Programmausdruck:

```
10 '***** MULTIPLIKATIONSTABELLE **********************************
20 '
30 'DRUCKEN DER TABELLENUEBERSCHRIFT
40 '-------------------------------
50 LPRINT"      MULTIPLIKATIONSTABELLE"
60 LPRINT"      ======================"
70 LPRINT
80 '---------------------------------------------------------------------
90 'DRUCKEN DER ERSTEN TABELLENZEILE
100 '-------------------------------
110 '
120 FOR I=1 TO 10
130     LPRINT TAB(5+I*5);I;
140 NEXT I
150 LPRINT
160 LPRINT"--------------------------------------------------------------"
170 '
180 'ZEILENWEISES DRUCKEN DER MULTIPLIKATIONSTABELLE
190 '-----------------------------------------------
200 '
210 FOR J=1 TO 10
220     LPRINT J;TAB(5);"/";
230     FOR I=1 TO 10
240         M=J*I
250         LPRINT TAB(5+I*5);M;
260     NEXT I
270     LPRINT
280 NEXT J
290 '***** PROGRAMMENDE ******************************************
300 END
```

Ergebnisausdruck:

```
                MULTIPLIKATIONSTABELLE
                ======================

               1    2    3    4    5    6    7    8    9    10
-------------------------------------------------------------------
 1  /          1    2    3    4    5    6    7    8    9    10
 2  /          2    4    6    8    10   12   14   16   18   20
 3  /          3    6    9    12   15   18   21   24   27   30
 4  /          4    8    12   16   20   24   28   32   36   40
 5  /          5    10   15   20   25   30   35   40   45   50
 6  /          6    12   18   24   30   36   42   48   54   60
 7  /          7    14   21   28   35   42   49   56   63   70
 8  /          8    16   24   32   40   48   56   64   72   80
 9  /          9    18   27   36   45   54   63   72   81   90
 10 /          10   20   30   40   50   60   70   80   90   100
```

Erläuterungen zum Programm:

Anw.-Nr.	Erläuterung
1Ø	Kommentar, der die Aufgabe des Programms erläutert.
5Ø bis 7Ø	Drucken des Textes „Multiplikationstabelle" mit Unterstreichung des Textes (Anw.-Nr. 6Ø) und folgender Leerzeile (Anw.-Nr. 7Ø). Dies dient insgesamt als Tabellenüberschrift.
12Ø bis 14Ø	Schleife zum Drucken der ersten Tabellenzeile. Sie soll die Spalten von 1 bis 1Ø der Tabelle angeben. Die Druckposition wird mit Hilfe der Tabulatorfunktion TAB (5 + I * 5) festgelegt, wobei I die Variable für den Spaltenwert ist, d.h. die Zahlen von 1 bis 1Ø werden ab Spalte 1Ø im Abstand von 5 Spalten ausgedruckt. Damit die Druckanweisung infolge des Schleifendurchlaufes nicht zu einem Ausdruck in einer neuen Zeile führt, muß diese durch ein Semikolon abgeschlossen werden (Anw.-Nr. 13Ø).
15Ø	Die Druckanweisung ohne Parameter hebt das Semikolon auf, das auf die Druckanweisung mit der Anw.-Nr. 13Ø folgt. Der nächste Ausdruck erfolgt somit in einer neuen Zeile.
16Ø	Unterstreichung der ersten Tabellenzeile zur Trennung von der folgenden eigentlichen Multiplikationstabelle.
21Ø	Schleife zum Zählen der Zeilen der Tabelle (1 bis 1Ø).
22Ø	Ausdruck der Zeilennummer (Variable J) und eines trennenden Schrägstriches (/) in Spalte 5 mit Hilfe der Tabulatorfunktion TAB (5).
23Ø	Schleife zum Zählen der Spalten der Tabelle (1 bis 1Ø).
24Ø	Multiplikation von Zeilen- und Spaltenwert innerhalb der Schleifen.
25Ø	Ausdruck des Produktes an der durch die Spalte festgelegten Position innerhalb einer jeden Zeile (Variable I).
27Ø	Leere Druckanweisung. Hebt das Semikolon der Druckanweisung von Anw.-Nr. 25Ø auf (nach dem Durchlauf der beiden ineinandergeschachtelten Schleifen).

21.8.3 Mittelwertberechnung

Aufgabenstellung:

Es soll aus einer Anzahl von Eingabewerten der Mittelwert berechnet werden. Dabei soll die Anzahl der Eingabewerte nicht von vornherein festgelegt sein.

Problemformulierung:

Zur Berechnung des Mittelwertes muß man zunächst alle Eingabewerte addieren und anschließend die Summe durch die Anzahl der Eingabewerte dividieren.

Die aufeinanderfolgenden Additionen der Eingabewerte lassen sich in Programmen durch Schleifen einfach realisieren.

Da die Anzahl der Eingabewerte laut Aufgabenstellung nicht festgelegt sein soll und auch unpraktisch wäre, ist der Einsatz der FOR-NEXT-Zählschleife zur Problemlösung (Summierung der Eingabewerte in einer Programmschleife) nicht möglich.

Daher soll hier die BASIC-Ersatzdarstellung der WHILE-WEND-Schleifenanweisung eingesetzt werden. Hier wird der Schleifendurchlauf in Abhängigkeit von einer Bedingung abgebrochen. Als Abbruchbedingung wird das Drücken der Taste „E" für „Ende" gewählt. Somit ist die Eingabevariable eine Textvariable. Dies führt dazu, daß die eingegebenen numerischen Werte ebenfalls als Texte aufgefaßt werden müssen. Sie sind somit vor der Summierung in numerische Werte umzuwandeln.

Da zur Mittelwertberechnung auch die *Anzahl* der Eingabewerte bekannt sein muß, ist im Programm eine entsprechende *Zählung* der Anzahl der Werte vorzusehen.

Struktogramm:

BEGIN
- Aufforderung zur Werteingabe über den Bildschirm.
- Wiederhole, bis die Taste E gedrückt wird:
  - Eingabe eines Wertes.
  - Ausgabe des Wertes auf dem Drucker.
  - Addition des Wertes zur vorhergehenden Summe.
  - Schleifenzähler um 1 erhöhen.
- Mittelwertbildung (Gesamtsumme durch letzten Schleifenzählerstand).
- Ausgabe des Mittelwertes.

END

Programmausdruck:

```
10 '***** MITTELWERTBERECHNUNG ********************************
20 '
30 'AUFFORDERUNG ZUR WERTEEINGABE
40 '-----------------------------
50 PRINT"GEBEN SIE DIE WERTE,VON DENEN DER MITTELWERT GEBILDET "
60 PRINT"WERDEN SOLL,NACHEINANDER EIN !"
70 PRINT"NACH JEDER EINGABE EINES WERTES MUSS DIE RETURN TASTE "
80 PRINT"GEDRUECKT WERDEN"
90 PRINT"BEENDEN SIE DIE EINGABE DURCH DRUECKEN DER TASTE E !"
100 '
110 '-------------------------------------------------------
120 'ANFANGSWERTE SETZEN
130 '-------------------
140 SUMME=0
150 I=0
160 '
170 '---------------------------------------------------
180 'SUMMIERUNG DER WERTE UND
190 'ZAEHLUNG DER ANZAHL DER WERTE
200 '-----------------------------
210 'WHILE
220       INPUT A$
230       IF A$="E" GOTO 290
240       WERT=VAL(A$)
250       LPRINT WERT
260       SUMME=SUMME+WERT
270       I=I+1
280       GOTO 210
290 'WEND
300 '----------------------------------------------------
310 'MITTELWERTBILDUNG
320 '-----------------
330 MW=SUMME/I
340 '
350 '----------------------------------------------------
360 'AUSGABE DES MITTELWERTES
370 '------------------------
380 LPRINT
390 LPRINT"MITTELWERT=";MW
400 '
410 '***** PROGRAMMENDE *************************************
420 END
```

Ergebnisausdruck:

```
 1
 2
 3
 4
 5
 6
 7
 8
 9

MITTELWERT= 5
```

Erläuterungen zum Programm:

Anw.-Nr.	Erläuterung
5Ø bis 9Ø	Aufforderung zur Werteeingabe (Bedienungsanleitung für das Programm).
14Ø und 15Ø	Der Variablen SUMME und I muß ein Wert zugewiesen werden, da sie rechts vom Gleichheitszeichen in den arithmetischen Ausdrücken der Anweisungen mit den Anw.-Nr. 26Ø und 27Ø vorkommen. Beim Einschalten des Mikrocomputers sind diese Variablen zwar automatisch Null. Ein derart „jungfräulicher" Computer ist während einer längeren Betriebszeit i.a. nicht zu erwarten. Daher sollte man die erforderlichen Anfangswerte stets über geeignete Anweisungen "setzen".
21Ø bis 29Ø	Ersatzdarstellung einer WHILE-Schleife zur Summierung der Werte und zur Zählung der Anzahl der Werte. Im einzelnen ist: Anw.-Nr. 22Ø: Eingabeanweisung für die Eingabewerte bzw. des Endekriteriums. Alle Eingaben werden einer Textvariablen A$ zugeordnet. Anw.-Nr. 23Ø: Schleifenabbruchbedingung. Wird ein "E" eingegeben, wird der Schleifendurchlauf abgebrochen (Sprung zum Ende der Schleife). Anw.-Nr. 24Ø: Wird kein "E" eingegeben, sondern ein Wert, muß der als Text betrachtete Wert (Variable A$) in einen numerischen Wert umgewandelt werden (Standardfunktion VAL). Anw.-Nr. 25Ø: Ausgabe des eingegebenen Wertes zur Dokumentation auf dem Drucker. Anw.-Nr. 26Ø: Summierung jedes eingegebenen Wertes zur vorhergehenden Summe. Anw.-Nr. 27Ø: Schleifenzähler. Die Zahl der Schleifendurchläufe entspricht der Zahl der eingegebenen Werte.
33Ø	Mittelwertberechnung.
39Ø	Ausgabe des Mittelwertes mit einem erläuternden Text.

21.8.4 Reihenentwicklung

Aufgabenstellung:

Es sollen die Potenzen der e-Funktion mit Hilfe einer Reihenentwicklung ermittelt werden. Es gilt allgemein:

$$e^x = 1 + \frac{x^1}{1!} + \frac{x^2}{2!} + \frac{x^3}{3!} + \ldots + \frac{x^n}{n!}.$$

Der Wert von x sei frei wählbar.

Problemformulierung:

Die einzelnen Glieder (Terme) der Reihe werden entsprechend der allgemeinen Formel $x^n/n!$ nacheinander in einer *Schleife* für die Werte n = 1, 2, ... usw. berechnet und zum vorhergehenden Summenwert hinzugefügt.

Die Reihe ist theoretisch unendlich lang, d.h. die Schleife müßte unendlich häufig durchlaufen werden. In der Praxis genügt jedoch i.a. eine bestimmte Genauigkeit. Die erreicht man auch nach endlich vielen Schleifendurchläufen.

Hier soll so verfahren werden, daß der jeweils letzte hinzuzufügende Term überprüft wird, ob er einen bestimmten Wert *unter*schreitet. Ist dies der Fall, soll die Schleife nicht mehr durchlaufen werden.

Dieser und alle folgenden Terme bringen somit keinen größeren Beitrag mehr, so daß diese Terme vernachlässigt werden können.

Entsprechend dieser Problemformulierung soll die Schleifenabbruchbedingung am Schleifenende angeordnet werden.

Struktogramm:

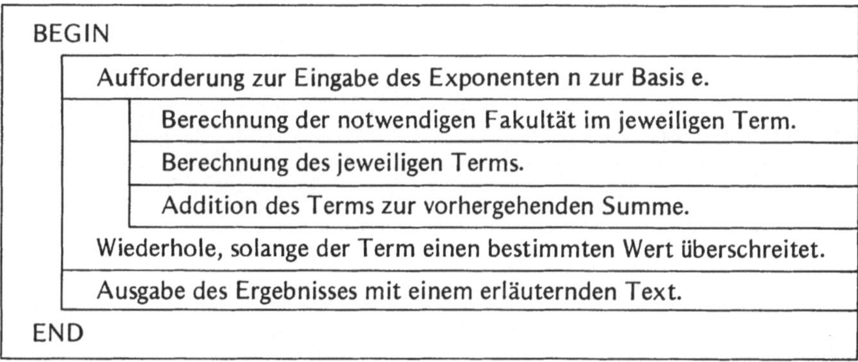

Programmausdruck:

```
10 '***** REIHENENTWICKLUNG **************************************
20 '
30 '     (EXPONENTIALFUNKTION)
40 '
50 '--------------------------------------------------------------
60 'EINGABE DES EXPONENTIALWERTES
70 '------------------------------
80 INPUT"GEBEN SIE DEN GEWUENSCHTEN EXPONENTEN ZUR BASIS E EIN!";X
90 '
100 '-------------------------------------------------------------
110 'ANFANGSWERTE SETZEN
120 '-------------------
130 I=1
140 IFAK=1
150 EALT=1
160 '
170 '--------------------------------------------------------------
180 'REIHENENTWICKLUNG
190 '-----------------
200 'REPEAT
210      IFAK=IFAK*I
220      TERM=X^I/IFAK
230      ENEU=EALT+TERM
240 '    -------------
250      EALT=ENEU
260      I=I+1
270 'UNTIL
280      IF TERM > ABS(.001) GOTO 200
290 'REND
```

```
300 '
310 '--------------------------------------------------------------
320 'AUSGABE
330 '-------
340 LPRINT"E^";X;"=";ENEU
350 '
360 '***** PROGRAMMENDE ******************************************
370 END
```

Ergebnisausdruck:

```
E^ 1 = 2.71825
```

Erläuterungen zum Programm:

Anw.-Nr.	Erläuterung
1Ø bis 4Ø	Kommentare, die die Aufgabe des Programmes erläutern.
8Ø	Aufforderung zur Werteingabe.
11Ø bis 15Ø	Anfangswerte setzen. In der folgenden Programmschleife sind einigen Variablen rechts vom Gleichheitszeichen beim ersten Schleifendurchlauf keine Werte zugeordnet. Daher müssen diesen Variablen zuvor Anfangswerte zugeordnet werden.
2ØØ bis 29Ø	Schleife mit Schleifenabbruchbedingung am Ende der Schleife. Diese sog. REPEAT-Schleifenanweisung wird mit Kommentaren und einer Sprunganweisung dementsprechend nachgebildet. Im einzelnen ist: Anw.-Nr. 2ØØ: Kommentar REPEAT zur Kennzeichnung des Schleifenanfangs. Anw.-Nr. 21Ø: Berechnung der Fakultät im jeweiligen Term. Anw.-Nr. 22Ø: Berechnung des jeweiligen Terms $x^i/i!$. Anw.-Nr. 23Ø: Berechnung des *neuen* Wertes der Potenz von *e* durch Addition des neu ermittelten Terms zum *alten* Wert der Potenz von e. Anw.-Nr. 25Ø: Vorbereitend für einen *neuen* Schleifendurchlauf muß der neue Wert in den alten Wert umgewandelt werden, da sich daraus mit Hilfe eines neuen Terms ein neuer Wert ergeben soll. Anw.-Nr. 26Ø: Vorbereitend für den neuen Schleifendurchlauf wird der Schleifenzähler um 1 erhöht. Anw.-Nr. 27Ø: Kommentar UNTIL zur Kennzeichnung der folgenden Schleifenabbruchbedingung. Anw.-Nr. 28Ø: Schleifenabbruchbedingung. Solange der Term größer ist als der Absolutwert 0,001, wird die Schleife weiter durchlaufen (Sprung zum Schleifenanfang, Anw.-Nr. 2ØØ). Ansonsten wird der Schleifendurchlauf abgebrochen (Anw.-Nr. 29Ø). Anw.-Nr. 29Ø: Kommentar REND (Kurzform für *R*EPEAT *END*) zur Kennzeichnung des Schleifenendes).
34Ø	Ausgabe des Ergebnisses mit einem erläuternden Text.

22 Programmbeendungs-, Unterbrechungs- und Fortsetzungsanweisungen

22.1 Programmbeendungsanweisung

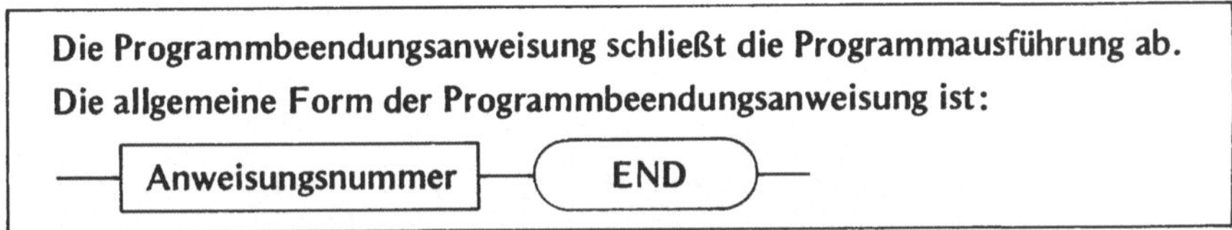

Die Programmbeendungsanweisung schließt die Programmausführung ab.

Die allgemeine Form der Programmbeendungsanweisung ist:

Die Programmbeendungsanweisung ist i.a. die letzte Anweisung im Programm. Bei vielen BASIC-Versionen kann sie auch entfallen, da sie automatisch als letzte Anweisung hinter einem Programm angenommen wird.

Bei der Verwendung von Unterprogrammen *muß* aber auch dann, wenn die Programmbeendungsanweisung nicht obligatorisch ist, eine END-Anweisung zur Trennung von Haupt- und Unterprogrammen verwendet werden, damit die Unterprogramme, die auf das Hauptprogramm folgen, nach Beendung des Hauptprogramms nicht noch einmal durchlaufen werden (vgl. 23.3).

Bei verzweigten Programmen kann die END-Anweisung auch mehrfach als letzte Anweisung der einzelnen Zweige in einem Programm vorkommen.

Nach Bearbeitung der END-Anweisung schließt der Mikrocomputer die Programmbearbeitung ab und wartet auf die Eingabe von weiteren Kommandos. Für den Benutzer wird dies ersichtlich durch eine Meldung auf dem Bildschirm wie z.B. OK, READY o.ä.

22.2 Programmunterbrechungsanweisung

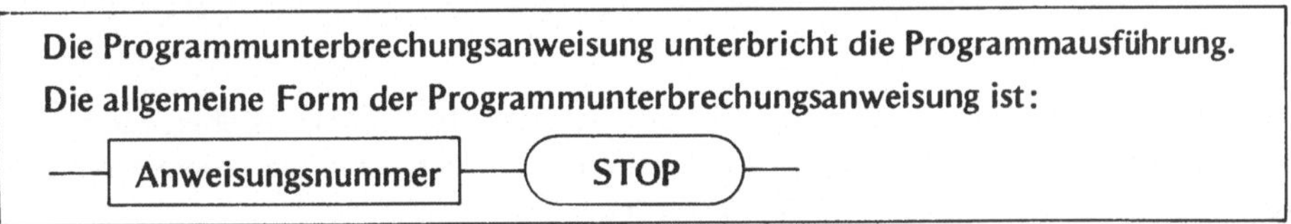

Die Programmunterbrechungsanweisung unterbricht die Programmausführung.

Die allgemeine Form der Programmunterbrechungsanweisung ist:

Der Anwender wird i.a. durch folgende Meldung auf dem Bildschirm auf die erfolgte Programmunterbrechung hingewiesen:

```
BREAK IN NR ...
```

Dies bedeutet:

Unterbrechung bei Anweisungsnummer ... .

Die Programmunterbrechungsanweisung ist ein wichtiges Hilfsmittel bei der *Fehlersuche in Programmen*.

Während der Programmunterbrechung können ausführbare BASIC-*Kommandos* eingegeben und zur Ausführung gebracht werden.

Von den ausführbaren BASIC-Kommandos ist für die Fehlersuche insbesondere das PRINT-Kommando[1] interessant.

Es können mit Hilfe des PRINT-Kommandos die Werte von Variablen zum jeweiligen Unterbrechungszeitpunkt auf dem Bildschirm ausgegeben und geprüft werden.

Beispiel 22.1

```
10 '+++++ ADDITION DER GANZEN ZAHLEN VON 1 BIS 10 +++++
20 '
30 SUMME=0
40 FOR I=1 TO 10
50      SUMME=SUMME+I
60      STOP
70 NEXT I
80 PRINT"DIE SUMME DER GANZEN ZAHLEN VON 1 BIS 10 IST:";SUMME
90 END
```

In der Programmschleife mit den Anweisungen von Anweisungsnummer 4Ø bis 7Ø steht eine Programmunterbrechungsanweisung (Anw.-Nr. 6Ø). Läßt man das Programm mit Hilfe des RUN-Kommandos ablaufen, erscheint folgende Meldung auf dem Bildschirm:

BREAK IN 6Ø

Gibt man nun folgendes Kommando ein:

PRINT SUMME

so erscheint auf dem Bildschirm der Wert

1

Setzt man das Programm fort mit Hilfe des Kommandos:

CONT (vgl. Kap. 22.3),

so erscheint die Meldung

BREAK IN 6Ø.

Gibt man nun das Kommando

PRINT SUMME

so wird der Wert 3 ausgegeben (dies ist die Summe aus 1 + 2 = 3) usw.

Auf diese Weise kann man das Ergebnis eines jeden Schleifendurchlaufs überprüfen. Erscheint dem Entwickler des Programms das Programm korrekt, kann die Programmunterbrechungsanweisung im Programm gelöscht werden.

22.3 Programmfortsetzungskommando

Möchte man eine Programmunterbrechung infolge einer STOP-Anweisung aufheben und das Programm an der Stelle fortsetzen, an der es unterbrochen wurde, so gibt man das Kommando CONT (vgl. Beispiel 22.1).

Dieses *sofort* ausführbare Kommando erfordert *keine* Anweisungsnummer.

---

[1] Das PRINT-*Kommando* ist ein *direkt* ausführbares Kommando. Es besitzt somit keine Anweisungsnummer wie eine BASIC-Anweisung. Ansonsten gelten die gleichen Syntaxregeln wie bei der PRINT-*Anweisung* (vgl. Kap. 16).

23 Unterprogrammtechnik

23.1 Aufgabe von Unterprogrammen

Es ist im allgemeinen nicht sinnvoll, umfangreiche Probleme von einem einzigen Programmteil, dem sog. *Hauptprogramm* (engl. main program), bearbeiten zu lassen. Es ist vielfach besser, ein größeres Problem in mehrere logische Teilprobleme zu zerlegen und diese Teile zunächst getrennt zu programmieren. Diese Teilprogramme, sog. *Unterprogramme* (engl. subroutine), werden anschließend nach dem Baukastenprinzip zu einer Gesamtheit vereint.

Dies führt in extremen Fällen dazu, daß das Hauptprogramm fast ausschließlich die Aufgabe hat, die Unterprogramme zu steuern.

Ein Hauptprogramm ist ein Programm, mit dem die Behandlung des zu programmierenden Problems begonnen und beendet wird.

Ein Unterprogramm ist ein Programmteil, das zur Bearbeitung von Teilaufgaben beliebig oft aufgerufen werden kann.

Die Unterprogrammtechnik ist die Technik, ein Problem in ein Hauptprogramm und ein bzw. mehrere Unterprogramme sinnvoll aufzuteilen.

Die Vorteile der Unterprogrammtechnik sind:

- größere Übersichtlichkeit des Gesamtprogramms;
- einfachere und damit schnellere Fehlerbeseitigung;
  d.h.: jedes Unterprogramm kann zunächst für sich getestet werden. Funktionieren alle Unterprogramme wunschgemäß, kann man diese über das Hauptprogramm miteinander verzahnen.
  Auch Details sind wegen der einfachen übersichtlichen Gliederung leichter änderbar, da Änderungen nur Auswirkungen in bestimmten Programmteilen (Unterprogramme) haben und sich nicht auf das gesamte Programm auswirken können.
- einfacheres Aufteilen größerer Programmieraufgaben auf mehrere Bearbeiter;
  d.h.: jeder Bearbeiter ist nur für die Funktion seines Unterprogrammes verantwortlich.
- übersichtlichere Dokumentation.

Diese an sich schon wichtigen Vorteile wirken sich noch vorteilhafter aus, wenn:

- einige Unterprogramme in einem Hauptprogramm häufiger benötigt werden oder
- einige Unterprogramme in mehreren Hauptprogrammen benötigt werden.

Auf diese Weise kann

- die einmalige Programmierarbeit mehrfach genutzt werden.
  Das mehrfache Programmieren, Eingeben und Übersetzen von Anweisungen mit an sich gleichen Programmteilen wird vermieden.

- Speicherplatz eingespart werden.
  Die mehrfache Abspeicherung von Anweisungen mit an sich gleichen Programmteilen wird vermieden.

Viele häufig benutzte Unterprogramme können in einer sog. Unterprogramm*bibliothek* zusammengefaßt werden.

Es ist dem Programmierer überlassen, ob und wie er ein Problem in Teilprobleme, und somit in Unterprogramme, gliedert. Eine BASIC-Vorschrift gibt es nicht. Als Faustregel sollte jedoch folgende Regel eingehalten werden:

Enthält ein Programmteil mehr als 60 Anweisungen, sollte der Programmierer überlegen, ob eine Unterteilung in Unterprogramme sinnvoll und möglich ist.

Wird diese Regel beherzigt, vermeidet man die sog. „Spaghetti-Programmierung", bei der eine Anweisung ohne jegliche Gliederung auf die andere folgt und somit ein langes unübersichtliches Gebilde (daher: Spaghetti) darstellt.

23.2 Ablauf von Programmen in Unterprogrammtechnik

Besteht ein Programm aus einem Hauptprogramm und verschiedenen Unterprogrammen, so ist es nötig, das jeweils erforderliche Unterprogramm vom Hauptprogramm anzufordern und dem Unterprogramm die zur Bearbeitung notwendigen Daten zur Verfügung zu stellen.

Nach Ablauf des jeweiligen Unterprogrammes muß das Unterprogramm die errechneten Daten sowie die Kontrolle an das Hauptprogramm abgeben können. Um dieses Zusammenspiel zu gewährleisten, muß das Hauptprogramm das Unterprogramm aufrufen können und umgekehrt.

Der Ablauf von Programmen mit Unterprogrammtechnik wird gesteuert von:
Aufrufen der Unterprogramme im Hauptprogramm, d.h. von einer Art Sprungbefehl vom Hauptprogramm zum jeweiligen Unterprogramm, sowie
Rücksprüngen von den Unterprogrammen in das Hauptprogramm.

Dieser Vorgang läßt sich zeichnerisch z.B. wie in Bild 23.1 darstellen:

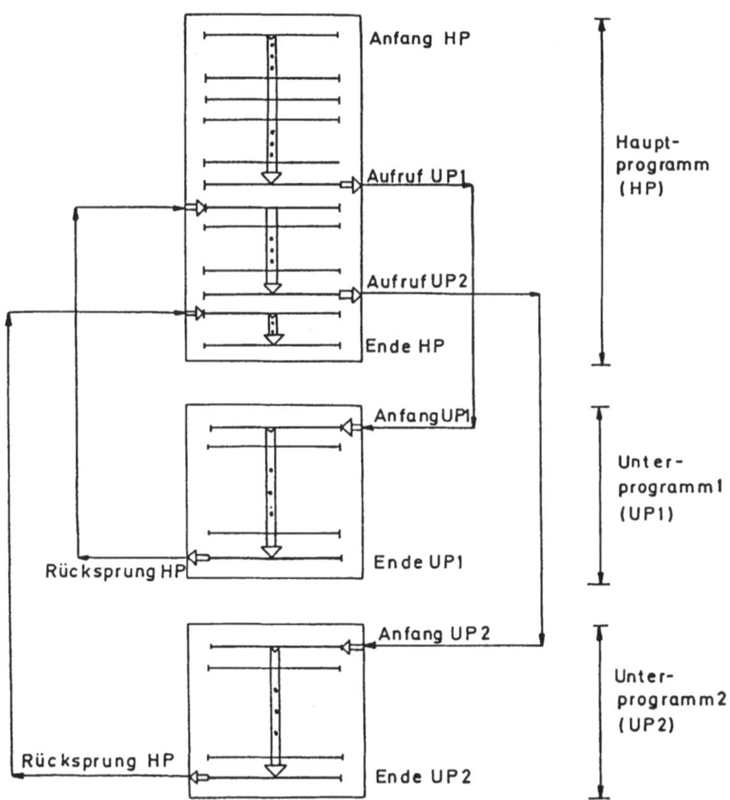

Bild 23.1 Ablauf eines Programmes, das in ein Hauptprogramm und zwei Unterprogramme aufgeteilt wurde.

Erläuterungen zum Bild 23.1:

Die Querstriche in den Kästen sollen symbolisch Anweisungen andeuten. Die Punkte (im Pfeil) symbolisieren hingegen eine Folge von Anweisungen.

Das Hauptprogramm beginnt mit der ersten Anweisung im Hauptprogramm (HP). Die folgenden Anweisungen werden anschließend nacheinander bearbeitet, bis schließlich der Aufruf für das Unterprogramm 1 (UP1) bearbeitet wird. Dieser Aufruf bewirkt einen Sprung zum Anfang des Unterprogrammes 1. Die Anweisungen des Unterprogramms werden nacheinander abgearbeitet, bis das Ende des Unterprogramms 1 erreicht ist. Dann erfolgt ein Rücksprung zum Hauptprogramm, und zwar zu der Anweisung, die im Hauptprogramm auf den Aufruf zum Unterprogramm 1 direkt folgt. Die folgenden Anweisungen im Hauptprogramm werden wieder nacheinander abgearbeitet, bis der Aufruf des Unterprogrammes 2 auftritt. Dieser Aufruf wird genauso behandelt, wie der Aufruf des Unterprogrammes 1. Dies gilt auch für den Rücksprung vom Unterprogramm 2 in das Hauptprogramm. Anschließend werden die restlichen Anweisungen im Hauptprogramm bearbeitet, bis das Hauptprogramm mit einer entsprechenden Anweisung beendet wird.

Der Aufruf eines Unterprogramms im Hauptprogramm bewirkt einen Sprung von der aufrufenden Stelle im Hauptprogramm zum Anfang des aufgerufenen Unterprogramms.

Der Rücksprung erfolgt von der letzten Anweisung des Unterprogramms zu der dem zugehörigen Aufruf folgenden Anweisung im Hauptprogramm.

Aufgabe der Unterprogrammtechnik ist es nicht nur, Programme in mehrere Unterprogramme zu zerlegen, sondern Unterprogramme auch mehrfach ohne Mehraufwand benutzen zu können. Dieser Vorgang läßt sich zeichnerisch wie in Bild 23.2 darstellen.

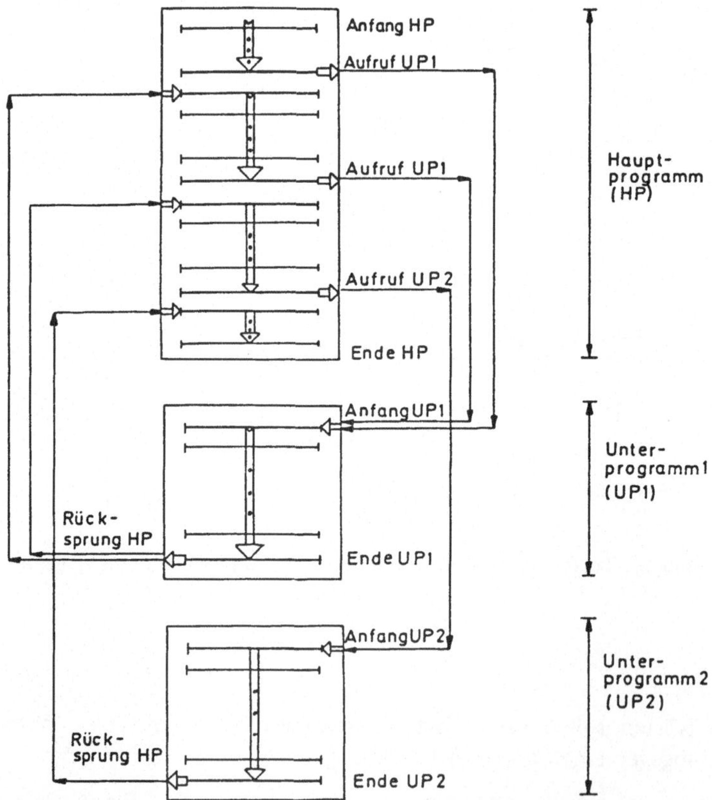

Bild 23.2 Ablauf eines Programmes, das in ein Hauptprogramm und zwei Unterprogramme aufgeteilt wurde, wobei ein Unterprogramm zweimal benötigt wird.

Unterprogramme können nicht nur von Hauptprogrammen aufgerufen werden, sondern es können auch Unterprogramme andere Unterprogramme aufrufen. Dies bietet die Möglichkeit, auch Unterprogramme weiter zu unterteilen bzw. Programmteile mehrfach auszunutzen. Dieser Vorgang läßt sich zeichnerisch wie in Bild 23.3 darstellen.

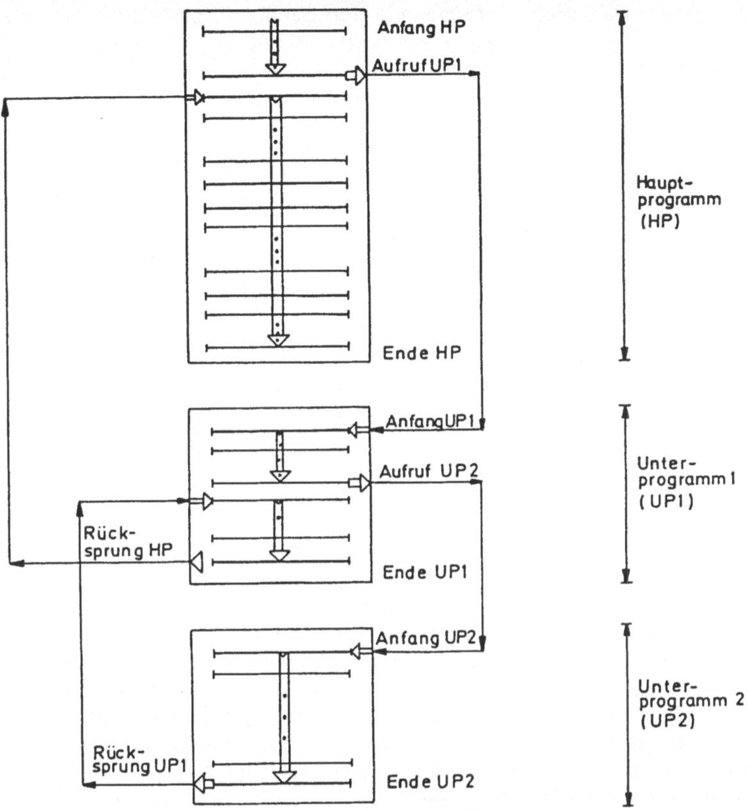

Bild 23.3 Ablauf eines Programms, das in ein Hauptprogramm und zwei Unterprogramme aufgeteilt wurde, wobei ein Unterprogramm ein anderes Unterprogramm aufruft.

Unterprogramme können wie Hauptprogramme anderer Unterprogramme aufrufen.

23.3 Allgemeiner Programmaufbau bei Verwendung von Unterprogrammen in BASIC (BASIC-Subroutinen)

Unterprogramme in BASIC folgen im Aufbau der geschilderten allgemeinen Struktur. Besteht ein Gesamtprogramm aus

- einem Hauptprogramm und
- einer oder mehreren Subroutinen,

so steht das Hauptprogramm am Anfang des Gesamtprogrammes. Die Subroutinen sind hingegen am Ende des Gesamtprogrammes zusammengefaßt.

Die gewünschten Unterprogramme werden vom Hauptprogramm *angesprungen*. Nach Bearbeitung eines Unterprogrammes wird wieder zum Hauptprogramm *zurückgesprungen*.

Man könnte zunächst meinen, daß diese Sprünge mit den üblichen Sprunganweisungen realisiert werden könnten. Dies ist jedoch nicht der Fall. Dies wird an folgenden zwei Fällen deutlich:

- Fall 1:

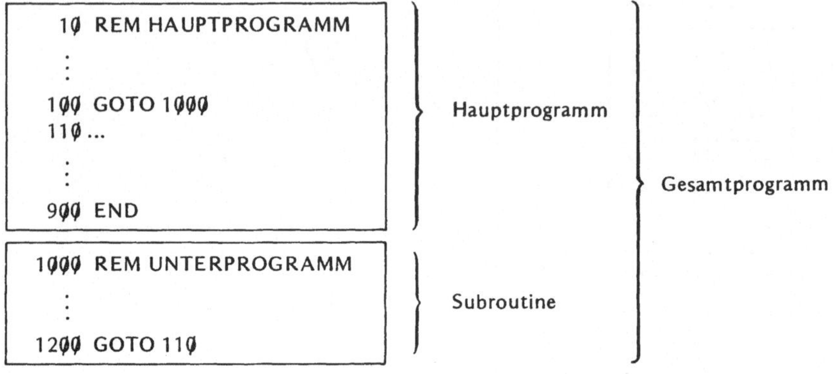

Bild 23.4

Das Hauptprogramm wird zunächst Anweisung für Anweisung abgearbeitet.

Bei der Bearbeitung der Anweisung mit der Anweisungsnummer 1ØØ wird mit Hilfe der Sprunganweisung zum Anfang des Unterprogramms gesprungen (Anw.-Nr. 1ØØØ). Dieses Unterprogramm wird Anweisung für Anweisung bearbeitet, bis die Sprunganweisung (Anw.-Nr. 12ØØ) den Rücksprung zum Hauptprogramm (Anw.-Nr. 11Ø) vollzieht. In diesem einfachen Fall kann tatsächlich für den Aufruf des Unterprogramms im Hauptprogramm und für den Rücksprung vom Unterprogramm ins Hauptprogramm eine einfache Sprunganweisung verwendet werden.

Möchte man jedoch ein Unterprogramm in einem Hauptprogramm *mehrfach* aufrufen, so ergeben sich Probleme, wie es der folgende Fall zeigt:

- Fall 2:

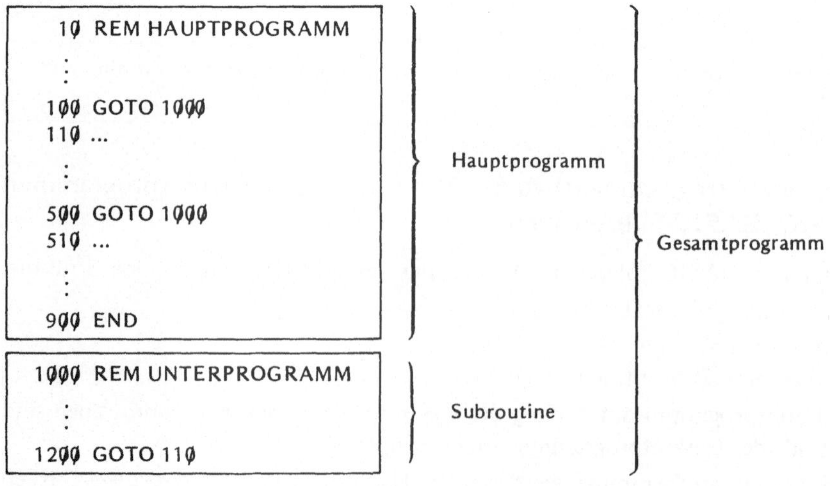

Bild 23.5

Das Hauptprogramm wird zunächst wieder Anweisung für Anweisung abgearbeitet. Bei dem 1. Aufruf des Unterprogramms und dem Rücksprung zum Hauptprogramm arbeitet das Programm wie im vorhergehenden Fall 1. Anschließend arbeitet das Programm wieder Anweisung für Anweisung im Hauptprogramm ab, bis die Anweisung mit der Anweisungsnummer 5ØØ erreicht wird. Die Sprunganweisung (Anw.-Nr. 5ØØ) führt wieder zum Anfang des Unterprogrammes (Anw.-Nr. 1ØØØ). Der Rücksprung vom Unterprogramm führt jetzt jedoch nicht mehr zur Anweisung, die auf den Aufruf im Hauptprogramm folgt (Anw.-Nr. 51Ø), so wie es sein müßte, sondern zurück zu der Anweisung, die auf den 1. Aufruf des Unterprogrammes folgt (Anw.-Nr. 11Ø). Im weiteren Programmablauf würde sich auf diese Weise eine Endlosschleife ergeben.

Für eine richtige Arbeitsweise des Gesamtprogrammes mit Hilfe von üblichen Sprunganweisungen wäre es somit nötig, das Unterprogramm jeweils neu zu formulieren, wobei eigentlich nur der Rücksprungbefehl (Anw.-Nr. 12ØØ) in seinem Sprungziel (Anweisungsnummer) geändert werden müßte. Ein neu formuliertes Unterprogramm würde im Hauptprogramm nun ebenfalls eine Änderung des Sprungzieles zur Folge haben. Damit wäre der Sinn der Unterprogrammtechnik verfehlt, denn das mehrfache Schreiben an sich gleicher Programmteile sollte gerade mit Hilfe der Unterprogrammtechnik vermieden werden.

Aus diesem Grunde wurden in BASIC spezielle Anweisungen für

- den Aufruf von Subroutinen im Hauptprogramm und
- den Rücksprung vom Unterprogramm in das Hauptprogramm formuliert.

Sie weisen die gezeigten Schwierigkeiten nicht auf, die beim Benutzen von einfachen Sprunganweisungen auftreten. Diese BASIC-Unterprogramm-Anweisungen berücksichtigen die Änderung der Anweisungsnummern bei Unterprogrammsprüngen automatisch.

- Fall 3:

Den Programmaufbau bei Verwendung dieser speziellen Unterprogrammanweisungen zeigt im Vergleich zum vorhergehenden Fall 2 Bild 23.6:

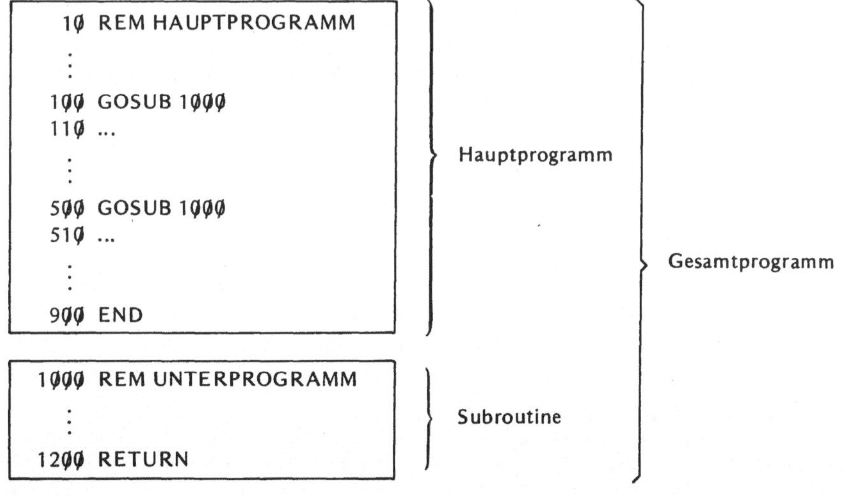

Bild 23.6

Erläuterung:

Der *Aufruf* einer Subroutine *im Hauptprogramm* erfolgt mit Hilfe einer GOSUB-Anweisung (Abkürzung für engl.: *GO*TO *SUB*ROUTINE, zu deutsch: Springe zum Unterprogramm).

Der *Rücksprung* von der Subroutine zur nächsten Anweisung, die auf den Aufruf der Subroutine im Hauptprogramm folgt, wird mit Hilfe einer RETURN-Anweisung (engl.: return, zu deutsch: kehre zurück) veranlaßt.

Eine END-Anweisung beendet das Hauptprogramm (vgl. Anw.-Nr. 9ØØ im obigen Beispiel).

Diese Anweisung ist notwendig, denn es muß vermieden werden, daß im Zuge der linearen Bearbeitung der Anweisungen, ohne Aufruf der Subroutine, vom Ende des Hauptprogrammes zu den Anweisungen der Subroutine übergegangen wird. Dies wäre ohne END-Anweisung möglich, denn der Computer arbeitet bekanntlich die Anweisungen in der Reihenfolge der Anweisungsnummern ab. Da die Subroutinen am Ende des Gesamtprogramms angeordnet sind und somit höhere Anweisungsnummern aufweisen als die Anweisungen des Hauptprogrammes, würde der Computer nach Beendung des Hauptprogramms die Subroutinen noch einmal ohne speziellen Aufruf bearbeiten. Dies kann nicht beabsichtigte Folgen haben. Wird abschließend die RETURN-Anweisung bearbeitet, so ist außerdem kein Ziel für einen Rücksprung mehr vorhanden.

Das Hauptprogramm muß von den Subroutinen durch eine END-Anweisung getrennt werden.

Der Aufruf und der Rücksprung von Subroutinen soll im folgenden noch eingehender behandelt werden.

23.3.1 Aufruf von BASIC-Subroutinen

BASIC-Subroutinen haben keine Namen, mit denen sie aufgerufen werden.

Eine BASIC-Subroutine wird mit Hilfe einer GOSUB-Anweisung aufgerufen. Die GOSUB-Anweisung hat folgende allgemeine Form:

n_1 GOSUB n_2

Hierbei ist:

n_1 die Anweisungsnummer der GOSUB-Anweisung im Hauptprogramm;

GOSUB das Schlüsselwort für den Aufruf einer BASIC-Subroutine (Abkürzung für engl.: *GO*TO *SUB*ROUTINE, d.h.: Springe zum Unterprogramm);

n_2 die Anweisungsnummer der ersten Anweisung der anzuspringenden Subroutine.

Fahrnetz des Unterprogrammaufrufs:

— [Anweisungsnummer] — (GOSUB) — [Anweisungsnummer] —

Der Aufruf GOSUB einer BASIC-Subroutine bewirkt einen Sprung vom Hauptprogramm zur ersten Anweisung der anzuspringenden Subroutine.

Das Sprungziel wird somit nicht mit Hilfe eines Namens, sondern mit Hilfe einer Anweisungsnummer im Aufruf gekennzeichnet. Diese Anweisungsnummer ist eine Anweisungsnummer *innerhalb* des Gesamtprogramms, d.h. die Subroutinen sind eigentlich in das Hauptprogramm einbezogen. Aus diesem Grunde nennt man diese Form der Subroutinen auch *interne* Subroutinen.

BASIC-Subroutinen können an beliebiger Stelle eines Hauptprogrammes aufgerufen werden. Eine BASIC-Subroutine darf in einem Hauptprogramm mehrfach aufgerufen werden.

23.3.2 Aufbau einer BASIC-Subroutine

- Der Anfang einer BASIC-Subroutine

Die erste Anweisung einer BASIC-Subroutine muß keine besondere BASIC-Anweisung sein, denn BASIC-Subroutinen werden nicht über einen besonders vereinbarten Namen aufgerufen, sondern sind mit dem Hauptprogramm über die Anweisungsnummer der ersten Anweisung der BASIC-Subroutine verknüpft.

Eine BASIC-Subroutine kann mit jeder beliebigen BASIC-Anweisung beginnen.

Eine *optische Trennung* von Hauptprogramm und verschiedenen BASIC-Subroutinen fördert jedoch die *Übersichtlichkeit* des Gesamtprogrammes. Es ist daher ein guter Programmierstil, wenn man in der ersten Anweisung des Unterprogrammes mit Hilfe einer REM-Anweisung die Aufgabe der folgenden BASIC-Subroutine benennt oder wenigstens die Subroutine beziffert (Beispiele finden Sie in diesem Kapitel).

- Das Ende einer Subroutine

Die letzte Anweisung einer BASIC-Subroutine muß eine RETURN-Anweisung sein. Sie hat die allgemeine Form:

n RETURN

Hierbei ist:

n die Anweisungsnummer der RETURN-Anweisung innerhalb des Gesamtprogrammes;

RETURN das Schlüsselwort der RETURN-Anweisung (engl.: return, zu deutsch: kehre zurück).

Fahrnetz der Unterprogramm-Rücksprunganweisung:

Die RETURN-Anweisung bewirkt, daß zu der Anweisung im Hauptprogramm zurückgesprungen wird, die auf den Aufruf der jeweiligen Subroutine im Hauptprogramm folgt.

Da BASIC-Subroutinen auch andere BASIC-Subroutinen aufrufen können (vgl. Kap. 23.2), kann man noch weiter verallgemeinern:

Die RETURN-Anweisung bewirkt, daß zu der Anweisung zurückgesprungen wird, die direkt auf den jeweiligen Aufruf folgt.

Der Mikrocomputer merkt sich also, *woher* der Sprung zur Subroutine kam.

Das Anweisungspaar GOSUB-RETURN wirkt daher wie eine Klammer. Sie bindet die gewünschten Subroutinen in den Programmlauf ein, auch wenn die Programmteile örtlich voneinander entfernt angeordnet sind.

Das Schlüsselwort RETURN der RETURN-Anweisung muß Buchstabe für Buchstabe über die Eingabetastatur eingegeben werden.

Man darf auf keinen Fall eine eventuell auf dem Computer vorhandene Taste benutzen, auf der RETURN steht. Diese Taste wird bekanntlich nur gedrückt, wenn die Eingabe beendet werden soll. Beim Drücken der RETURN-Taste wird ein *Steuerzeichen* abgegeben (engl.: carriage return, zu deutsch: Wagenrücklauf, meist kurz RETURN genannt), das der Computer als Ende der Eingabe interpretiert. Das Eingegebene wird dadurch im Arbeitsspeicher des Mikrocomputers abgelegt. Dies ist bei Subroutinen jedoch nicht gewollt.

Beispiel 23.1

Aufgabenstellung:

Mit Hilfe des Lehrsatzes von Pythagoras läßt sich in einem rechtwinkligen Dreieck die Hypothenuse C aus den Katheten a und b mit Hilfe der Gleichung

$$c = \sqrt{a^2 + b^2}$$

berechnen. Unter Hypothenuse versteht man die dem rechten Winkel gegenüberliegende Seite c, unter Katheten die den rechten Winkel bildenden Seiten a und b (siehe Bild 23.7).

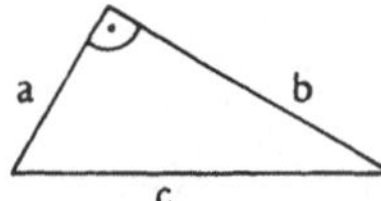

Bild 23.7 Rechtwinkliges Dreieck

In einem Hauptprogramm soll die Datenein- und -ausgabe erfolgen, die eigentliche Berechnung wird hingegen in einem Unterprogramm vorgenommen (um den Programmteil z.B. mehrfach nutzen zu können).

Dies ist ein *sehr* einfaches Beispiel und soll nur dazu dienen, das Prinzip der Unterprogrammtechnik zu verdeutlichen. Das Programm läßt sich z.B. wie folgt formulieren:

Programm:

```
10 REM *** HAUPTPROGRAMM ********************
20 '
30 LPRINT"BERECHNUNG DER HYPOTHENUSE C"
40 LPRINT"EINES RECHTWINKLIGEN DREIECKS"
50 LPRINT"AUS DEN KATHETEN A UND B"
60 LPRINT"-----------------------------"
70 '
80 REM === EIN-UND AUSGABE DER WERTE ===
90 INPUT A,B
100      REM UNTERPROGRAMMSPRUNG
105      GOSUB 900
110 LPRINT "A=";A,"B=";B,"C=";C
120 END
130 REM *** HAUPTPROGRAMMENDE ***************
140 '
150 '
900 REM +++UNTERPROGRAMM ++++++++++++++++++++
910 C=SQR(A^2+B^2)
920 RETURN
930 REM +++UNTERPROGRAMMENDE+++++++++++++++++
```

Ergebnisausdruck:

```
BERECHNUNG DER HYPOTHENUSE C
EINES RECHTWINKLIGEN DREIECKS
AUS DEN KATHETEN A UND B
-----------------------------
A= 2          B= 3          C= 3.60555
```

Das Hauptprogramm besteht aus den Anweisungen mit den Anweisungsnummern 1Ø bis 15Ø, die Subroutine aus den Anweisungen mit den Anweisungsnummern 9ØØ bis 93Ø. Die Subroutine wird im Hauptprogramm in der Anweisung mit der Anweisungsnummer 1Ø5 aufgerufen, d.h., von der Anweisung mit der Anweisungsnummer 1Ø5 wird zur Anweisung mit der Anweisungsnummer 9ØØ gesprungen.

Die Subroutine wird Anweisung für Anweisung abgearbeitet. Die Anweisung mit der Anweisungsnummer 91Ø kann jedoch nur bearbeitet werden, wenn die Werte der Variablen A und B bekannt sind. Die Zuweisung der Werte erfolgt im Hauptprogramm mit Hilfe einer INPUT-Anweisung (Anw.-Nr. 9Ø). Wenn nach der Bearbeitung der Anweisung mit der Anw.-Nr. 91Ø die RETURN-Anweisung bearbeitet wird, wird zurück ins Hauptprogramm gesprungen (Anw.-Nr. 11Ø).

Die Anweisung mit der Anweisungsnummer 93Ø dient nur zur optischen Gliederung des Gesamtprogramms. Die Anweisung mit der Anweisungsnummer 12Ø trennt das Hauptprogramm vom Unterprogramm.

Vor dem ersten Aufruf der Subroutine müssen den Variablen der Subroutine schon im Hauptprogramm Werte zugewiesen werden, sofern diese nicht in der Subroutine selbst durch Zuordnungsanweisungen ermittelt werden.

Wenn bei der Bearbeitung der Subroutine die RETURN-Anweisung erreicht wird, wird von der Subroutine zu der Anweisung gesprungen, die auf den jeweiligen Aufruf der Subroutine folgt.

Das angegebene Beispiel ist, wie schon gesagt wurde, von der Problematik sehr einfach. Der Unterprogrammtechnik würdigere Beispiele finden Sie in Kapitel 23.6.

23.4 Mehrfachverzweigung zu Unterprogrammen

Vielfach möchte man die Möglichkeit haben, in Abhängigkeit von einem Wert zu mehreren Unterprogrammen zu verzweigen.

Ein Beispiel dafür ist die „*Menütechnik*". Auf dem Bildschirm wird hier dem Anwender eines Programmes eine Vielzahl von Bearbeitungsmöglichkeiten angeboten, aus denen er durch Eingabe einer Ziffer die gewünschte Bearbeitung auswählen kann (wie das Menü aus einer Speisekarte).

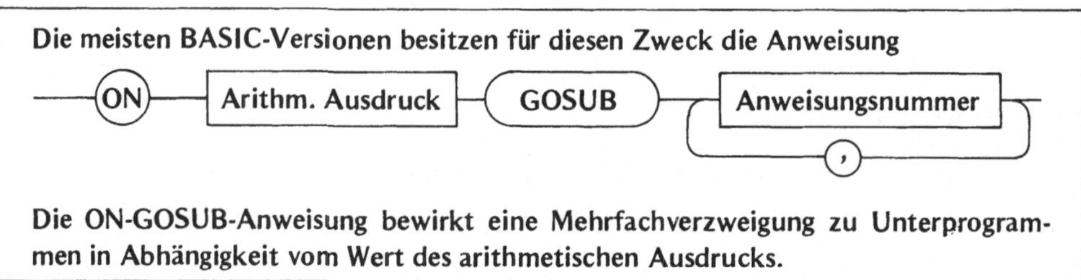

Die Anweisungsnummern, die auf das Schlüsselwort GOSUB, getrennt durch Kommas, folgen, sind die Anfangsanweisungsnummern der möglichen Unterprogramme.

Der Wert des arithmetischen Ausdrucks gibt an, zu welcher Anweisungsnummer (Unterprogramm) verzweigt werden soll.

Ist der Wert des arithmetischen Ausdrucks 1, wird zur 1. Anweisungsnummer verzweigt, ist er 2, wird zur 2. Anweisungsnummer verzweigt, usw.

Ist der Wert des arithmetischen Ausdrucks nicht ganzzahlig, wird i.a. der ganzzahlige Wert angenommen (teilweise auch der gerundete ganzzahlige Wert, vgl. Herstellerhandbuch).

Ist der Wert des arithmetischen Ausdrucks kleiner oder gleich Null oder größer als die Zahl der angegebenen Anweisungsnummern, so wird i.a. eine Fehlermeldung ausgegeben.

Die Zahl der Anweisungsnummern, die auf ON-GOSUB folgen dürfen, ist praktisch nur durch die Länge der Eingabezeile begrenzt. Nach dem Rücksprung aus dem jeweiligen Unterprogramm wird das Hauptprogramm mit der Anweisung fortgesetzt, die auf die ON-GOSUB-Anweisung direkt folgt.

Die ON-GOSUB-Anweisung hat somit eine *ähnliche* Funktion wie die ON-GOTO-Anweisung (vgl. Kap. 20.5.1). Im Gegensatz zur ON-GOTO-Anweisung muß bei Verwendung der ON-GOSUB-Anweisung zum *Anfang eines Unterprogramms* verzweigt werden, während bei der ON-GOTO-Anweisung *beliebige* Sprungziele möglich sind.

Beispiel 23.2

Aufgabenstellung:

Es sollen drei Unterprogramme aufgerufen werden können, die den Text: „Unterprogramm 1", „Unterprogramm 2" usw. ausdrucken.

Programm:

```
  10 PRINT "GEBEN SIE EINE ZIFFER ZWISCHEN 1 UND 3"
  20 PRINT "FUER EIN UNTERPROGRAMM EIN"
  30 INPUT K
  40 ' ----------------------------
  50 '
  60          ON K GOSUB 1000, 2000, 3000
  70 '
  80 ' ----------------------------
  90 END
 100 HAUPT PROGRAMMENDE *****
 110 '
 120 '
1000 PRINT "UNTERPROGRAMM 1": RETURN
2000 PRINT "UNTERPROGRAMM 2": RETURN
3000 PRINT "UNTERPROGRAMM 3": RETURN
```

23.5 Zusammenfassung

Ein Hauptprogramm ist ein Programm, mit dem die Behandlung des zu programmierenden Problems begonnen und beendet wird.

Ein Unterprogramm ist ein Programmteil, das zur Bearbeitung von Teilaufgaben beliebig oft aufgerufen werden kann.

Die Unterprogrammtechnik ist die Technik, ein Problem in ein Hauptprogramm und ein bzw. mehrere Unterprogramme sinnvoll aufzuteilen.

Enthält ein Programmteil mehr als 60 Anweisungen, sollte der Programmierer überlegen, ob eine Unterteilung in Unterprogramme sinnvoll und möglich ist.

Der Ablauf von Programmen in Unterprogrammtechnik wird gesteuert von:

Aufrufen der Unterprogramme im Hauptprogramm, d.h. von einer Art Sprungbefehl vom Hauptprogramm zum jeweiligen Unterprogramm, sowie

Rücksprüngen von den Unterprogrammen in das Hauptprogramm.

- Aufruf

  Ein BASIC-Unterprogramm wird mit Hilfe einer GOSUB-Anweisung aufgerufen. Die GOSUB-Anweisung hat die allgemeine Form:

  Der Aufruf GOSUB eines BASIC-Unterprogrammes bewirkt einen Sprung vom Hauptprogramm zur ersten Anweisung des anzuspringenden Unterprogramms.

  BASIC-Unterprogramme können an beliebigen Stellen eines Hauptprogrammes aufgerufen werden.

Vor dem ersten Aufruf eines Unterprogrammes müssen den Variablen des Unterprogrammes im Hauptprogramm Werte zugewiesen werden, sofern dies nicht im jeweiligen Unterprogramm geschieht.

- Ein Unterprogramm darf in einem Hauptprogramm *mehrfach* aufgerufen werden.
- In einem Hauptprogramm dürfen auch *mehrere* Unterprogramme aufgerufen werden.
- Unterprogramme können wie Hauptprogramme *andere* Unterprogramme aufrufen.

- Aufbau eines BASIC-Unterprogrammes

  Ein BASIC-Unterprogramm kann mit jeder beliebigen BASIC-Anweisung *beginnen*.

- Rücksprung

  Die *letzte* Anweisung eines BASIC-Unterprogrammes muß eine RETURN-Anweisung sein. Sie hat die allgemeine Form:

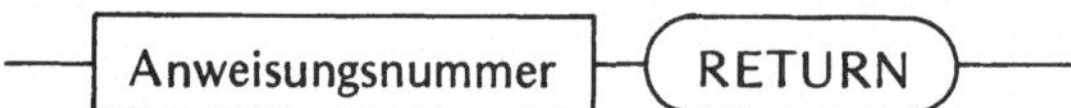

Die RETURN-Anweisung bewirkt, daß zu der Anweisung zurückgesprungen wird, die direkt auf den zugehörigen Aufruf folgt.

Das Schlüsselwort RETURN muß Buchstabe für Buchstabe über die Eingabetastatur eingegeben werden.

Unterprogramme können auch Verzweigungsanweisungen enthalten. Werden diese Zweige nicht wieder im Unterprogramm zusammengeführt, ist jeder Zweig mit einer RETURN-Anweisung abzuschließen.

- Trennung von Haupt- und Unterprogrammen

  Das Hauptprogramm muß von den Unterprogrammen durch eine END-Anweisung getrennt werden.

- Die meisten BASIC-Versionen bieten die Möglichkeit der Mehrfachverzweigung zu Unterprogrammen mit Hilfe der ON-GOSUB-Anweisung:

23.6 Weitere vollständig programmierte Beispiele

23.6.1 Umrechnung vom Grad- ins Bogenmaß

Bei der Benutzung von Winkelfunktionen (sin, cos, usw.) ist es vielfach notwendig, Winkelangaben in das Bogenmaß umzurechnen und umgekehrt. Für diese beiden Umrechnungen sollen zwei Subroutinen geschrieben werden. In einer übergeordneten Subroutine soll der Benutzer über den Bildschirm aufgefordert werden, die Umrechnungsart zu wählen und über die Tastatur einzugeben.

Das steuernde Hauptprogramm enthält somit nur noch die Beschreibung, was das Gesamtprogramm leistet und den Sprung zum ersten Unterprogramm.

Strukturbaum:

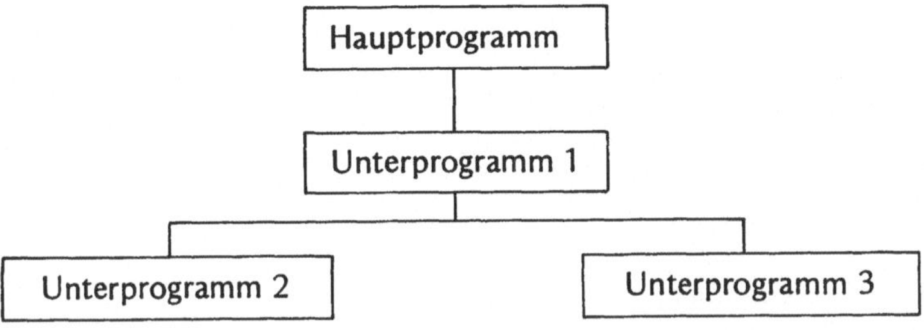

Hauptprogramm:

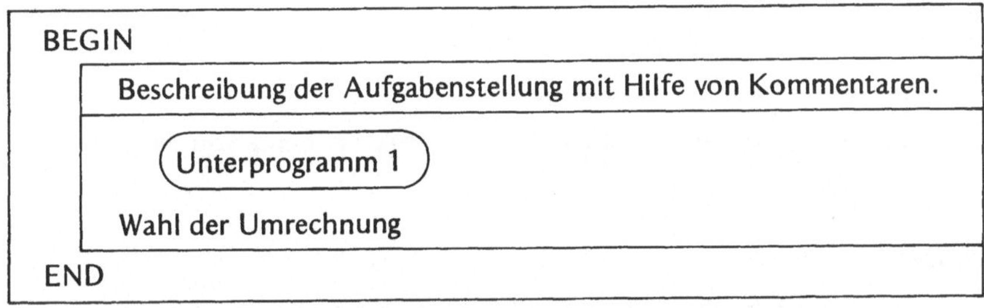

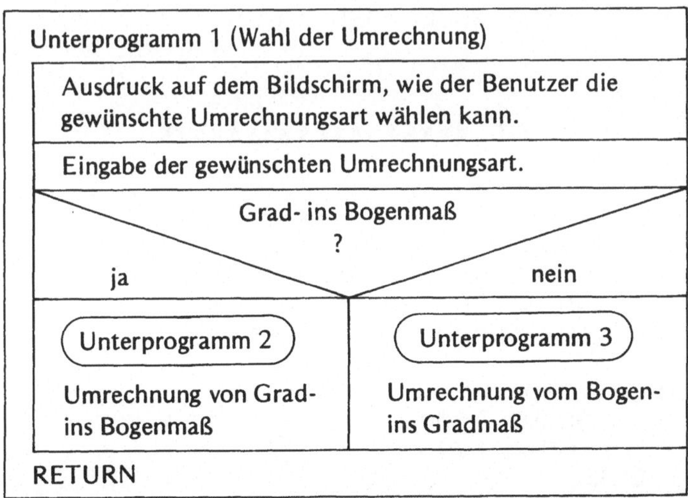

Unterprogramm 2 (Grad- ins Bogenmaß)
Eingabe der Gradzahl G über die Tastatur.
$B = \pi * G/180$
Ausgabe des Bogenmaßes B auf dem Drucker (mit erläuterndem Text).
RETURN

Unterprogramm 3 (Bogen- ins Gradmaß)
Eingabe des Bogenmaßes B über die Tastatur.
$G = 180 * B/\pi$
Ausgabe des Gradmaßes G auf dem Drucker (mit erläuterndem Text).
RETURN

Das folgende Programmlisting erklärt sich aufgrund der Struktogramme von selbst.

Programmausdruck:

```
10 REM *** HAUPTPROGRAMM **********************
20 '
30 'UMRECHNUNG VON GRAD INS BOGENMASS
40 'UND UMGEKEHRT
50  GOSUB 1000
60  END
70 REM *** HAUPTPROGRAMMENDE *****************
80 '
90 '
1000 REM +++ UNTERPROGRAMM 1 +++++++++++++++++
1010 '    WAHL DER UMRECHNUNG
1020      PRINT"WELCHE UMRECHNUNG WUENSCHEN SIE ?"
1030      PRINT"GRAD- INS BOGENMASS:DRUECKE 1"
1040      PRINT"BOGEN- INS GRADMASS:DRUECKE 2"
1050      INPUT A
1060      IF A<>1 THEN 1080
1065                   GOSUB 2000
1070                    GOTO 1090
1075 '              ELSE
1080                   GOSUB 3000
1090      RETURN
1100 REM +++ ENDE UNTERPROGRAMM 1 +++++++++++
1110 '
1120 '
```

```
2000 REM +++ UNTERPROGRAMM 2 ++++++++++++++++
2010 '       GRAD- INS BOGENMASS
2020         INPUT"GIB GRADMASS EIN";G
2030         B=3.1415*G/180
2040         LPRINT "GRADMASS=";G,"BOGENMASS=";B
2050         RETURN
2060 REM +++ ENDE UNTERPROGRAMM 2 +++++++++++
2065 '
2070 '
3000 REM +++ UNTERPROGRAMM 3 ++++++++++++++++
3010 '       BOGEN- INS GRADMASS
3020         INPUT"GIB BOGENMASS EIN";B
3030         G=180*B/3.1415
3040         LPRINT "BOGENMASS=";B,"GRADMASS=";G
3050         RETURN
3060 REM +++ ENDE UNTERPROGRAMM 3 +++++++++++
```

Beispielhafte Ergebnisausdrucke:

```
GRADMASS= 180                  BOGENMASS= 3.1415
BOGENMASS= 3.1415              GRADMASS= 180
```

23.6.2 Berechnung von Binomialkoeffizienten

Es soll der Binomialkoeffizient $\binom{n}{i}$ mit Hilfe eines Programmes berechnet werden. Die Schreibweise $\binom{n}{i}$ ist eine Kurzschreibweise für folgenden Bruch:

$$\binom{n}{i} = \frac{n!}{i!\,(n-i)!}\,.$$

Hierbei sind die einzelnen Bestandteile des Bruches ebenfalls Kurzschreibweisen für sog. *Fakultäten*, gekennzeichnet durch das Ausrufezeichen. Sie beschreiben folgende Produkte:

$$\begin{aligned} n! &= 1 \cdot 2 \cdot 3 \cdot \ldots \cdot n \\ i! &= 1 \cdot 2 \cdot 3 \cdot \ldots \cdot i \\ (n-i)! &= 1 \cdot 2 \cdot 3 \cdot \ldots \cdot (n-i). \end{aligned}$$

Im *Hauptprogramm* sollen die notwendigen Eingabewerte für die Variablen n und i mit Hilfe eines Textes angefordert werden.

In einem *Unterprogramm* sollen anschließend die Fakultäten n!, i! und $l! = (n-i)!$ ermittelt werden. Dazu wird ein weiteres Unterprogramm aufgerufen, in dem beliebige Fakultäten berechnet werden können.

Mit Hilfe der berechneten Werte wird anschließend im Hauptprogramm der Binomialkoeffizient ermittelt und zusammen mit einem erläuterndem Text ausgegeben.

Die folgenden Struktogramme zeigen weitere Einzelheiten.

Berechnung des Binomialkoeffizienten $\binom{n}{i}$

Hauptprogramm

BEGIN

Eingabe der Werte von n und i
mit aufforderndem Text auf dem Bildschirm.

(UP-Berechnung der Fakultäten von n, i und (n – i))

Berechnung des Binomialkoeffizienten B mit Hilfe
der Formel B = n!/(i! (n – i)!)

Ausgabe des Wertes B des Binomialkoeffizienten mit
erläuterndem Text.

END

Berechnung der Fakultäten von n, i und (n – i)

Berechnung von n!
K = n

(UP-Berechnung von K!)

n! = K!

Berechnung von i!
K = i

(UP-Berechnung von K!)

i! = K!

Berechnung von (n – i)!
K = n – i

(UP-Berechnung von K!)

(n – i)! = *l*! = K!

RETURN

Berechnung von K!

Anfangswerte setzen:
p = 1

Wiederhole j = 1 bis K mit der Schrittweite 1

K! := p = p · j

RETURN

Programmausdruck:

```
10 REM *** HAUPTPROGRAMM ************************************
20 '
30 PRINT"BERECHNUNG DES BINOMIALKOEFFIZIENTEN N UEBER I "
40 '
50 '------EINGABE---------
60 INPUT"GEBEN SIE DEN WERT FUER N EIN ";N
70 INPUT"GEBEN SIE DEN WERT FUER I EIN ";I
80 '
90        GOSUB 1000:' BERECHNUNG VON N,I UND (N-I) FAKULTAET
100                     B=NFAK/IFAK/LFAK
110 '-------AUSGABE------
120 LPRINT"FUER DEN BINOMIALKOEFFIZIENTEN";N;"UEBER";I
130 LPRINT"ERGIBT SICH    ";B
140 '
150 END
160 REM *** HAUPTPROGRAMMENDE ******************************
170 '
180 '
1000 '+++++ BERECHNUNG DER FAKULTAETEN VON N,I UND N-I +++++
1010 '
1020         K=N
1030            GOSUB 2000:' BERECHNUNG VON N FAKULTAET
1040         NFAK=P
1050 '
1060 '        ------------------------------------------
1070 '
1080         K=I
1090            GOSUB 2000:' BERECHNUNG VON I FAKULTAET
1100         IFAK=P
1110 '
1120 '       ------------------------------------------
1130 '
1140         K=N-I
1150              GOSUB 2000:' BERECHNUNG VON N-I FAKUL.
1160         LFAK=P
1170 '
1180 '       ------------------------------------------
1190 '
1200         RETURN
1210 '+++++++++++++++++++++++++++++++++++++++++++++++++++++++
1260 '
1270 '
2000 '............BERECHNUNG VON FAKULTAETEN ..............
2010 '
2020               P=1
2040               FOR J=1 TO K
2050                   P=P*J
2060               NEXT J
2070 '
2080               RETURN
2090 '.....................................................
```

Beispielhafte Ergebnisausdrucke:

```
FUER DEN BINOMIALKOEFFIZIENTEN 3 UEBER 2
ERGIBT SICH    3

FUER DEN BINOMIALKOEFFIZIENTEN 6 UEBER 4
ERGIBT SICH    15
```

Erläuterungen zum Programm:

Das Hauptprogramm

Das eigentliche Hauptprogramm besteht aus den Anweisungen mit den Anweisungsnummern 1Ø bis 16Ø.

Anw.-Nr.	Erläuterung
1Ø	Kommentar, der den Anfang des Hauptprogrammes hervorhebt.
2Ø	Leerer Kommentar zur optischen Strukturierung. Es wurde anstelle des Schlüsselwortes REM die Kurzform ' verwendet.
3Ø	Ausgabe des angegebenen Textes auf dem Bildschirm zur Information des Anwenders dieses Programmes, welche Aufgabe vom Programm gelöst wird.
5Ø bis 8Ø	Eingabe der notwendigen Eingabewerte für die Variablen n und i. Der Anwender des Programmes wird mit Hilfe von Texten auf dem Bildschirm dazu aufgefordert.
9Ø	Unterprogrammsprung zur Berechnung der Fakultäten von n!, i! und *l*! = (n – i)!
1ØØ	Berechnung des eigentlichen Binomialkoeffizienten B.
11Ø bis 13Ø	Ausgabe des berechneten Binomialkoeffizienten auf einem Drucker zusammen mit einem erläuternden Text. Es ist darauf zu achten, daß der Drucker vor Ablauf des Programms 'ON LINE' geschaltet ist, d.h. mit dem Computer verbunden ist. Wird darauf nicht geachtet, bleibt das Programm stehen und reagiert auf keine Tastenfunktion. Es bleibt dann nur noch ein allgemeines Rücksetzen des Mikrocomputers übrig.
16Ø	Kommentar, der das Ende des Hauptprogrammes hervorhebt.

Unterprogramm: Berechnung der Fakultäten von n!, i! und (n – i)!

Dieses Unterprogramm besteht aus den Anweisungen mit den Anweisungsnummern 1ØØØ bis 121Ø.

Anw.-Nr.	Erläuterung
1ØØØ	Kommentar, der den Anfang dieses Unterprogramms hervorhebt.
1Ø1Ø bis 1Ø6Ø	Berechnung von n!. Da n! mit Hilfe eines weiteren Unterprogramms bestimmt werden soll, das allgemein k! errechnet, wird zunächst k = n gesetzt (Anw.-Nr. 1Ø2Ø). Anschließend wird dieses Unterprogramm aufgerufen und das Ergebnis P der Variablen NFAK der Fakultät n! zugeordnet. Der Variablenname besteht aus 4 Zeichen, von dem jedoch i.a. nur die ersten beiden Zeichen in BASIC ausgewertet werden. Es wurden hier jedoch 4 Zeichen verwendet, damit sich das Programm möglichst selbst erläutert. Die folgenden Kommentarzeilen dienen zur Trennung zum folgenden Aufgabenblock.
1Ø7Ø bis 112Ø	Berechnung von i!. Entspricht der vorhergegangenen Berechnung von n!.
113Ø bis 118Ø	Berechnung von (n – i)!
121Ø	Kommentar, der das Ende des Unterprogramms kennzeichnet.

Unterprogramm: Berechnung von Fakultäten

Dieses Unterprogramm besteht aus den Anweisungen mit den Anweisungsnummern 2ØØØ bis 2Ø9Ø.

Anw.-Nr.	Erläuterung
2ØØØ	Kommentar, der den Anfang dieses Unterprogramms hervorhebt.
2Ø2Ø	Setzen des Anfangswertes für die Variable P. Dies sollte stets geschehen, da dieser Wert für die Rechnung in der Anweisung mit der Anweisungsnummer 2Ø5Ø benötigt wird. Ist dieser Wert am Anfang nicht 1, so ergeben sich falsche Fakultäten. P wird i.a. beim Initialisieren Null sein. Später wird durch die Mehrfachbenutzung des Unterprogramms die Variable bestimmte Werte annehmen. Aus diesem Grunde ist dieses Setzen des Anfangswertes unbedingt erforderlich.
2Ø4Ø bis 2Ø6Ø	Schleife zur Berechnung von k!. Der Wert von k wird vom aufrufenden Unterprogramm vorgegeben. In der Anweisung mit der Anweisungsnummer 2Ø5Ø findet die eigentliche Produktbildung statt. Der Wert von P wird an das aufrufende Unterprogramm übergeben. Dies ist der Wert der gewünschten Fakultät.

Wie dieses Beispiel zeigt, folgen im 1. Unterprogramm drei GOSUB-Aufrufe aufeinander, ohne daß zwischen beiden Aufrufen eine RETURN-Anweisung bearbeitet wurde. Der Computer muß sich somit zwei Rücksprungadressen in der richtigen Reihenfolge merken. Dies ist typisch für eine Schachtelung von internen Subroutinen. Bei noch stärkerer Verschachtelung, d.h. wenn z.B. die zweite Subroutine eine dritte Subroutine aufruft usw., muß der Computer sich noch mehr Rücksprungadressen merken. Der Verschachtelung sind technische Grenzen gesetzt, weil die Zahl der Rücksprungadressen, die sich ein Computer merken kann, begrenzt ist.

Die Zahl der GOSUB-Anweisungen, die aufeinanderfolgen dürfen, ohne daß eine RETURN-Anweisung auftritt, ist begrenzt.

Bei den meisten Mikrocomputern dürfen 10 bis 20 GOSUB-Anweisungen aufeinanderfolgen, ohne daß eine RETURN-Anweisung auftritt.

23.6.3 Rechnungswesen

Diese Überschrift soll nicht auf ein komfortables Programm zum Rechnungswesen hinweisen, sondern nur ein Beispiel dafür sein, wie man diese Problematik anfassen kann. Erweiterungsmöglichkeiten sind beliebig gegeben.

Grundlage für dieses Programm ist ein Feld, in dem alle wichtigen Daten der Rechnungen erfaßt sind (vgl. Beispiel 11.12 in Kap. 12).

Hier wurden gewählt: Rechnungsnummer, Datum (Tag, Monat, Jahr) und Rechnungsbetrag.

Auch diese Daten stellen nur ein Beispiel dar und sind beliebig veränderbar bzw. zu ergänzen.

Aus den Angaben im Rechnungsfeld sollen beispielsweise folgende Daten ermittelt werden:

- Berechnung der Summe der Rechnungsbeträge.
- Ausdrucken von Rechnungen mit Beträgen bis zu einem vorgegebenen Wert.
- Suchen von Rechnungen zwischen zwei Terminen.

Strukturbaum:

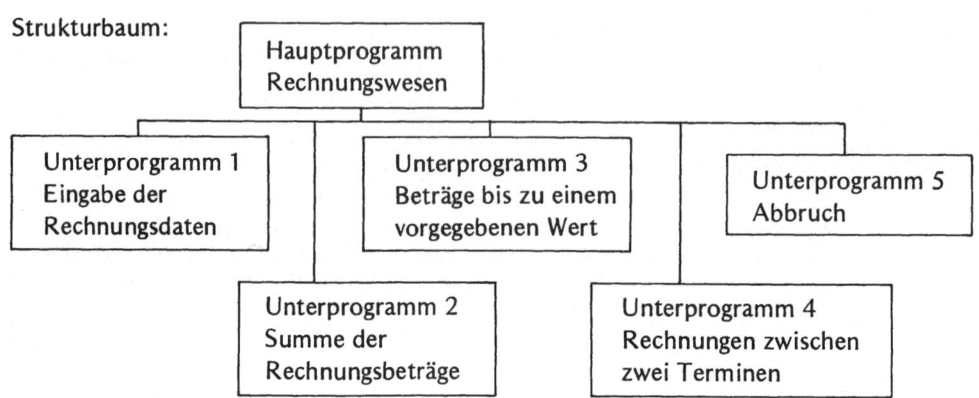

Struktogramme:

Hauptprogramm:

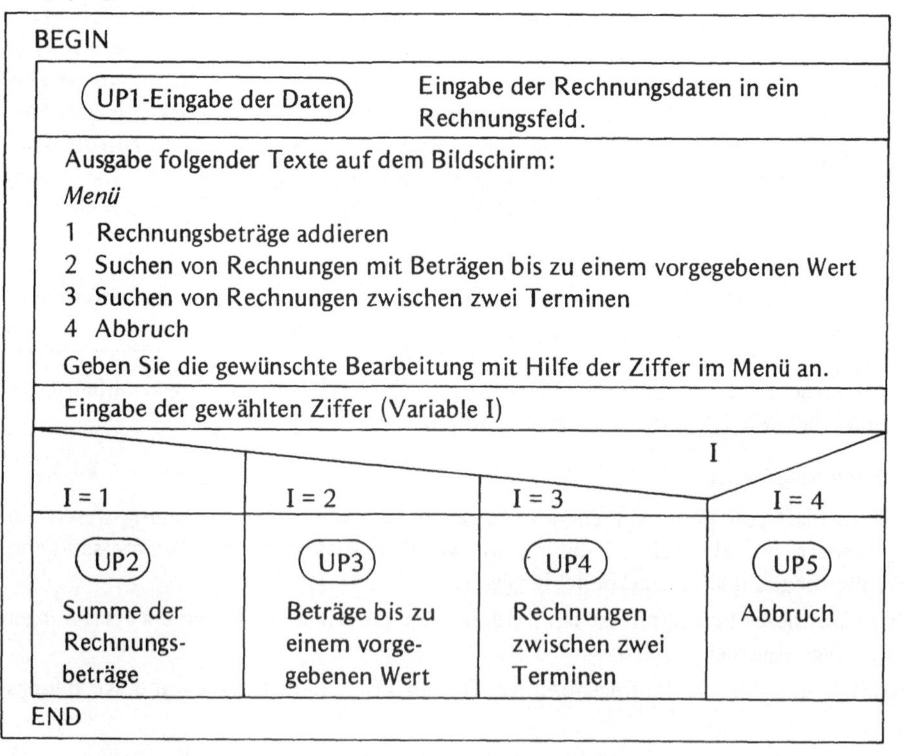

UP1-Eingabe der Rechnungsdaten in ein Rechnungsfeld

Dimensionieren des Rechnungsfeldes

Alle Feldelemente auf den Anfangswert Null setzen

Einlesen der Feldelemente mit Hilfe von READ-DATA

Spalte 1	Spalte 2	Spalte 3
Rechnungs-nummer	Datum (Tag, Monat, Jahr)	Rechnungs-betrag

RETURN

UP2-Summe der Rechnungsbeträge

Anfangswert der Summe auf Null setzen

Alle Rechnungsbeträge in Spalte 3 des Rechnungsfeldes mit Hilfe einer Programmschleife addieren.

Ausgabe der Gesamtsumme mit erläuterndem Text.

RETURN

UP3-Rechnungen mit Beträgen bis zu einem vorgegebenen Wert

Aufforderung, den Rechnungsbetrag vorzugeben

Eingabe des Rechnungsbetrages

Auswahl und Ausgabe aller Rechnungsdaten der Rechnungen im Rechnungsfeld, deren Rechnungsbetrag den vorgegebenen Wert nicht überschreiten.
Ein erläuternder Text soll vorangestellt werden.

RETURN

UP4-Suchen von Rechnungen zwischen zwei Terminen

Aufforderung zwei Termine einzugeben
(Zahl zwischen 1 und 31)

Eingabe von zwei Terminen

Auswahl und Ausgabe aller Rechnungsdaten der Rechnungen im Rechnungsfeld, deren Termin (Zahl zwischen 1 und 31) zwischen den vorgegebenen Terminen (einschließlich) liegt.

RETURN

UP5-Abbruch

Ausdruck auf dem Bildschirm, daß das Programm abgebrochen wurde.

Programmabbruch einleiten.

RETURN

Programmausdruck:

```
10 ' ***** HAUPTPROGRAMM *****************************************
20 '        RECHNUNGSWESEN
30 '
40 '-------EINGABE DER DATEN --------
50             GOSUB 1000
60 '
70 '
80 '-------BEARBEITUNG -------------
100 '
105 PRINT
106 PRINT
110 PRINT"MENUE"
120 PRINT"-----"
130 PRINT
140 PRINT "1 RECHNUNGSBETRAEGE ADDIEREN"
150 PRINT"2 SUCHEN VON RECHNUNGEN MIT BETRAEGEN BIS ZU EINEM GEG. WERT"
160 PRINT"3 SUCHEN VON RECHNUNGEN INNERHALB VON ZWEI TERMINEN"
170 PRINT"4 ABBRUCH"
180 PRINT
190 PRINT"GEBEN SIE DIE GEWUENSCHTE BEARBEITUNG MIT HILFE"
200 PRINT"DER ZIFFER IM MENUE AN"
210 INPUT I
220 '
230 ON I GOSUB 2000,3000,4000,5000
240 '
250 '
260 END
270 '***** HAUPTPROGRAMMENDE ************************************
280 '
290 '
```

```
1000 '+++++ EINGABE DER RECHNUNGSDATEN ++++++++++++++++++++++++++++
1010 '
1020 '       DIMENSIONIERUNG DES FELDES
1030        DIM R(50,3):'50 ZEILEN UND 3 SPALTEN
1040 '      --------------------------------------
1050 '
1060 '       FELDELEMENTE AUF DEN ANFANGSWERT 0 SETZEN
1070 '
1080         FOR ZEILE =1 TO 50
1085             FOR SPALTE =1 TO 3
1090                 R(ZEILE,SPALTE)=0
1100             NEXT SPALTE
1110         NEXT ZEILE
1120 '       ------------------------------------------
1130 '
1140 '       EINLESEN DER FELDELEMENTE
1150 '
1160         FOR ZEILE=1 TO 9
1170             FOR SPALTE =1 TO 3
1180                 READ R(ZEILE,SPALTE)
1190             NEXT SPALTE
1200         NEXT ZEILE
1210 '       ------------------------------------------
1220 '
1230 '       DATEN
1240 '
1250              DATA 1,1.1183,125.73
1260              DATA 2,2.1183,70.00
1270              DATA 3,3.1183,21.13
1280              DATA 4,4.1183,278.05
1290              DATA 5,7.1183,1000.35
1300              DATA 6,11.1183,15.67
1310              DATA 7,15.1183,2.18
1320              DATA 8,20.1183,528.89
1330              DATA 9,23.1183,710.00
1400 '       ------------------------------------------
1410 '
1420         RETURN
1430 '++++++++++++++++++++++++++++++++++++++++++++++++++++++++++++
1440 '
1450 '
2000 '+++++ RECHNUNGSBETRAEGE ADDIEREN ++++++++++++++++++++++++++
2010 '
2020         SUMME=0
2030         FOR ZEILE=1 TO 50
2040             SUMME=SUMME+R(ZEILE,3)
2050         NEXT ZEILE
2060 '-----------------------------------------------
2070 '
2080         LPRINT"GESAMTSUMME ALLER RECHNUNGEN:";
2090 '
2100         LPRINT USING"#####.##";SUMME;
2105         LPRINT" DM"
2110 '-----------------------------------------------
2120 '
2130 RETURN
2140 '++++++++++++++++++++++++++++++++++++++++++++++++++++++++++++
2150 '
2160 '
```

```
3000 '+++++ AUSDRUCKEN VON RECHNUNGEN MIT BETRAEGEN +++++++++++++
3010 '+++++    BIS ZU EINEM VORGEGEBENEN WERT +++++++++++++++++++
3020 '
3030        PRINT"GEBEN SIE DEN RECHNUNGSWERT AN,"
3040        PRINT"BIS ZU DEM RECHNUNGEN AUSGEDRUCKT WERDEN SOLLEN"
3050        INPUT WERT
3060 '-------------------------------------------------------------
3070 '
3080        LPRINT"RECHNUNGEN MIT RECHNUNGSBETRAEGEN BIS";
3090        LPRINT USING"#####.##";WERT;
3100        LPRINT"DM"
3110 '
3120        FOR ZEILE = 1 TO 50
3130            IF (R(ZEILE,3)>WERT OR R(ZEILE,3)<=0) THEN 3190
3140 '            ELSE
3150                  LPRINT"RECHNUNGSNUMMER";R(ZEILE,1);
3160                  LPRINT"      DATUM  ";R(ZEILE,2);
3170                  LPRINT"      RECHNUNGSBETRAG IN DM";
3180                  LPRINT USING"#####.##";R(ZEILE,3)
3190        NEXT ZEILE
3200 '
3210        RETURN
3220 '++++++++++++++++++++++++++++++++++++++++++++++++++++++++++++
3230 '
3240 '
4000 '+++++ SUCHEN VON RECHNUNEN INNERHALB VON ZWEI TERMINEN +++++++
4010 '
4020        PRINT"GEBEN SIE DIE TERMINE AN(ZAHL ZWISCHEN 1 UND 31)
4030        INPUT"RECHNUNGEN AB";T1
4040        INPUT"RECHNUNGEN BIS";T2
4060 '-------------------------------------------------------
4070 '
4080        LPRINT"RECHNUNGEN AB";T1;". BIS";T2;".DES MONATS"
4090 '
4100        FOR ZEILE =1 TO 50
4110            IF(INT(R(ZEILE,2))<T1 OR INT(R(ZEILE,2))>T2) THEN 4170
4120 '            ELSE
4130                  LPRINT"RECHNUNGSNUMMER";R(ZEILE,1);
4140                  LPRINT"      DATUM  ";R(ZEILE,2);
4150                  LPRINT"      RECHNUNGSBETRAG IN DM";
4160                  LPRINT USING"#####.##";R(ZEILE,3)
4170            NEXT ZEILE
4180 '
4190            RETURN
4200 '++++++++++++++++++++++++++++++++++++++++++++++++++++++++++++
4210 '
4220 '
5000 '+++++ ABBRUCH ++++++++++++++++++++++++++++++++++++++++++++++
5010 '
5020        PRINT"ABBRUCH"
5030        RETURN
5040 '++++++++++++++++++++++++++++++++++++++++++++++++++++++++++++
```

Beispielhafte Ergebhisausdrucke:

```
GESAMTSUMME ALLER RECHNUNGEN: 2752.00 DM


RECHNUNGEN MIT RECHNUNGSBETRAEGEN BIS    50.00DM
RECHNUNGSNUMMER 3        DATUM    3.1183      RECHNUNGSBETRAG IN DM   21.13
RECHNUNGSNUMMER 5        DATUM   11.1183       RECHNUNGSBETRAG IN DM   15.67
RECHNUNGSNUMMER 7        DATUM   15.1183       RECHNUNGSBETRAG IN DM    2.18



RECHNUNGEN AB 10 . BIS 20 .DES MONATS
RECHNUNGSNUMMER 5        DATUM   11.1183       RECHNUNGSBETRAG IN DM   15.67
RECHNUNGSNUMMER 7        DATUM   15.1183       RECHNUNGSBETRAG IN DM    2.18
RECHNUNGSNUMMER 8        DATUM   20.1183       RECHNUNGSBETRAG IN DM  528.89
```

Erläuterungen zum Programm:

Das Hauptprogramm

Das eigentliche Hauptprogramm besteht aus den Anweisungen mit den Anweisungsnummern 1Ø bis 27Ø.

Anw.-Nr.	Erläuterung
1Ø bis 3Ø	Kommentare, die den Anfang des Hauptprogramms hervorheben und die Aufgabe des Programms beschreiben.
4Ø bis 7Ø	Unterprogrammsprung zur Eingabe der Rechnungsdaten (siehe Anweisungen mit den Anweisungsnummern 1ØØØ bis 145Ø).
8Ø bis 22Ø	Ausgabe eines sog. Menüs auf dem Bildschirm (Anw.-Nr. 14Ø bis 17Ø). Es werden hier die möglichen Bearbeitungen der Eingabedaten aufgelistet, aus denen der Anwender durch Eingabe einer Ziffer auswählen kann. Der Anwender wird dazu ebenfalls durch einen Text auf dem Bildschirm aufgefordert (Anw.-Nr. 19Ø bis 21Ø).
23Ø	Mehrfachverzweigung zu mehreren Unterprogrammen in Abhängigkeit vom Wert der Variablen I, der in der vorhergehenden Eingabeanweisung (Anw.-Nr. 21Ø) eingegeben wurde. Es handelt sich um die Unterprogrammsprünge zu den Unterprogrammen, deren Aufgaben im Menü angegeben wurden.

Zum Testen des Hauptprogrammes sollte man die Unterprogramme zunächst wie folgt angeben:

```
1ØØØ PRINT "UP1": RETURN
2ØØØ PRINT "UP2": RETURN
3ØØØ PRINT "UP3": RETURN
4ØØØ PRINT "UP4": RETURN
5ØØØ PRINT "UP5": RETURN
```

Das richtige Durchlaufen der Unterprogramme im Hauptprogramm wird auf dem Bildschirm durch Ausgabe des Textes "UP1" und, je nach Wahl der Bearbeitung im Menü, durch Ausgabe des Textes "UP2, UP3, UP4 bzw. UP5" gekennzeichnet.

Das Hauptprogramm muß viermal gestartet werden, um alle Möglichkeiten des Menüs zu testen.

Anschließend werden die einzelnen Unterprogramme geschrieben und separat auf richtige Funktion getestet.

Das Unterprogramm 1: Eingabe der Rechnungsdaten

Anw.-Nr.	Erläuterung
1020 bis 1030	Dimensionierung des Feldes R für die Eingabedaten der Rechnungen. In diesem Beispiel wird eine Feldgröße für 50 Rechnungen (Zeilen) und drei Rechnungsdaten je Rechnung (Spalten), d.h. für Rechnungsnummer, Rechnungsdatum und Rechnungsbetrag, vorgesehen.
1060 bis 1110	Mit Hilfe einer Schleifenanweisung werden alle Feldelemente am Anfang auf Null gesetzt, um von definierten Werten ausgehen zu können. Dies ist notwendig, wenn das Programm mehrfach benutzt wird und im Speicher evtl. noch Werte von vorhergehenden Rechnungen enthalten sind und diese in der folgenden Berechnung berücksichtigt werden.
1140 bis 1200	Mit Hilfe einer Schleifenanweisung werden die Rechnungsdaten über eine READ-DATA-Anweisung eingelesen. Da in diesem Beispiel nur 9 Rechnungen vorliegen sollen, wird das Feld nicht vollständig belegt und die Schleife der Zeilen nur 9 mal durchlaufen.
1230 bis 1330	Rechnungsdaten in Form einer DATA-Anweisung. Die drei Daten (Rechnungsnummer, Rechnungsdatum, Rechnungsbetrag) sind durch Kommas getrennt. Da das Eingabefeld ein numerisches Feld ist, muß das Rechnungsdatum ebenfalls eine numerische Größe darstellen. Daher wurde der Tag vom Monat durch einen Punkt getrennt, der Monat vom Jahr nicht. Auf diese Weise erhält man einen numerischen Wert. Dies ist sicher nicht optimal und läßt sich auch anders lösen (z.B. indem die Eingabedaten als Textfeld definiert werden und, falls einige Daten später zur Verarbeitung in numerischer Form vorliegen müssen, mit Hilfe der Textstandardfunktionen entsprechend umgewandelt und verarbeitet werden).

Die Eingabe der Rechnungsdaten mit Hilfe von READ-DATA ist etwas umständlich, da Änderungen der Daten eine Änderung des Programms erfordern. Günstiger wäre es, eine Rechnungsdatei anzulegen. Dies erfordert jedoch zusätzliche Kenntnisse, die nicht in diesem Buch vermittelt werden.

Das Unterprogramm 2: Rechnungsbeträge addieren

Anw.-Nr.	Erläuterung
2020 bis 2050	Programmschleife zur Addition der Rechnungsbeträge in Spalte 3 (Anw.-Nr. 2040).
2080 bis 2105	Ausgabe der Gesamtsumme aller Rechnungen auf dem Drucker (LPRINT USING).

Das Unterprogramm 3: Ausdrucken von Rechnungen mit Beträgen bis zu einem vorgegebenen Wert

Anw.-Nr.	Erläuterung
3Ø3Ø bis 3Ø5Ø	Aufforderung zur Eingabe eines Rechnungswertes, bis zu dem Rechnungen ausgedruckt werden sollen.
3Ø8Ø bis 31ØØ	Ausgabe der Eingabe auf dem Drucker zur Dokumentation.
312Ø bis 319Ø	Schleife zur Ausgabe der Rechnungsdaten, wenn die Rechnungsbeträge den vorgegebenen Wert nicht überschreiten. Diese Entscheidung wird in der Anweisung mit der Anw.-Nr. 313Ø getroffen. Damit nicht die Feldelemente aufgelistet werden, deren Rechnungsbeträge Null gesetzt wurden, enthält die IF-Anweisung auch noch den Term: R (Zeile, 3) < = Ø. Ist dies der Fall, wird die nächste Rechnungszeile untersucht, ohne die Eingabedaten auszudrucken. Nur wenn R (Zeile, 3) kleiner oder gleich dem vorgegebenen Wert ist und R (Zeile, 3) gleichzeitig größer als Null ist, werden die Rechnungsdaten auf dem Drucker ausgedruckt (Anw.-Nr. 315Ø bis 318Ø).

Das Unterprogramm 4: Suchen von Rechnungen zwischen zwei Terminen

Anw.-Nr.	Erläuterung
4Ø2Ø bis 4Ø4Ø	Eingabe der beiden Termine (Variablen T1 und T2).
4Ø8Ø	Ausgabe der Eingaben mit erläuterndem Text zur Dokumentation auf dem Drucker.
41ØØ bis 417Ø	Prüfen der Rechnungstermine, ob sie innerhalb der vorgegebenen Grenzen liegen (Anw.-Nr. 411Ø), d.h. ob R (Zeile, 2) < T1 bzw. > T2 ist. Da der Termin R (Zeile, 2) in der DATA-Anweisung reell ist, wird nur der ganzzahlige Teil (Standardfunktion INT) betrachtet.

Das Unterprogramm 5: Abbruch

Dieses Unterprogramm bietet die Möglichkeit, nach einem fälschlichen Start des Programms dieses wieder abzubrechen. Der Anwender wird durch einen entsprechenden Ausdruck darauf hingewiesen.

24 Lösungen der Übungsaufgaben

Aufgabe 5.1

Nr.	Struktogramm	Bemerkung (richtig/falsch)
1	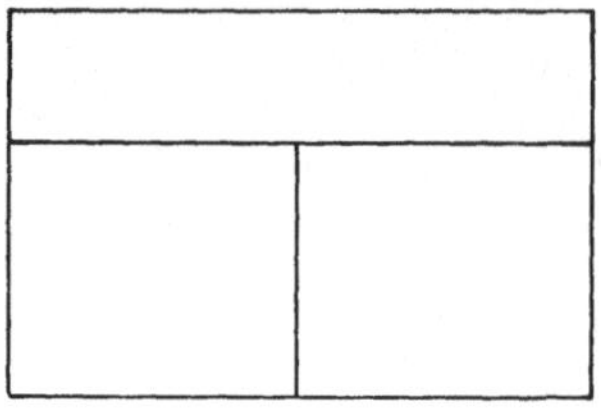	Kein zugelassener Strukturblock.
2	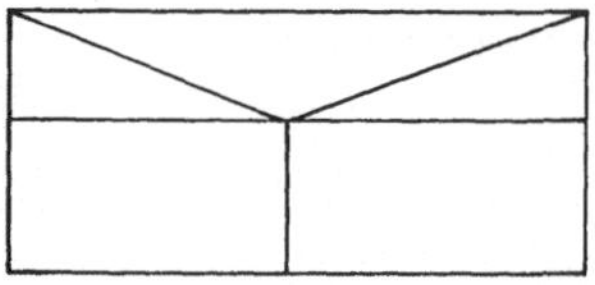	Korrekter Verzweigungsblock.
3	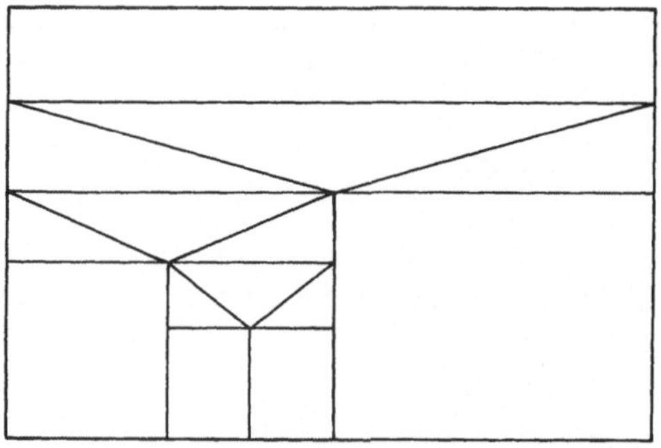	Keine korrekte Verschachtelung. Die Alternativen der Verzweigungsblöcke müssen vollständig voneinander getrennt sein (keine Überschneidung), wie es das nebenstehende Bild richtig zeigt.
4	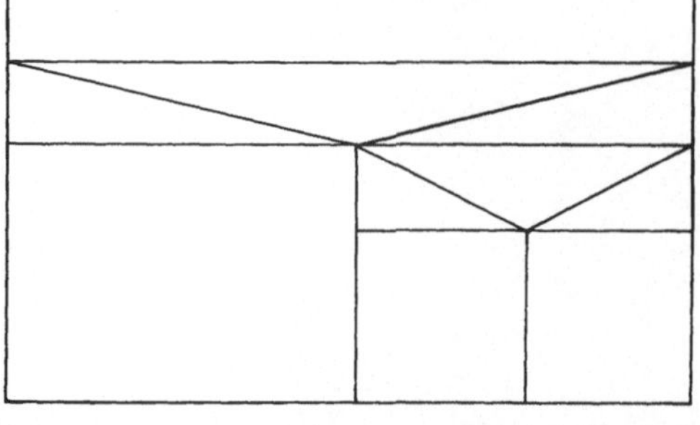	Fehler wie in Nr. 3. Hier entsprechend korrigiert.

5	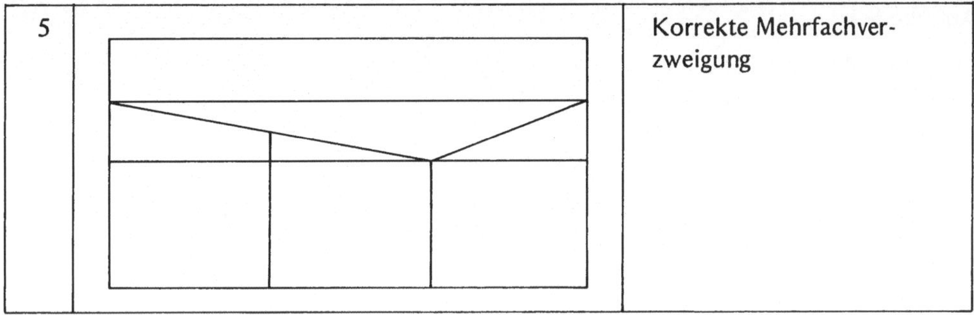	Korrekte Mehrfachverzweigung

Aufgabe 5.2

Einen möglichen Lösungsweg zeigt folgendes Struktogramm:

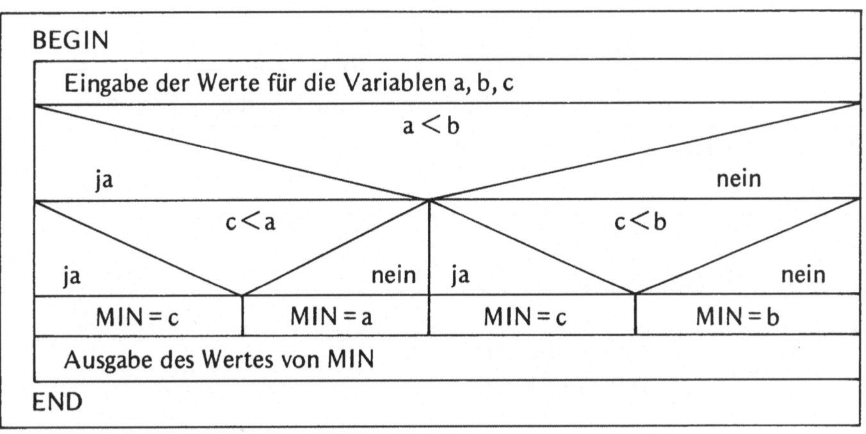

Aufgabe 5.3

Struktogramm

Drei Zahlen der Größe nach ordnen

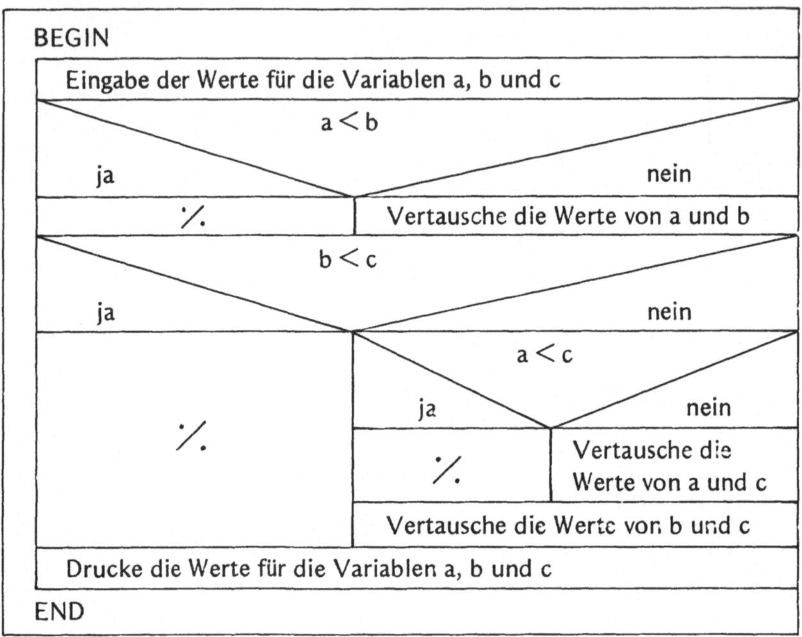

Struktogramme zum Vertauschen von Werten

H = A
A = B
B = H

Vertauschen der Werte von a und b

H = A
A = C
C = H

Vertauschen der Werte von a und c

H = B
B = C
C = H

Vertauschen der Werte von b und c

Aufgabe 5.4

Struktogramm

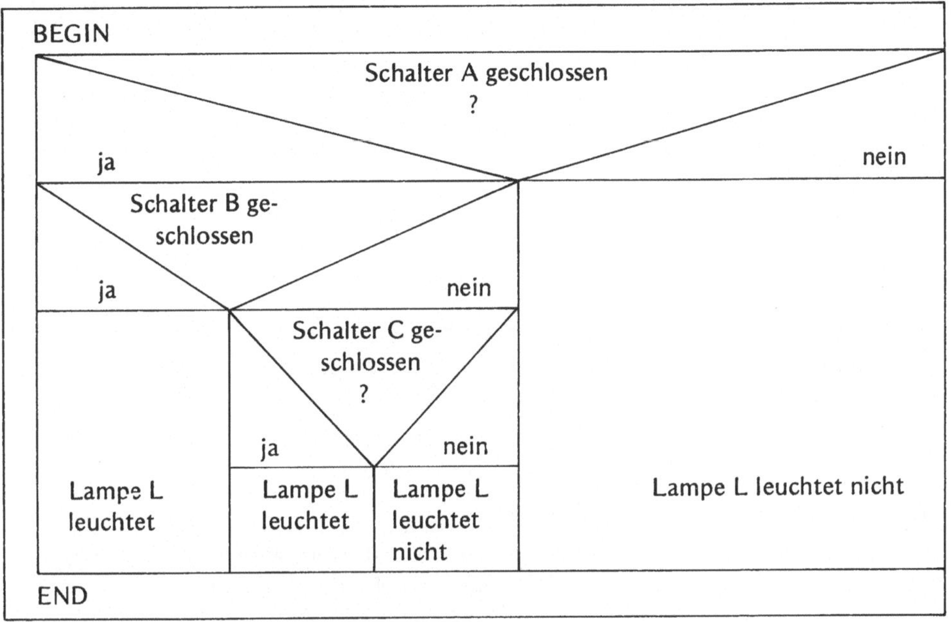

Aufgabe 5.6

Alle drei Strukturblöcke sind erlaubt

Aufgabe 6.1

- Syntax für ein alphanumerisches Zeichen in der Backus-Naur-Form:
  ⟨Alphanumerisches Zeichen⟩::=⟨Buchstabe⟩|⟨Ziffer⟩
- Syntax für ein alphanumerisches Zeichen mit Hilfe des Fahrnetzes:

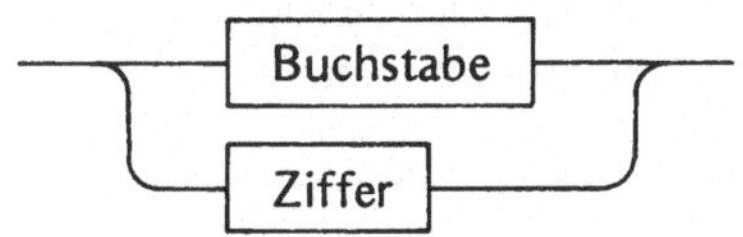

Aufgabe 10.1

Die größte einzugebende Festkommazahl ist: 9999999999999.
Die kleinste einzugebende Festkommazahl ist: .ØØØØØØØØØØØØ1

Aufgabe 10.2

Nr.	BASIC-Konstante	Ja	Nein	Begründung
1	13.3E38	○	⊗	In wissenschaftlicher Schreibweise ergibt sich die Konstante zu $1{,}33 \cdot 10^{39}$. Der Dezimalexponent ist somit größer als +38.
2	1.33E38	⊗	○	
3	Ø.ØØ133E-38	○	⊗	In wissenschaftlicher Schreibweise ergibt sich die Konstante zu $1{,}33 \cdot 10^{-41}$. Der Dezimalexponent ist somit größer als −38.
4	+195	⊗	○	
5	1Ø.7E6.3	○	⊗	Der Exponent ist eine Dezimalzahl.
6	1,234	○	⊗	Als Dezimalzeichen ist nur der Dezimalpunkt erlaubt.
7	−Ø.1234E-17	⊗	○	
8	6/7	○	⊗	Für BASIC-Konstanten ist die Bruchschreibweise nicht erlaubt.

Aufgabe 10.3

Nr.	Zeichen	Erläuterung
1	#	Doppelt genaue Festkommakonstante.
2	!	Einfach genaue Konstante.
3	%	Ganzzahlige Konstante.
4	D	Doppelt genaue Gleitkommakonstante.

Aufgabe 10.4

Nr.	Textkonstante	Richtig	Falsch	Erläuterung
1	"BMW 525"	⊗	○	
2	"13 UHR"	○	⊗	Ein " innerhalb der Textkonstanten.
3	"GIB WERT EIN	○	⊗	Abschließendes " fehlt.
4	"VENTIL ZU"	⊗	○	

Aufgabe 10.5

Nr.	Wahrheitswert	BASIC
1	wahr	−1
2	falsch	Ø

Die Wahrheitswerte werden in BASIC durch die angegebenen numerischen Werte ausgedrückt.

Aufgabe 10.6

1) 36.7
2) −1.45 E7
3) 1E5

Aufgabe 10.7

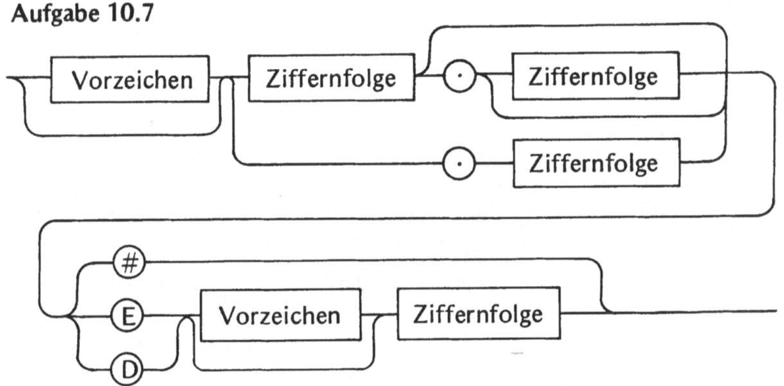

Aufgabe 11.1

Nr.	Variablenname	Ja	Nein	Begründung
1	C 1	⊗	○	
2	K2R	⊗	⊗[1]	3 Zeichen
3	Q	⊗	○	
4	K /	○	⊗	2. Zeichen keine Ziffer bzw. Buchstabe
5	4 R	○	⊗	1. Zeichen kein Buchstabe
6	A	⊗	○	
7	M 12	⊗	⊗[1]	3 Zeichen (s. Nr. 2)
8	AA	⊗	○	
9	π	○	⊗	Kein Sonderzeichen erlaubt
10	88	○	⊗	1. Zeichen kein Buchstabe

[1] Vielfach werden mehr als zwei Zeichen vom Interpreter akzeptiert, aber nur die ersten beiden Zeichen als Variablenname gewertet.

Aufgabe 11.2

Nr.	Mathematische Schreibweise	BASIC	Erläuterung
1	a_4	A(4)	Das 4. Element des eindimensionalen Feldes A bestimmt den Wert der indizierten Variablen a_4.
2	$x_{2,3}$	X(2, 3)	Das Element in der 2. Zeile und der 3. Spalte des zweidimensionalen Feldes X bestimmt den Wert der indizierten Variablen $x_{2,3}$.
3	y_{k1}	Y(K1)	Der Wert der Variablen K1 bestimmt das Element des eindimensionalen Feldes Y und damit den Wert der indizierten Variablen y_{k1}.
4	$r_{i+3,5}$	R(I+3,5)	Es handelt sich hier um ein Element eines zweidimensionalen Feldes. Die Zeile wird durch den arithmetischen Ausdruck I+3 festgelegt. Ist das Ergebnis eine Dezimalzahl, wird nur der ganzzahlige Teil des Ergebnisses berücksichtigt. Die Spalte des zweidimensionalen Feldes wird durch die Konstante 5 bestimmt.
5	x_{y_2}	X(Y(2))	Hier wird als Index eine indizierte Variable verwendet. Der Wert des 2. Elementes der indizierten Variablen Y bildet den Index der Variablen X, d.h., er legt deren Element und damit deren Wert fest. Dies wird an folgendem Beispiel deutlich: Element des Feldes Y: 1 2 3 4 ... Wert der Elemente: 11 4 3∅ 18 Elemente des Feldes X: 1 2 3 4 ... Wert der Elemente: 98 5 67 81 Der indizierten Variablen Y(2) wird der Wert 4 zugeordnet. Dieser Wert ist Index des Feldes X. Der indizierten Variablen X(4) ist der Wert 81 zugeordnet.
6	$C_{4\cdot M,G_{M,N}}$	C(4*M,G(M,N))	Die Erläuterung ergibt sich sinnentsprechend aus Aufgabe 4 und 5.

Aufgabe 11.3

13	9	2	108	9
3	**11**	4	7	27
31	29	17	**27**	25
1	5	8	19	99
3	4	16	7	21

a_{11}	a_{12}	a_{13}	a_{14}	a_{15}
a_{21}	**a_{22}**	a_{23}	a_{24}	a_{25}
a_{31}	a_{32}	a_{33}	**a_{34}**	a_{35}
a_{41}	a_{42}	a_{43}	a_{44}	a_{45}
a_{51}	a_{52}	a_{53}	a_{54}	a_{55}

Die indizierten Variablen der eingekreisten Feldelemente heißen:
A(2,2); A(3,4); A(5,1)

Aufgabe 11.4

Nr.	Lösung
1	3 DIM F(15)
2	5 DIM Q(15,15), V(1Ø)
3	Nein

Aufgabe 11.5

Nr.	DIM-Vereinbarung	Ja	Nein	Erläuterung
1	1Ø DIM N$(1A)	○	⊗	1A ist weder eine Konstante, Variable noch ein arithmetischer Ausdruck.
2	2Ø DIM Q%(A,B)	⊗	○	
3	3Ø DIM P£(X,Y,Z)	○	⊗	£-Zeichen ist nicht in Variablennamen erlaubt.
4	4Ø DIM M#,N%(1Ø)	○	⊗	Indexmaximalwert für M# fehlt.
5	5Ø DIM S(A+B*D/C)	⊗	○	
6	6Ø DIM M$(A*B/(C*D)	○	⊗	Zweite „Klammer zu" hinter D fehlt.

Aufgabe 11.6

Textvariable	Richtig	Falsch	Begründung
T$	⊗	○	
X	○	⊗	$-Zeichen fehlt.
B1$	⊗	○	
TI$	⊗	⊗	T1$ wird z.T. als Spezialvariable für die Tageszeit verwendet (dann „Falsch").
Q$5	○	⊗	Letztes Zeichen muß ein Dollarzeichen sein.
Y*$	○	⊗	Zweites Zeichen muß Ziffer oder Buchstabe sein.
PU$	⊗	○	
$AB	○	⊗	Erstes Zeichen muß ein Buchstabe sein.

Aufgabe 11.7

Keine

Aufgabe 11.8

Für den Fall, daß Feldnamen ohne DIM-Vereinbarung in Programmen benutzt werden, werden vom Mikrocomputer *automatisch* 11 Speicherplätze für ein eindimensionales Feld, 11 x 11 = 121 Speicherplätze für ein zweidimensionales Feld usw. bereitgestellt.

Aufgabe 13.1

Nr.	Funktion in mathematischer Schreibweise	BASIC
1	$\sqrt{118,5}$	SQR(118.5)
2	$\ln 10$	LOG(1Ø)
3	sin 3, 289 (rad)	SIN(3.289)
4	$\cos 45^\circ$	COS(45*Ø.Ø17453)
5	$\vert A-15\vert$	ABS(A−15)
6	$\sqrt{\sin x}$	SQR(SIN(X))
7	$[\vert x+1\vert+Ø.5]$	INT(ABS(X+1)+Ø.5)

Aufgabe 13.2

Durch Addition von ∅.5 zu dem jeweiligen Argument kann man mit Hilfe der Standardfunktion INT(X) auf- bzw. abrunden.

Aufgabe 13.3

Mit Hilfe der Signumfunktion SGN(X) läßt sich das Vorzeichen eines Wertes bestimmen. Es gilt:

$$x > \emptyset \qquad \operatorname{sgn} x = +1$$
$$x = \emptyset \qquad \operatorname{sgn} x = \emptyset$$
$$x < \emptyset \qquad \operatorname{sgn} x = -1$$

Aufgabe 13.4

Bei BASIC-Winkelfunktionen muß das Argument im Bogenmaß eingesetzt werden und keinesfalls im Gradmaß.

Aufgabe 13.5

Nr.	Textstandardfunktion	Ergebnis	Erläuterung
1	LEN (“ “)	∅	Der Text enthält kein einziges Zeichen. Er hat daher die Länge ∅.
2	LEN (“␣“)	1	Der Text enthält *ein* “Leerzeichen“. Er hat daher die Länge 1.
3	LEN(“A“+“ +“+“B“)	3	Der Text ist eine Verkettung der Zeichen A+B. Er hat somit die Länge 3.
4	LEFT$(“MAIER“, 3)	MAI	Von dem Text “MAIER“ wurden die drei linksstehenden Zeichen MAI mit Hilfe der Standardfunktion LEFT$ ausgewählt.
5	RIGHT$(“RECHTS“, 4)	CHTS	Von dem Text “RECHTS“ wurden die vier rechtsstehenden Zeichen CHTS mit Hilfe der Standardfunktion RIGHT$ ausgewählt.
6	MID$(“KATZE“, 2, 3)	ATZ	Von dem Text “KATZE“ werden, beginnend beim zweiten Zeichen (A), drei Zeichen (ATZ) ausgewählt.

7	STR$(1.7–2.4)	–Ø.7	Es wird zunächst der arithmetische Ausdruck im Argument der Standardfunktion ermittelt (1.7–2.4 = –Ø.7). Der sich ergebende numerische Wert wird mit Hilfe der Standardfunktion STR$ in einen Text umgewandelt. Es handelt sich um eine Umcodierung. Zahlen liegen im sog. *Dualcode* vor, Texte im *ASCII-Code*.
8	LEN(STR$(3.1415))	␣7	Der numerische Wert ␣3.1415 wird in einen Text umcodiert (STR$) und anschließend die Zahl der Zeichen ermittelt. Das führende Leerzeichen, das anstelle des positiven Vorzeichens steht, zählt mit.
9	VAL("2Ø␣KILO")	␣2Ø	Nur die führenden Ziffern des Textes im Argument werden in einen numerischen Wert umgewandelt.
10	ASC("ADAM")	␣65	Das Dezimaläquivalent des ersten Buchstabens des Textes ADAM, d.h. des Buchstabens A, wird ermittelt. Das Dezimaläquivalent ist in diesem Fall ␣65 (vgl. Anhang A5). Auch in längeren Texten wird nur der erste Buchstabe ausgewertet.
11	CHR$(36)	$	Das Dezimaläquivalent 36 steht im ASCII-Code für ein $-Zeichen (vgl. Anhang A5).

Aufgabe 14.1

Nr.	Arithmetischer Ausdruck
1	$\underbrace{2 * \underbrace{A \uparrow B}_{1}}_{2}$
2	$\underbrace{\underbrace{A + \underbrace{B/C}_{2}}_{3} + \underbrace{D \uparrow C}_{1}}_{4}$
3	$\underbrace{\underbrace{(\underbrace{A \uparrow 2}_{1} + \underbrace{B \uparrow 2}_{2})}_{3} * .2}_{4}$
4	$\underbrace{SQR(\underbrace{\underbrace{ABS(\underbrace{X + 1}_{1})}_{2} + A}_{3})}_{4}$
5	$\underbrace{K\emptyset * \underbrace{(\underbrace{1 + \underbrace{P/1\emptyset\emptyset}_{1}}_{2}) \uparrow N}_{3}}_{4}$

Aufgabe 14.2

Nr.	Boolescher Ausdruck	Ja	Nein	Erläuterung
1	(A * B) > E	⊗	○	
2	(D ∧ E) >= (F + G)	○	⊗	Der logische Operator ∧ ist ein mathematisches Symbol. In BASIC muß er AND geschrieben werden.
3	−1	⊗	○	
4	NOT A	⊗	○	
5	OR NOT B	⊗	○	
6	(X * Y > Z) AND U	⊗	○	
7	4.3 AND F	○	⊗	4.3 ist keine Boolesche Größe.
8	OR V	○	⊗	Dem logischen OR muß ein Boolescher Ausdruck vorausgehen.
9	R AND OR T	○	⊗	AND und OR dürfen in einem Booleschen Ausdruck nicht nebeneinander stehen.
10	X ↑ 3 > Y AND −1	⊗	○	

Aufgabe 14.3

PLZ = 23

Aufgabe 14.4

Nr.	Vergleichsausdruck	Erläuterung
1	A$ < "STOP"	Wenn der Text, für den die Textvariable A$ stellvertretend steht, alphabetisch vor dem Text "STOP" steht, ist der Vergleich erfüllt, d.h. es ergibt sich der Wahrheitswert "wahr", andernfalls der Wahrheitswert "falsch".
2	A$ >= B$	Wenn der Text, für den die Textvariable A$ stellvertretend steht, alphabetisch nach dem Text steht, für den die Textvariable B$ stellvertretend steht *oder* diesem gleich ist, ist der Vergleich erfüllt, d.h. es ergibt sich der Wahrheitswert "wahr", andernfalls der Wahrheitswert "falsch".
3	X$ <> Y$ + "ENDE"	Rechts von Ungleichheitszeichen <> wird zunächst ein Text verkettet. Dieser verkettete Text wird mit dem Text auf Ungleichheit verglichen, der der Variablen X$ zugeordnet ist. Ist der Vergleich erfüllt, wird der Wahrheitswert "wahr" ermittelt, ansonsten der Wahrheitswert "falsch".
4	Y$(1Ø) = "AUTO"	Auch indizierte Textvariablen sind in Textvergleichsausdrücken möglich.

Aufgabe 14.5

Nr.	Texte		Größenbeziehung	Erläuterung
	Text 1	Text 2		
1	S1Ø	%1Ø	S1Ø > % 1Ø	Laut ASCII-Code-Tabelle hat das Zeichen S ein größeres Dezimaläquivalent als das Zeichen %. Somit ist der Text % 1Ø kleiner als der Text S 1Ø.
2	HUT	HAT	HUT > HAT	Beide Texte sind bis auf den mittleren Buchstaben gleich. Da U im Dezimaläquivalent größer als A ist, ist insgesamt der Text HUT größer als der Text HAT.
3	HUT	HUTABLAGE	HUT < HUTABLAGE	Werden ungleich lange Wörter verglichen, so werden die Zeichen solange wie möglich verglichen. Sind hier noch keine Unterschiede gemäß den beiden vorangegangenen Beispielen zu verzeichnen, so ist der kürzere Text kleiner als der längere Text.

Aufgabe 14.6

Nr.	Vergleichsausdruck	falsch	richtig	Begründung
1	X$<>A	⊗	○	Eine Textvariable darf nicht mit einer numerischen Variablen verglichen werden.
2	Z$>"65"	○	⊗	Die Ziffernfolge 65 wird wegen der Anführungszeichen als Text interpretiert und nicht als numerische Variable.
3	N$="NAME"	○	⊗	
4	Q1>"NUMMER"	⊗	○	Eine numerische Variable darf nicht mit einem Text verglichen werden.
5	P$<=U$	○	⊗	

Aufgabe 15.1

Nr.	BASIC-Schreibweise	Bemerkungen
1	5 LET U=2*P*R oder 1Ø LET U=2*3.14*R	Großbuchstaben verwenden. Multiplikationszeichen schreiben. Sonderzeichen durch Variable P oder Wert 3.14 ersetzen. Dezimalpunkt nicht vergessen.
2	15 LET F=P*R*R oder 2Ø LET F=P*R↑2 oder 25 LET F=3.14*R↑2	
3	3Ø LET C=A+2*B↑(−3)	Negatives Vorzeichen in Klammern setzen.
4	35 LET H=A+B/C+F*D↑E−G	
5	4Ø LET X=A*(B−C*D)	
6	45 LET Y=A/(5+2*B)	Der Nenner muß in Klammern gesetzt werden, da sich sonst der Ausdruck von Nr. 7 ergibt.
7	5Ø LET Y=A/5+2*B	
8	55 LET E=A*B/C/D oder 56 LET E=A*B/(C*D)	
9	6Ø LET E=(7/8)*(X−Y) oder 61 LET E=7*(X−Y)/8	
1Ø	65 LET C=SQR(A↑2+B↑2)	Standardfunktion für Quadratwurzel verwenden.
11	7Ø LET A=COS(A*3.14/18Ø)	Sonderzeichen α durch Variable A ersetzen. Gradmaß ins Bogenmaß umwandeln.
12	75 LET B=(SIN(X)/COS(X))↑3	Unbekannte Funktion aus Standardfunktion ableiten.
13	8Ø LET Y=ABS(A)+ABS(B−C)	Standardfunktionen für Absolutwerte verwenden.

Aufgabe 15.2

Nr.	BASIC-Schreibweise	Mathematische Schreibweise
1	5 LET X = 4 * 3.14 * R ↑ 3/3	$x = \frac{4}{3} \pi r^3$
2	1Ø LET Y = 1/(M ↑ (−2) − N ↑ (−2))	$y = \frac{1}{\frac{1}{m^2} - \frac{1}{n^2}}$
3	15 LET Z = (1 − 2 * I) ↑ (1/3)	$z = \sqrt[3]{1 - 2i}$
4	2Ø LET U = EXP(− Y * Y/(2 * P * S))	$u = e^{-\frac{y^2}{2\pi s}}$
5	25 LET V = EXP(N * LOG(Y))	$v = e^{n \ln y}$
6	3Ø LET Y = LOG((ABS((X + 1)/X))	$y = \ln \left\| \frac{x+1}{x} \right\|$
7	35 LET W = ((A + B) ↑ 2) ↑ (1/5)	$w = \sqrt[5]{(a+b)^2}$
8	4Ø LET N = A * (1 − EXP (− T/2))	$n = a\left(1 - e^{-\frac{t}{2}}\right)$
9	45 LET G = A ↑ ((N ↑ 2) − 1)	$g = a^{n^2 - 1}$
1Ø	5Ø LET C = SQR(A * A + B * B − 2 * A * B * COS(G))	$c = \sqrt{a^2 + b^2 - 2ab\cos\gamma}$
11	55 LET R1 = SQR(R * R + (O * L − 1/(O * C)) ↑ 2)	$R_1 = \sqrt{R^2 + \left(\omega \cdot L - \frac{1}{\omega C}\right)^2}$

Aufgabe 15.3

Zuordnungsanweisung	Richtig	Falsch	Begründung
5Ø LET D$="3Ø.MAI"	⊗	○	Sonderzeichen im Text sind erlaubt.
6Ø Q1$="****ACHTUNG****"	⊗	○	Auf das Schlüsselwort LET kann bei vielen BASIC-Versionen verzichtet werden.
7Ø V="KARO"	○	⊗	Einer numerischen Variablen darf kein Text zugeordnet werden.
8Ø "FRANKFURT"=A$	○	⊗	Die Textvariable A$ muß links vom Gleichheitszeichen stehen.
9Ø X$=Y8$="STOP"	⊗	○	
1ØØ Z$="--FEHLER--	○	⊗	Schließendes Anführungszeichen fehlt.
11Ø R$(1Ø)="VENTIL AUF"	⊗	○	Indizierten Textvariablen können auch Texte zugewiesen werden.

Aufgabe 15.4

```
1Ø Z$="23"
2Ø O$="KIEL"
3Ø S$="WALL␣24"
```

Aufgabe 16.1

<table>
<tr><th>Nr.</th><th>Programmbeispiel</th><th>Ausgabewert</th></tr>
<tr><td rowspan="2">1</td><td>1Ø PRINT LEN(" ")
2Ø END</td><td>Ø</td></tr>
<tr><td colspan="2">Erläuterung:
Der Text enthält keine Zeichen. Somit ist die Länge des Textes Null (Zeichen).</td></tr>
<tr><td rowspan="2">2</td><td>1Ø V$="KLAUS"
2Ø N$="MUELLER"
3Ø PRINT LEN(V$+N$)
4Ø END</td><td>12</td></tr>
<tr><td colspan="2">Erläuterung:
Der Text hat eine Länge, die sich aus der Verkettung beider Texte ergibt.</td></tr>
<tr><td rowspan="2">3</td><td>1Ø PRINT LEN("A"+"␣"+"B")
2Ø END</td><td>3</td></tr>
<tr><td colspan="2">Erläuterung:
Der Text hat eine Länge von 3 Zeichen. Das Leerzeichen zählt als Zeichen.</td></tr>
<tr><td rowspan="2">4</td><td>1Ø PRINT LEN(N$);N$;5
2Ø END</td><td>Ø␣␣5</td></tr>
<tr><td colspan="2">Erläuterung:
Der Textvariablen N$ wurde kein Text zugeordnet. Daher wird der Textvariablen N$ vom Computer ein Nulltext zugeordnet.
• Beim Ausdruck LEN(N$) wird für die Länge des Nulltextes die Ziffer Null ausgedruckt.
• Beim Ausdruck des Textes, der unter dem Variablennamen N$ abgespeichert ist, wird kein Zeichen gedruckt, da nur ein Nulltext gespeichert ist.
• Die Ziffer 5 folgt mit zwei Leerstellen Abstand auf die Ausgabe des Wertes Ø von LEN(N$). Das eine Leerzeichen zwischen beiden Ziffern ergibt sich aufgrund des variablen Spaltenformates (Trennung mit Semikolon), bei dem auf jede Zahl ein Leerzeichen folgt. Das zweite Leerzeichen ergibt sich anstelle des positiven Vorzeichens der Zahl 5.</td></tr>
<tr><td rowspan="2">5</td><td>1Ø A=3.1415
2Ø A$=STR$(A)
3Ø PRINT LEFT$(A$,4)
4Ø END</td><td>␣3.1</td></tr>
<tr><td colspan="2">Erläuterung:
Der numerische Wert 3.1415 wird in einen Text umgewandelt und die ersten 4 linksstehenden Zeichen des Textes ausgedruckt. Das führende Leerzeichen, das anstelle des positiven Vorzeichens steht, zählt wie der Dezimalpunkt als Zeichen.</td></tr>
</table>

Fortsetzung Aufgabe 16.1

<table>
<tr><th>Nr.</th><th>Programmbeispiel</th><th>Ausgabewert</th></tr>
<tr><td rowspan="2">6</td><td>1Ø N$="33Ø2 CREMLINGEN"
2Ø PRINT VAL(N$)
3Ø END</td><td>␣33Ø2</td></tr>
<tr><td colspan="2">Erläuterung:
Es werden nur die führenden Ziffern des Textes, der der Textvariablen N$ zugeordnet ist, in einen numerischen Wert umgewandelt und ausgedruckt.</td></tr>
<tr><td rowspan="2">7</td><td>1Ø PRINT ASC(RIGHT$("ADAM",3))
2Ø END</td><td>␣68</td></tr>
<tr><td colspan="2">Erläuterung:
Die Standardfunktion RIGHT$ wählt aus dem Text "ADAM" die auf das 3. Zeichen von rechts folgende Zeichen aus, d.h. beginnend mit D. Von diesem Zeichen wird mit Hilfe der Standardfunktion ASC das Dezimaläquivalent des 1. Zeichens ausgedruckt. Dies ist 68 (siehe Anhang A5).</td></tr>
<tr><td rowspan="2">8</td><td>1Ø A$=CHR$(35)
2Ø B$=CHR$(33)
3Ø PRINT A$; "FEHLER"; B$; A$
4Ø END</td><td>#FEHLER!#</td></tr>
<tr><td colspan="2">Erläuterung:
Der Textvariablen A$ wird durch die Standardfunktion CHR$(35) das Zeichen # zugeordnet, B$ entsprechend das Zeichen !. Somit ergibt sich die angegebene Ausgabe.</td></tr>
<tr><td rowspan="2">9</td><td>1Ø A$="HAUS"
2Ø LET B$=MID$(A$,2,1)
3Ø PRINT B$
4Ø END</td><td>A</td></tr>
<tr><td colspan="2">Erläuterung:
Aus dem Text "HAUS" wird mit Hilfe der Standardfunktion MID$ das zweite Zeichen ausgedruckt.</td></tr>
<tr><td>1Ø</td><td>1Ø V$="WOLFGANG"
2Ø N$="SCHNEIDER"
3Ø A$="LEFT$(V$,1)
4Ø PRINT A$; "."; N$
5Ø END</td><td>W. SCHNEIDER</td></tr>
</table>

Aufgabe 16.2

```
0         10        20        30       39   Druckspaltenangabe
BEISPIELE FUER AUSGABEANWEISUNGEN           Druckzeile 1
                                            Druckzeile 2
                                            Druckzeile 3
X         Y         Z                       Druckzeile 4
                                            Druckzeile 5
 1234      12345     123456                 Druckzeile 6
 7  1234  12345                             Druckzeile 7
 123456                                     Druckzeile 8
                                            Druckzeile 9
BETRAG:    1000     SUMME=     100          Druckzeile 10
BETRAG: 1000 SUMME= 100                     Druckzeile 11
BETRAG: 1000 DM                             Druckzeile 12
                                            Druckzeile 13
 1         2         3                      Druckzeile 14
 1  2  3                                    Druckzeile 15
 1  2     3                                 Druckzeile 16
```

Aufgabe 16.3

Programmteil	Erläuterung
: 7∅ LET X=3∅ 8∅ PRINT 9∅ PRINT "X GRAD", "SIN(X)", "COS(X)" 1∅∅ PRINT 11∅ LET B=(3.14/18∅) * X 12∅ LET Y=SIN(B) 13∅ LET␣Z=COS(B) 14∅ PRINT X, Y, Z 15∅ END	7∅: Zuordnung eines Zahlenwertes für die Variable x (Zahlenwert für einen Winkel). 8∅: Ausgabe einer Leerzeile. 9∅: Komma als Listentrennzeichen; Ausgabe der drei Texte in drei Feldern mit je 1∅ Druckstellen. 1∅∅: Ausgabe einer Leerzeile. 11∅: Umrechnung Gradmaß in Bogenmaß. 12∅: Berechnung des SIN für den eingegebenen Winkel. 13∅: Berechnung des COS für den eingegebenen Winkel. 14∅: Ausgabe der Werte für den Winkel (x), den SIN(x) und den COS(x) mit Hilfe der Variablen X, Y und Z.

Aufgabe 16.4

Die Trennung der Liste der arithmetischen Ausdrücke durch Kommas bewirkt, daß die Ausgabezeile in standardmäßig vorgegebene Ausgabefelder bestimmter Größe unterteilt wird. Für jeden arithmetischen Ausdruck, dessen Wert ausgegeben werden soll, ist ein Ausgabefeld bestimmter Größe vorgesehen, in dem ein Wert linksbündig ausgegeben wird.

Trennt man die arithmetischen Ausdrücke in der Liste der arithmetischen Ausdrücke durch ein Semikolon, so werden die Werte im variablen Spaltenformat ausgedruckt, d.h. es werden die Werte gedrängt ausgegeben. Als Zwischenraum ist nur ein Leerzeichen vorgesehen. (Eventuell treten auch zwei Leerzeichen zwischen zwei Zahlen auf, wenn es sich um eine positive Zahl handelt, da dann das positive Vorzeichen durch ein Leerzeichen ersetzt wird.)

Aufgabe 16.5

Die Tabulatorfunktion TAB(X) erzeugt Leerstellen bis zur Druckposition X in einer Ausgabezeile.

Aufgabe 16.6

Durch eine PRINT-ANWEISUNG, die keine Liste mit arithmetischen Ausdrücken enthält.

Aufgabe 16.7

FARBE ROT	9.85000001	-7.38E-03		Druckzeile 1
LINKS			RECHTS	Druckzeile 2
	MI	TTE		Druckzeile 3
		MITTE		Druckzeile 4
A*B6.87	13	-3		Druckzeile 5

Erläuterung:

- Die Ausgabeanweisung Nr. 1 führt zur Druckzeile 1, wenn die angegebenen Werte den Variablen zugeordnet worden sind. Da der feste Text "FARBE␣" von dem Wert der Variablen F$="ROT" durch ein Semikolon getrennt ist, werden beide direkt aufeinanderfolgend ausgedruckt. Sie beanspruchen ein Druckfeld. Durch die Trennung mit einem Komma vom arithmetischen Ausdruck (A+B)*1/2 wird für den Ausdruck des Ergebnisses ein neues Druckfeld gewählt. Der angegebene Wert des arithmetischen Ausdrucks ergibt sich, wenn man die Rangfolge der Operatoren berücksichtigt, zu:

$$\underbrace{\underbrace{\underbrace{(A+B)}_{1.}*1}_{2.}/2}_{3.} \mathrel{\hat{=}} \frac{A+B}{2}$$

  Der folgende Zahlenwert wird wegen des negativen Vorzeichens mit einer Druckspalte Abstand gedruckt, da als Trennzeichen ein Semikolon angegeben ist.

- Die Ausgabeanweisung Nr. 2 führt zur Druckzeile 2. Die 3 aufeinanderfolgenden Kommas führen dazu, daß der Text der Textvariablen R$ im vierten Druckfeld ausgedruckt wird.
- Die Ausgabeanweisung Nr. 3 führt zur Druckzeile 3. Der Text der Textvariablen M$ wird infolge des Semikolons direkt auf die Druckspalte 18 folgend ausgedruckt.
- Die Ausgabeanweisung Nr. 4 unterscheidet sich von der Ausgabeanweisung Nr. 3 nur im Trennungszeichen zwischen dem Tabellenformat und der Textvariablen. Da das Trennungszeichen ein Komma ist, beginnt der Text erst am Anfang des nächsten Druckfeldes, das auf die angegebene Position im Tabellenformat folgt.
- Die Ausgabeanweisung Nr. 5 führt zur Druckzeile 5. Zunächst wird nicht das Produkt von A*B ausgedruckt, sondern der feste Text "A*B", denn diese Zeichen sind in Anführungszeichen eingeschlossen. Wegen des Semikolons folgt direkt darauf der Wert, der der indizierten Textvariablen B$(1) zugeordnet ist. Dies ist hier der Text 6.87. Währe es ein Zahlenwert, so wäre zwischen Text und Zahl eine Leerstelle ausgedruckt worden. Die nächsten Ausdrucke sind Werte von arithmetischen Ausdrücken. Durch die trennenden Kommas werden sie in jeweils einem Druckfeld ausgedruckt. Das positive Vorzeichen der 13 wird hier als "Leerzeichen" ausgegeben (es fehlt), während das negative Vorzeichen am Anfang des Druckfeldes steht.

Aufgabe 16.8

Folgende Druckzeile wird ausgegeben:

Aufgabe 16.9

Folgende Druckzeilen werden ausgegeben:

HUBERT				Druckzeile 1
KLAUS	PETER			Druckzeile 2
ANDREASMAX				Druckzeile 3
KLAUSPETER				Druckzeile 4

Aufgabe 17.1

Das Trennungszeichen zwischen den Variablen A und B und den Zahlenwerten in der DATA-Anweisung muß ein Komma sein.

Aufgabe 17.2

Ausgabe einer Fehlermeldung (z.B. OUT OF DATA)

Aufgabe 17.3

A=1
B=2

Die übrigen Daten der DATA-Anweisung werden nicht berücksichtigt. Dies bedeutet, daß zu viele Daten zu keiner Fehlermeldung führen.

Aufgabe 17.4

```
WIDERSTAND  122.8  OHM
 1.23 WERT 1.23456789  456  7.891
BASIC
```

Aufgabe 17.5

Nr.	Eingabeanweisung	Erläuterung
1	1Ø READ N$,S$,X,Y ⋮ 2ØØ DATA MEYER,KLAUS,−128, 13.4	Den Textvariablen N$ und S$ werden die Texte MEYER und KLAUS zugeordnet. Den numerischen Variablen X und Y werden die Werte −128 und 13.4 zugeordnet.
2	1Ø READ N$,S$,X,Y ⋮ 2ØØ DATA MEYER,KLAUS 21Ø DATA −128, 13.4	Diese Anweisungsfolge hat die gleiche Wirkung wie die vorhergehende Anweisungsfolge (Nr. 1).
3	1Ø READ N$,S$,X,Y ⋮ 2ØØ DATA "MEYER", "KLAUS" 21Ø DATA −128, 13.4	Diese Anweisungsfolge hat die gleiche Wirkung wie die beiden vorhergehenden Anweisungsfolgen (Nr. 1 und Nr. 2).

Aufgabe 17.6

A = 1   B = 2
C = 1   D = 2

Aufgabe 17.7

```
 1Ø READ A1, B1, C1, R$, G$
 :
 9Ø END
1ØØ DATA -18, Ø.12345, 1.2E-6, ROT, GRUEN
```

Aufgabe 17.8

1. *Form der Eingabe mit den Eingabedaten 1*

   ?123, 24.DEZ.1983, −1.23 (RETURN)

   Form der Ausgabe:

```
 123          24.DEZ.1983               -1.23
```

Form der Eingabe mit den Eingabedaten 2

?123,"24.DEZ.1983",−1.23 (RETURN)

Die Form der Eingabe unterscheidet sich von der vorangegangenen Eingabe in den Anführungsstrichen, die den Text einschließen.

Form der Ausgabe: wie 1

Form der Eingabe mit den Eingabedaten 3

?123,24."DEZ."1983,−1.23 (RETURN)

Die Form der Eingabe unterscheidet sich von der vorangegangenen Eingabe, daß Anführungszeichen *im* Text vorhanden sind.

Form der Ausgabe:

```
 123         24."DEZ."1983           -1.23
```

2. *Form der Eingabe*

?KLAUS,MEYER (RETURN)

?Ø.ØØØ12,1.23E-6 (RETURN)

Form der Ausgabe:

```
KLAUS       MEYER          1.2E-04     1.23E-06
```

3. *Form der Eingabe mit den Eingabedaten 1*

?"A,B" (RETURN)

Ausgabe:

```
A,B
```

Form der Eingabe mit den Eingabedaten 2

?A,B (RETURN)

Ausgabe:
Fehlermeldung: EXTRA IGNORED

Enthält der Text ein Trennungszeichen (Komma), so interpretiert der Rechner eine Texteingabe so, als wären es mehrere Texte. Soll der Text jedoch einschließlich Komma als eine Einheit aufgeaßt werden, so *muß* er in Anführungszeichen eingeschlossen werden (siehe Eingabe mit den Eingabedaten 1).

4. *Form der Eingabe*

?987,COMPUTER,Ø.Ø987 (RETURN)

Ausgabe:

```
 987        COMPUTER    0.0987
```

Aufgabe 17.9

Form der Eingabe:

?BALL,FUSS,HAND,FEDER,TOR (RETURN)

Form der Ausgabe:

FUSSBALL	FEDERBALL	HANDBALL	FUSSBALLTO	Druckzeile 1
R				Druckzeile 2

Aufgabe 17.10

Nr.	BASIC-Eingabeanweisung	Ja	Nein	Erläuterung
1	1Ø INPUT A1,A2,A3	⊗	○	
2	2Ø READ C,P3,A5	○	⊗	Die READ-Anweisung ist richtig aufgebaut, aber die DATA-Anweisung fehlt.
3	3Ø INPUT AB1	○	⊗	Das Komma zwischen den Variablen A und B1 fehlt.
4	4Ø INPUT A(B),C(I+2)	⊗	○	Indizierte Variablen sind in der Variablenliste erlaubt.
5	5Ø READ X,Y 6Ø READ Z ⋮ 1ØØ DATA 1Ø 11Ø DATA Ø.8,−Ø.2	⊗	○	
6	6Ø READ R,S,T,U ⋮ 7Ø DATA 5,16,18	○	⊗	Es sind nur 3 Werte für 4 Variablen vorhanden.
7	1Ø INPUT A+B	○	⊗	Kein Operationszeichen in der Variablenliste.
8	15 INPUT X,Y,Z	⊗	○	
9	22 INPUT R;S;T	○	⊗	Als Trennungszeichen sind nur Kommas erlaubt.

Aufgabe 17.11

```
1Ø READ A,B,C
2Ø LET Q=A AND B OR NOT C
3Ø PRINT"A=";A;"B=";B;"C=";C;"Q=";Q
4Ø DATA -1, Ø, -1
5Ø END
```

Aufgabe 20.1

1. Der Benutzer wird aufgefordert, einen Wert kleiner bzw. gleich 1Ø einzugeben (Anw.-Nr. 1Ø). Wenn der Anwender einen Wert eingibt, wird dieser der Variablen X zugeordnet (Anw.-Nr. 2Ø). Dieser Wert wird überprüft, ob er tatsächlich kleiner gleich 1Ø ist. In diesem Fall wird mit der Anweisung der Anweisungsnummer 4Ø im Programm fortgefahren. Im anderen Fall wird ausgegeben, daß der eingegebene Wert größer als 1Ø ist und somit falsch. Anschließend wird zur Anweisung mit der Anweisungsnummer 1Ø zurückgesprungen (Anw.-Nr. 3Ø), in der der Anwender erneut aufgefordert wird, einen Wert kleiner gleich 1Ø einzugeben. Auf diese Art und Weise können Eingabewerte auf die Einhaltung von Grenzwerten überprüft werden und der Anwender zur richtigen Eingabe gezwungen werden.
2. Es wird auf dem Bildschirm der Text "EINGABE JA ODER NEIN" ausgegeben und somit zur Eingabe eines dieser beiden Texte aufgefordert. Der Mikrocomputer wartet auf eine entsprechende Eingabe, die der Textvariablen A$ zugeordnet wird. Wenn der Text JA eingegeben wird, soll mit der Anweisung im Programm fortgefahren werden, die die Anweisungsnummer 1ØØØ besitzt. Ansonsten wird mit der Anweisung mit der Anweisungsnummer 3Ø im Programm fortgefahren.
3. Wie Nr. 2. Der Unterschied besteht nur darin, daß im Falle einer Eingabe, die nicht JA lautet, nicht mit der Anweisung mit der Anweisungsnummer 3Ø im Programm fortgefahren wird, sondern mit der Anweisung mit der Anweisungsnummer 2ØØØ.
4. Falls A kleiner als B ist, wird der Text "A kleiner B" ausgegeben, ansonsten der Text "A größer gleich B". Anschließend wird, gleichgültig welcher Zweig der Verzweigung durchlaufen wurde, mit der Anweisung mit der Anweisungsnummer 6Ø im Programm fortgefahren.
5. Wenn X < 1 ist werden die beiden Anweisungen C=A+B und PRINT C ausgeführt, ansonsten wird zur Anweisung mit der Anweisungsnummer 1ØØ gesprungen.

Aufgabe 20.2

1. 1Ø IF X<=5Ø THEN 1Ø
2. 2Ø IF A=B THEN 35
3. 3Ø IF E=F+G THEN 22
4. 4Ø IF 7*Z−15>X THEN 17
5. 5Ø IF A1+A2+A3<>A1*A2 THEN 2ØØ

Aufgabe 20.3

a. 1Ø D=X−Y
   2Ø IF D<Ø THEN D=D−Z ELSE D=D+Z
b. 1Ø P=A*B
   2Ø IF P<>Ø THEN P=P/C ELSE P=P+D

Aufgabe 20.4

Nr.	Verzweigungsanweisung	Falsch	Richtig	Begründung
1	1Ø IF A<>B$ THEN 5Ø	⊗	○	Eine numerische Variable darf nicht mit einer Textvariablen verglichen werden.
2	2Ø B$ <= "ENDE" THEN 6Ø	⊗	○	Das Schlüsselwort IF fehlt.
3	3Ø IF Q1$ # "MEYER" THEN 7Ø	⊗	○	Das Zeichen # ist kein erlaubter Vergleichsoperator.
4	4Ø IF M$ >= "MONTAG THEN 8Ø	⊗	○	Das schließende Anführungszeichen fehlt bei dem Text "MONTAG".
5	5Ø IF A$ = B$ + C$ THEN 9Ø	○	⊗	

Aufgabe 20.5

```
 .
 .
 .
 5Ø IF E$ < "ENDE" THEN 1ØØ
 6Ø '                 ELSE
 7Ø                       GOTO 2ØØ
 .
 .
 .
1ØØ ...
 .
 .
 .
2ØØ ...
 .
 .
 .
```

Aufgabe 20.6

Wenn die Taste A gedrückt wird, wird ein entsprechender Text ausgegeben. Das gleiche gilt für das Drücken der Taste B. In diesen und in allen anderen Fällen wird anschließend wieder zum Anfang des Programms gesprungen, eine neue Tasteneingabe wird erwartet usw.

Aufgabe 20.7

Mit IF ... THEN ... ELSE-Anweisungen

```
1Ø INPUT "GIB  WERTE  FUER  A  UND  B  EIN"; A, B
2Ø IF A < B THEN C=A-B ELSE IF A > B THEN C=A+B ELSE C=A
3Ø D=C*B
4Ø PRINT "D="; D
5Ø END
```

Mit IF ... THEN-Anweisungen

```
1Ø INPUT A, B
2Ø IF A < B THEN C = A - B : GOTO 7Ø
3Ø '            ELSE
4Ø                      IF A > B  THEN C = A + B
5Ø '                              ELSE
6Ø                                       C = A
7Ø D = C * B
8Ø PRINT D
9Ø END
```

Aufgabe 20.8

Die Berechnung des arithmetischen Ausdrucks ergibt: A + B = 3,9. Da z.B. in einer vorgegebenen BASIC-Version nur der ganzzahlige Anteil berücksichtigt wird, wird zur dritten Anweisungsnummer, d.h. zur Anweisung mit der Anweisungsnummer 2Ø, gesprungen.

Wäre hingegen A = 1,5 und B = 2,6, so ergäbe A + B = 4,1, und es würde zur vierten Anweisungsnummer, d.h. zur Anweisung mit der Anweisungsnummer 25, verzweigt.

Im Fall des Rundens wird in beiden Fällen die vierte Anweisungsnummer angesprungen.

Aufgabe 20.9

1. Z = −1
2. Y = Ø

Aufgabe 21.1

1. ␣1␣␣␣3␣␣5␣␣7␣␣9
2. wie 1.
3. Die Schleife wird nicht durchlaufen, da der Anfangswert I=2Ø größer ist als der Endwert 1Ø und die Schrittweite mit +1 angenommen werden muß (STEP fehlt).

Aufgabe 21.2

Ausdruck	Erläuterung
S TS HTS CHTS ECHTS RECHTS	Der Textvariablen A$ wird der Text "RECHTS" zugeordnet. Anschließend soll eine Schleife durchlaufen werden. Die Laufvariable I beginnt mit dem Wert 1 und läuft bis zu dem Zahlenwert, der durch die Anzahl der Zeichen im Text bestimmt ist, der der Textvariablen A$ zugeordnet wurde (LEN(A$)). Innerhalb der Programmschleife wird eine Druckanweisung ausgeführt, die soviel rechtsstehende Zeichen des Textes der Textvariablen A$ ausdruckt, wie der Wert der Laufvariable I vorgibt.

Aufgabe 21.3

Folgende Druckzeilen werden ausgegeben:

ROT	GELB	GRUEN	GELB	Druckzeile 1
OPEL				Druckzeile 2

Erläuterung:
In der ersten Schleife (Anw.-Nr. 7Ø bis 9Ø) werden die Texte der indizierten Textvariablen F$(1,1), F$(1,2) und F$(1,3) in aufeinanderfolgenden Feldern ausgedruckt. Dann folgt die zweite Schleife (Anw.-Nr. 1ØØ bis 12Ø). Hier werden die Texte der indizierten Textvariablen F$(1,2) und F$(2,2) ebenfalls in aufeinanderfolgenden Feldern ausgedruckt.

Aufgabe 21.4

In sechs Zeilen stehen untereinander:

KLAUS
MEIER
PETER
SCHULZE
MAX
SCHREIBER

Aufgabe 21.5

Laufvariable fehlt (z.B. FOR K=I+1 TO I+1Ø).

In diesem Fall muß außerdem der Variablen I vorher ein Wert zugeordnet werden, damit der Anfangs- und Endwert einen bestimmten Wert hat.

Aufgabe 21.6

```
1Ø FOR I=1  TO 3
2Ø      FOR K=2 TO 5
3Ø          PRINT I*K
4Ø          NEXT K
5Ø      FOR L=1 TO 4
6Ø          PRINT L+I
7Ø      NEXT L
8Ø NEXT I
9Ø END
```

Aufgabe 21.7

Es wird das Produkt 1·2·3·4... ·2Ø gebildet. Die Variable P enthält am Ende den Wert des Gesamtprodukts. Es wird ausgegeben.

Aufgabe 21.8

Die WHILE-Anweisung benötigt das Schlüsselwort WEND am Schleifenende (Fehlermeldung: WHILE ohne WEND).

25 Anhänge

25.1 Anhang A1: Glossarium

Adresse
Die Speicherplätze des Arbeitsspeichers eines Computers sind durchnumeriert. Die Zahl, die die Position eines Speicherplatzes im Arbeitsspeicher angibt, ist die *Adresse* des Speicherplatzes. Mit Hilfe einer Adresse kann man *wahlfrei* in dem durch die Adresse gekennzeichneten Speicher Daten (Informationen) speichern bzw. umgekehrt wieder auf diese Daten zurückgreifen.

Alphanumerische Zeichen
Unter alphanumerischen Zeichen versteht man die Menge aller *alpha*betischen Zeichen (Buchstaben) und *numerischen* Zeichen (Ziffern). Vielfach werden auch die Sonderzeichen dazugerechnet.

Befehl
Ein Programm setzt sich aus *elementaren* Befehlen zusammen, die das Steuerwerk einer DVA *direkt* ausführen kann (Maschinencode). Die ausführbaren Funktionen des Steuerwerkes führen zu einem festen Befehlsvorrat, der jedoch je nach ausführbaren Funktionen von DVA zu DVA unterschiedlich sein kann.

Befehle, die das Steuerwerk einer DVA „versteht", sind jedoch immer in folgenden allgemeinen Gruppen zusammenfaßbar:

- Transfer-Befehle
  Transfer-Befehle *transferieren* (bewegen) Daten zwischen Registern[1] des Steuerwerkes, von diesen Registern zu den Speicherzellen des Arbeitsspeichers und umgekehrt.
- Arithmetische Befehle
  Arithmetische Befehle führen *arithmetische Rechnungen* aus. Dazu gehören Additions- und Subtraktionsbefehle und dgl.
- Logische Befehle
  Logische Befehle führen *logische Rechnungen* aus, wie z.B. logische UND- und ODER-Verknüpfungen, Vergleichsbefehle und dgl.
- Verzweigungsbefehle
  Verzweigungsbefehle bieten die Möglichkeit, den linearen Programmablauf mit Hilfe von programmierten *Verzweigungen* verlassen zu können. Dazu gehören z.B. unbedingte und bedingte Sprungbefehle.

Der grundsätzliche Aufbau der Befehle ist bei allen Prozessoren gleich. Sie bestehen aus dem eigentlichen *Befehlscode* (Operationscode) und dem *Operanden*. Der Operationscode

---

1) Vgl. Anhang A1.

gibt an, *was* gemacht werden soll, d.h. aus ihm werden die Steuerinformationen entnommen. Der Operand gibt an, *womit* z.B. der Operationscode etwas ausführen soll, bzw. *wie* er etwas ausführen soll. Allgemeiner gesagt, der Operand gibt eine Zusatzinformation zur Befehlsausführung durch den Prozessor. Der Operationscode besteht bei 8bit-Prozessoren i.a. aus einem Byte, der Operand i.a. aus weiteren ein bis zwei Byte.

Binärziffer

Unter einer Binärziffer (engl. *bi*nary digi*t*) versteht man eine Ziffer aus einer Menge von zwei Ziffern (daher binär). Diese beiden Ziffern werden i.a. mit Ø und 1 bezeichnet. Sie lassen sich in einer digital arbeitenden Datenverarbeitungsanlage durch unterschiedliche Spannungspegel (z.B. Ø Volt und +5 Volt) physikalisch einfach darstellen. Durch unterschiedliche Folgen derartiger Binärziffern können z.B. unterschiedliche Steuersignale dargestellt werden. Siehe auch Bit.

Bit

Ein *bit* ist eine Abkürzung für *bi*nary digi*t*, zu deutsch: Binärzeichen, Binärziffer[1], d.h. es ist ein Zeichen aus einer Menge von zwei möglichen Zeichen. Beispiele sind u.a.: Punkt oder Strich im Morsealphabet, zwei festgelegte Spannungspegel H (*H*igh = hoch) oder L (*L*ow = tief), die Ziffern Ø oder 1.

Das Bit ist die kleinste Speichereinheit einer DVA. Alle zu speichernden Zeichen müssen mit Hilfe der Binärzeichen verschlüsselt werden. Das Bit ist daher im Speicher selten direkt adressierbar und somit i.a. nicht manipulierbar, sondern i.a. nur eine feste Menge von Bits (Codes, z.B. ASCII-Code, Anhang A5).

Größere Einheiten von bits sind z.B.:

2^4 bit = 8 bit = 1 byte
2^{10} bit = 1024 bit = 1 Kbit (1 *K*ilo*bit*)
2^{10} byte = 1024 byte = 1 Kbyte (1 *K*ilo*byte*)

Byte

Siehe Bit.

Cursor

Der Cursor ist eine Lichtmarke auf dem Bildschirm eines Mikrocomputers, der die Stelle kennzeichnet, an der das nächste Zeichen ausgegeben wird. Er ist i.a. rechteckig (Strich), teilweise blinkend und kann i.a. über sogenannte Cursor-Tasten gesteuert werden.

Datei

Unter einer Datei versteht man eine Folge von Buchstaben, Ziffern und Sonderzeichen, die für den Benutzer eine Einheit bilden. Somit kann man für die Gesamtmenge der Zeichen (Daten[1]) einen Namen vergeben, unter dem diese Zeichenmenge *gespeichert* werden kann bzw. umgekehrt wieder aus dem Speicher geholt werden kann. Wie diese Zeichenmenge *physikalisch* auf bzw. in dem Speicher gespeichert wird, z.B. zusammenhängend oder nicht, ist für den Benutzer nicht wichtig, denn die Datei bildet eine *logische* Einheit. Beispiele von Dateien sind z.B.: Programme, Rechnungsdaten, Standardbrieftexte usw. Aus dem gesagten wird das Kunstwort „Datei" verständlich, das Elemente der Worte „*Dat*en Kart*ei*" enthält.

---

[1]) Vgl. Anhang A1.

Daten
Mit Daten bezeichnet man Zeichen und Zeichenfolgen (Buchstaben, Ziffern und Sonderzeichen). Sie haben i.a. eine Bedeutung und geben somit eine Information.

Kbit
Siehe Bit.

Kbyte
Siehe Bit.

Plotter
Ein Plotter ist ein mechanisches Ausgabegerät zum Zeichnen von Grafiken mit hohem Auflösungsvermögen unter Kontrolle eines Mikrocomputers.

RAM
RAM ist eine Abkürzung für den englischen Begriff *R*andom *A*ccess *M*emory. Im Deutschen spricht man von *Schreib-Lesespeichern* mit wahlfreiem Zugriff.

RAM's haben heute eine Kapazität von 256 Kbit. Hierzu ist eine Fläche von ca. 25mm^2 erforderlich. Auf dieser Fläche sind ca. 10^6 Bauelemente untergebracht. Der Leistungsbedarf eines solchen Speicherbausteins liegt bei ca. 3 Watt.

Register
Register sind *kleine schnelle Zwischen*speicher. Sie befinden sich i.a. im Zentralprozessor (CPU), um Daten oder Speicheradressen während der Verarbeitung kurzfristig zwischenzuspeichern. Der Zugriff der CPU auf Daten im Register ist. i.a. schneller als auf Daten im Arbeitsspeicher. Da Register recht aufwendig sind, ist die Zahl der Register i.a. recht klein.

ROM
ROM ist eine Abkürzung für den englischen Begriff *R*ead *O*nly *M*emory. Im Deutschen spricht man von „nur lesbaren Speichern" (Festwertspeicher).

ROM's sind Speicher, deren Inhalt später nicht mehr geändert werden kann. Daher sind sie besonders geeignet für Programme, die längere Zeit unverändert bleiben, wie z.B. Programme für Betriebssysteme, Interpreter, Steuerungen von externen Geräten und dgl.

ROM's sind wegen der nicht notwendigen Adressierung (siehe RAM) sehr schnell.

Schreib-Lese-Speicher
Siehe RAM.

Verarbeitungsgeschwindigkeit
Die Verarbeitung von Befehlen[1)] geschieht i.a. nicht in einem einzigen Verarbeitungsschritt, sondern in mehreren Zyklen[1)]. Die Zeit, die für einen Zyklus benötigt wird, ist eine wichtige Größe für die *Verarbeitungsgeschwindigkeit* der DVA.

Zyklus
Unter einem *Befehlszyklus* (engl. instruction cycle) versteht man den Zyklus zur vollständigen Verarbeitung eines Befehls, d.h. den Verarbeitungsvorgang an sich. Die dazu benötigte Zeit ist die Befehlszykluszeit. Der Befehlszyklus wird unterteilt in mehrere *Operationszyklen* (Teile des Befehlsverarbeitungsvorgangs). Diese Operationszyklen sind weiter unterteilt in sogenannte *Operationsschritte.* Dies sind die kleinsten Arbeitseinheiten innerhalb eines Befehlszyklus.

---

1) Vgl. Anhang A1.

25.2 Anhang A2

Tabelle der wichtigsten Fehlermeldungen

Nr.	Fehlermeldung	Erläuterung
1	ARRAY DEF. ERROR oder ARRAY ALREADY DIMENSIONED oder REDIM'D ARRAY ERROR	*Felddefinitionsfehler*, d.h. es wird im Programm versucht, ein Feld (engl. array) durch eine erneute DIM-Vereinbarung zu verändern.
2	BAD DATA ERROR	*Datenfehler*, d.h. es werden falsche Daten übergeben, z.B. ASCII-Zeichen anstelle von Zahlen im Binärcode.
3	BAD SUBSCRIPT ERROR oder SUBSCRIPT OUT OF RANGE	*Indexfehler*, d.h. es wird ein falscher oder unzulässiger Index verwendet. Dieser Fehler wird z.B. gemeldet, wenn • ein nicht dimensioniertes Feld benutzt wird und der Index größer als 1Ø wird, • ein dimensioniertes Feld bei der Benutzung in der *Anzahl* bzw. *Größe* der Indizes nicht mit der Dimensionierung übereinstimmt.
4	CAN'T CONTINUE ERROR	*CONTINUE-Fehler*, d.h. das CONTINUE Kommando kann nicht ausgeführt werden (siehe CONT-Kommando Kap. 22.3). Das CONT-Kommando kann z.B. nicht ausgeführt werden, weil • kein Programm vorhanden ist, das fortgeführt werden könnte, • eine Programmkorrektur vorgenommen wurde oder • das Programm durch eine Fehlermeldung beendet wurde.
5	CAN'T RESUME ERROR	*RESUME-Fehler*. Mit Hilfe des RESUME-Kommandos kann eine Fehlerroutine beendet und die Programmbearbeitung an einer bestimmten Stelle im Programm fortgesetzt werden. RESUME — Fortsetzung des Programms mit der fehlerverursachenden Anweisung. RESUME NEXT — Fortsetzung des Programms mit der nächsten auf den Fehler folgenden Anweisung. RESUME n — Fortsetzung des Programms mit der Anweisung der Anweisungsnummer n. Die angegebene Fehlermeldung wird ausgegeben, wenn das RESUME-Kommando *nicht* ausgeführt werden kann, weil z.B. • kein Fehler vorliegt bzw. • andere Gründe vorliegen.
6	DEF FN NESTING ERROR	*Funktionsverschachtelungstiefefehler*, d.h. die Verschachtelungstiefe von *def*inierten *Fun*ktionen überschreitet die zulässige Zahl.

Nr.	Fehlermeldung	Erläuterung
7	DIVISION BY ZERO ERROR	*Division durch Null-Fehler*, d.h. man versucht, durch Null zu teilen (in der Mathematik verboten!). Es ist i.a. dabei zu beachten, daß sehr kleine Zahlen, die z.B. kleiner als 10^{-38} sind (vgl. Kap. 10.1.3), zu Null gerundet werden.
8	FOR-NEXT-ERROR oder NEXT WITHOUT FOR ERROR	*Fehler in einer FOR-NEXT-Schleife*, weil z.B. • die Verschachtelungstiefe der FOR-NEXT-Schleifen überschritten wurde, • wenn die FOR-Anweisung in einer Schleife fehlt bzw. später durchlaufen werden soll, • die FOR-Schleife keine zugehörige NEXT-Anweisung enthält, • die Indexvariable in der FOR-Schleife schon benutzt wird.
9	GO SUB ERROR oder RETURN WITHOUT GOSUB oder RETURN ERROR	*Unterprogrammfehler*, weil z.B. • die Verschachtelungstiefe der Unterprogramme überschritten wird (z.B. 26 Rücksprünge), • RETURN ausgeführt werden soll ohne vorausgehendes GO SUB, • RETURN im Unterprogramm fehlt.
10	ILLEGAL DATA ERROR oder ILLEGAL QUANTITY ERROR	*Nichtzulässige Datenfehler*, d.h. es wurde eine unzulässige Konstante oder Variable verwendet bzw. der verwendete Zahlenwert ist unzulässig. So dürfen z.B. für ganzzahlige Variablen (Typ% vgl. Kap. 10.1.1) nur Zahlen zwischen −32 768 und +32 767 eingegeben werden.
11	LINE LENGTH ERROR	*Zeilenlängefehler*, d.h. die Länge der eingegebenen Anweisung ist zu groß (vgl. Kap. 8.2).
12	OUT OF MEMORY ERROR oder MEMORY CAPACITY ERROR	*Arbeitsspeicherplatzfehler*, d.h. die Speicherkapazität des Computers reicht für das Programm und (oder) die Daten nicht aus.
13	OUT OF DATA ERROR oder READ ERROR	*READ-DATA-Fehler.* In einer READ-Anweisung (vgl. Kap. 17.2) werden mehr Daten benötigt als in der DATA-Anweisung angegeben wurden. Diese Fehlermeldung wird auch ausgegeben, wenn die Daten erneut eingelesen werden sollen (neue READ-Anweisung), ohne vorher die RESTORE-Anweisung zu benutzen (vgl. Kap. 17.3) oder wenn die DATA-Anweisung überhaupt fehlt.
14	OVERFLOW ERROR	*Überlauffehler*, weil ein Zahlenwert z.B. bei Rechenoperationen größer wird als er im Speicher darstellbar ist (z.B. $> 10^{38}$).
15	STRING LENGTH ERROR oder STRING TOO LONG ERROR	*Zeichenkettenlängenfehler*, d.h. die Länge der Zeichenkette übersteigt 255 Zeichen (vgl. Kap. 10.2). Dies tritt häufig bei Verkettung von Zeichenfolgen auf (vgl. Kap. 14.3).

Nr.	Fehlermeldung	Erläuterung
16	SYNTAX ERROR	*Syntaxfehler*, d.h. die Anweisung enthält einen formalen Fehler. Dies ist ein Fehler, der nicht den BASIC-Regeln der Anweisung entspricht, wie z.B. die Verwendung • eines fehlerhaften Schlüsselwortes, • die Anzahl der öffnenden und schließenden Klammern ist nicht gleich groß, • falsche Satzzeichen (Semikolon statt Komma o.ä.), • ungültige Trennzeichen, • fehlendes Gleichheitszeichen, • fehlende Anweisungsnummer, • zu langer Variablenname und dgl.
17	TYPE MISMATCH ERROR	*Datentypfehler*, d.h. die eingegebenen Daten passen nicht zum Variablentyp, wie z.B. • für eine Textvariable wird ein numerischer Wert eingegeben, • für eine numerische Variable wird eine Zeichenkette eingegeben.
18	UNDEF. FUNCTION ERROR oder FUNCTION NOT DEFINED	Eine nicht definierte Funktion wurde aufgerufen.
19	UNDEF. LINE NUM. ERROR oder UNDEF. STATEMENT ERROR	Es wird auf eine nicht vorhandene Anweisungsnummer Bezug genommen.

25.3 Anhang A3: Fahrnetze der verwendeten BASIC-Syntax

Programm

Anw.nr.
Vereinbarung
Anweisung
Kommentar
:

Anweisungsnummer

Vereinbarung

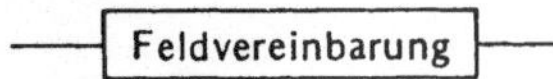

Anweisung

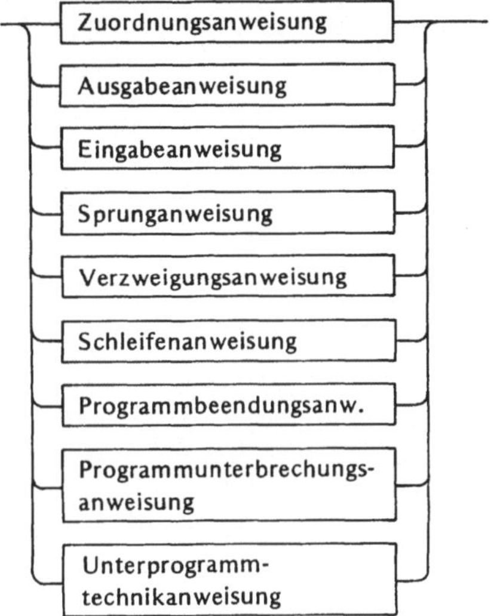

Kommentar

Feldvereinbarung

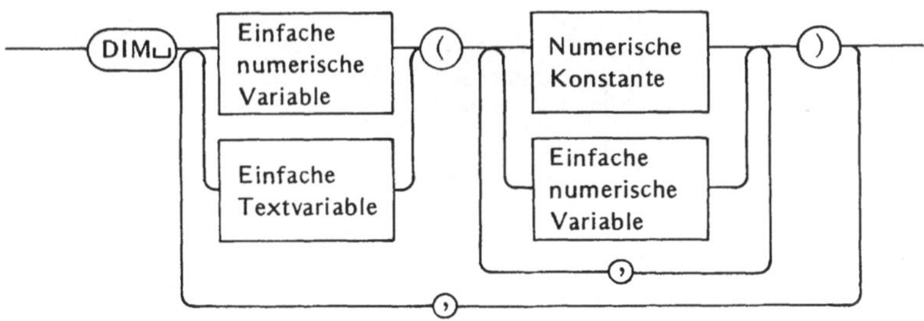

Zuordnungsanweisung

Arithmetische Zuordnungsanweisung

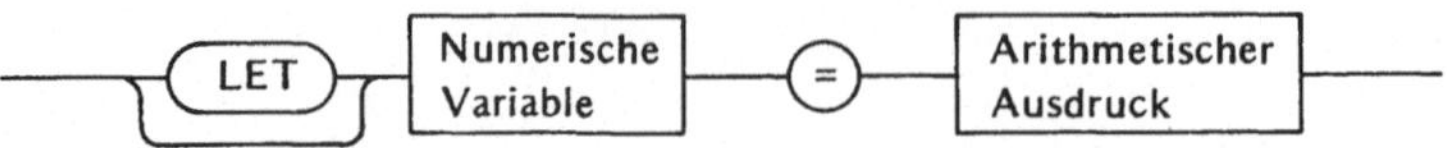

Boolesche Zuordnungsanweisung

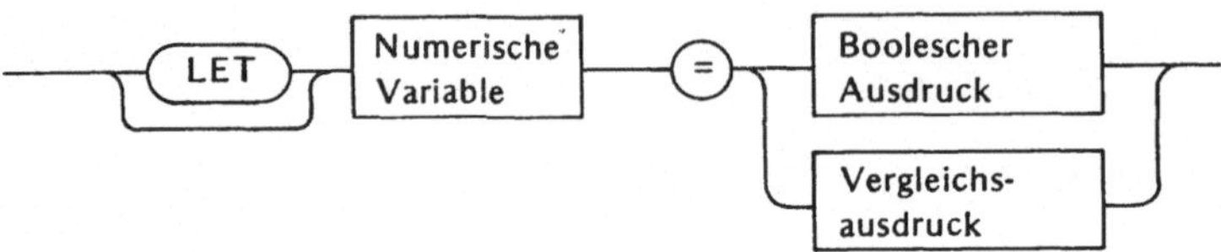

Zuordnungsanweisung für Texte

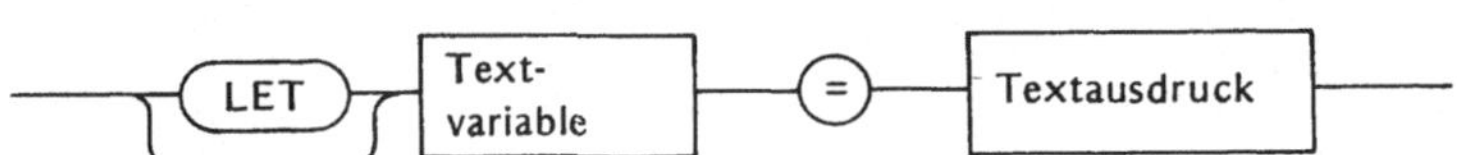

Variable

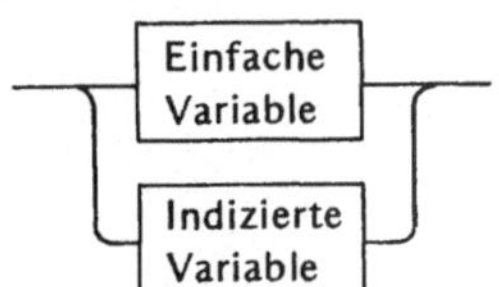

Einfache Variable

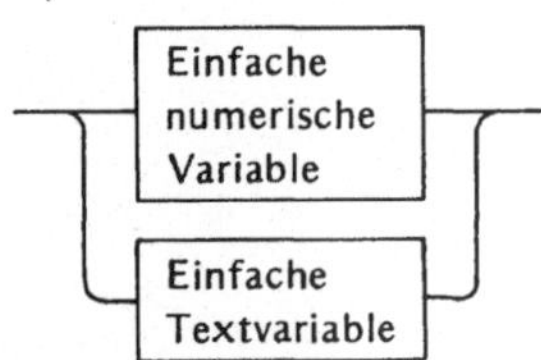

Indizierte Variable

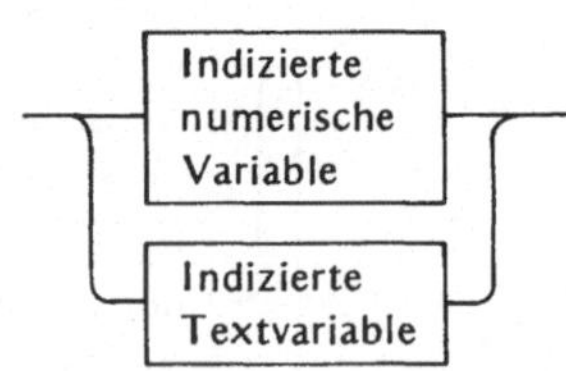

Numerische Variable

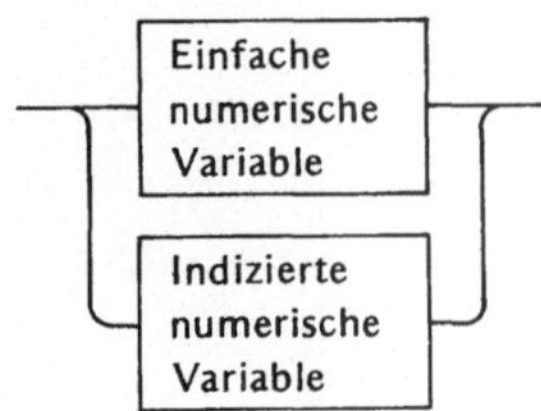

Textvariable

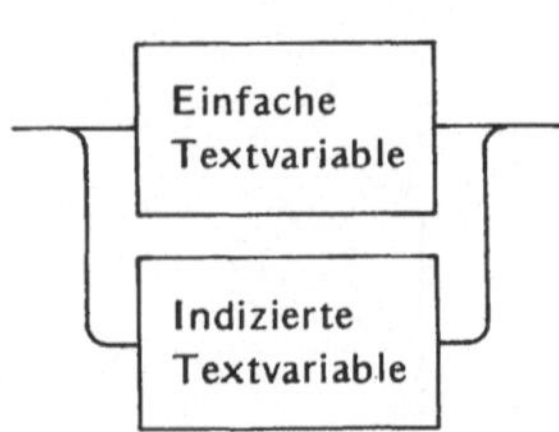

Einfache numerische Variable

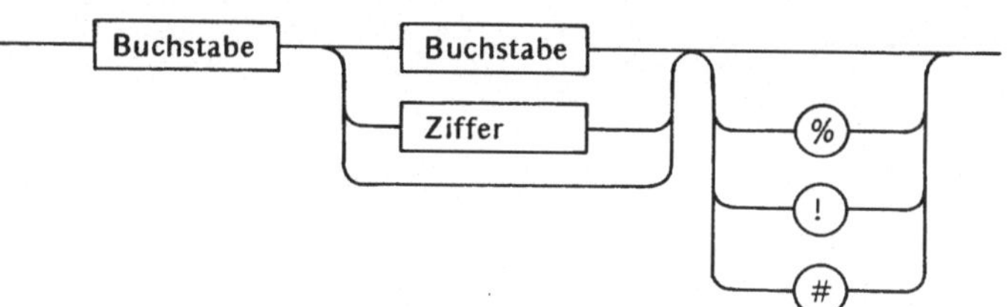

Einfache Textvariable

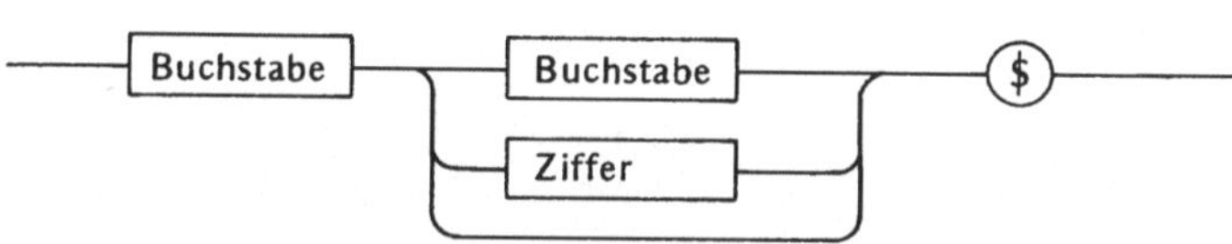

Indizierte numerische Variable

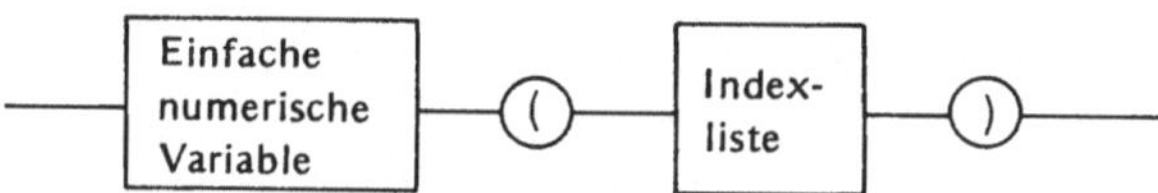

Indizierte Textvariable

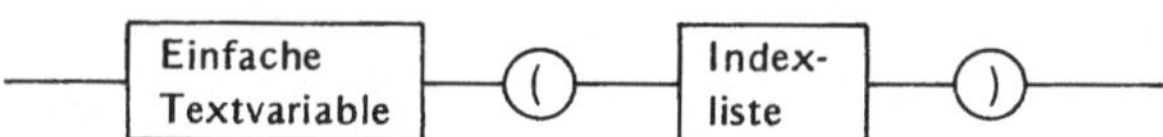

Indexliste

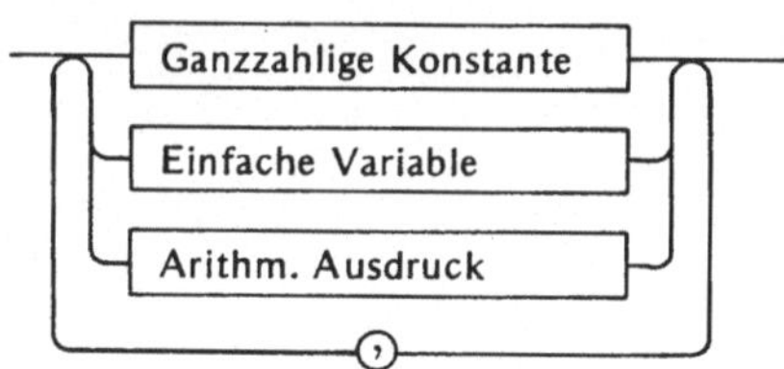

Konstanten

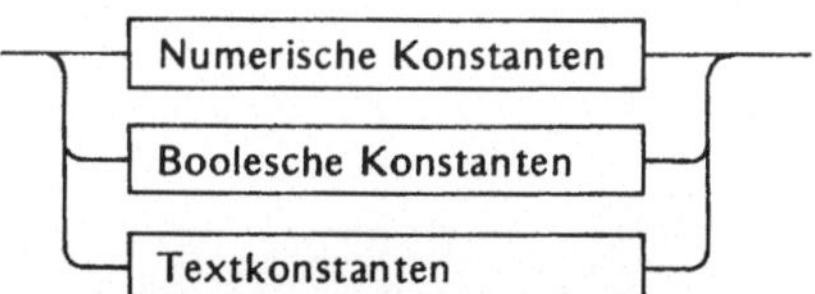

Numerische Konstanten

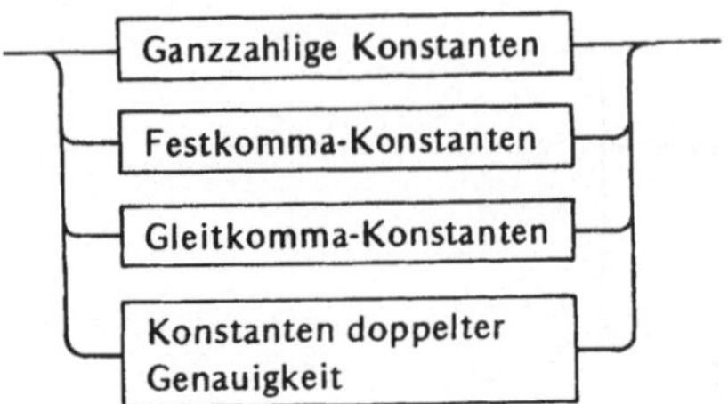

Ganzzahlige Konstante

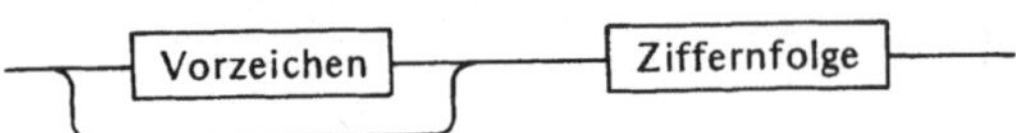

Festkomma-Konstante

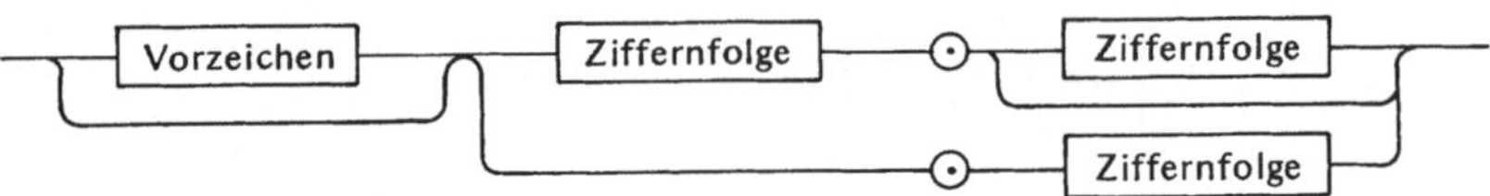

Gleitkomma-Konstante

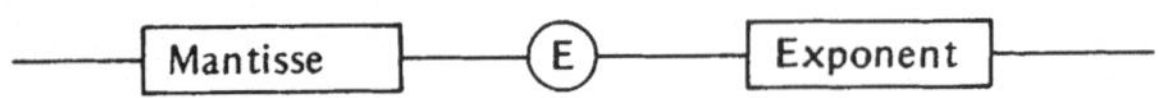

Konstanten doppelter Genauigkeit

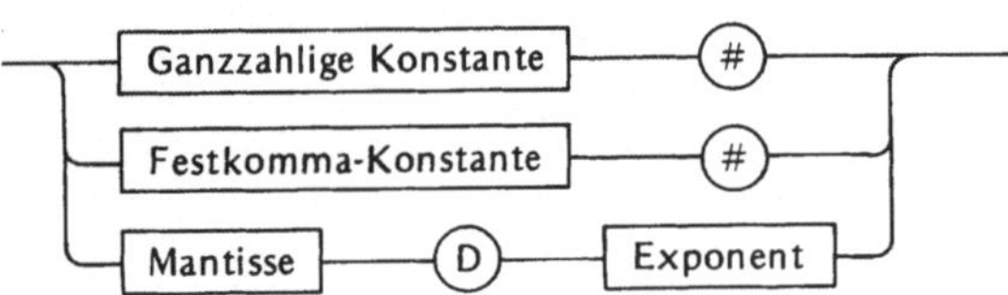

Vorzeichen

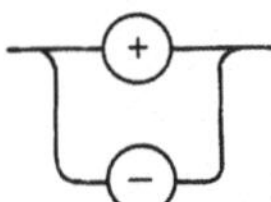

Ziffernfolge

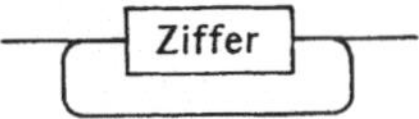

Mantisse

Exponent

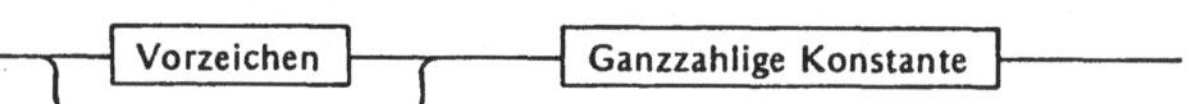

Boolesche Konstante

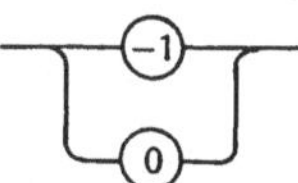

Textkonstante

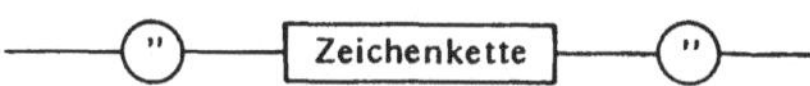

Zeichenkette

Zeichen

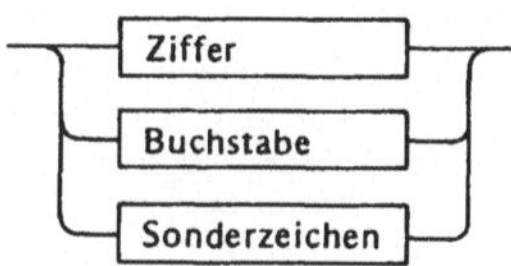

Arithmetischer Ausdruck

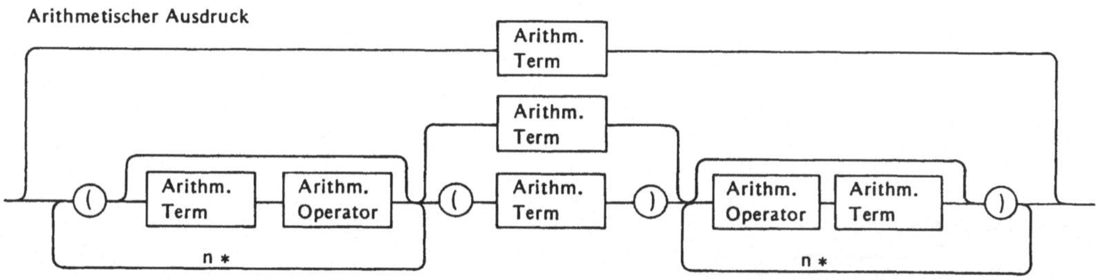

Arithmetischer Term

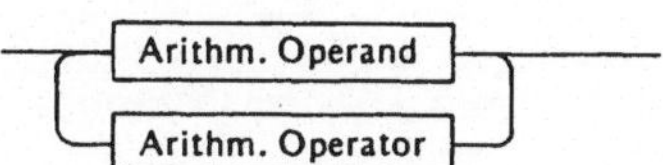

Arithmetischer Operand

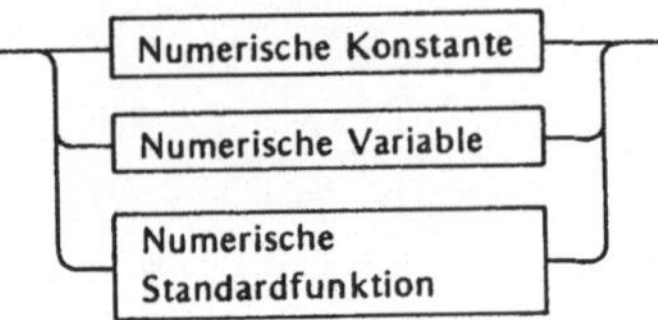

Arithmetischer Operator

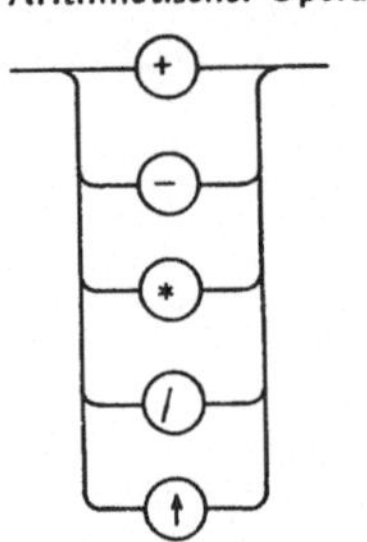

Boolescher Ausdruck

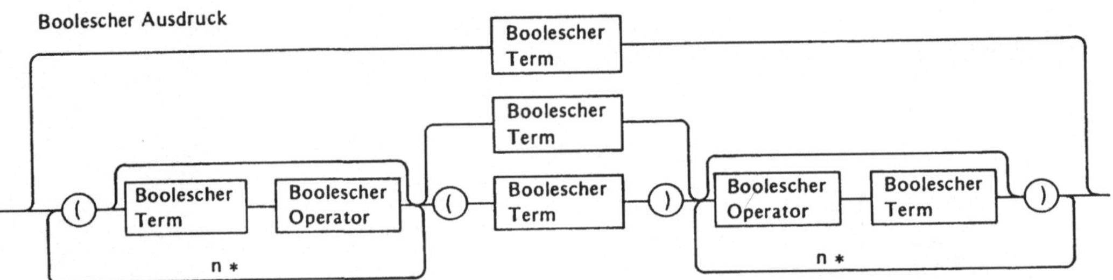

Boolescher Term

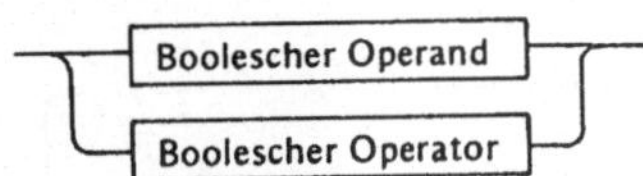

Boolescher Operand

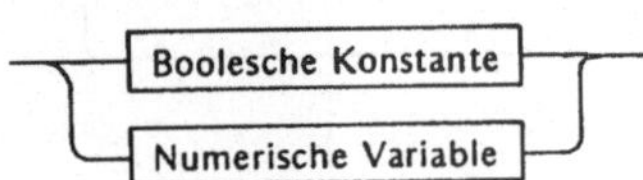

Boolescher Operator

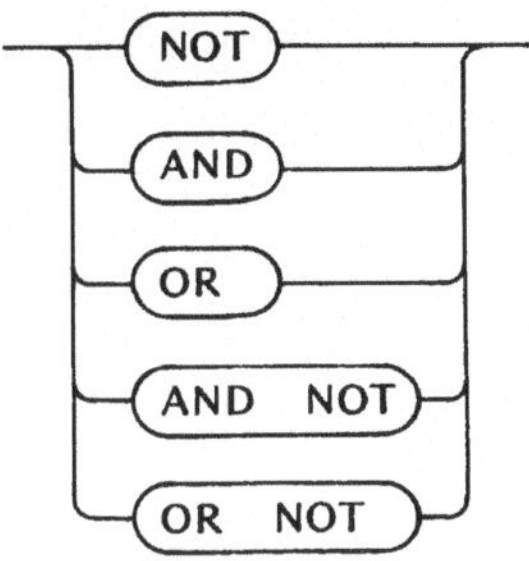

Textausdruck

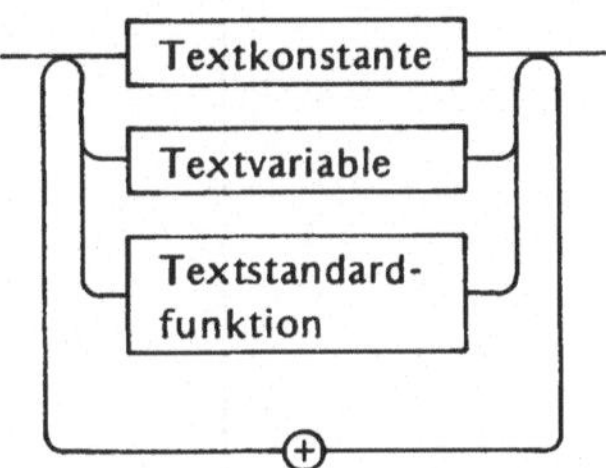

Vergleichsausdruck

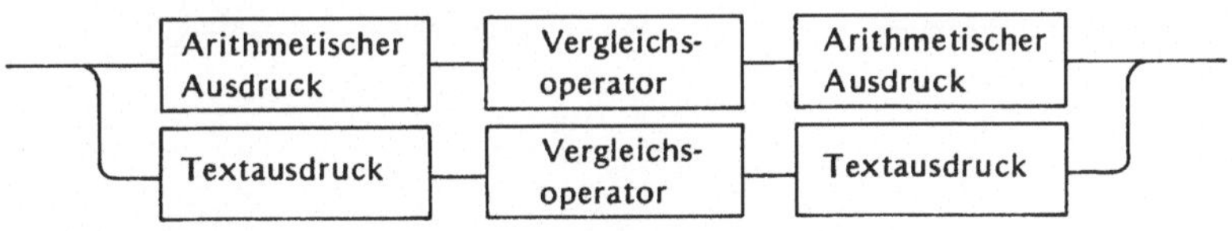

Vergleichsoperator

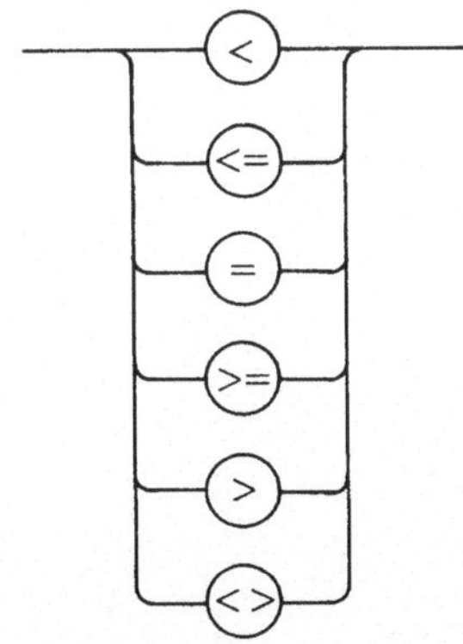

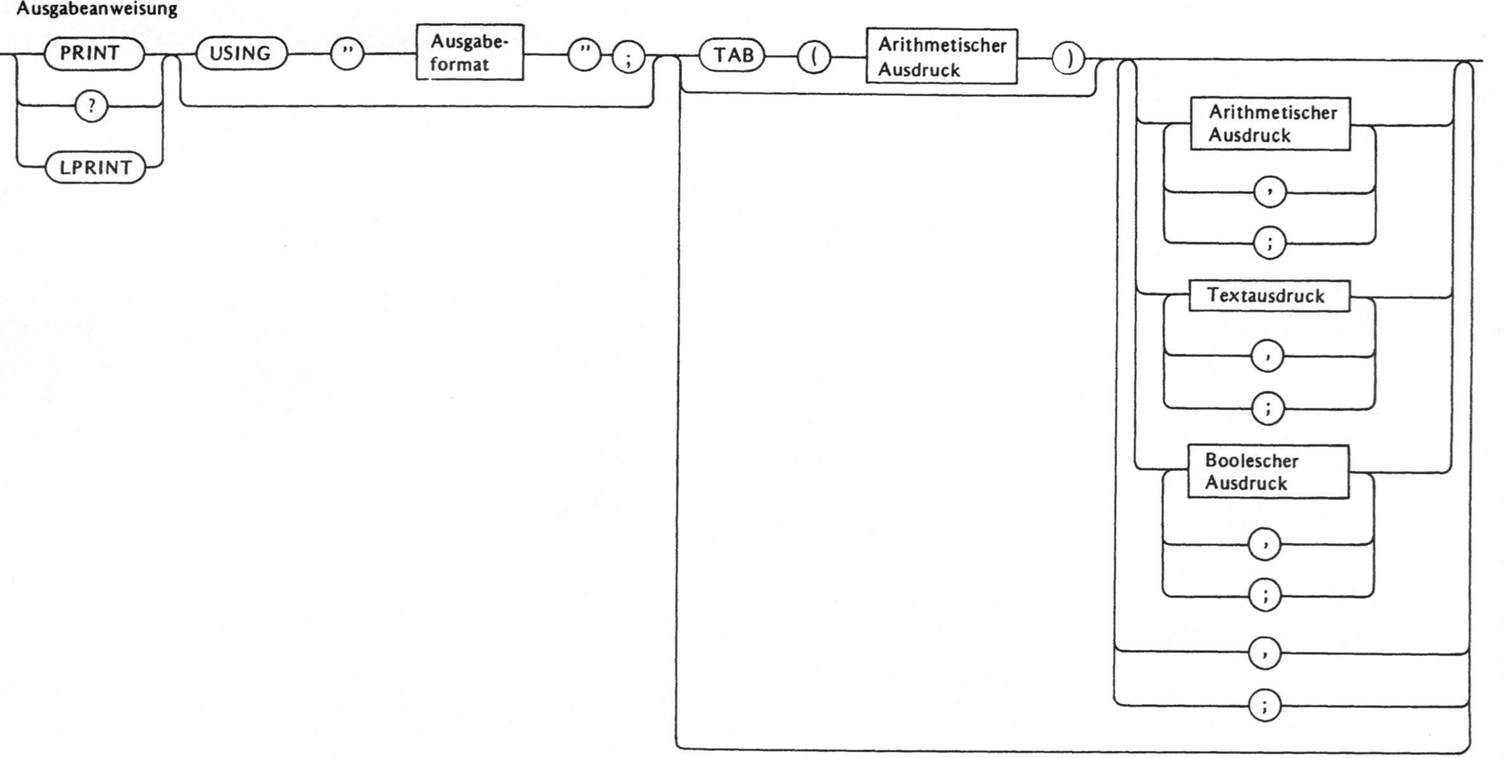
Ausgabeanweisung
PRINT
?
LPRINT
USING
"
Ausgabe-
format
";
TAB
(
Arithmetischer
Ausdruck
)
Arithmetischer
Ausdruck
,
;
Textausdruck
,
;
Boolescher
Ausdruck
,
;
,
;

Ausgabeformat

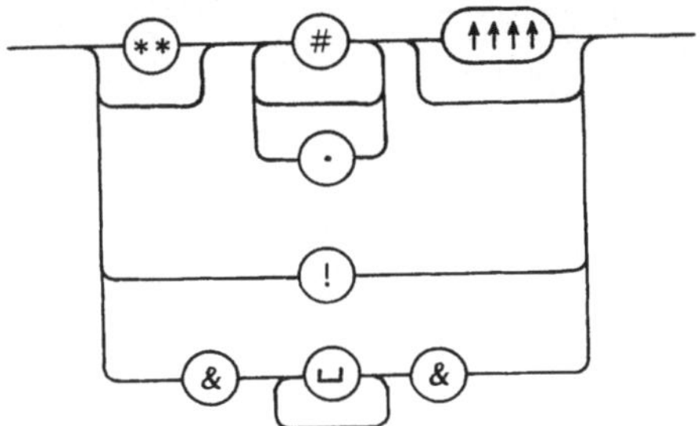

Eingabeanweisung

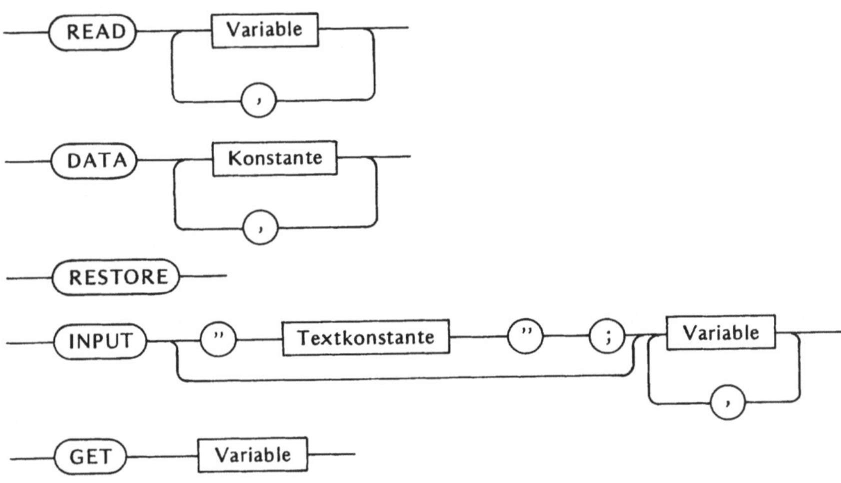

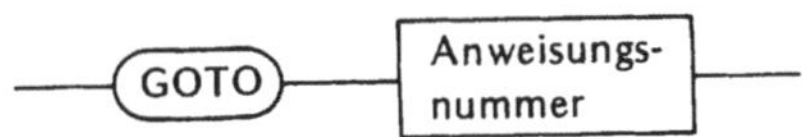

Sprunganweisung

GOTO — Anweisungsnummer

Verzweigungsanweisung (IF-THEN)

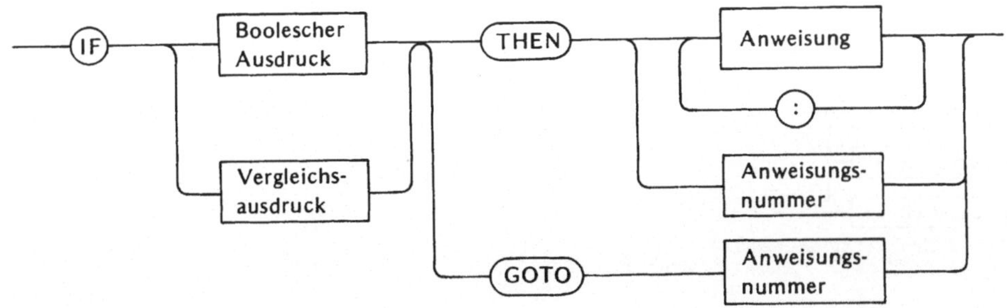

Mehrfachverzweigungsanweisung (ON-GOTO)

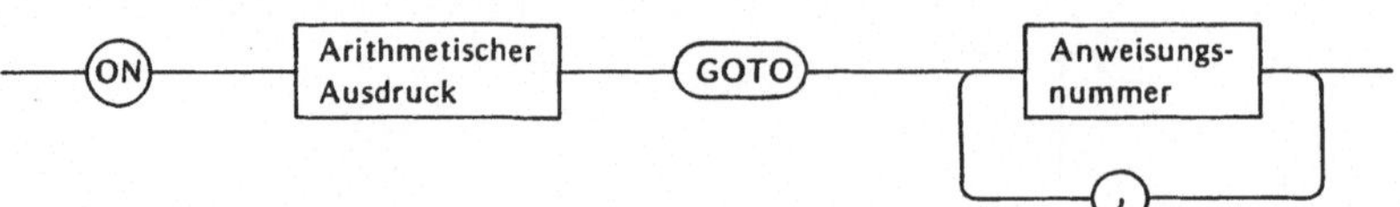

Schleifenanweisung (FOR-NEXT)

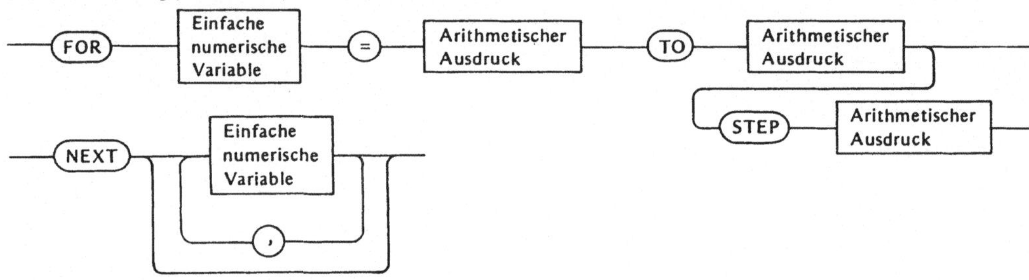

Programmbeendungsanweisung

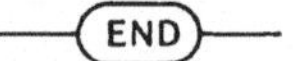

Programmunterbrechungsanweisung

Unterprogrammtechnikanweisung

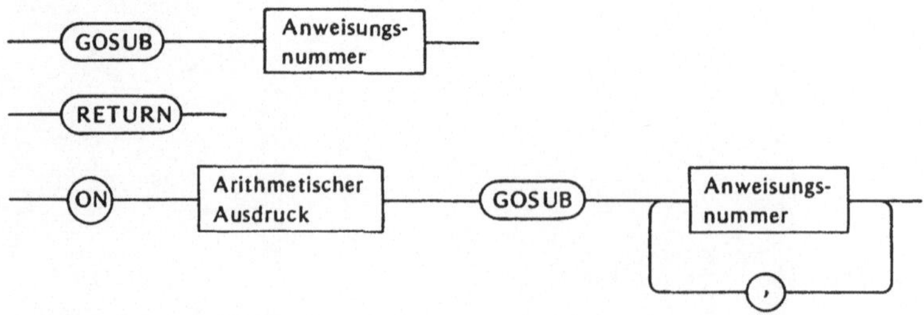

Zeichen

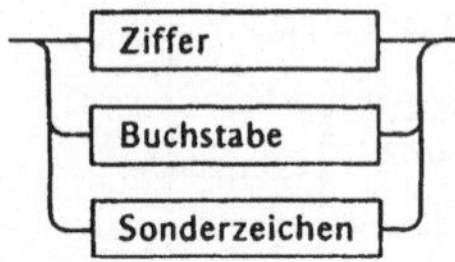

Ziffer

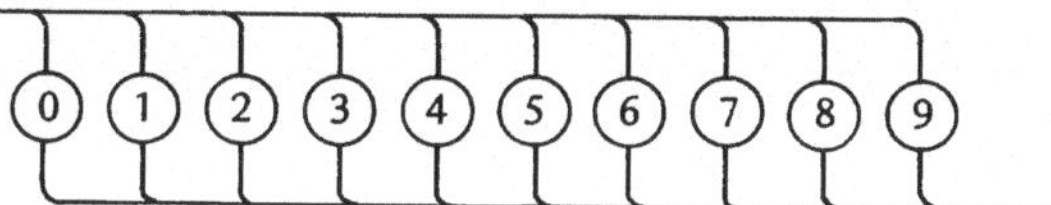

Buchstabe

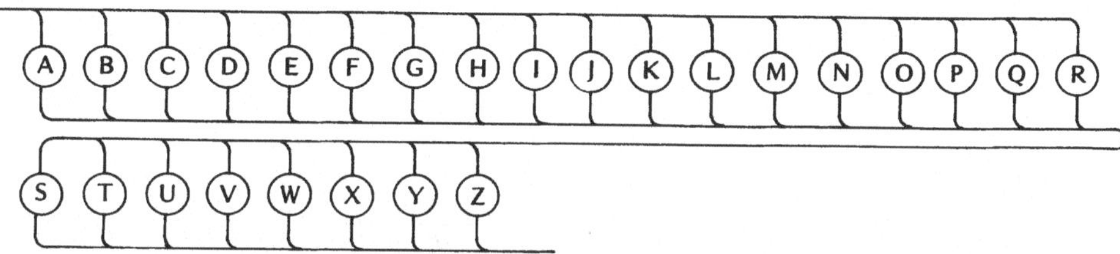

Sonderzeichen

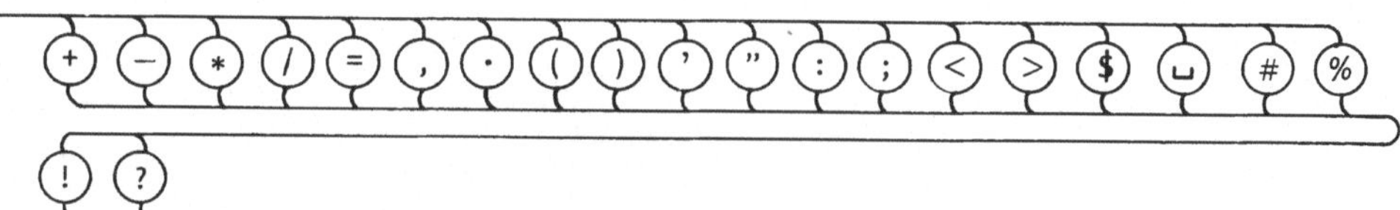

Numerische Standardfunktionen

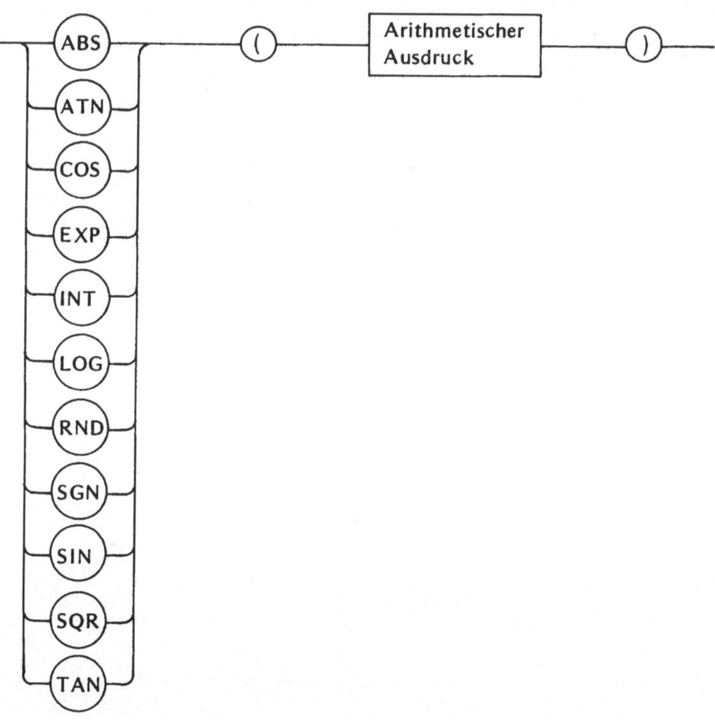

Textstandardfunktion

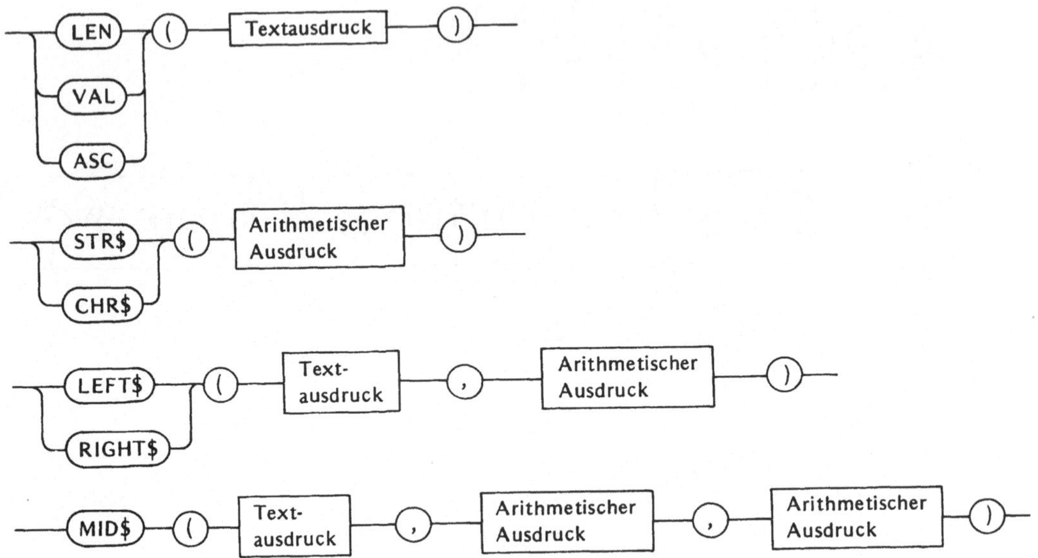

25.4 Anhang A 4: Alphabetische Anordnung der verwendeten Schlüsselworte

25.4.1 BASIC-Anweisungsschlüsselworte

DATA
DIM
END
FOR
GET
GOSUB
GOTO
IF
INPUT
LET
LPRINT
LPRINT USING
NEXT
ON
PRINT
PRINT USING
READ
REM
RESTORE
RETURN
STEP
STOP
THEN
TO

25.4.2 BASIC-Standardfunktionsschlüsselworte

ABS
ASC
ATN
CHR$
COS
EXP
INT
LEFT$
LEN
LOG
MID$
RIGHT$
RND
SIN
SGN
SQR
STR$
TAN
VAL

25.4.3 Boolesche BASIC-Operatoren

AND
NOT
OR

25.5 Anhang A5: Der ASCII-Code

Jedes Zeichen im Zeichenvorrat des Mikrocomputers wird intern im Mikrocomputer in Form einer bestimmten Folge von Nullen und Einsen dargestellt, d.h. in Form eines zweiwertigen Codes (Werte Ø und 1). Die Zuordnung der Nullen und Einsen zu den verschiedenen Zeichen kann nach unterschiedlichen Gesichtspunkten erfolgen. Daher gibt es unterschiedliche Codes. Einer der meist benutzten Codes zur Darstellung der üblichen Zeichen des Zeichenvorrates ist der 7-Bit-ASCII-Code[1]. Mit ihm lassen sich $2^7 = 127$ Zeichen codieren.

Die Zeichen des Zeichenvorrats werden im Mikrocomputer durch einen 7-Bit-ASCII-Code dargestellt.

Beispiel 25.1

Der Buchstabe A wird im ASCII-Code dargestellt durch den Code:

A → 1ØØØØØ1

Da die 7-stellige Binärzahl für den menschlichen Gebrauch vielfach unhandlich ist, wird i.a. in ASCII-Code-Tabellen ein einfacherer Code benutzt. Es bietet sich an:

- **Hexadezimaläquivalent**

  Aufteilung des 7-Bit-Codes in zwei 4-Bit-Code-Gruppen. (Die erste 4-Bit-Gruppe ergibt sich durch Ergänzung des 7-Bit-Codes am Anfang um ein Null-Bit.) Für jede 4-Bit-Gruppe wird die entsprechende *Hexadezimalzahl* angegeben (Hexadezimaläquivalent des ASCII-Codes). Dies hat den Vorteil, daß auch umgekehrt vom Hexadezimaläquivalent leicht wieder auf den zugehörigen Binärcode geschlossen werden kann.

  Der Hexadezimalcode wurde in Abschnitt 2.1 ausführlich besprochen, so daß hier nicht näher darauf eingegangen wird.

Beispiel 25.2

Das Hexadezimaläquivalent des Buchstabens A im ASCII-Code ergibt sich wie folgt:
Teilt man die Folge der Binärzeichen

1ØØØØØ1

wie folgt in zwei Vierergruppen auf (mit der Ergänzung der 7 Bit um ein Null-Bit am Anfang)

Ø1ØØ ØØØ1

und ordnet jeder Vierergruppe die zugehörige Hexadezimalzahl zu

Ø1ØØ → 4 Hex
ØØØ1 → 1 Hex

---

[1] ASCII-Abkürzung für: *A*merican *S*tandard *C*ode for *I*nformation *I*nterchange.

so ergibt sich als Hexadezimaläquivalent für den Buchstaben A

A → 41 Hex

- **Dezimaläquivalent**
  Angabe der zur Binärzahl (ASCII-Code) zugehörigen Dezimalzahl, dem sogenannten Dezimaläquivalent.
  Die Umwandlung von Binärzahlen in Dezimalzahlen und umgekehrt wird im Anhang A7 näher beschrieben, so daß an dieser Stelle darauf verzichtet wird.

Beispiel 25.3

Der Buchstabe A wird im ASCII-Code durch den Binärcode 1ØØØØØ1 dargestellt. Das zugehörige Dezimaläquivalent ist:

$$A \rightarrow 1\emptyset\emptyset\emptyset\emptyset\emptyset1_{\text{binär}}$$
$$= 1 * 2^6 + \emptyset * 2^5 + \emptyset * 2^4 + \emptyset * 2^3 + \emptyset * 2^2 + \emptyset * 2^1 + 1 * 2^\emptyset$$
$$= 65_{\text{dez}}$$

Wie dieses Beispiel zeigt, läßt sich der Buchstabe A durch das Dezimaläquivalent 65 repräsentieren.

Entsprechend lassen sich alle üblichen Zeichen durch ein Dezimaläquivalent, d.h. durch eine Dezimalzahl zwischen Ø und 127, darstellen. Die folgende Tabelle zeigt die (Hexa)-dezimaläquivalente des ASCII-Codes für die üblichen Zeichen.

Zur einfacheren Handhabung des ASCII-Codes durch den Menschen wird der ASCII-Code i.a. nicht in Form des 7-stelligen Binärcodes verwendet, sondern in Form des zugehörigen Dezimaläquivalentes bzw. Hexadezimaläquivalentes.

ASCII-Code (Hex.-Code)	Dezimal-äquivalent	Zeichen bzw. Funktion	Bedeutung	
00	0	NUL	NULL	Bei Mikrocomputern i.a. keine Funktion
01	1	SOH	Start of heading	
02	2	STX	Start of text	
03	3	ETX	End of text	
04	4	EOT	End of transmission	
05	5	ENQ	Enquiry	
06	6	ACK	Acknowledge	
07	7	BEL	Bell (Glocke)	
08	8	BS	Backspace (Rücktaste, löscht das letzte Zeichen)	
09	9	HT	Horizontal tab	
0A	10	LF	Line feed (Zeilenvorschub)	
0B	11	VT	Vertikal tab	
0C	12	FF	Form feed (Seitenvorschub)	
0D	13	CR	Carriage return (Wagenrücklauf)	
0E	14	SO	shift out (turn cursor on-schaltet den Cursor an)	
0F	15	SI	shift in (turn cursor off-schaltet den Cursor aus)	

ASCII-Code (Hex.-Code)	Dezimal-äquivalent	Zeichen bzw. Funktion	Bedeutung	
10	16	DLE	Data link escape	
11	17	DC1	Device control 1	
12	18	DC2	Device control 2	
13	19	DC3	Device control 3	
14	20	DC4	Device control 4	
15	21	NAK	Neg. acknowledge	
16	22	SYN	Synchronous idle	
17	23	ETB	End trans. block	
18	24	CAN	Cancel	–verwendet f. Cursor-Links-Taste
19	25	EM	End of medium	–verwendet f. Cursor-Rechts-Taste
1A	26	SUB	Substitute	–verwendet f. Cursor-Unten-Taste
1B	27	ESC	Escape	–verwendet f. Cursor-Oben-Taste
1C	28	FS	File separator	–verwendet f. Cursor-Home-Taste
1D	29	GS	Group separator	–verwendet z. Verschieben des Cursors an den Zeilenanfang
1E	30	RS	Record separator	–verwendet zum Löschen bis Zeilenende
1F	31	US	Unit separator	–verwendet zum Löschen bis Bildschirmspeicherende
20	32	SP	Space (Leerzeichen)	
21	33	!	Exclamation point (Ausrufungszeichen)	
22	34	"	Quotation mark (Anführungszeichen)	
23	35	# (£)	Number sign (Nummernzeichen)	
24	36	$	Dollar sign (Dollarzeichen)	
25	37	%	Percent sign (Prozentzeichen)	
26	38	&	Ampersand	
27	39	'	Apostroph	
28	40	(	Left parenthesis (linke Klammer-Klammer auf)	
29	41	)	Right parenthesis (rechte Klammer auf)	
2A	42	*	Asterisk (Stern)	
2B	43	+	Pluszeichen	
2C	44	,	Komma	
2D	45	–	Minuszeichen	
2E	46	.	Punkt	
2F	47	/	Schrägstrich (slash)	
30	48	0	10 Ziffern	
31	49	1		
32	50	2		
33	51	3		
34	52	4		
35	53	5		
36	54	6		
37	55	7		
38	56	8		
39	57	9		

ASCII-Code	Dezimal-äquivalent	Zeichen bzw. Funktion	Bedeutung
3A	58	:	Doppelpunkt (colon)
3B	59	;	Semikolon
3C	60	<	Kleiner (less) Zeichen
3D	61	=	Gleichheitszeichen (equal)
3E	62	>	Größer (greater) Zeichen
3F	63	?	Fragezeichen (questionmark)
40	64	@	At-sign (At-Zeichen)
41	65	A	
42	66	B	
43	67	C	
44	68	D	
45	69	E	
46	70	F	
47	71	G	
48	72	H	
49	73	I	
4A	74	J	
4B	75	K	
4C	76	L	
4D	77	M	Großbuchstaben
4E	78	N	
4F	79	O	
50	80	P	
51	81	Q	
52	82	R	
53	83	S	
54	84	T	
55	85	U	
56	86	V	
57	87	W	
58	88	X	
59	89	Y	
5A	90	Z	
5B	91	[	Eckige Klammer auf (Left bracket)
5C	92	\	Umgekehrter Schrägstrich (Reverse slash)
5D	93	]	Eckige Klammer zu (Right bracket)
5E	94	^ (teilw. ↑ bzw. ⌉)	Circumflex
5F	95	_ (teilw. ←)	Unterstreichung (underline)
60	96	`	Akzent

ASCII-Code	Dezimal-äquivalent	Zeichen bzw. Funktion	Bedeutung
61	97	a	Kleinbuchstaben
62	98	b	
63	99	c	
64	100	d	
65	101	e	
66	102	f	
67	103	g	
68	104	h	
69	105	i	
6A	106	j	
6B	107	k	
6C	108	l	
6D	109	m	
6E	110	n	
6F	111	o	
70	112	p	
71	113	q	
72	114	r	
73	115	s	
74	116	t	
75	117	u	
76	118	v	
77	119	w	
78	120	x	
79	121	y	
7A	122	z	
7B	123	{	Geschweifte Klammer auf (Left brace)
7C	124	ǀ	Vertikale Linie (vertical line)
7D	125	}	Geschweifte Klammer zu (Right brace)
7E	126	~	Tilde
7F	127	DEL	Delete

Die Dezimaläquivalente Ø bis 31 des ASCII-Codes sind, wie die Tabelle zeigt, keine darstellbaren Zeichen des Zeichenvorrats, sondern sogenannte *Steuerzeichen*. Sie werden i.a. bei Mikrocomputern nur selten und teilweise auch anders genutzt, als es die Spalte „Zeichen bzw. Funktion" angibt.

- Der Angabe entsprechend genutzt wird z.B. i.a. das Steuerzeichen mit dem Dezimaläquivalent 13 (carriage return, d.h. Wagenrücklauf). Dieser Code wird z.B. von der Mikrocomputertastatur abgegeben, wenn die RETURN-Taste gedrückt wird.
- Die Steuerzeichen mit den Dezimaläquivalenten 24 bis 29 werden, anders als der ASCII-Code es vorschreibt, zur Steuerung des Cursors verwendet. Dies ist nicht genormt. Daher kommt es vor, daß die Cursorsteuerung je nach Mikrocomputer unterschiedliche Codes aufweist (z.B. Dezimaläquivalente 11–15). Dies ist dem Herstellerhandbuch zu entnehmen.

25.6 Anhang A6: BASIC-Ersatzdarstellung für in BASIC nicht vorhandene Ablaufstrukturen

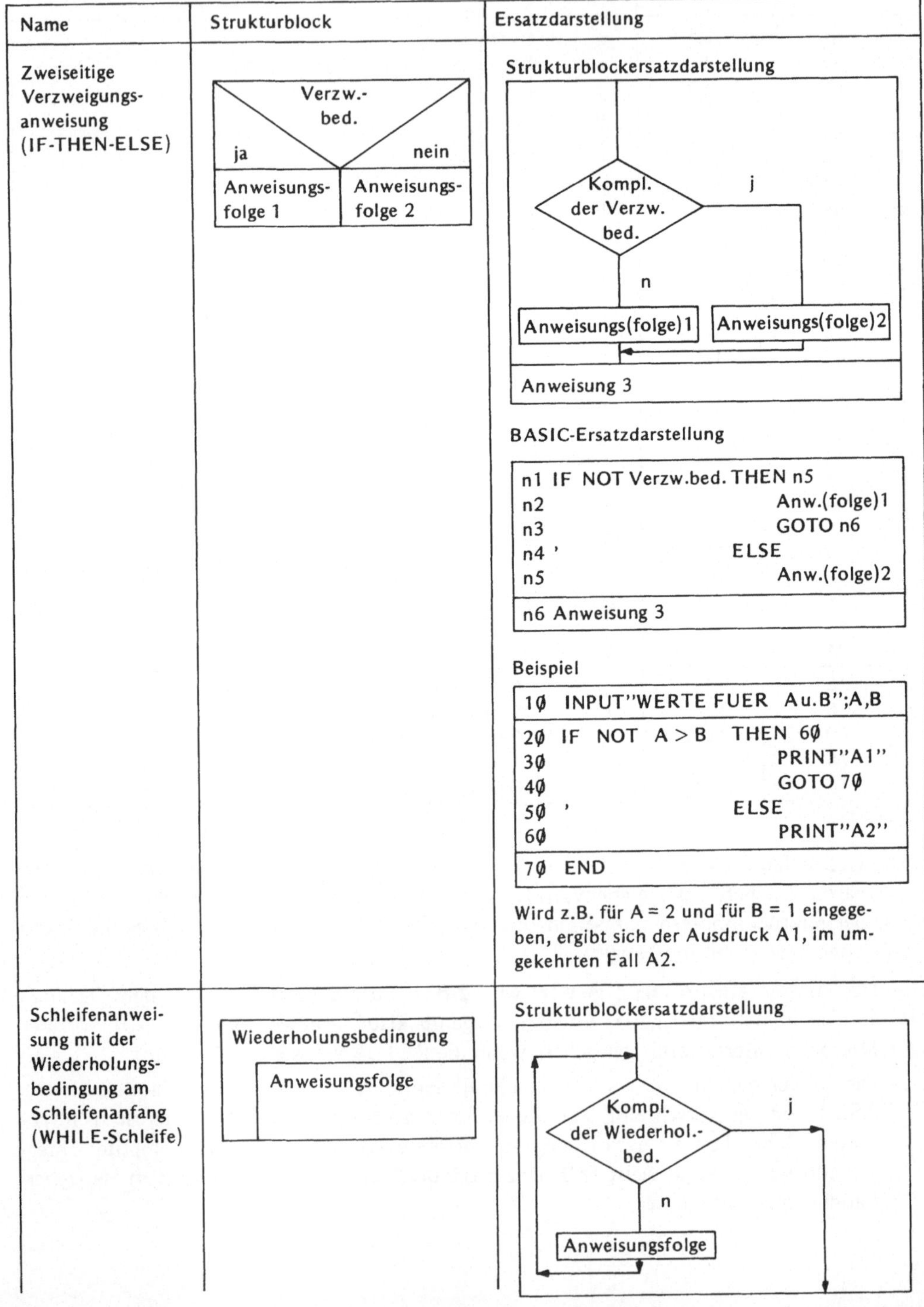

Name	Strukturblock	Ersatzdarstellung
Zweiseitige Verzweigungs-anweisung (IF-THEN-ELSE)	Verzw.-bed. ja / nein Anweisungs-folge 1 | Anweisungs-folge 2	Strukturblockersatzdarstellung Kompl. der Verzw. bed. — j / n Anweisungs(folge)1 | Anweisungs(folge)2 Anweisung 3 BASIC-Ersatzdarstellung n1 IF NOT Verzw.bed. THEN n5 n2 Anw.(folge)1 n3 GOTO n6 n4 ' ELSE n5 Anw.(folge)2 n6 Anweisung 3 Beispiel 1Ø INPUT"WERTE FUER Au.B";A,B 2Ø IF NOT A > B THEN 6Ø 3Ø PRINT"A1" 4Ø GOTO 7Ø 5Ø ' ELSE 6Ø PRINT"A2" 7Ø END Wird z.B. für A = 2 und für B = 1 eingegeben, ergibt sich der Ausdruck A1, im umgekehrten Fall A2.
Schleifenanweisung mit der Wiederholungs-bedingung am Schleifenanfang (WHILE-Schleife)	Wiederholungsbedingung Anweisungsfolge	Strukturblockersatzdarstellung Kompl. der Wiederhol.-bed. — j / n Anweisungsfolge

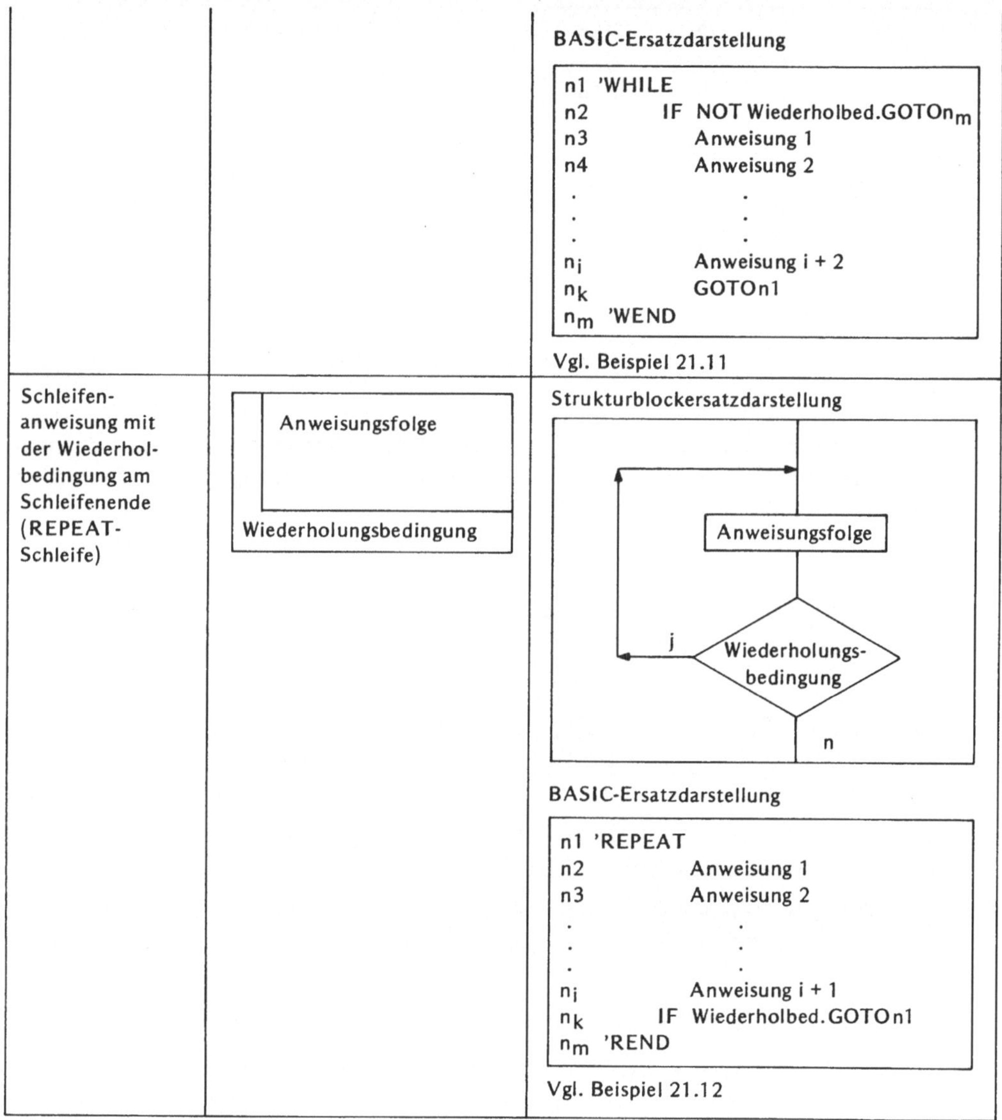

		BASIC-Ersatzdarstellung n1 'WHILE n2 IF NOT Wiederholbed.GOTOn$_m$ n3 Anweisung 1 n4 Anweisung 2 . . . n$_i$ Anweisung i + 2 n$_k$ GOTOn1 n$_m$ 'WEND Vgl. Beispiel 21.11
Schleifen-anweisung mit der Wiederhol-bedingung am Schleifenende (REPEAT-Schleife)	Anweisungsfolge Wiederholungsbedingung	Strukturblockersatzdarstellung Anweisungsfolge Wiederholungs-bedingung j n BASIC-Ersatzdarstellung n1 'REPEAT n2 Anweisung 1 n3 Anweisung 2 . . . n$_i$ Anweisung i + 1 n$_k$ IF Wiederholbed.GOTOn1 n$_m$ 'REND Vgl. Beispiel 21.12

25.7 Anhang A7: Umwandlung von Zahlen

25.7.1 Umwandlung von Binärzahlen (Dualzahlen) in Dezimalzahlen

- Binärzahlen besitzen nur zwei Werte, dargestellt durch die Ziffern Ø und 1.
- Die Stellenwerte der Ziffern in einer Binärzahl sind Potenzen von 2.

Einige Potenzen von 2 zeigt die folgende Tabelle.

$2^0 = 1$	$2^8 = 256$
$2^1 = 2$	$2^9 = 512$
$2^2 = 4$	$2^{10} = 1\,024$
$2^3 = 8$	$2^{11} = 2\,048$
$2^4 = 16$	$2^{12} = 4\,096$
$2^5 = 32$	$2^{13} = 8\,192$
$2^6 = 64$	$2^{14} = 16\,384$
$2^7 = 128$	$2^{15} = 32\,768$

Tabelle der ersten 16 Potenzen von 2

Die ausführliche Schreibweise der Binärzahl läßt sich mit Hilfe der Stellenwerte wie folgt angeben:

Jeder Ziffer ist ein Stellenwert zugeordnet, der mit der Ziffer multipliziert ist. Den kleinsten Stellenwert bekommt die am weitesten rechts stehende Ziffer zugeordnet. Der Stellenwert steigt nach links um jeweils eine Potenz.

Beispiel 25.4

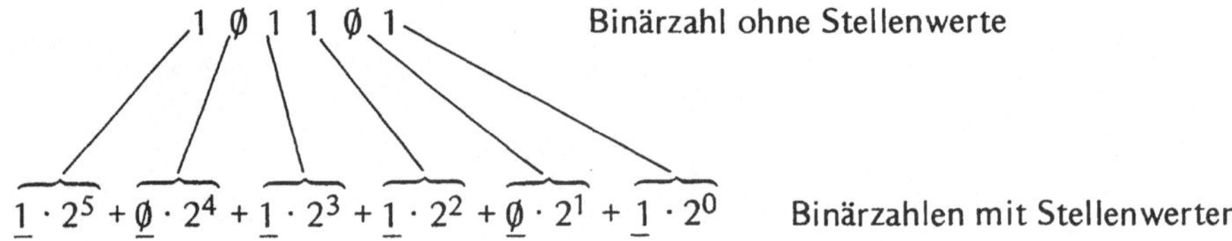

Rechnet man den obigen Ausdruck aus, so erhält man das Dezimaläquivalent, d.h. die zur Dualzahl gehörende Dezimalzahl.

Für das oben angeführte Beispiel ergibt sich

$$32 + \emptyset + 8 + 4 + \emptyset + 1 = 45_{dez} .$$

25.7.2 Umwandlung von Dezimalzahlen in Binärzahlen (Dualzahlen)

Mit Hilfe der Tabelle der Potenzen von 2 lassen sich Dezimalzahlen auch in Dualzahlen umwandeln. Dazu wird geprüft, welche Zweierpotenzen in der Dezimalzahl enthalten sind. Die entsprechenden Stellen der Dualzahl erhalten eine 1, die übrigen eine Ø.

Beispiel 25.5

Umwandlung der Dezimalzahl 89_{dez} in eine Dualzahl.

$$
\begin{array}{lrl}
 & 89 & \\
 & \underline{-64} & \hat{=}\ 2^6 \\
\text{Rest} & 25 & \\
 & \underline{-16} & \hat{=}\ 2^4 \\
\text{Rest} & 9 & \\
 & \underline{-\ 8} & \hat{=}\ 2^3 \\
\text{Rest} & 1 & \hat{=}\ 2^0 .
\end{array}
$$

Somit ergibt sich die Binärzahl (Dualzahl) entsprechend der vorhandenen bzw. nicht vorhandenen Potenzen zu:

Potenzen	2^6	2^5	2^4	2^3	2^2	2^1	2^0
Binärzahl	1	Ø	1	1	Ø	Ø	1

Sachwortverzeichnis

Abbruchbedingung 256
Abfragetext 177
Ablaufsteuerung 15
Abrunden 101
ABS 99
Adresse 2, 341
ALGOL 8
Alphanumerisches Zeichen 21, 341
Anfangswert 234
Antriebsloch 24
Anweisung 56
Anweisungsnummer 57
Anweisungsteil 58
Anwenderprogramm 15
APL 8
Arbeitsspeicher 2
– verwaltung 16
Arithmetischer Ausdruck 114
Arithmetische Zuordnungsanweisung 130
– Operationszeichen 94
ASC 109
ASCII-Code 21, 70, 124, 359
AND 119
Assembler 7
– Sprache 6
ATN 99
Aufruf 282, 288
Aufrunden 101
Ausdruck 114
Ausgabe 3, 40
Ausgabeanweisung 137
Ausgabeeinheit 3
Ausgabeformat 160

Backus Naur Form 49
BASIC 8, 55
– Sprachelemente 62
– Syntax 346
– Zeichenvorrat 62, 64
Befehl 1, 3, 5, 341
Bereitmeldung 19
Betriebssystem 15, 18
Bildschirm 23
Bildschirmlöschtaste 22
Binärziffer 5, 342
Bit 342
Blank 22
Blockkonzept 34
Blockstruktur 30
Boolesche Ausdrücke 119
– Konstante 71
– Operatoren 95
– Variable 89
– Zuordnungsanweisung 132
Buchstabe 64
Buchstabentasten 21
Byte 342

Central Processing Unit 3
CHR$ 199
CLOSE 162
COBOL 8
Codierung 56
Compiler 9
CONT 280
CONTINUE 22
COS 99
CP/M 19
CPU 3
Cursor 342
Cursor-Tasten 12

Datei 17
Daten 2, 343
Datenverarbeitungsanlage 1, 3
Datenverarbeitungssystem 3
Dezimaläquivalent 124, 360
Dezimalpunkt 67
Dialogbetrieb 11, 19
DIM-Vereinbarung 82, 88
Disk 24
Diskette 23
Doppelte Genauigkeit 69
Drucker 23
Druckerausgabe 160
Dualcode 70
DVA 1

Echtzeitsystem 18
EDITOR-Programm 16
Einbenutzersystem 15
Ein/Ausgabesteuerung 16
Einfache numerische Variable 76
Eingabe 2, 40
Eingabeanweisung 168
Eingabeeinheit 20
Eingabetastatur 21
Elementarblock 31

ELSE 202
END 279
Endwert 234
Ersatzdarstellung 41, 208, 218, 247, 364
EXP 69
Exponent 68, 99
Externe Speicher 3

Fahrnetz 51, 346
Falsch 71
Fehlermeldung 344
Feldvariable 82
Feldvereinbarung 82, 88
Festkommakonstante 67
Festwertspeicher 18
File 17
Firmware 18
Floppy Disk 23
FOR 234
Formatierung 24
Formatierungszeichen 157
FORTRAN 8
Fortsetzungsanweisung 279

Ganzzahliger Anteil 101
Ganzzahlige Konstanten 66
– Variablen 78
Genauigkeit 69
GET 181
Gleitkomma Konstanten 68
– Variablen 78
GOSUB 288, 292
GOTO 200
Grenzstelle 40
Grobstruktur 56

Hardware 4
Hauptprogramm 281
Help-Routine 16
Hexadezimaläquivalent 359
Hexadezimalwert 6
Hilfsroutine 16

IF 202
Indexloch 24
Indexmaxialwert 83
Indizierte numerische Variable 79
– – Textvarible 86
Information 2
INKEY$ 181
INPUT 175
INPUT$ 181
INT 99
Interpreter 10

Kbyte 2
Klammern 117, 122
Kommando 16
Kommandosprache 16
Kommandowort 16
Kommentar 59
Konstanten 65

Leertaste 22
LEFT$ 104
LEN 103
LET 130
Listentrennzeichen 137
LOG 99
Logischer Wert 71
LPRINT 160
– USING 160

Magnetband Cassettenrecorder 23
Mantisse 68
Maschinensprache 5
Mehrfachbenutzersystem 17
Mehfachverzweigung 32, 215
Metasprache 49
MID$ 106
Mikrodiskette 26
Minidiskette 25
Monitor 15

Normaldiskette 25
NOT 119
Nulltext 86
Numerische Felder 80
– Konstanten 65
– Standardfunktionen 99
– Tastenfelder 21
– Variablen 76

Objektprogramm 9
ON 216, 292
OPEN 161
Operationszeichen 94
OR 119
Organisationsprogramm 15
OS 15

PASCAL 8
PRINT 137
PRINT # 161
PRINT USING 161
Plotter 3, 343
Problemanalyse 27, 28
Problemaufbereitung 27
Problemcodierung 27
Problemdefinition 27, 28

Problemlösung 27, 29
Problemorientierte Programmiersprachen 8
Programm 1, 2, 4
Programmablaufpläne 39
Programmbeendungsanweisung 279
Programmdokumentation 27, 43
Programmiersprache 5
Programmstil 12
Programmlauf 19
Programmstruktur 56
Programmtest 27

Quellprogramm 9

RAM 2, 343
Rangordnung 114
READ 169
Real Time System 17
Rechenlauf 9, 19
Rechenwerk 3
Register 343
REM 60
RESTORE 174
RETURN 22, 289
Richtungspfeil 40
RIGHT$ 105
RND 99
ROM 18, 343
Rücksprung 282

Schleife 32
Schleifenanweisung 233
Schleifenschachtelung 259
Schlüsselwort 59, 78, 358
Schreib-Lesekopf 24
Schreib-Lese-Speicher 2, 343
Schreibschutzkerbe 25
Schrittweise Verfeinerung 29, 34
Schrittweite 234
Sektor 24
Sequenz 34
SGN 99
Shift 22
Signumfunktion 102
SIN 99
Software 4
Sonderzeichen 21, 64
Space 22
Speicher 2
Speicherkapazität 2, 25
Spezialtasten 21
Sprunganweisung 200
Spur 24
SQR 99
Standardfunktion 99, 103
Standardspaltenformat 139
START 40
STEP 234
Steueranweisungen 200
Steuerwerk 3
STOP 40, 279
Stopptaste 22
STR$ 107
String 70
Struktogramm 30, 34
Struktogrammrahmen 35
Strukturbaum 35
Strukturblöcke 30
Strukturierte Anwenderprogramme 27
Subroutine 285
Symbolische Namen 6
– Programmiersprache 6
Symbolischer Code 6
Syntax 47

TAB 148
Tabellenformat 147
Tabulatorfunktion 148
TAN 99
THEN 202
Teilnetz 51
Textausdrücke 122
Textfeld 86
Textkonstanten 70
Textoperator 97
Textvariablen 85
Textvariablenname 85
Textzuordnungsanweisung 133
Time Sharing System 17
TO 234
Top Down Darstellung 29

Übergangsstelle 40
Übersetzung 7
Übersetzungslauf 9
Umschalttaste 22
Unbedingte Sprunganweisung 200
Unterbrechungsanweisung 279
Unterprogramm 33, 281
Unterprogrammaufruf 33
Unterprogrammtechnik 281

VAL 107
Variable 75
Variablenname 76
Variables Spaltenformat 142
Verarbeitungsgeschwindigkeit 3, 343
Vereinbarung 56
Vereinbarungsteil 56

Vergleichsausdruck 123
Vergleichsoperatoren 95
Verkettungsoperator 97
Verschachtelung 32, 36, 214, 244
Verzweigung 40
Verzweigungsanweisung 202
Verzweigungsblock 31
Vorzeichen 66

Wahr 71
Wahrheitswert 71, 89
WEND 243
WHILE 243
Wiederholtaste 22
Wiederholungsbedingung 32, 243
Winkelfunktion 101

Zählschleife 234
Zeichenkette 70
Zeichenkonstante 70
Zeilenvorschub 153
Zentraleinheit 3
Zentralprozessor 3
Ziffer 64
Ziffernfolge 66
Zufallszahlen 102
Zugriffszeit 3, 25
Zuordnungsanweisung 130
Zyklus 343

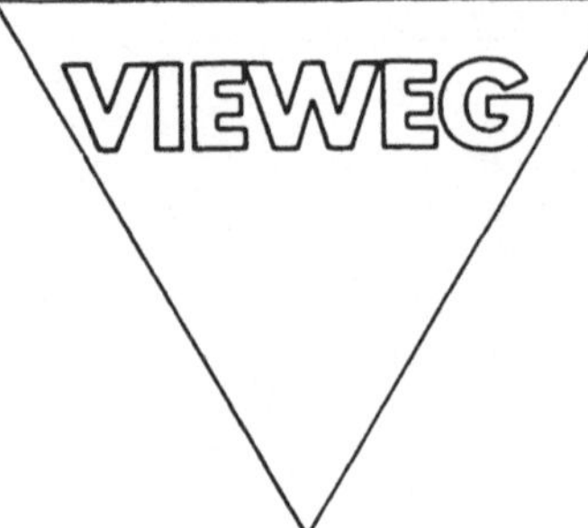

Wolfgang Schneider

BASIC für Fortgeschrittene

Textverarbeitung, Arbeiten mit logischen Größen, Computersimulation, Arbeiten mit Zufallszahlen, Unterprogrammtechnik. 1982. IX, 189 S. mit zahlr. Beispielen und 10 vollst. Programmen. 16,2 X 22,9 cm. (Programmieren von Mikrocomputern, Bd. 3.) Br.

Dieses Buch ist der Aufbauband zum Grundlagenbuch ***Einführung in BASIC***. Es wendet sich an Leser, die Grundkenntnisse in der Programmiersprache BASIC besitzen und ihre Kenntnisse in speziellen Bereichen erweitern möchten.
Aus der Vielzahl der möglichen Einsatzbereiche der Programmiersprache BASIC wurden möglichst allgemein interessierende Bereiche ausgewählt, wie z. B. die Textverarbeitung in BASIC, die Verarbeitung von logischen (Booleschen) Größen, das Arbeiten mit Zufallszahlen und die Unterprogrammtechnik.

Howard Franklin, Joanne Koltnow und LeRoy Finkel

Spielprogramme für den APPLE IIe

Spiele sowie Anleitungen, Techniken und Unterprogramme für die Eigenentwicklung von Spielen. 1984. VIII, 126 S. 16,2 X 22,9 cm. Br.

Das Buch lehrt das Programmieren von Spielen, zeigt Aufbau, stufenweise Entwicklung und Ausbau von Computerspielen und stellt notwendige Unterprogramme und Techniken zur vollständigen Ausnutzung der Grafikmöglichkeiten vor. Man lernt seinen Bildschirm mit selbst entworfenen Bildern auszustatten und diese mit Musik und Klangeffekten zu kombinieren. Schließlich wird gezeigt, wie der Rechner zum Lehren und Lernen benutzt wird; in spielerischer Form lernen Kinder den Aufbau von Sprache und Zahlen, konstruieren Wortspiele und ganze Schichten.

APPLE-Spielprogramme-Disketten-Set

Zwei 5 1/4"-Disketten mit allen Programmen des Buches.